AF565359

George Soros' Krieg

1. Auflage Mai 2023

Copyright © 2023 bei
Kopp Verlag, Bertha-Benz-Straße 10, D-72108 Rottenburg

Alle Rechte vorbehalten.

Lektorat: Jorinde Reznikoff
Umschlaggestaltung: Stefanie Huber

ISBN: 978-3-86445-935-1

Gerne senden wir Ihnen unser Verlagsverzeichnis
Kopp Verlag
Bertha-Benz-Straße 10
D-72108 Rottenburg
E-Mail: info@kopp-verlag.de
Tel.: (0 74 72) 98 06–10
Fax: (0 74 72) 98 06–11

Unser Buchprogramm finden Sie auch im Internet unter:
www.kopp-verlag.de

Collin McMahon

George Soros' Krieg

Wie die Open Society Foundations die Welt an den Rand des Dritten Weltkriegs gebracht haben

KOPP VERLAG

INHALT

---

* Hiermit weist der Verlag nachdrücklich darauf hin, dass das Gendersternchen in »Neue deutsche Medienmacher*innen« keineswegs auf einer Verlagsentscheidung beruht, sondern der Schreibweise entspricht, die dieser Verein seit 2021 angenommen hat. Es handelt sich also um ein Element in einem Eigennamen, der als solcher respektiert werden muss.

Vorbemerkung

Da den Kritikern von George Soros regelmäßig vorgeworfen wird, sie seien »antisemitisch«, soll von vorneherein klargestellt werden:

George Soros ist kein Freund von Israel oder des jüdischen Volkes.

Kaum ein lebender Mensch hat mehr getan, um Anti-Israel-Gruppen zu unterstützen.

Nicht Soros zu kritisieren, sondern ihn zu verteidigen ist also eine Form von israelfeindlichem Antisemitismus.

Dieses Buch hingegen argumentiert aus einer projüdischen und Pro-Israel-Perspektive. Wer hier antisemitische Verschwörungstheorien sucht, wird enttäuscht werden.

KAPITEL 1

Ukraine on Fire – die russische Invasion in der ARD

Am 10. November 2021 verabschiedeten die Außenminister der USA und der Ukraine, Antony Blinken und Dmytro Kuleba, in Washington die US-Ukraine-Charta, nach der ein NATO-Beitritt der Ukraine »alleinige Entscheidung der Ukraine« sei.[1]

Am 7. Dezember 2021 meinte der russische Präsident Wladimir Putin bei einem 2-stündigen Telefonat mit Joe Biden, die Aufnahme der Ukraine in die NATO sei eine »rote Linie«.

Am 9. Dezember 2021 versicherte Joe Biden dem ukrainischen Präsidenten Wolodymyr Selenskyj, ein NATO-Beitritt liege allein in den Händen der Ukraine.

Am 8. Februar 2022 sagte Wladimir Putin dem französischen Präsidenten Emmanuel Macron: »Wir sind entschieden gegen einen NATO-Beitritt der Ukraine.«

Vom 18. bis 20. Februar 2022 fand im Hotel Bayerischer Hof die Münchner Sicherheitskonferenz statt, und zwar erstmals unter der Leitung des ehemaligen deutschen UNO-Botschafters Christoph

Heusgen. Wie sein Vorgänger Wolfgang Ischinger ist auch Heusgen langjähriges Mitglied des European Council on Foreign Relations (ECFR). Trotz Ischingers ausdrücklicher Einladung war Russland zum ersten Mal seit der Rede von Wladimir Putin 2007 nicht dabei.

Die deutsche Außenministerin Annalena Baerbock (ebenfalls ECFR-Mitglied) sagte am 18. Februar 2022 auf der Münchner Sicherheitskonferenz: »Wir wollen das Engagement der NATO stärken.«

Die amerikanische Vizepräsidentin Kamala Harris bekräftigte am 20. Februar auf der Münchner Sicherheitskonferenz: »Es ist die Entscheidung der Ukraine, ob sie in die NATO wollen.«

Am 24. Februar 2022 begann der russische Angriff auf die Ukraine.

Russische Truppen marschierten von Weißrussland aus auf Kiew, von Russland auf Charkiw im Nordosten der Ukraine und von der Krim auf Cherson und Mariupol zu. Es war die größte militärische Offensive in Europa seit Ende des Zweiten Weltkriegs.

Bereits der Maidan-Umsturz im Februar 2014 hatte einen Konflikt um die russischsprachigen Gebiete im Osten der Ukraine, dem Donbas, entfacht. Am 18. März 2014 annektierte Russland dann die Krim, und im Minsker Abkommen bekundeten die Konfliktparteien ihren Willen, sich um eine Verhandlungslösung für die russischsprachigen Gebiete zu bemühen. Doch es passierte nichts. Der Konflikt schwelte weiter vor sich hin.

Europa traf der russische Angriff im Februar 2022 völlig unvorbereitet, obwohl die Biden-Regierung seit Dezember 2021 vor einem russischen Aufmarsch an der Grenze zur Ukraine gewarnt hatte. Ganz besonders die öffentlich-rechtlichen Sender ARD und ZDF schienen vergessen zu haben, wie man über einen Krieg berichtet. Während erfahrene deutsche Kriegskorrespondenten wie Peter Scholl-Latour längst einer anderen Generation angehörten, verfügten jüngere Kollegen der Generation X, Y und Z über keinerlei Kriegserfahrung, sieht man von Videospielen à la *Call of Duty* ab.

Das Magazin *Medieninsider*[2] sagte über die ARD zu Kriegsbeginn, sie sei nur »bedingt berichtsbereit«. Als einzige deutschsprachige Journalisten parat zu sein schienen der säbelrasselnde Paul Ronzheimer von der *Bild*-Zeitung und Kurt Pelda von der konservativen Schweizer *Weltwoche*, der sonst eher ein seltener Gast in der *Tagesschau* ist.

»Mir sagte gerade ein Freund, dass die große, mächtige, mit 8 Milliarden an Gebührengeldern finanzierte ARD nicht einen Korrespondenten in der Ukraine habe«, twitterte *Focus*-Journalist Jan Fleischhauer am 1. März, »während allein *Der Spiegel* mit 5 Reportern da sei. Ich habe ihm geantwortet, ich könne das nicht glauben. Ist das wahr?«[3]

Bei der ARD wusste man sich jedoch zu helfen: So flimmerten bald allerlei »Experten« und »Menschenrechtsaktivisten« über die deutschen Bildschirme, die per Skype und Handy Meldungen über die dramatischen Kriegsgeschehen verbreiteten, damit die gut bezahlten ARD-Journalisten bequem aus Hamburg, Köln und Berlin berichten konnten, ohne selbst in Gefahr zu geraten.

Dabei wurde jedoch dezent verschwiegen, dass diese »Experten« und »Aktivisten« fast durchgehend zu NGOs (Nichtregierungsorganisationen) gehörten, die mit dem ungarisch-amerikanischen Hedgefonds-Milliardär George Soros und seinen Open Society Foundations zusammenhängen. Seit der Wende 1990 setzt sich Soros für eine demokratische und »offene Gesellschaft« in Osteuropa und ganz besonders der Ukraine ein, wovon seine Gründung der International Renaissance Foundation 1990 zeugt. Die über 100 Millionen Dollar, die er dort zwischen 1990 und 2010 ausgab, kamen nicht zuletzt auch dem Ukraine Crisis Media Center in Kiew zugute, das nach dem Maidan-Umsturz 2014 ins Leben gerufen worden war und dazu dienen sollte, westliche Journalisten bei ihrer Berichterstattung zu »unterstützen«.

Anstatt auf Berichterstatter vor Ort griffen die westlichen Medien zu Beginn des Kriegs folglich auf ein Netzwerk aus Soros nahestehenden NGOs und Experten zurück, die ihnen die Arbeit abnehmen und ihrer Berichterstattung gleich den gewünschten Dreh geben konnten. Allerdings verzichtete die ARD-*Tagesschau* darauf, ihre Interviewpartner als Mitglieder von Soros-NGOs kenntlich zu machen.

So berichtete ARD-Reporter Danko Handrick in der *Tagesschau* am 1. März 2022 lieber von der slowakischen Grenze aus als aus der Ukraine selbst. Aus Kiew schaltete sich die Journalistin Anna Kosstutschenko aus ihrer Küche zu, und zwar für den ukrainischen Auslandssender UATV, der dem Oligarchen Ihor Kolomojskyj gehört – dem Schutzpatron des ukrainischen Präsidenten Wolodymyr Selenskyj. Kosstutschenko berichtet auch für Voice of America, den offiziellen Auslandssender der US-Regierung, und sagte: »Wir sind so wütend auf das russische Volk.«

Im ARD-*Brennpunkt* am 28. Februar 2022 sprach Moderatorin Ellen Ehni mit Gwendolyn Sasse vom Zentrum für Osteuropa und internationale Studien (ZOiS) und ließ sie über den Geisteszustand von Wladimir Putin spekulieren.[4] Sasse war Assistant Professor an der Central European University (CEU) von George Soros gewesen und hatte dort 2014 – zusammen mit Goran Buldioski, dem Direktor des Open Society Think Tank Fund, sowie weiteren führenden

Köpfen der CEU – für die European Stability Initiative (ESI) von Merkel-Berater Gerald Knaus gesprochen.

Danach befragte Ehni den in der Ukraine lebenden Gießener Anwalt Ario Dehghani, der zu der Kanzlei Redcliffe Partners gehört und mit dem Anti-Corruption Research and Education Centre (ACREC) zusammenarbeitet, das zwischen 2017 und 2020 insgesamt 200 000 Dollar von Open Society erhielt.[5]

Im ARD-*Brennpunkt* vom 1. März 2022 führte Moderatorin Ellen Ehni ein bewegendes Interview mit Darya Romanenko, der Leiterin der zivilgesellschaftlichen NGO Drukarnia, aus dem von Kiew besetzten Slowjansk in der Ostukraine. Drukarnia ist Teil des Berliner Vereins »Austausch e. V. – Für eine europäische Zivilgesellschaft«, der eng mit anderen »zivilgesellschaftlichen« NGOs zusammenarbeitet und 2021 wegen »ausländischer Einflussnahme« aus Russland verbannt wurde. Romanenko wurde von der ARD nur lapidar als »Mitarbeiterin einer Friedensorganisation« bezeichnet.

Dasselbe Sendeformat brachte dann einen ausführlichen Bericht der ukrainischen Abgeordneten und ehemaligen Bildungsministerin Inna Sowsun aus Kiew, die unter anderem behauptete, russische Spezialkräfte würden Kinder erschießen. »Immer wenn Putin den Mund aufmacht, lügt er«, so Sowsun, und Putin wolle die Ukraine und »die Idee der Demokratie in der Welt zerstören«. Sowsun ist Mitarbeiterin des Thinktanks CEDOS, der 2020 115 000 Dollar von Soros' International Renaissance Foundation sowie 17 000 Dollar von der Heinrich-Böll-Stiftung der Grünen erhalten hatte.[6] 2016 erhielt CEDOS 124 000 Dollar von Open Society[7].

Am 3. März interviewte Ellen Ehni[8] zunächst einen gewissen Kyrylo Tkachenko, »der vor einigen Tagen in Kiew in einem Luftschutzbunker Vater geworden« war, wobei anzumerken ist, dass Tkachenko Dozent an der European University Viadrina in Frankfurt an der Oder ist, die mit dem Open Society University Network zusammenarbeitet. Gleich im Anschluss sprach sie mit Jan Behrends vom Leibniz-Zentrum für Zeithistorische Forschung in Potsdam, ohne zu erwähnen, dass Behrends ebenfalls an der European University Viadrina doziert. Behrends spricht von »verwirrten« russischen Soldaten, denen »nicht gesagt wurde, in was für einen Einsatz sie hier ziehen«. Unterschnitten wird das Interview mit Internetbildern von vermeintlich »jungen russischen Soldaten in Kriegsgefangenschaft«, die »weinend mit ihrer Mutter telefonieren«, was mit dem Kommentar versehen wird: »Ob die Szene real ist oder gestellt, lässt sich nicht herausfinden.« Diese Bilder wurden später »aus redaktionellen Gründen« aus dem Beitrag in der Mediathek wieder entfernt.

Kyrylo Tkachenko und Jan Behrends sind also Kollegen an einer Soros nahestehenden Universität und traten unter anderem beim Ukrainian Studies Online Colloquium der Europa-Universität Viadrina am 9. November und 14. Dezember 2020 auf, an dem auch Oleksii Rudenko von der Central European University teilnahm.[9] Dies kehrte der *Brennpunkt* aber unter den Teppich.

Als weiteren Experten zum Gemütszustand der russischen Truppen zog Ellen Ehni Sergej Sumlenny aus Wien heran, der von 2015 bis 2021 die Heinrich-Böll-Stiftung in Kiew geleitet hat. Die Heinrich-Böll-Stiftung der Grünen arbeitet oft mit dem Open-Society-Netzwerk zusammen und erhielt laut Website 222 000 Dollar im Jahr 2020 von den OSF.

Am 5. März ist Dr. Claudia Major von der Stiftung Wissenschaft und Politik, die von der Bundesregierung finanziert wird, bei Ellen Ehni zu Gast.[10] Frau Major war in der Vergangenheit Gastrednerin beim

European Council on Foreign Relations (ECFR) sowie bei der Atlantik-Brücke und gehört zum European Leadership Network, das unter anderem vom Auswärtigen Amt, der NATO und der Heinrich-Böll-Stiftung finanziert wird.[11]

Im Anschluss interviewte Ehni Dr. Gustav Gressel, den sie als »Experten für Sicherheitspolitik und Militärstrategien von der Universität Salzburg« vorstellte. Gressel ist aber seit November 2014 auch als Senior Policy Fellow im Wider Europe Programm des European Council on Foreign Relations (ECFR)[12] tätig und arbeitet – genauso wie Sergej Sumlenny – für das Zentrum Liberale Moderne (LibMod)[13] und die Heinrich-Böll-Stiftung.

Danach befasste sich der ARD-*Brennpunkt* mit der Zensur und Kontrolle der Medien in Russland und befragte dazu Katja Gloger aus dem Vorstandsteam von Reporter ohne Grenzen (RSF).[14] Sie sagte, eine »große Dunkelheit« sei über die Menschen in Russland herabgekommen, »die Menschen sind mehr als jemals zuvor der Propagandamaschine des Staates ausgesetzt«. Katja Gloger ist Mitglied der Atlantik-Brücke, zu der sie 1992 als Young Leader kam, und interviewte für den *Stern* 2008 George Soros persönlich, der nur sehr selten Interviews gibt – und wenn, dann nur an befreundete Journalisten.[15]

Keiner dieser Interviewpartner wurde als Angehöriger von George Soros' Open-Society-Netzwerk identifiziert. Ganz im Gegenteil schien es eher so, als wolle die *Tagesschau* die Verbindungen zwischen ihren Interviewpartnern und George Soros verschleiern.

Man sollte sich hüten, Vergleiche zwischen der Medienmanipulation im Westen und derjenigen im Russland Wladimir Putins zu ziehen. Dennoch gibt es mittlerweile Anlass zur Sorge, dass sich auch hier eine »große Dunkelheit« über die Menschen legen könnte, die »mehr als jemals zuvor einer Propagandamaschine ausgesetzt« zu sein scheinen.

Am 4. März 2022 eröffnete in Lwiw, Lemberg, 70 Kilometer von der polnischen Grenze entfernt, das Lviv Press Freedom Center, von wo aus viele Journalisten Bericht erstatteten, die sich nicht zu nahe an die Front wagten. Dieses »Zentrum für Pressefreiheit« wird von Reporter ohne Grenzen (RSF) und dem Institute of Mass Information (IMI) gemeinsam betrieben, die laut RSF seit 2014 Partner sind. Untergebracht war es im International Media Center der Stadt Lwiw. »Es ist jetzt sehr wichtig, die Wahrheit über diesen Krieg zu berichten«, sagte die Leiterin Hrystyna Lebed. »Unser Land wird angegriffen, und wir kämpfen für unsere Freiheit. Wir werden alles organisieren, was [Journalisten] brauchen, um Zugang zu den richtigen Informationen zu erhalten.«[16]

Laut der Website von Open Society[17] erhielt RSF im Jahr 2017 eine Summe von 200 202, 2019 von 175 000, 2021 von 300 000 Dollar und das IMI 2019 von 75 000 Dollar. Im International Media Center am Rynok-Platz 32 in Lwiw hat auch das Media Center Ukraine der ukrainischen Regierung seinen Sitz, welches nicht nur Journalisten zu Presseakkreditierungen und Terminen verhilft, sondern auch mit dem ukrainischen Center for Civil Liberties zusammenarbeitet. Letzteres wurde 2022 mit dem Nobelpreis ausgezeichnet und von Open Society in den Jahren 2017 bis 2020 mit 325 500 Dollar finanziert.

Ebenfalls am 4. März 2022 sprach ein WDR-Sprecher dem *Tagesspiegel* gegenüber davon, dass die ARD ihre Präsenz im Land verstärken werde: »Ab Anfang kommender Woche sollen mindestens zwei ARD-Korrespondent:innen mit ihren Teams aus der Ukraine berichten.«[18] Und am 9. März reiste schließlich der WDR-Journalist

Georg Restle als erster prominenter ARD-Journalist in die Ukraine. Selbstverständlich nach Lwiw.

Wie ist es möglich, dass das Flaggschiff der deutschen Fernsehnachrichten – die *Tagesschau* – und im Prinzip alle Mainstreammedien derart von Vertretern einer ausländischen Lobbyorganisation unterwandert werden konnten?

Seit Ende des Zweiten Weltkriegs wird uns im Geschichtsunterricht beigebracht, wie verhängnisvoll bei Hitlers Machtergreifung die Gleichschaltung der deutschen Presse und der Einfluss des Verlegers Alfred Hugenberg waren, der damals die Kontrolle über weite Teile der deutschen Presse ausübte. Und zu Recht wird uns eingepaukt, dass sich eine solche Unterwanderung der freien Presse durch Propagandisten und Agitatoren niemals mehr wiederholen dürfe. Doch dieselben Warner und Mahner scheinen 90 Jahre später kein Problem damit zu haben, wenn ein Großteil der deutschen Medienlandschaft durch dubiose NGOs und Aktivisten infiltriert ist. Bei den Themen Klima, Grenzöffnung oder nun dem Ukrainekrieg nehmen diese unter dem Deckmantel des »Expertentums« einen entscheidenden Einfluss auf die politische Berichterstattung in den deutschen Leitmedien.

Wer die Berichterstattung der deutschen Medien über den Ukrainekrieg aufmerksam beobachtete, konnte nicht umhin, sich extrem einseitig informiert zu fühlen. Kriegsverbrechen gab es nur vonseiten der Russen. Die Asow-Brigade und andere rechtsextreme Milizen, die vor dem Krieg noch zum Skandalreport für den *Spiegel* und *Tagesspiegel* taugten, lieferten der *Tagesschau* nun Videos aus Mariupol. Berichte aus der Ukraine wurden stets mit dem Leid der Zivilbevölkerung eingeleitet, während die Opfer unter der russischsprachigen Bevölkerung im Donbas unter den Teppich gekehrt wurden.

Und eine politische Unterdrückung von Medien und Opposition gab es nur in Russland, nicht in der Ukraine.

Als Selenskyj-Berater Mykhailo Podolyak in einem Interview im September 2022 »die Atomwaffenstaaten« aufforderte, »die russischen Atomwaffenbasen zu zerstören«, antwortete der russische Präsident Wladimir Putin: »Wenn die territoriale Integrität Russlands gefährdet ist, werden wir alle uns zur Verfügung stehenden Mittel einsetzen, um Russland zu schützen. Das ist kein Bluff. Diejenigen, die uns mit Atomwaffen erpressen wollen, sollten wissen, dass der Wind sich drehen kann.«[19]

Die *Tagesschau* verkürzte dies zu Putins »Drohung, im Extremfall auch mit Atomwaffen zuzuschlagen«, ohne die vorangegangene Drohung Podolyaks, auf die sich Putin ausdrücklich bezieht, zu thematisieren, und einhellig stellten die deutschen Medien Putin als Aggressor dar, der zum nuklearen Erstschlag aufrufe. Durch diese einseitige Berichterstattung der westlichen Medien wurde die Spirale der nuklearen Eskalation wesentlich befeuert. Ob die Mechanismen der gleichgeschalteten Hugenberg-Presse, die zum Zweiten Weltkrieg geführt haben, so viel anders funktioniert haben, darf bezweifelt werden.

Dieses Buch verfolgt nicht die Absicht, Partei für Russland oder Wladimir Putin zu ergreifen. Der russische Angriffskrieg gegen die Ukraine ist aufs Schärfste zu verurteilen. Doch irgendwann wird es eine Verhandlungslösung mit Russland geben müssen, und dafür ist es von großem Nutzen, die russischen Interessen und Beweggründe zu verstehen. Angela Merkel sagte bei einem Auftritt in Goslar am 30. September 2022, man müsse an einer »gesamteuropäischen Sicherheitsstruktur gemeinsam mit Russland«[20] arbeiten.

Ob es dabei hilfreich ist, dass der EU-Rat am 2. März 2022 den Fernsehsender Russia Today europaweit für 450 Millionen Bürger sperren ließ, um die »Verbreitung von Lügen«[21] zum Ukrainekrieg zu unterbinden, scheint zumindest fragwürdig. Vor allem wenn einem bewusst wird, wie sehr die aktuelle Ukraineberichterstattung und -politik von dem Hedgefonds-Spekulanten und notorisch linkspolitischen Aktivisten George Soros beeinflusst wurde – einem Mann, der »in den vergangenen 30 Jahren mehr als eine Viertelmilliarde Dollar in die Ukraine investiert hat und gemeinsam mit seinem Sohn Alexander und seiner Ehefrau Tamiko Bolton Dutzende Besuche in Kiew« absolviert hat, wie der Chef von Open Society, Lord Mark Malloch-Brown, auf dem Treffen des Weltwirtschaftsforums in Davos am 24. Mai 2022 sagte.

»Wir haben eine Stiftung in der Ukraine, eine unserer besten Stiftungen«, verkündete der sichtlich altersschwache George Soros dort bei seinem alljährlichen Auftritt. »Sie weigerten sich, zu fliehen, und führen dort die Zivilgesellschaft an. Ich möchte hinzufügen, dass es noch eine Person gibt, die sehr tief in die Ukraine involviert war, nämlich [Joe] Biden. Ich bin ihm im Zusammenhang mit der Ukraine sogar zum ersten Mal begegnet. Er hatte viel mehr Geduld mit der Bekehrung von [Präsident Petro] Poroschenko zu einem demokratischen Anführer als ich. Ich hatte schnell die Schnauze von ihm voll und habe ihm das auch gesagt. Aber Biden hat nicht aufgegeben.«[22]

Um dieses Verhältnis zwischen George Soros, Joe Biden, Deutschland, Russland und der Ukraine, und wie diese Verflechtung die Welt im aufgeklärten 21. Jahrhundert an den Rand des Atomkrieges führen konnte, geht es in diesem Buch.

KAPITEL 2

»Ich wollte dorthin, wo die Macht ist«

Steve Kroft: *»Sie waren dabei, als Menschen ins KZ abtransportiert wurden.«*

George Soros: »Ja. Ich war 14. Ich würde sagen, das war der Auslöser für die Formung meines Charakters.«

Kroft: *»Inwiefern?«*

Soros: »Dass man vorausdenken muss. Dass man Ereignisse verstehen und vorausahnen muss, wann sie bedrohlich werden können. Es war eine sehr persönliche Begegnung mit dem Bösen.«

Kroft: *»Ist es richtig, dass Sie Ihre Beschützer bei der Enteignung von anderen Juden begleitet haben?«*

Soros: »Ja, das ist richtig.«

Kroft: *»Das klingt wie ein Erlebnis, für das viele Menschen jahrelange Therapie brauchen würden, um es zu verwinden. War das nicht schwierig für Sie?«*

Soros: »Nein, gar nicht. Vielleicht begreift man als Kind die Zusammenhänge nicht. Aber das war für mich überhaupt kein Problem.«

Kroft: *»Überhaupt keine Gewissensbisse?«*

Soros: »Nein.«

Kroft: *»Gedanken wie: ›Ich bin Jude und sehe wie diese Menschen deportiert werden, wobei das genauso gut ich sein könnte. Ich könnte an ihrer Stelle sein.‹ Keine solchen Gedanken?«*

Soros: »Natürlich könnten die Plätze vertauscht sein. Ich könnte derjenige sein, von dem konfisziert wird. Aber ich hatte nie das Gefühl, dass ich nicht dort sein sollte. In einer gewissen Weise war es wie mit den Märkten – wenn ich nicht da wäre, würde es jemand anders tun. Ich war ja nur Zuschauer, der Besitz würde ihnen ohnehin genommen werden. Ich war ja nicht aktiv beteiligt. Deshalb hatte ich keine Schuldgefühle.«

Interview mit Steve Kroft in *60 Minutes*, CBS, 20.12.1998[23]

George Soros wurde am 12. August 1930 als György Schwartz in Budapest, Ungarn, geboren. Sein Vater Tivadar geriet im Ersten Weltkrieg in Sibirien in Kriegsgefangenschaft und lernte während des Kriegs die Kunstsprache Esperanto, die die sprachlichen Grenzen auf der Welt überwinden helfen sollte. Tivadar war Ungarns bekanntester Aktivist für Esperanto und schrieb Bücher in dieser Kunstsprache, so auch seine Biografie *Maskerade. Die Memoiren eines Überlebenskünstlers,* die 1965 erschien. Aufgrund des wachsenden Antisemitismus in Ungarn änderte er 1936 den Familiennamen in Soros um, was auf Esperanto bedeutet: »Er wird hinaufschweben.«

Tivadar Soros war ein Anwalt und Lebemann, dessen moralische Flexibilität sein jüngerer Sohn George übernahm, nicht aber seine Gleichgültigkeit gegenüber Geschäft und Geld. Als George 5 Jahre alt war, soll er seinen Vater als »verheirateten Junggesellen«[24] bezeichnet haben. Als dieser während des Kriegs Pläne schmiedete, um seine Frau und seine Kinder in die USA zu schicken, weigerte sich Tivadars Frau Erzebet, weil sie darin einen Vorwand ihres Mannes befürchtete, sie ungestört in Ungarn betrügen zu können.[25] Die ungarische Historikerin Mariá Schmidt ließ den Autor in einem Gespräch wissen, dass sich Tividar Soros im Ersten Weltkrieg in der Kaiserlichen Armee als Katholik ausgegeben hatte. »Warum er das getan hat, wissen wir nicht.«

Jedenfalls erkannte Tivadar die Gefahr, die von den Nationalsozialisten ausging. Als im April 1944 unter Adolf Eichmann der Massenmord an den ungarischen Juden begann, versteckte er seine Frau und seine beiden Söhne Paul und George an unterschiedlichen Orten. George kam als »Sandor Kiss« bei einem Herrn Baumbach unter, dessen Namen Tivadar Soros allerdings als »Baufluss« angibt.[26] Baufluss beziehungsweise Baumbach war »ein Beamter im Landwirtschaftsministerium [...] deutscher Herkunft, ein jovialer Bursche mit rosigem Gesicht, mit dem man, wie man so sagt, Pferde stehlen konnte; denn er war ein großer Liebhaber starker Getränke und flotter Frauen. Über Geld sprachen wir nicht, aber an dem Abend, als wir einen Toast auf unsere Freundschaft ausbrachten, schob ich ihm ein paar Tausender zu«, schreibt Soros' Vater in seiner Autobiografie *Maskerade*:[27]

»Baufluss war im Ministerium für die Inventarisation konfiszierter jüdischer Grundstücke zuständig. Er war nur am Wochenende zu Hause, die übrige Zeit verbrachte er mit den Inventarisationen in der Provinz. Unter der Woche war George ganz allein in Baufluss' Wohnung. Da er nichts anderes zu tun hatte, lenkte er die Aufmerksamkeit einiger Schulkameraden auf sich, die im Gebäude gegenüber wohnten. Per Handzeichen gaben sie ihrer Verwunderung Ausdruck, ihn im Haus eines fremden Menschen festgesetzt zu sehen. In der folgenden Woche nahm der gutherzige Herr Baufluss George mit in die Provinz, um den unglücklichen Jungen aufzumuntern. Zu der Zeit arbeitete er in Transdanubien, westlich von Budapest, auf dem Mustergut eines jüdischen Adligen, des Barons Móric Kornfeld. Dort wurden sie vom Rest des Personals nach Kräften verwöhnt. George lernte auch verschiedene Ministerialbeamte kennen, die den jungen Mann, den angeblichen Patensohn des Herrn Baufluss, gleich ins Herz schlossen. George half sogar bei der Inventarisation.«[28]

Der Großindustrielle Baron Móric Kornfeld wurde ins KZ Mauthausen in Oberösterreich gebracht – jenes berüchtigte Todeslager, das die SS »Knochenmühle« nannte. Doch Kornfeld übertrug seinen gesamten Besitz an die Nazis, und so durfte er mit seiner Familie nach Portugal ausreisen, daher die »Inventarisation«.[29] Als der Krieg vorbei war, wurde Kornfelds Firmenimperium von den Kommunisten verstaatlicht. Er kehrte nie nach Ungarn zurück, sondern starb 1967 in Washington, D. C., in den USA.

Nachdem Soros von seinen Schulfreunden auf dem Balkon gesehen worden war, konnte er nicht länger bei Baumbach bleiben, und dieser brachte ihn bei einem Miklós Prohászka unter, der sein Untergebener im Landwirtschaftsministerium war. Wie Jake Wallis Simons 2018 in der *Daily Mail* enthüllte, versteckte Prohászka Soros in einem Geheimzimmer hinter einem Schrank. Prohászka hatte laut seiner Tochter Eva Szentgyörgyi fünfzehn Juden versteckt. »Meine Mutter Elvira und er riskierten dafür ihr Leben. Mein Vater wurde sogar verhaftet und musste 24 Stunden lang mit erhobenen Händen auf der Polizeiwache stehen. Doch anders als Baumbach hätte er nie mit den Nazis kollaboriert, er hätte nie einen solch doppelten Standard gehabt. So war mein Vater nicht. Als ich Soros sagen hörte, er hätte wegen der Konfiszierung keine Gewissensbisse, fand ich das sehr merkwürdig. Soros ist auf vielerlei Weise merkwürdig.«[30] Laut seiner Tochter erhielt Prohászka keinen Pfennig dafür. Er starb 1999 an Lungenkrebs. Soros hat die Rolle, die Prohászka bei seinem Überleben gespielt hat, nie zur Kenntnis genommen. Diese Geschichte blieb 74 Jahre lang unbekannt.

Zwischen dem 15. Mai und dem 9. Juli 1944 wurden 440 000 Juden aus Ungarn deportiert, die meisten nach Auschwitz-Birkenau, wo sie in Gaskammern umgebracht wurden. »Ich war noch keine 14 Jahre alt«, schrieb George Soros über diese Zeit. »Die Stunde meines Vaters war gekommen, denn er hatte die russische Revolution überlebt und wusste, was zu tun war. Er begriff die Lage und verstand, dass die normalen Regeln nicht mehr galten. Sich ans Gesetz zu halten wurde zu einer gefährlichen Angewohnheit, das Gesetz zu missachten wurde zur Überlebensstrategie.« Und an diese Lehre sollte sich George Soros sein ganzes Leben lang halten. »Mein Vater beschaffte der Familie gefälschte Dokumente und Verstecke. Er half aber nicht nur seiner unmittelbaren Familie, sondern auch vielen anderen. Ich kann wahrhaftig sagen, dass er dutzende Leben gerettet hat.«[31]

Durch die Weitsicht seines Vaters überlebte Soros den grausamen ungarischen Holocaust. Ja, er konnte seine Jugend sogar genießen. »Paradoxerweise war 1944 das glücklichste Jahr meines Lebens«, schreibt Soros. »Das klingt zwar merkwürdig, fast schon anstößig, weil gleichzeitig der Holocaust stattfand, stimmt aber. Ich war 14 Jahre alt, hatte einen Vater, den ich anhimmelte, weil er Herr der Lage war [...] und anderen helfen konnte. Wir waren in Lebensgefahr, doch ich war überzeugt, immun zu sein. Wenn man 14 ist, hält man sich für unverwundbar. [...] Es war ein prägendes Erlebnis für mich, denn ich lernte die Kunst des Überlebens von jemandem, der sie meisterhaft beherrschte.«[32]

Im Januar 1947 hatte Stalin den ungarischen Juden Mátyás Rákosi (den geborenen Matthias Rosenberg) als kommunistischen Diktator in Ungarn eingesetzt, der das Land mit einer Terrorwelle aus Säuberungen und Schauprozessen überzog. In demselben Jahr verließ George Soros Ungarn. Zwar behauptet er heute, der Kommunismus habe ihn damals abgestoßen, doch er hatte 1946 zu seinem Vater gesagt: »Ich will nach Moskau gehen. Dorthin, wo die Macht ist. Ich möchte mehr darüber wissen.«[33] Dazu sagte der Soros-Kritiker David Horowitz vom David Horowitz Freedom Center: »Die Aussage ›Dorthin, wo die Macht ist‹ bringt Soros' Lebensphilosophie mehr auf den Punkt als alle seine moralischen Ideale oder Beteuerungen«.[34] Sein Vater aber riet ihm, statt nach Moskau nach London zu gehen. Und so fuhr Soros im August 1947 auf eine Esperanto-Konferenz in die Schweiz und von dort aus weiter nach England, wo er sich mit Gelegenheitsjobs als Kellner und Kofferträger über Wasser hielt. Bei seiner ersten Englischprüfung fiel er durch, dabei wollte er unbedingt zur guten Gesellschaft in London gehören. »In Ungarn hatte ich nie mit Nazis, Ungarn oder Antisemiten befreundet sein wollen«, so Soros. »Doch jetzt [in London] ausgeschlossen zu sein, obwohl ich versuchte, als Außenseiter in diese geschlossene Gesellschaft einzudringen, war eine neue und schmerzhafte Erfahrung.«[35]

1949 schaffte er endlich die Aufnahme in die London School of Economics (LSE), dieselbe renommierte Uni, die übrigens Annalena Baerbock 2005 ohne vorherigen Bachelorabschluss einen Master in Internationalem Recht verleihen sollte. Dazu muss man wissen, dass die LSE heute zu den Gründungsmitgliedern des Open Society University Network gehört. An der LSE lernte Soros den deutschen Philosophen Karl Popper kennen, der in seinem Buch *Die offene Gesellschaft und ihre Feinde* den Kommunismus und Faschismus gleichermaßen als totalitäre Ideologien kritisiert. Popper hatte als deutscher Jude die Zeichen der Zeit erkannt und war 1937 nach Neuseeland geflohen, wo er während der Nazidiktatur sein Hauptwerk verfasste. Der liberale Ökonom Friedrich Hayek, Begründer der Österreichischen Schule der Volkswirtschaftslehre und ebenfalls Kritiker totalitärer Ideologien, erkannte Poppers Genie und holte ihn nach dem Krieg an die LSE.

Aus den Diskussionen zwischen Hayek und Popper entwickelte Soros seine eigene Wirtschaftstheorie, die er »Theorie der Reflexivität«[36] nannte. Diese besagt, dass Marktteilnehmer keine objektiven Beobachter sind, sondern durch ihre Teilnahme an dem Marktgeschehen und ihre dementsprechende Wahrnehmung desselben beeinflusst werden.[37] Damit kritisiert Soros Hayeks »marktfundamentalistischen« Glauben, freie Märkte würden am besten funktionieren, und konzentriert sich stattdessen auf das Scheitern der Märkte, zu dem es beispielsweise dann kommt, wenn bei einer Blasenbildung zu viele Marktteilnehmer wie die Lemminge einem Irrglauben erliegen. Auf das Erkennen und entschlossene Ausnützen solcher Blasen sollte Soros später seinen enormen Reichtum gründen. Im Übrigen benannte er seine Stiftungsgruppe nach Poppers Hauptwerk *Open Society.*

Zu dieser Zeit war Soros jedoch noch kein Spender, sondern ein Empfänger von Spenden. Er beantragte ein Stipendium beim Jewish Board of Guardians, einer Londoner Stiftung wohltätiger Juden, das jedoch zunächst abgelehnt wurde. Erst aufgrund eines Beinbruchs, den er sich bei einem seiner Gelegenheitsjob zugezogen hatte, erlangte er bei einer nochmaligen Bewerbung einen positiven Bescheid. Doch das Stipendium behielt er, auch als sein Bein längst verheilt war.[38] »Ich lernte daraus, dass jemand, der sich bei einer wohltätigen Stiftung bewirbt, das Ziel hat, Geld zu erhalten, während es das Ziel der Stiftung ist, sich selbst zu schützen. [...] Das Widersprüchliche an der Wohltätigkeit ist, dass sie die Empfänger zu Objekten der Wohltätigkeit macht«[39], schrieb Soros später. Als er seine eigenen Stiftungen gründete, war er daher bemüht, die Empfänger seiner Spenden nicht in eine Abhängigkeit zu bringen, sondern stets deren Eigenverantwortung zu wahren.

Nachdem er an der LSE 1951 seinen Bachelor- und 1954 seinen Masterabschluss in Philosophie gemacht hatte, bewarb sich Soros bei sämtlichen Handelsbanken in London. Doch alle erteilten ihm eine Absage. Es hieß, er habe keine Chance, weil er nicht aus den richtigen Kreisen oder dem richtigen Land stammen würde. Daraufhin bewarb er sich bei der Firma Singer & Friedmann, da einer der Geschäftsführer Ungar war. 1953 bekam er dort einen Job, wechselte aber 1956 zur Firma F. Mayer in New York, die dem Vater eines Kollegen gehörte. Georges Bruder Paul hatte sich bereits als Mitglied der ungarischen Skimannschaft über die Schweiz nach Amerika abgesetzt und wohnte in einer kleinen Wohnung in Queens. 1959 dann erhielt George eine Stelle bei der großen Investmentfirma Wertheim & Co., wo er sich mehr Gestaltungsspielraum erhoffte. Gleichzeitig zog er in die berühmte Christopher Street im Künstlerviertel Greenwich Village, Heimstatt der gegenkulturellen Bewegung der 1960er-Jahre und insbesondere der Beat Generation. 1961 heiratete er die Deutsche Annaliese Witschak (geboren 1934), mit der er an den Sheridan Square zog und ein Haus in Southampton errichtete. 1963 wurde sein erster Sohn Robert Daniel geboren.

Über Soros' Zeit in Greenwich Village ist nicht viel bekannt. Der führende Sozialist Michael Harrington hielt allabendlich in der White Horse Tavern Hof. Harrington war Autor des Buches *The Other America,* das als eine Art Manifest die Sozialpolitik von Präsident Lyndon Johnson prägte. In den 1960ern war Harrington Vorstandsmitglied der sozialistischen League of Industrial Democracy, und zwar zusammen mit Aryeh Neier, dem Mitbegründer von Human Rights Watch, der 1993 von Soros zum Chef der Open Society Foundations ernannt wurde.

Einer der vielen prominenten Stammgäste in Greenwich Village war zu dieser Zeit der homosexuelle Dichter Allen Ginsberg, Ideengeber der Hippiebewegung, den das FBI 1965 auf die Liste »gefährlicher Subversiver« setzte. Es gibt keine Belege, dass Soros und Ginsberg sich bereits in den 1960er-Jahren kannten, doch ab 1980 waren sie beste Freunde. Ginsberg war ein häufiger Gast in Soros' Wohnung an der 5th Avenue sowie auf seinem Grundstück El Mirador auf Long Island.

»Soros hat wenige echte Freunde«, schreibt David Horowitz[40], »aber der verstorbene Allen Ginsberg war auf jeden Fall einer davon. Das wirft Fragen auf … Was hatten Soros und Ginsberg voneinander? Zumindest bestärkten sie sich gegenseitig in ihren radikalen Tendenzen. Ginsberg war einer der größten Fürsprecher von Marihuana, LSD und anderen Mitteln chemischer ›Erleuchtung‹. Soros sagt, es sei Ginsberg gewesen, der ihn zum Vorkämpfer der Drogenlegalisierung gemacht habe.«[41] Laut Horowitz war Ginsberg auch ein lautstarker Befürworter der Palästinenser. So reiste er 1988 nach Israel, stellte ein Dossier über die israelische Zensur palästinensischer Medien zusammen und veröffentlichte einen offenen Brief propalästinensischer New Yorker Juden wie Arthur Miller, Norman Mailer, Erica Jong und Susan Sontag, der in der *New York Times* Schlagzeilen machte. Den Terror und die Unterdrückung durch die radikale Palästinenserführung erwähnte er nicht. »In Bezug auf den doppelten Standard bei der Forderung nach einer ›offenen Gesellschaft‹ hatte Soros in Ginsberg offenbar einen Bruder im Geiste gefunden«, schreiben Horowitz und Poe.[42] (Im nächsten Kapitel werden wir von Soros' Unterstützung israelfeindlicher NGOs erfahren.)

1963 wechselte Soros zu der Investmentbank Arnhold and S. Bleichroeder, die ihm 1966 100 000 Dollar zur Verfügung stellte, damit er ein Modellkonto für Spekulationen einrichten konnte. Damit war er so erfolgreich, dass er zum Manager eines eigenen Investmentfonds ernannt wurde: dem First Eagle Fonds. Nur 3 Jahre später erhielt er 4 Millionen Dollar für die Einrichtung eines Hedgefonds, der nicht nur auf steigende, sondern auch auf fallende Kurse setzen konnte. Als Soros dann 250 000 Dollar seines eigenen Geldes investierte, geriet er in die gesetzliche Zwickmühle, Aktien zu empfehlen, in die er selbst involviert war. Deshalb machte sich Soros 1973 selbstständig und gründete gemeinsam mit seinem Assistenten Jim Rogers den Soros Fund, der 1978 in Quantum Fund umbenannt wurde. Zu den ersten Investoren gehörte die Rothschild-Familie[43], die zusammen mit europäischen Investoren 6 Millionen Dollar einsetzte. Der Soros Fund gehört zu den erfolgreichsten Investmentfonds der Welt und erzielt seit 40 Jahren durchschnittlich 20 Prozent Rendite.

Das Konzept des Hedgefonds war zu dieser Zeit relativ unbekannt und wurde vor allem genutzt, um sich gegen allzu große Verluste abzusichern. »Hedgen« heißt im Wettgeschäft, auf zwei oder mehrere Ergebnisse zu setzen, wodurch sowohl die möglichen Verluste als auch die möglichen Gewinne geschmälert werden. Wenn jemand im Spiel FC Erzgebirge Aue gegen FC Bayern auf Erzgebirge Aue gesetzt hat und dann nervös wird, könnte er sich absichern, indem er auch einen Teil auf den FC Bayern setzt. Wie vermutlich jeder ahnt, ist dies kein Modell, bei dem man besonders üppige Gewinne erwarten kann.

Soros hatte aus seinem Studium von Karl Popper die Einsicht gewonnen, dass Märkte und Marktteilnehmer oft falsch informiert waren und dann wie die Lemminge alle in die falsche Richtung liefen. Also musste er selbst nur jener eine Lemming sein, der in die richtige Richtung lief. Soros sagte, er verlasse sich bei seinen Entscheidungen auf seinen Instinkt: Wenn er Rückenschmerzen hatte, warnten ihn diese vor kommenden Turbulenzen.[44] Besser noch als der Spürsinn ist natürlich ein Wissensvorsprung gegenüber anderen Marktteilnehmern, anders gesagt: Insiderwissen. (Wir werden in Kapitel 4 mehr zur »Methode Soros« erfahren.)

2002 wurde George Soros von einem französischen Gericht zu einer Geldstrafe von 2,2 Millionen Euro verurteilt, weil er 1988 sein Insiderwissen bei einem Übernahmeangebot für die Bank Société Générale genutzt haben soll.[45] Laut der FAZ hatte »die damalige Linksregierung … versucht, anderthalb Jahre nach der durch die konservative Vorgängerregierung eingeleiteten Privatisierung die Macht bei der Société Générale zurückzuerlangen. Dabei sollten große Geldgeber wie Soros helfen«[46]. Soros bestritt die Vorwürfe. Er habe zu keinem Zeitpunkt von vertraulichen Informationen profitiert. Warum es für einen Hedgefonds-Investor jedoch von großem Vorteil sein kann, Zugang zu den höchsten Entscheidungsträgern der Welt zu haben, liegt auf der Hand.

1973 hatte der Überraschungsangriff des Jom-Kippur-Krieges gezeigt, dass die arabischen Staaten mithilfe sowjetischer Waffen zu einer ernsthaften Bedrohung für Israel werden konnten. Soros ahnte, dass dies zu einer Steigerung der US-Militärausgaben führen würde, und investierte mit Erfolg in Rüstungsfirmen.[47] »1975 hatte noch niemand von einem ›Hightech-Krieg‹ gehört. Doch Soros investierte massiv in sogenannte ›Smart‹-Bomben, lasergesteuerte Artilleriegranaten und computergesteuerte Raketen, dieselben Waffen, die 16 Jahre später

Saddam Husseins Armee vernichten sollten. […] Als er 1972 Ölbohrausrüstung kaufte, hielten ihn alle für verrückt, aber ein Jahr später verhängten die OPEC-Staaten ein Ölembargo, und die Ölpreise gingen durch die Decke«, schreibt David Horowitz, der Soros' Investmententscheidungen als »unglaublich prophetisch«[48] bezeichnet.

Zwischen 1979 und 1981 vervierfachte der Quantum Fund seinen Wert von 100 auf 400 Millionen Dollar. Das Magazin *Institutional Investor* nannte Soros 1981 »den besten Vermögensverwalter der Welt«[49].

»Ich hielt mich für eine Art Gott«[50], sagte Soros in dieser Zeit über sich selbst. Seine erste Frau Annaliese Witschak, mit der er die drei Kinder Robert (geboren 1963), Andrea (1965) und Jonathan (1970) hatte, sah das allerdings anders. Sie trennte sich 1978 von ihm und ließ sich 1983 scheiden. Noch in demselben Jahr heiratete Soros die 24 Jahre jüngere Kunsthistorikerin Susan Weber, die er 1978 auf einem Tennisplatz kennengelernt hatte. Sie bekamen zwei Kinder – Alexander (1985) und Gregory (1988) – und ließen sich 2005 wieder scheiden. Schließlich heiratete Soros 2013 mit 82 Jahren die 40-jährige Tamiko Bolton.[51]

Seinen größten Erfolg feierte Soros jedoch nicht mit Aktien, sondern mit Währungsspekulationen – ein Sektor, in dem die Umsätze und Handelsvolumina um ein Vielfaches höher sind. 1979 hatte Paul Volcker, der Chef der US-Bundesbank Federal Reserve, ein radikales Programm zur Inflationsbekämpfung aufgelegt und 1981 die Zinsen auf 20 Prozent angehoben, wodurch der Dollar künstlich aufgewertet wurde. Da die Inflation von 14,8 Prozent im März 1980 auf nur mehr 3 Prozent im Jahr 1983 gefallen war, beschloss Soros im August 1985, dass der Dollar überbewertet war. Also kaufte Quantum bis zum 16. August 1985 für 720 Millionen Dollar Währungen, gegen die der

Dollar an Wert verlieren sollte. Dennoch stieg der Dollar weiter an, und der starke Dollar schwächte die US-Exporte und verbilligte die Importe. Also musste Volcker etwas tun, um die Stärke des Dollars einzubremsen.

Bis zum 9. September 1985 hatte Quantum 20 Millionen Dollar verloren. Am 22. September berief der neue Finanzminister James A. Baker III. seine Kollegen aus Großbritannien, Frankreich, Japan sowie Finanzminister Gerhard Stoltenberg aus der Bundesrepublik Deutschland zu einem Geheimtreffen im New Yorker Plaza Hotel ein und beschloss, den Dollar zu schwächen. Soros verdiente in 4 Monaten 230 Millionen Dollar. *Fortune* nannte ihn in einer Titelstory 1987 »den am besten vorausschauenden Investor seiner Generation«[52], größer noch als der legendäre Warren Buffett.

Doch Soros war nicht unfehlbar. Aufgrund der Bankenderegulierung in den Reagan-Jahren kletterten die Aktienmärkte immer weiter nach oben. »Sind die Märkte zu hoch bewertet?«, fragte *Fortune* in derselben Ausgabe. »Nur weil ein Markt zu hoch bewertet ist, heißt das noch lange nicht, dass er untragbar ist«[53], antwortete Soros. Und am 19. Oktober 1987, dem berühmten Schwarzen Montag, stürzten die Aktienmärkte weltweit ab. Soros war voll investiert, versuchte für 1 Milliarde Dollar zu verkaufen und verlor innerhalb einer Woche 840 Millionen Dollar. Statt wie üblich einen Jahresgewinn von 60 Prozent zu machen, verlor Quantum 10 Prozent.

Doch Soros war ungebrochen. Er sah den Druck auf den Dollar als den eigentlichen Grund für den Absturz und wettete 2 Wochen später gegen den Dollar. »Der Dollar ist nicht länger geeignet, die Reservewährung der Welt zu sein«[54], orakelte Soros schon damals, und Quantum beendete das Jahr mit 13 Prozent im Plus.

Der Mann, der die Bank of England zu Fall gebracht hat

Wenn man irgendetwas über George Soros weiß, dann ist es die Tatsache, dass er die Bank of England zu Fall gebracht hat. Aber Soros war nicht der einzige Spekulant, der verstand, was auf Großbritannien zukam, als es 1990 unter der Konservativen Partei zusammen mit Deutschland, Belgien, Dänemark, Irland, Italien, Luxemburg und den Niederlanden dem Europäischen Währungssystem beitrat. Wie der damalige Rohstoffhändler Nigel Farage schildert, war dies eigentlich jedem Sachkundigen klar:

> *Die Hoffnung war, dass Großbritannien durch die Bindung des Pfunds an die Deutsche Mark die Vorteile der deutschen Wirtschaft erben würde – stabiles Wachstum und niedrige Inflation. Aber das UK war wirtschaftlich in einer ganz anderen Phase als Deutschland. Wir standen vor einer Rezession, sie hatten die Wiedervereinigung. Außerdem unterscheidet sich die deutsche Wirtschaft völlig von der unsrigen: Wir sind eher Dienstleister, sie Hersteller. Unser Handel ist viel globaler aufgestellt, wir haben viel mehr internationale Investoren und Handelspartner als das europalastige Deutschland. Wir passen wirtschaftlich überhaupt nicht zusammen. […]*
>
> *Ich saß im Oktober 1990 um 17:30 Uhr im Pub, als jemand hereingerannt kam und sagte: »Wir sind dem Europäischen Währungssystem beigetreten!« Ich konnte es nicht fassen, dass wir etwas so Dämliches getan hatten – ganz besonders meine Partei, die Konservative Partei.*

> *Das war der Anfang von meinem Bruch mit den Tories, denn es war klar, dass dieser Schritt der erste auf dem Weg zu einer gemeinsamen Währung sein würde.*[55]

Soros war also beileibe nicht der Einzige, der davon ausging, dass das britische Pfund nicht im Europäischen Währungssystem (EWS) bleiben könne. Was Soros auszeichnete, war die Entschlossenheit und Kaltblütigkeit, mit der er ein Vielfaches seines Vermögens aufs Spiel setzte und dabei in Kauf nahm, dass Millionen Briten litten: »Im Prinzip habe ich dem britischen Steuerzahler das Geld aus der Tasche gezogen. Aber wenn ich versucht hätte, die sozialen Konsequenzen in Betracht zu ziehen, hätte das meine Risiko-Gewinn-Einschätzung beeinflusst und meine Profite beeinträchtigt.«[56]

1988 holte Soros den Finanzguru Stanley Druckenmiller zu Soros Fund Management, da er selbst »mehr Zeit für seine wohltätige Stiftung«[57] haben wollte. Ein Investmentmanager namens Scott Bessent machte Druckenmiller darauf aufmerksam, dass Immobiliendarlehen in Großbritannien für gewöhnlich variable und keine festen Zinsen haben. Britische Bauherren werden also im Fall steigender Zinsen unmittelbar belastet und können im Extremfall sogar ihre Häuser verlieren.

Im Zuge der deutschen Wiedervereinigung hatte die Bonner Regierung den Leitzins im Juli 1992 bis auf 8,75 Prozent angehoben, um auf den Inflationsdruck (Juni 1992: 6,2 Prozent) zu antworten, der durch Begrüßungsgeld, Konsumboom und Wiederaufbau entstanden war. Um das Pfund gegen die D-Mark stabil zu halten, war die britische Regierung gezwungen, mitzuziehen, obwohl in ihrem Land gerade eine Rezession drohte. Zwar lag die Inflation nur bei 3,7 Prozent, doch die Bank of England musste die Zinsen auf 10 Prozent anheben. Der britische Finanzminister Norman Lamont flehte seinen deutschen

Kollegen Helmut Schlesinger an, die deutschen Zinsen zu senken. Doch Schlesinger versprach nur, die Zinsen nicht weiter anzuheben.

Soros traf Schlesinger bei einem Meeting der Zentralbanker in Basel und fragte ihn, was er vom Euro-Vorläufer ECU halte. Als Schlesinger ihm antwortete, er hätte diese Währung lieber »Mark« genannt, begriff Soros, dass den Deutschen die Stabilität ihrer heiligen Deutschen Mark über alles ging. Er setzte sich in New York mit Druckenmiller zusammen, der sich bereits 1,5 Milliarden Pfund geliehen hatte, um damit Deutsche Mark zu kaufen. Angesichts dessen, was Soros in Basel gehört hatte, schlug Druckenmiller vor, 5 Milliarden Pfund zu verkaufen, was 100 Prozent ihres Kapitals bedeutete. Soros beschloss jedoch, den Einsatz auf 15 Milliarden Pfund – ein Vielfaches ihres Kapitals – zu erhöhen –, ein enormes Risiko, das aber durch den künstlichen Mechanismus des EWS abgefedert wurde. Denn die britische Regierung hatte nur 22 Milliarden Pfund in Reserve. Und solange das Pfund im EWS war, waren die möglichen Verluste für Soros durch den Stablitätsmechanismus begrenzt.

Soros soll zu Druckenmiller gesagt haben: »Geh ihnen an die Gurgel.«[58] »Es war etwa das Vierfache unseres Kapitals«, vertraute sein Kollege Robert Johnson der Journalistin Emily Tamkin an. »George ging aufs Ganze … Der Unterschied zwischen George und allen anderen war, dass George weiß, wann er ganz groß einsteigen muss.«[59]

Sie liehen sich Pfund, kauften damit Deutsche Mark und kauften sich dann wieder – und billiger – Pfund, immer und immer wieder. Bis 8:30 Uhr hatte die Bank von England zweimal für 300 Millionen Pfund gekauft, doch es nutzte nichts, denn Soros und Druckenmiller bewegten Milliarden, nicht Millionen. Bis mittags kaufte die Bank von England erfolglos jede Stunde 2 Milliarden, und um 10:30 Uhr hob die Regierung von John Major die Zinsen auf 12 Prozent an und wollte sogar auf 15 Prozent erhöhen, doch es war zu spät. Die Märkte glaubten ihnen nicht mehr, bis Finanzminister Lamont gegen 16:00 Uhr mit bleicher Miene ankündigte, die Europäische Währungsunion zu verlassen. Es war der 16. September 1992, der als Schwarzer Mittwoch in die Finanzgeschichte einging.

Die britische Regierung hatte 27 Milliarden Pfund umsonst ausgegeben. Soros' Rolle darin wurde erst klar, als im Oktober der Fiat-Chef Giovanni Agnelli sagte, sein Investment in Quantum habe ihm in dem Jahr mehr Geld eingebracht als sein Anteil an Fiat. In den meisten Quellen wird Soros' Gewinn mit 1 Milliarde Dollar angegeben, nach Soros' eigenen Angaben hat er mit Quantums Währungsspekulation aber insgesamt 2 Milliarden Dollar Gewinn gemacht.[60]

George Soros war nicht der einzige Hedgefonds-Spekulant, der gegen das Pfund gewettet hatte, sondern der Einzige, der damit an die Öffentlichkeit gegangen war. Später sollte er sagen, er habe dies getan, um seine humanitäre Arbeit zu befördern. »Ich wurde als ›Der Mann, der die Bank von England zu Fall gebracht hat‹ bekannt«, sagte Soros 2011, »weil ich nicht geleugnet habe, dass mein Hedgefonds bei diesem Ereignis eine Rolle gespielt hat. Die Medien haben meine Rolle darin übertrieben. Ich habe es geschehen lassen, weil es mir eine Plattform verschaffte, um über andere Dinge zu reden. Es funktionierte. Plötzlich wurde meine Stimme gehört.«[61]

Es war nicht das letzte Mal, dass Soros eine ganze Währung und damit eine ganze Nation in Schieflage bringen sollte. 1997 wettete er 2 Milliarden Dollar gegen den thailändischen Baht und verdiente damit 750 Millionen Dollar. Der malaysische Premier Mahathir bin Mohamad nannte Soros einen »Verbrecher« und »Idioten« und gab »den Juden« die Schuld, die »nicht gerne sehen, wenn Moslems Erfolg haben«.

Doch Soros war nicht immer die »Heuschrecke«, der ruchlose Spekulant, der ganze Länder ins Wanken brachte, um Milliarden zu verdienen. 1998 investierte er nach seiner Darstellung massiv in Russland, obwohl er wusste, wie schlecht es um die russische Wirtschaft stand, und verlor an die 2 Milliarden Dollar. Es hat jedoch eine besondere Ironie, dass Soros zumindest teilweise dafür verantwortlich ist, dass Großbritannien nie dem Euro beigetreten ist – und 24 Jahre später aus der EU austreten sollte, obwohl Soros einer der größten Geldgeber der Kampagne gegen den Brexit war. Umsonst.

Die Open Society Foundations: ein Steuersparmodell

Bereits 1979 hatte George Soros die Open Society Foundations (OSF) gegründet, begann aber erst 1987, massiv in sie zu investieren. Seine Spenden stiegen von 3 Millionen Dollar im Jahr 1987 auf 300 Millionen Dollar 1992. Das könnte mit dem Fall des Eisernen Vorhangs und Soros' Engagement für die Demokratisierung in Osteuropa zu tun haben, denn 1984 gründete er die erste ausländische Open Society Foundation in Ungarn, doch ebenso mit dem amerikanischen Steuerrecht. 1986 wurde eine Steuerreform verabschiedet, um Hedgefonds besser besteuern zu können. »Von 1969 bis 1986 hat [Soros'] Investmentfonds keine Steuern bezahlt. Sie genossen einen Freifahrtschein, der ihm und seinen Investoren Milliarden bescherte«, schreibt die Londoner Sunday Times. »Bis 1986 der American Tax Reform Act verabschiedet wurde, zahlte der Quantum Fund ganz legal keinen einzigen Cent Steuern. [...] Soros' Wohltätigkeit begann erst 1987, in jenem Jahr, ab dem er und sein Fonds Steuern zahlen mussten. Gemeinnützige Spenden kann man aber von der Steuer absetzen. Soros' erklärtes Ziel war es, die Hälfte seines Jahreseinkommens zu spenden – das Maximum, das er von der Steuer absetzen konnte.«[62]

Von besonderem Vorteil war es, diese steuerlich absetzbaren gemeinnützigen Spenden an die eigene Stiftung zu adressieren, denn so konnte man mit dieser nicht nur weltweiten Einfluss erlangen, sondern sogar auf Politik und Medien in einer Weise einwirken, die sich wiederum in Form von Spekulation zu Geld machen ließ. (Mehr zur »Methode Soros« in Kapitel 4.)

Soros gab Anfang des Jahres 2000 selbst zu, dass seine Motive bei der Gründung seiner Stiftung nicht rein karitativer Natur waren: »Eine gemeinnützige Stiftung ist ein sehr interessantes Steuerschlupfloch. Man legt sein Vermögen in einen Treuhandfonds an und spendet jedes Jahr einen Teil davon für wohltätige Zwecke. Nach so und so vielen Jahren kann das Kapital ohne Erbschafts- oder Schenkungssteuer an deine Erben übertragen werden. So habe ich die Treuhandfonds für meine Kinder eingerichtet.«[63] In der offiziellen Selbstdarstellung der Open Society Foundations heißt es, Soros habe seit 1984 mehr als 32 Milliarden Dollar gespendet.[64]

Gemeinnützige Spenden sind also nicht nur zur Weltverbesserung da, sondern auch eine »legale Form der Steuerhinterziehung«, schreibt Soros-Biografin Emily Tamkin. »Soros ist einer von vielen wohlhabenden Menschen, die zu solchen Zwecken gemeinnützige Vereine oder wohltätige Stiftungen eingerichtet haben.« Man kann sich damit als jemand profilieren, der sich für die Welt und seine Mitmenschen einsetzt, nebenbei vielleicht an Macht und Einfluss gewinnen und oberdrein noch Steuern sparen. »Das soll nicht heißen, dass es Soros nicht wirklich um das Prinzip der offenen Gesellschaft geht; doch er gibt selbst zu, seine erste gemeinnützige Stiftung mit dem Ziel eingerichtet zu haben, mehr Geld innerhalb der Familie zu halten und weniger an den Staat zur Umverteilung abzugeben.«[65]

Kritiker wie Connie Bruck vom *New Yorker* nannten Soros' Wohltätigkeit »eine Nebelkerze für den Bau seines Imperiums«.[66] Soros gab ihr gegenüber zu, dass ihm seine Spendentätigkeit Türen öffnete und politischen Einfluss verschaffte. Dass man aus solchem Einfluss wiederum Gewinn generieren konnte, blieb allerdings unausgesprochen. »Menschen wie der rumänische Diktator Iliescu waren plötzlich sehr darauf erpicht, mich kennenzulernen«, sagte Soros. »Mein Einfluss wuchs.«[67]

»Die traurige Wahrheit ist, dass sich George Soros all seinen Popper-Zitaten zum Trotz unter einer ›offenen Gesellschaft‹ nicht etwa eine mit grundlegenden Menschenrechten und Freiheiten vorstellt, sondern eine, die ›offen‹ dafür ist, dass er und seine Kumpanen dort Geld verdienen«, so der Journalist Neil Clark. »Soros hat in der Tat in jedem Land Geld verdient, das er ›geöffnet‹ hat. Im Kosovo hat er beispielsweise 50 Millionen Dollar investiert, um die Bergwerke von Trepča zu übernehmen, wo riesige Vorkommen von Gold, Silber, Blei, Zink, Nickel, Kobalt, Aluminium, Eisen, Cadmium, Chrom und anderen Mineralien im Wert von schätzungsweise 5 Milliarden Dollar liegen. Er kopiert damit ein Muster, dass er in ganz Osteuropa angewendet hat: Er befürwortet (in ehemaligen kommunistischen Ländern wie Russland) ›Schocktherapie‹ und ›Wirtschaftsreformen‹ und stürzt sich dann mit seinen Partnern auf wertvolles Staatseigentum, das gerade verramscht wird.«[68]

Laut dem linken Medienportal ProPublica hat George Soros in den Jahren 2016 bis 2018 keinen Cent Einkommenssteuer bezahlt. Die Medien-NGO ProPublica, die zu knapp 2 Prozent von Soros finanziert wird, hatte 2021 unter unklaren Umständen Zugang zu vertraulichen US-Steuerunterlagen der vorangegangenen 15 Jahre erhalten und prangerte damit die vermeintlich zu niedrigen Steuern von Milliardären wie Jeff Bezos, Elon Musk und Warren Buffett an. (Mehr zu Medienkampagnen durch Soros-NGOs mit vertraulichen Steuerunterlagen in Kapitel 4). Doch Soros tauchte nicht in der Headline oder den bunten Grafiken mit Bezos- und Musk-Köpfen auf, sondern durfte sich sogar über einen Sprecher äußern. Soros habe zwischen 2016 und 2018 mit seinen Investments Geld verloren und daher keine Einkommenssteuer zahlen müssen, sagte der Sprecher, »Mr. Soros unterstützt seit Langem höhere Steuern für reiche Amerikaner«.[69] Selbstverständlich tat er das. Seine Investmentfonds residierten ja auch in Panama, Bermuda, auf den Bahamas und den Britischen Jungferninseln.

Außerdem ist es nicht ganz richtig, dass Soros Fund Management zwischen 2016 und 2018 »Geld verloren« hat. 2016 verdienten sie 5 Prozent, 2017 8,9 Prozent, und 2019 betrug das Plus nur 0,8 Prozent.[70] Das lag aber daran, dass Soros im Jahr 2017 laut Website »18 Milliarden Dollar seines Vermögens für die zukünftige Arbeit der Stiftungen transferiert hat«.[71] Das *Wall Street Journal* nannte es »das vielleicht größte Steuerschlupfloch der US-Geschichte, aber niemanden scheint es zu stören, weder links noch rechts«.[72]

Soros gründete in den 1980er-Jahren Stiftungen in Ungarn, China, der UdSSR, Polen, der Tschechoslowakei und Bulgarien, gefolgt in den 1990er-Jahren von Rumänien, Mazedonien, Ex-Jugoslawien und der Ukraine. An einem Volk aber zeigte Soros auffällig wenig Interesse, obwohl er als Jude vor dem Holocaust fliehen musste: an den Israelis.

KAPITEL 3

»Ich wuchs in einer Familie von antisemitischen Juden auf«

Unter rechtsextremen und verschwörungsideologischen Soros-Kritikern gilt es als ausgemacht, dass George Soros zusammen mit den Rothschilds Israel finanziert und Teil einer jüdischen Verschwörung ist, deren Ziel die Zerstörung des christlichen Abendlands ist. Doch in Wahrheit ist es genau anders herum: George Soros ist Atheist und lehnt das Judentum ab. Mit den Open Society Foundations und dem New Israel Fund ist er der weltgrößte Finanzier von israelfeindlichen NGOs, die Israel als jüdischen Staat abschaffen wollen.

Als der SPD-Politiker Sigmar Gabriel im Februar 2017 Frank-Walter Steinmeier als Außenminister ablöste, wusste er, dass er Hilfe brauchen würde. Der Lehrer aus Goslar und ehemalige Ministerpräsident Niedersachsens sowie Bundesminister für Umwelt und später Wirtschaft verstand von Außenpolitik genauso viel wie von Umwelt oder Wirtschaft: nämlich nichts. Er war nach dem klassischen deutschen Prinzip des Parteiproporzes im Außenressort gelandet und musste zusehen, wie er zurechtkam. Zum Glück existierte aber in Brüssel und Berlin eine ganze Infrastruktur von Soros-nahen NGOs und Thinktanks, die allzu gerne bereit waren, »Siggi« an die Hand zu nehmen.

Am 24. April 2017 stattete Gabriel seinen Antrittsbesuch in Israel ab. Doch der deutsche Außenminister wurde nicht zuerst beim israelischen Ministerpräsidenten Benjamin Netanjahu oder bei Staatspräsident Reuven Rivlin vorstellig, sondern bei Vertretern der israelfeindlichen NGOs Breaking the Silence und B'Tselem (dt.: »Ebenbild«), die Israel als »Apartheidstaat« diffamieren und israelische Soldaten als Kriegsverbrecher darstellen. Daraufhin sagte Netanjahu sein Treffen mit Gabriel ab und ließ über sein Büro melden: »Die Politik von Ministerpräsident Netanjahu ist, sich nicht mit ausländischen Besuchern zu treffen, die auf diplomatischen Besuchen in Israel wiederum Gruppen treffen, welche israelische Soldaten als Kriegsverbrecher verleumden.«[73]

Dies war der größte Eklat zwischen Deutschland und Israel, seitdem der EU-Parlamentspräsident Martin Schulz (ebenfalls SPD) bei seiner Rede in der Knesset 2014 die palästinensische Propaganda wiederholte, Israel drehe den Palästinensern das Wasser ab. Doch warum war es einem deutschen Außenminister so wichtig, sich vor der politischen Führung eines Landes mit linken Aktivisten zu treffen? Dabei dreht es sich in der Welt der Diplomatie doch über weite Strecken um Protokoll und Förmlichkeit. Heerscharen von Beamten sorgen bei jedem Anlass dafür, dass die richtigen Hände in der richtigen Reihenfolge geschüttelt werden. Warum also dieser Fauxpas?

Fußte er womöglich darauf, dass die NGOs Breaking the Silence und B'Tselem zum linksextremen Netzwerk gehören, das von Open Society unterstützt wird, um auf die israelische Politik einzuwirken? Breaking the Silence erhielt laut dem Institut NGO Monitor von Open Society in den Jahren 2018 und 2020 jeweils 705 030 und 690 000 Schekel,[74] B'Tselem in den Jahren 2018 und 2019 jeweils 544 800 und 485 183 Schekel sowie eine unklare Finanzierung vom New Israel Fund.[75]

Gabriel wurde vom israelischen Premierminister ausgeladen, hatte dafür aber ganz neue Freunde gefunden: Am 26. Juni 2017 hielt er eine Rede vor dem European Council on Foreign Relations (ECFR) in Berlin – und zwar auf Englisch, was für den sympathischen, talentierten Stammtischredner eine große Herausforderung darstellte. Radebrechend hangelte er sich durch sein Manuskript, das sich um Plattitüden wie »mehr Europa« und »verstärkte Zusammenarbeit« drehte.

Nach der Bundestagswahl 2017 wurde der glücklose Gabriel von Heiko Maas (ebenfalls SPD) ersetzt, doch das ECFR scheint vom ehemaligen SPD-Chef beeindruckt gewesen zu sein. Denn nach Beendigung seiner Amtszeit als Außenminister am 14. März 2018 wurde er Mitglied des ECFR sowie der Denkfabrik Trilaterale Kommission und Vorsitzender der Atlantik-Brücke und gehört seit Mai 2018 dem Kuratorium der International Crisis Group an, die 1995 von George Soros und Mark Malloch-Brown gegründet wurde.[76] Das European Council on Foreign Relations aber bezeichnet Israel als »Apartheidstaat«[77] und wirbt für den Boykott von Juden in Judäa und Samaria, wobei die Politik von EU und Bundesregierung in Sachen Israel (und auch anderweitig) von der Politik des ECFR kaum zu unterscheiden sind.

Als der Holocaustüberlebende George Soros Ungarn 1948 verließ, wurde gerade um die Gründung des Staates Israel gekämpft. Noch in der Nacht der Gründung erklärten die arabischen Nachbarn den Israelis den Krieg. Die Kämpfe dauerten bis Januar 1949 und endeten mit dem Sieg Israels. Etwa 850 000 Araber flohen, wurden vertrieben oder evakuiert. Eine ähnlich hohe Zahl von Juden wurde aus den arabischen Ländern vertrieben, doch darüber spricht niemand. Statt für den zionistischen Traum zu kämpfen oder seine beachtlichen organisatorischen oder finanziellen Fähigkeiten in den Dienst von »Eretz Israel« – dem »vollständigen Land Israel« – zu stellen, zog es der18-jährige George Soros vor, nach London und New York zu gehen – dorthin, »wo die Macht ist«.

»Wenn man sich ansieht, wie die Juden auf Verfolgung reagieren«, sagt Soros dann 1995, »so haben sie zwei Fluchtmöglichkeiten: Entweder sie überwinden ihr Problem, indem sie sich mit etwas Universellem identifizieren, oder sie identifizieren sich mit ihren Unterdrückern und versuchen, so wie sie zu sein. Ich komme aus einer Familie, die sich integrierte und habe den ersten Weg gewählt. Die Alternative ist der Zionismus, eine Nation zu gründen, in der die Juden in der Mehrzahl sind.«[78]

Dabei hat Soros offensichtlich vergessen, dass er seinerzeit als Sandor Kiss genau dies getan hatte: versucht, »so wie sie zu sein«[79]. Soros scheint sein Judentum immer abgelehnt zu haben. »Ich wuchs in einer Familie von antisemitischen Juden auf«,[80] scherzte er einmal. Sein Judentum thematisiert Soros nur, wenn es darum geht, seine Kritiker als Antisemiten darzustellen. Nähe zum Volk von Moses und Abraham bekundet Soros nie: »Ich spreche den Juden nicht ihr Recht auf eine eigene nationale Existenz ab – ich will bloß kein Teil davon sein.«[81]

Während viele Juden die Existenz des Staates Israel als Garant für das Überleben des jüdischen Volkes betrachten, scheint Soros vom Gegenteil überzeugt zu sein: »Ich glaube nicht, dass man den Antisemitismus jemals überwinden kann, wenn man sich wie ein Stamm verhält. Der einzige Weg, ihn zu überwinden, ist, das Stammeshafte aufzugeben.«[82] Soros ist ein entschiedener Gegner alles Nationalen. Der Politologe Yoram Hazony bezeichnet Israel als den ersten Nationalstaat überhaupt seit dem Bund zwischen Moses, dem Volk Israels und Gott, daher sei die Existenz Israels auch allen Globalisten und Nationalstaatsgegnern ein Dorn im Auge.[83] Linke Soros-Freunde bezeichnen das Wort »Globalisten« oft als »antisemitische Chiffre«, aber nirgendwo gibt es so viele nationale Anti-Globalisten und Soros-Kritiker wie in Israel.

Laut David Horowitz soll Soros gesagt haben, die Gründung des Staates Israel sei »eine pathologische Reaktion bestimmter Juden, die davon besessen sind, ihren Nazi-Unterdrückern nachzueifern. ... ein Prozess, in dem aus Opfern Unterdrücker werden.« Horowitz fügt hinzu, dies sei eine »Beschreibung, die auf schreckliche Weise auf ihn selbst zutrifft«.[84]

Auf Einladung des damaligen Premiers Jitzchak Rabin fuhr Soros 1994 zum ersten Mal nach Israel. Dort hielt er bei einem Essen, das sein Geschäftspartner Benny Landa organisiert hatte, vor rund hundert Gästen aus Politik und Wirtschaft eine Rede und kritisierte nicht nur den Nationalismus allgemein, sondern auch den jüdischen Nationalismus. Viele Gäste waren empört. »Manche riefen dazwischen, andere standen auf und gingen«, berichtete Landa, »es war schwer zu ertragen«.[85]

Alsdann traf sich Soros mit Premier Rabin, der gerade mit Jassir Arafat die Osloer Friedensverträge verhandelte, und sagte, man müsse die Terrororganisation Hamas in die Verhandlungen miteinbeziehen, auch wenn ihm klar sei, dass die Chancen auf eine Einigung mit den Terroristen, die bis vor Kurzem noch die Intifada befeuert und 1993 das erste Selbstmordbombenattentat verübt hatten, sehr gering waren. Hier wird ein Zwiespalt sichtbar, der praktisch allen Soros-Aktivitäten in Israel zugrunde liegt: die überhöhte moralische Besserwisserei eines Außenseiters, gepaart mit einer völligen Ausblendung der praktischen Realitäten vor Ort.

Wie Nadine Epstein im *Moment Magazine* berichtet, wurde Soros von seinem jüngsten Sohn Alexander, der vermutlich eines Tages sein Erbe bei Open Society antreten wird, auf dieser Reise nach Israel begleitet. Laut Alexander Soros soll sein Vater ihn nach seiner Bar Mizwa dazu angeregt haben, nach Israel zu ziehen: Wenn er eine Leidenschaft für das Judentum empfinde, sollte er nach Israel auswandern. »Er erwähnte sogar, dass ich eine Karriere als israelischer Politiker anstreben könnte.«[86]

»Mein Vater war als Jude immer der Ansicht, dass er Israel gegenüber nicht richtig kritisch sein könne und wenn er das Land verändern wolle, ›Aliyah‹ machen und dort hinziehen müsse, um sich wirklich dort für Veränderungen einzusetzen. Vielleicht hat dieses Gefühl etwas damit zu tun, dass er mich dazu ermutigt hat.«[87] Alexander Soros ist nie nach Israel gezogen, hat es aber viele Male besucht. Dass Soros das Gefühl hatte, sich in der Öffentlichkeit nicht kritisch über Israel äußern zu können, könnte eine Erklärung dafür sein, weshalb er sein riesiges Netzwerk israelfeindlicher NGOs unter einer solchen Geheimhaltung aufbauen musste.

In demselben Jahr 1994 erhielten Jitzchak Rabin, der PLO-Chef Jassir Arafat und Außenminister Schimon Peres den Friedensnobelpreis für ihre Arbeit an den Osloer Friedensverträgen. 1995 wurde Rabin von dem Jurastudenten Jigal Amir erschossen. Seit etwa 2001 begann George Soros heimlich über andere NGOs, Briefkastenfirmen und Strohmänner, linke Gruppen in Israel zu finanzieren. 2002 sagte er auf dem Weltwirtschaftsforum, er hätte »Angst, nach Israel zu fahren«,[88] ohne aber zu erklären, aus welchem Grund.

2003 hielt Soros eine seltene Rede vor dem Jewish Funders Network, einer jüdischen Gruppe in New York, und sprach von einem »Wiedererstarken des Antisemitismus in Europa«: »Die Politik der

Regierungen von Bush und Sharon trägt dazu bei … Ich stehe dieser Politik kritisch gegenüber … Wenn wir sie ändern, wird auch der Antisemitismus abnehmen … Ich mache mir auch wegen meiner eigenen Rolle Sorgen, denn laut dem neuen Antisemitismus beherrschen die Juden die Welt … und ich trage mit meinen Handlungen unabsichtlich zu diesem Image bei.«[89] Viele Juden und Israelis waren entrüstet und warfen Soros vor, den Juden die Schuld am Antisemitismus zu geben.

2007 kritisierte Soros die Bush-Regierung dafür, dass sie sich weigerte, die »demokratisch gewählte Hamas-Regierung« im Gazastreifen anzuerkennen. Er gab der Pro-Israel-Lobby AIPAC (American Israel Public Affairs Committee) die Schuld, weil diese »sich immer noch dagegen einsetzt, mit einer palästinensischen Regierung unter Beteiligung der Hamas zu verhandeln«.[90] Um auf eine Beteiligung der Hamas-Terroristen an der Regierung und Friedensverhandlungen drängen zu können, schuf sich Soros also sein eigenes Lobbynetzwerk.

Die Hamas hat die Vernichtung Israels als ihr oberstes Ziel in ihrer Charta stehen und ist für den Großteil aller Terror- und Raketenangriffe in Israel verantwortlich. Seit der Machtübernahme der Hamas 2006 hat es im Gazastreifen keine demokratischen Wahlen mehr gegeben. In Israel gilt die gewaltsame Räumung aller Juden aus dem Gazastreifen, die 2005 durch das israelische Militär erfolgt war, als katastrophaler Fehler. Statt »Land gegen Frieden« gab es Land für eine Hamas-Terrorhochburg. Der Küstenstreifen am Mittelmeer, der ein blühendes Urlaubsparadies sein könnte und unter israelischer Verwaltung ein wirtschaftlich erfolgreiches Surferparadies war, ist heute bekannt für seine Terrortunnel und Raketenangriffe an Ramadan. Die blühenden Gewächshäuser, die die Israelis zurückgelassen hatten, wurden kaputt geschlagen und in Gefechtsstellungen umgewandelt. Noch vor dessen Amtsantritt erklärte das Team von George Soros' Lieblingskandidat Barack Obama, sie seien »bereit, mit der Hamas zu verhandeln«.[91] Soros hatte heimlich ein eigenes Lobbynetzwerk geschaffen, um linke, israelfeindliche und pro-palästinensische Positionen in Europa, USA und Israel durchzudrücken, das bis heute in die israelische Politik hineinregiert. Laut Nadine Epstein gibt Soros jährlich etwa 3 Millionen Dollar für NGOs in Israel und den Palästinensischen Autonomiegebieten aus, aber wie viel es wirklich ist, weiß niemand außerhalb der Open Society selbst.

In Israel sind Nichtregierungsorganisationen (NGOs) dazu verpflichtet, ihre Finanzen offenzulegen. 2016 enthüllte die Plattform DC Leaks, die mittlerweile offline geschaltet ist, dass das arabische Regionalbüro von Open Society seit 2001 heimlich mindestens 9 591 801 Dollar an »zivilgesellschaftliche Gruppen« gespendet hat, wobei das meiste Geld an die »Menschenrechtsgruppe« Adalah (Gerechtigkeit) ging, die im Zeitraum von 2001 bis 2015 mindestens 2 688 561 Dollar erhielt. Der New Israel Fund aus den USA bekam zwischen 2002 und 2015 mindestens 837 500 Dollar.[92]

Von 2008 an spendete Soros innerhalb von 3 Jahren 750 000 Dollar an die US-Lobbygruppe J Street, einen Gegenspieler zur Pro-Israel-Lobby AIPAC (American Israel Public Affairs Committee). J Street bezeichnete es jahrelang als »Märchen«, dass George Soros der »Gründer und Hauptgeldgeber von J Street« sei. »Tatsächlich hatte George Soros bei der Gründung seine Entscheidung genau aus der Furcht heraus, dies könnte gegen die Gruppe verwendet werden, sehr öffentlich bekannt gegeben, nicht an J Street beteiligt zu sein.« Der Geschäftsführer Jeremy Ben-Ami würde sich aber »sehr freuen, von Herrn Soros finanziert zu werden, und die Einladung steht noch«.[93] Am 24. September 2010 veröffentlichte die *Washington Times* die Steuerunterlagen von George, Jonathan und Andrea

Soros, wonach diese zwischen Juli 2008 und Juni 2009 245 000 Dollar an J Street gespendet hatten, also ein Drittel der US-Einnahmen der Lobbygruppe.[94] Inzwischen finanziert Soros israelfeindliche Gruppen wie J Street und den New Israel Fund ganz offen: 1 Million Dollar gingen 2022[95] an J Street und 2021[96] über 100 000 Dollar an den New Israel Fund.

In keinem Land der Welt agiert Soros so verdeckt wie in Israel. Dennoch ist es dank der Aufklärungsarbeit von Gruppen wie NGO Monitor und Im Tirtzu gelungen, Licht ins Dunkel zu bringen. »Im Tirtzu« ist ein Zitat von Theodor Herzl und bedeutet: Wenn du es willst. »Linksradikale Organisationen in Israel erhalten zig Millionen Dollar von privaten Spendern und Nichtregierungsorganisationen wie dem New Israel Fund und dem Open Society Fund von George Soros. Viele dieser Organisationen fördern offen antizionistische Ziele«, sagt Im Tirtzu Chef Matan Peleg in seinem Buch über die ausländische Finanzierung israelfeindlicher NGOs.

Folglich ist Kritik an der politischen Tätigkeit von George Soros in Israel weit verbreitet. Deshalb mutet es auch so absurd an, wenn Soros-Kritiker reflexhaft als »Antisemiten« gebrandmarkt werden. 2017 nahm der Sprecher des israelischen Außenministeriums Emmanuel Nahshon den ungarischen Premier Viktor Orbán in Schutz, als dieser, aufgrund einer Soros-kritischen Werbekampagne, des Antisemitismus bezichtigt wurde. Nahshon sagte, dass Soros »kontinuierlich die demokratisch gewählten Regierungen Israels unterminiert« und Organisationen finanziere, »die den jüdischen Staat diffamieren und ihm das Recht auf Selbstverteidigung absprechen wollen«.[97] Bei einem Besuch in Budapest sagte Netanjahus Sohn Yair 2019, Soros »zerstört Israel von innen«, seine Organisationen »arbeiten Tag und Nacht mit einem unbegrenzten Budget daran, das Land seiner jüdischen Identität zu berauben«.[98]

Im Übrigen wird die Tatsache, dass Benjamin Netanjahu und Viktor Orbán persönlich miteinander befreundet sind, von linken Kritikern dazu genutzt, um dem israelischen Premier Antisemitismus vorzuwerfen. Netanjahus Bruder Yonatan starb als Anti-Terrorsoldat der Eliteeinheit Sajeret Matkal bei der Befreiung der Geiseln von Entebbe 1976. Und »Bibi« Netanjahu war als Elitesoldat bei Sajeret Matkal an der Befreiung der neunzig Geiseln an Bord von Sabena 571 am Flughafen Lod 1972 beteiligt. Wie der Schweizer Journalist Hannes Grassegger 2019 auf BuzzFeed und im *Tages-Anzeiger*[99] dem israelischen Premier Antisemitismus anzudichten, nur weil er den linken Anti-Israel-Aktivisten George Soros kritisiert, dazu gehört also einiges an Chuzpe. Nach solchen Soros-Apologeten ist ihr Held und Meister lediglich das »Opfer einer der perfidesten Politkampagnen aller Zeiten«. Sogar der Sohn des israelischen Premiers poste »antisemitische Memes«, die zeigen, wie Soros »die Welt beherrscht«,[100] behauptet Grassegger.

Als Benjamin Netanjahu 2018 illegale afrikanische Einwanderer nach Ruanda abschieben wollte, gab er Soros und dem New Israel Fund die Schuld daran, die Abschiebung vereitelt zu haben. Auf Facebook schrieb Netanjahu auf Hebräisch: »Der New Israel Fund steckt hinter dem Druck der Europäer, damit Ruanda die Eindringlinge aus Afrika nicht aufnimmt. Der New Israel Fund wird aus dem Ausland von Gruppen finanziert, die Israel feindlich gesinnt sind, so wie das Netzwerk von George Soros. Das Ziel des NIF ist das Ende von Israel als Judenstaat sowie die Errichtung eines judenreinen Palästinas mit Jerusalem als Hauptstadt. Der NIF finanziert seit Jahren anti-zionistische, pro-palästinensische Organisationen wie Breaking the Silence und B'Tselem, die israelische Soldaten verunglimpfen, und solche, die wie Adalah palästinensische Terroristen unterstützen.«[101] Damit kritisierte Benjamin Netanjahu genau diejenigen »Menschenrechtsorganisationen«, die SPD-Außenminister Sigmar

Gabriel im April 2017 hofiert und dafür einen Eklat mit Netanjahu in Kauf genommen hatte.

Der New Israel Fund

Der New Israel Fund (NIF) wurde 1979 in Kalifornien unter anderem von Bill Clintons Staatssekretär Peter Edelman gegründet und hat laut NGO Monitor[102] über 300 Millionen Dollar an über 900 israelische NGOs gespendet. 2021 nahm er 31,8 Millionen Dollar ein und gab 34,1 Millionen Dollar aus, darunter 17,3 Millionen Dollar an NGOs. Beim israelischen Amt für gemeinnützige Vereine ist der New Israel Fund aber nicht gemeldet. Wann genau George Soros beim New Israel Fund einstieg, ist nicht klar, da er seine Beteiligung erst zugab, als es sich nicht länger leugnen ließ. Auffallend ist jedoch, dass sich der NIF ab etwa 2006 die politischen Prioritäten von George Soros auf die Fahne schrieb: Verhandlungen mit Terroristen, eine Schwächung Israels, Unterstützung von linksradikalen Gruppen und ein judenreines Judäa und Samaria (auch bekannt als Westjordanland).

Der NIF ist ein Vorbild dafür, wie Soros mit seinen NGOs vorgeht: Seine Abteilung für Kapazitätsaufbau (»capacity building«) identifiziert vielversprechende neue Gruppen, die noch nicht in der Lage sind, sich selbst zu finanzieren und einen gemeinnützigen Verein anzumelden. Diese Abteilung heißt »Shatil« (Setzling). »Sie bilden Freiwillige und gemeinnützige Gruppen dazu aus, Spenden zu sammeln und Spendenquittungen auszustellen, mit den Behörden und Vorschriften umzugehen und die Fallstricke zu umgehen, die sich jeder NGO stellen«,[103] schreibt NIF-Experte Edwin Black.

Auf diese Weise war Soros in der Lage, seine 32 Milliarden Dollar für Open Society durch Hebelwirkung zu vervielfachen. Denn er spendet nicht einfach Geld, sondern kauft auch Fotokopierer und Computer, um eine Flut von Flugblättern und E-Mails zu generieren und damit Unmengen von Spenden einzusammeln – am besten mithilfe von idealistischen Freiwilligen oder schlecht bezahlten Azubis. So vervielfacht sich jeder Dollar, Euro und Schekel, den Soros an seine NGOs spendet, die sich eines Tages am besten selbst tragen sollten. Und wie wir sehen werden, haben diese sogenannten »Nichtregierungsorganisationen« außerdem eine große Kunstfertigkeit darin entwickelt, sich von Regierungen und supranationalen Organisationen wie EU und UNO finanzieren zu lassen.

Es gebe inzwischen »Tausende von israelischen Aktivistengruppen, die direkt oder indirekt durch den NIF finanziert werden«, schreibt Black. »Diese Organisation ist riesig und erreicht die gesamte israelische Gesellschaft.« Auf ihrer Website rühmt sich der NIF dementsprechend: »Fast jede wichtige progressive NGO in Israel, die sich um soziale Themen kümmert, erhielt eine Anschubfinanzierung vom NIF, und diese NIF-Familie ist für wichtige Fortschritte in Bezug auf Menschenrechte, soziale Gerechtigkeit, religiöse Vielfalt und Umweltschutz verantwortlich. Und wir geben nicht nur die Anschubfinanzierung für Startup-NGOs; durch unseren Aktionsarm Shatil vermitteln wir ihnen das Wissen, wie sie wachsen und gedeihen können.«[104] Zu diesen NGOs gehören einige der berüchtigsten Soros-nahen Anti-Israel-NGOs wie die Association for Civil Rights in Israel (ACRI), B'Tselem und Adalah, und über tausend Organisationen erhalten gegenwärtig Unterstützung von Shatil. Dabei betont der NIF selbst, sie seien nicht einfach wohltätige Spender, sondern soziale Aktivisten, die die israelische Gesellschaft verändern wollen.

So steckt der NIF beispielsweise hinter der Kampagne, mithilfe derer seit 2017 Benjamin Netanjahu wegen angeblicher Korruption aus dem Amt als Premierminister gedrängt werden soll. Wir werden sehen, dass Soros' NGOs der politischen Führung im Zuge sogenannter »Farbrevolutionen« standardmäßig Korruption vorwerfen. Das hat im Fall des New Israel Fund eine besondere Ironie, denn der musste, nachdem er dies jahrelang vehement bestritten hatte, letztendlich doch zugeben, heimlich von George Soros finanziert worden zu sein und routinemäßig die israelischen Meldepflichten für ausländische NGOs ignoriert zu haben.

Um Netanjahu loszuwerden, organisierten Soros-Gruppen wie ACRI, Human Rights Defenders Fund (HRDF) und Standing Together 2020 gewaltsame Proteste vor dem Haus des israelischen Premiers in der Balfour-Straße in Jerusalem. Da es in Israel aus nachvollziehbaren Gründen keine Antifa gibt, nannten sich die gewalttätigen Linksradikalen Black Flag (Schwarze Fahne), ähnlich wie der Schwarze Block in Deutschland.

Ariel Kallner, der Vorsitzende des Knesset-Ausschusses gegen Delegitimierung und Antisemitismus, beklagte sich am 30. September 2020 in einem Protestbrief bei der deutschen Botschafterin Susanne Wasum-Rainer in Israel über die deutsche Finanzierung des HRDF, der die gewaltsamen Demonstranten unterstütze: »Neueste Berichte in den israelischen Medien enthüllen, dass diese NGO der kleinen Gruppe gewalttätiger Demonstranten, die vor dem offiziellen Wohnsitz des israelischen Premierministers demonstrieren, Rechtsbeistand gewährt. Diese kleine Minderheit ist wegen ihres aggressiven Auftretens, ihrer Drohgebärde und Gewalt gegenüber Polizisten … heftig kritisiert worden.« Dies sei, so beklagte sich Kallner weiter, eine »Einmischung in die inneren Angelegenheiten Israels, die dessen Souveränität untergrabe«. »Stellen Sie sich nur vor, der Staat Israel würde Rechtsbeistand für gewaltsame Proteste vor dem deutschen

Bundestag und Gewalt gegen Polizisten finanzieren«, schrieb Kallner und forderte Berlin auf, »die Finanzierung von HRDF und ähnlicher NGOs zu beenden«.[105]

In ihrer Antwort vom 5. Oktober bestritt die deutsche Botschafterin jedoch die Vorwürfe: »Weder unterstützt noch finanziert die deutsche Bundesregierung gewaltsame oder illegale Aktivitäten zivilgesellschaftlicher Organisationen, weder in Israel noch anderswo. Alle Organisationen, die von der deutschen Bundesregierung finanziert werden, durchlaufen vorher eine gründliche und transparente Prüfung.«[106] Die Finanzierung von NGOs in Israel ist jedoch alles andere als transparent. So klagte der EU-Rechnungshof 2018 über »mangelnde Transparenz«[107] bei der NGO-Finanzierung.

Human Rights Defenders Fund erhielt laut NGO Monitor vom New Israel Fund zwischen 2011 und 2017 mindestens 1 016 604 Dollar. Im Jahr 2018 bekam der HRDF 58 940 Euro von der Bundesregierung und von der EU laut des Finanztransparenzsystems der EU 2019 299 988 Euro. An der Verteidigung der gewaltsamen Demonstranten sollen laut Presseberichten außerdem die NGO HaMoked (Center for the Defense of the Individual) beteiligt sein. Laut NGO Monitor erhielt HaMoked von 2015 bis 2020 vom New Israel Fund 346 377 Dollar, von 2018 bis 2021von der EU 1 335 632 Schekel, von 2018 bis 2021vom steuerfinanzierten Misereor Deutschland 2 386 870 Schekel und 1 380 762 Schekel von der UNO.

Familien von Terroropfern werfen HaMoked vor, die Verteidigung von Terroristen zu finanzieren, die ihre Liebsten getötet haben. Als der deutsche Außenminister Heiko Maas am 10. Juni 2020 Israel besuchte, demonstrierten wütende Opferfamilien vor dem Außenministerium in Jerusalem und schrieben einen offenen Brief an Maas:

»Außenminister Maas, wenn Sie nach Israel kommen, um mit Ihren israelischen Kollegen zu sprechen …, dann ist das völlig legitim. Sollten Sie jedoch versuchen, über die von Ihnen finanzierten politischen Organisationen soziale Unruhen zu verursachen, die Ihren Interessen dienen, dann ist das Subversion, in höchstem Grad anmaßend, und hier nicht willkommen.« Und die deutsche Bundesregierung solle ihr Geld lieber für die Bürger in Deutschland verwenden. »Wir fordern Ihre Regierung auf, die Finanzierung radikaler politischer Gruppierungen in Israel sofort einzustellen. Sie verhöhnen damit alle Bemühungen um eine friedliche Lösung des Konfliktes zwischen Israel und Palästina.« Die Opferfamilien beklagten sich, die deutsche Bundesregierung mische sich immer wieder in die inneren Angelegenheiten Israels ein. Am Wochenende habe es am Rabin-Platz in Tel Aviv Proteste gegen die Souveränitätsansprüche der israelischen Regierung in Judäa und Samaria gegeben, »ein legitimer Protest und Zeichen der lebhaften Demokratie in Israel«, heißt es in diesem Brief. Problematisch sei jedoch die Tatsache, dass die Proteste von NGOs angefacht wurden, die aus Deutschland finanziert werden würden.[108]

Zum Teil gewaltsame linke Demonstrationen, wie die vor dem Haus des israelischen Premierministers, werden von der Bundesregierung und den Parteistiftungen der Linken und Grünen finanziert, sagt Ariel Kallner nach Informationen der israelischen NGO-Aufsicht.[109] Laut NGO-Aufsicht wird die linke NGO Standing Together, die die Proteste mitorganisiert, mit 38 825 Euro von der linken Rosa-Luxemburg-Stiftung, mit 10 075 Euro von der Heinrich-Böll-Stiftung und mit 11 200 Euro vom deutschen Zivilen Friedensdienst (ZFD) finanziert, einem Projekt des Entwicklungsministeriums. »Verschiedene Länder, von denen die meisten diplomatische Beziehungen zu Israel unterhalten, arbeiten daran, die Agenda der israelischen Gesellschaft zu untergraben, während sie sich offen in den internen politischen und sozialen Diskurs Israels einmischen«, so Kallner in den israelischen Medien. Standing Together erhielt laut NGO Monitor zwischen 2017 und 2021 vom NIF 3 506 992 Dollar.[110]

Yair Netanjahu nannte die Randalierer vor dem Haus seiner Familie »völlig wahnsinnig, überaus gewalttätig, mit ernsthaften psychischen Problemen«, und das Ganze geschehe mit »ausländischer, europäischer Finanzierung, von Soros, dem Pädophilen Epstein und Ehud Barak«[111]. Die Anti-Netanjahu-Organisation Crime Minister klagte dagegen auf Schadenersatz. »Ich war an dem Abend da, als sie in unserem Haus in der Balfour-Straße eingebrochen sind«[112], sagte Yair Netanjahu vor Gericht aus. »Meine Eltern haben uns in den Bunker gebracht. Unsere Securitys mussten ihre Waffen ziehen, weil sie Angst hatten, dass man uns lynchen würde. Es hieß, es seien linke Demonstranten.«[113] Yair Netanjahu erhielt mehrfach Morddrohungen wie »Geh mal spazieren, wenn dein Vater nicht länger Premierminister ist, wir warten auf dich«.[114] Videos zeigten den Aktivisten Haim Shadmi, wie er vor dem Haus des Premiers mit einem Megafon rief: »Eines Tages werden Sie ihre Bodyguards nicht dabeihaben, und dann Bumm … Wer weiß?«[115] Laut Medienberichten rief Shadmi sogar dazu auf, Brandsätze auf das Haus des Premierministers zu werfen.[116]

»Die Aufforderungen zur Gewalt gegen den Premierminister haben eine rote Linie überschritten«, schrieb Kultusministerin Miri Regev auf Facebook. » Es ist nicht das erste Mal, dass zu Gewalt gegen den Sohn des Premierministers aufgerufen wird.« Doch Shadmi weigerte sich, sich zu entschuldigen.[117]

Hat man in Deutschland schon einmal von dem linksextremen Angriff auf das Privathaus der Netanjahus gehört? Was hier los wäre, wenn aus dem Ausland finanzierte Extremisten vor dem Haus des Bundeskanzlers Todesdrohungen aussprechen und versuchen würden, in sein Haus einzudringen, kann man sich lebhaft vorstellen.

Die Kampagne, Netanjahu aus dem Amt zu drängen und Druck auf den Generalbundesanwalt auszuüben, war spätestens seit 2017 in vollem Gange, wie der New Israel Fund selbst schreibt: »Diesen Monat haben sich der Human Rights Defenders Fund (HRDF) und die Association for Civil Rights in Israel (ACRI) angesichts exzessiver Polizeigewalt für das Recht von Demonstranten eingesetzt, gegen Premierminister Benjamin Netanjahu zu protestieren. Die beiden NIF-finanzierten NGOs setzen sich für die Rechte von Demonstranten vor dem Haus des israelischen Generalbundesanwalts Avichai Mandelblit in Petach Tikwa ein, die rasche und umfängliche Aufklärung der Bestechungsvorwürfe gegen Netanjahu forderten. Die Polizei wollte die Demo verbieten, da sie zu nah an Mandelblits Wohnhaus stattfinde.«[118]

WikiLeaks enthüllte 2010, dass der NIF Mandelblit seit fast 10 Jahren unter Druck setzte. Wie der Journalist Noach Pollak schrieb, wollte Jessica Montell, die Leiterin der Soros-NGO B'Tselem, erreichen, dass »hochrangige Entscheidungsträger für den Gazakrieg 2008 zur Rechenschaft gezogen werden, darunter auch der Militärstaatsanwalt Mandelblit«.[119] Wie es scheint, erkannten die Soros-NGOs schon 2010, dass die konservative Likud-Regierung von Benjamin Netanjahu zu beliebt war, um mit demokratischen Mitteln entfernt zu werden. Deshalb begannen sie ihre »Lawfare«-Kampagne und führten mit juristischen Mitteln Krieg gegen Israel.

»Im September 2011 brachte die WikiLeaks-Veröffentlichung eines geheimen Telegramms der US-Botschaft von 2010 ans Licht, dass sich Hedva Radovanitz, die damalige stellvertretende NIF-Direktorin in Israel, im Gespräch mit einem amerikanischen Botschaftsmitarbeiter wohlwollend über einen möglichen Untergang des jüdischen Staates geäußert hatte«, schreibt Stefan Frank auf Audiatur Online.[120]

In dem Telegramm hieß es, »Hedva Radovanitz, die stellvertretende Direktorin des New Israel Fund (NIF), die die Mittel für 350 NGOs im Volumen von insgesamt 18 Millionen Dollar pro Jahr managt«, habe von einer »Kampagne gegen NGOs« gesprochen. Diese habe mit dem »Verschwinden der politischen Linken« in Israel zu tun. Nur mithilfe von 120 NGO-Angestellten sei es gelungen, 5000 Teilnehmer für eine Menschenrechtskundgebung zu mobilisieren. Damit gab sie indirekt zu, dass die israelische NGO-Industrie ihre Blüte nur ausländischem Geld verdankt.

Doch dann sagte sie etwas, das Noach Pollak in seinem bereits erwähnten einschlagenden Artikel eine »Bombe« nannte: »Sie merkte an, dass sie glaube, dass Israel in 100 Jahren mehrheitlich arabisch sein werde und dass das Verschwinden eines jüdischen Staates nicht die von Israelis befürchtete Tragödie sei, da es dann demokratischer werde.«[121] Nach dieser Version planen also der New Israel Fund und die Soros-NGOs seit 10 Jahren »das Verschwinden des jüdischen Staates«. B'Tselem-Chefin Jessica Montel hat eingeräumt, dass ihre NGO zu 95 Prozent aus dem Ausland, vor allem aus Europa und von Soros-NGOs finanziert wird.

Bei der aufgebauschten »Lawfare«-Kampagne gegen Netanjahu drehte es sich unter anderem um geschenkten Champagner, nicht abgerechnetes Flaschenpfand und Netanjahus Treffen mit israelischen Zeitungsverlegern. Das ist in etwa, als wolle man Angela Merkel wegen ihrer Freundschaft mit Friede Springer und Liz Mohn einsperren. Sogar Netanjahus Handy wurde gehackt, was niemanden sonderlich zu kümmern schien. Dabei sollte ein Regierungschef und Abgeordneter unter normalen Umständen Immunität im Amt genießen, was in Israel bis 2005 auch der Fall war. Der Antrag, 2019 wieder die Parlamentarische Immunität einzuführen, scheiterte an der politisierten Debatte um Netanjahu, die durch die Soros-NGOs angeheizt wurde.

Die Rufmordkampagne gegen Netanjahu hatte zur Folge, dass Israel in 3 Jahren fünfmal Neuwahlen abhalten musste. Denn aufgrund der ständigen Anfeindungen vermochte Netanjahu, obwohl sogar die jungen Israelis immer konservativer und patriotischer werden, keine stabile Mehrheit zu bilden. Dementsprechend entstand vom Juni 2021 bis November 2022 ein Mitte-Links-Bündnis unter Einbeziehung der arabischen Ra'am-Partei, die das Existenzrecht Israels ablehnt und den Muslimbrüdern nahesteht. Es folgten die schlimmste Gewaltwelle vonseiten der Palästinenser seit 2006 und eine Regierung, die Israels Erdgasfelder im Mittelmeer der Hisbollah im Libanon schenkte.

Inzwischen ist Netanjahu wieder im Amt, und zwar mit einer konservativen Pro-Israel-Regierung, und dieselben linken Soros-NGOs blasen erneut zum Angriff. Der ehemalige Premierminister Yair Lapid nannte die neue demokratisch gewählte Regierung »undemokratisch« und beschuldigte sie eines »Angriffs auf die israelische Demokratie«. Die Anführerin der linken Arbeiterpartei, die Knesset-Abgeordnete Merav Michaeli, beschuldigte die neue Regierung gar eines »Putsches«. Der ehemalige Knesset-Abgeordnete der linksextremen Meretz-Partei Yair Golan rief zum »Bürgerkrieg« und »breiten öffentlichen Aufstand« gegen die »bösartige Regierung« auf. »Wir legen jetzt eine andere Schallplatte auf«, sagte der linksradikale Politiker. »Keine braven Demos samstagabends mehr. Kein Wehklagen und Lamentieren. Nur noch Taten und Ergebnisse. Wir werden die Wirtschaft lahmlegen, Straßensperren errichten, und dieser arrogante Mensch (Premier Netanjahu), der sich mithilfe finsterer, korrupter und extremistischer Mächte zum Herrscher ernannt hat, wird einsehen müssen, dass das Volk der Herrscher ist.«[122] Am 7. Januar 2023 demonstrierten rund 10 000 Regierungsgegner in Tel Aviv und schwenkten PLO-Fahnen und Plakate mit SS-Runen und dem Kopf des neuen Justizministers Yariv Levin. In der Woche darauf demonstrierten linksradikale Aktivisten vor Levins Familienheim in der Stadt Modi'in und drohten: »Wir werden dir keine Minute Ruhe lassen. Wir verfolgen dich überallhin.«[123]

Der New Israel Fund räumte laut Meldung der Jewish News Syndicate in einer E-Mail ein, diese Proteste zu finanzieren. »Der New Israel Fund unterstützt die vielen zivilgesellschaftlichen Organisationen, die an der Veranstaltung der riesigen Demonstration am Samstagabend in Tel Aviv beteiligt waren, mit einem Sonderzuschuss«[124], zitiert der israelische Fernsehsender Channel 14 diese E-Mail.

»[Die Aktivistengruppe] Shatil vom New Israel Fund beteiligte sich an der Koordinierung und Synchronisierung der verschiedenen Gruppen, die an dieser Machtdemonstration teilnahmen«, fuhr man in der E-Mail fort. Der New Israel Fund werde einen Sonderzuschuss an die NGO ACRI – Association for Civil Rights in Israel – zahlen, die bereits 2021 die gewaltsamen Proteste gegen Premier Benjamin Netanjahu mitorganisierte.

Steuergeld für Terror-NGOs: Die Volksbefreiungsfront PFLP

Am 23. August 2019 machte die 17-jährige Israelin Rina Shnerb mit ihrem Vater Eitan Shnerb, einem Rabbi, und ihrem Bruder Dvir eine Wanderung an die Quellen von Ein Bubin bei Dolev in Samaria. »Wir stiegen gerade zu der Quelle hinab, als die Bombe losging«, sagte ihr

Vater vom Krankenhausbett aus. »Es war eine sehr große Bombe. Alles wurde schwarz … Ich hörte Dvir rufen und rief nach Rina. Dann sah ich, dass sie nicht mehr am Leben war. Ich wollte glauben, dass das alles nur ein Alptraum war … Ihr Gesicht war so unverletzt und voller Unschuld, dass ich ihr einen Kuss gegeben und gesagt habe, wir würden stark sein. Rina hat uns gerettet, weil sie die Explosion abgefangen hat.«[125]

Am 19. Dezember 2019 gab der israelische Inlandsgeheimdienst Schin Bet bekannt, dass sie im Zusammenhang mit dem Anschlag auf Rina Shnerb eine fünfzigköpfige Terrorzelle verhaftet hatten. Und bereits im September 2019 hatten sie den mutmaßlichen Drahtzieher des Anschlags, Samir Arbid, festnehmen können. »Arbid hat den Sprengsatz vorbereitet und gezündet, als er Familie Shnerb kommen sah.«[126] Samir Arbid wurde am 23. September zusammen mit drei jugendlichen Komplizen verhaftet und vom Schin Bet mit Schlägen gefoltert, bis er die Informationen lieferte, die zur Zerschlagung seines Netzwerkes führten. Generalstaatsanwalt Avichai Mandelblit untersuchte die Foltervorwürfe und befand die Verhörmethoden in diesem Fall für gerechtfertigt. Folter wurde 1999 durch einen Gerichtsentscheid in Israel untersagt, aber im Falle tickender Zeitbomben können »physische Vernehmungsmethoden« per Sondergenehmigung erlaubt werden. »Die Informationen, die man vom Terroristen Samir Arbid, dem Mörder von Rina Shnerb (möge ihr Andenken zu einem Segen werden), erhielt, führten zum Fund vieler Waffen sowie zur Verhinderung zusätzlicher Terrorangriffe, die von der Volksfront zur Befreiung Palästinas geplant waren«, so der Schin Bet.[127]

Das Skandalöseste war jedoch, dass Samir Arbid und viele der anderen Terroristen für NGOs arbeiteten, die von der EU, den Parteistiftungen der Linken und Grünen sowie von der Open Society finanziert wurden. Diese NGOs hängen mit dem Netzwerk der

Volksbefreiungsfront PFLP zusammen, die schon seit 1968 Kontakte zur deutschen Linken pflegt. So reiste Grünen-Mitbegründer Dieter Kunzelmann 1968 mit einer Gruppe von Linksextremisten nach Jordanien und ließ sich von der PFLP im bewaffneten Terror ausbilden. Ur-Grüne wie Winfried Kretschmann, Claudia Roth, Joschka Fischer und Jürgen Trittin haben alle Verbindungen zur PFLP. Die ostdeutsche SED, Vorgängerpartei der Linken, finanzierte ebenfalls den bewaffneten Terror von PLO und PFLP. Und diese Verbindungen bestehen bis heute – nur eben mithilfe von Steuergeldern sowie Geldern der EU und der Open Society.

Samir Arbid war Buchhalter der Union of Agricultural Works Committees (UAWC –Union der landwirtschaftlichen Arbeitskomitees), und der Gefangenenhilfsorganisation Addameer. Beide sind laut israelischem Geheimdienst Vorfeldorganisationen der PFLP, wobei die PFLP auf der Terrorliste der EU steht. Trotzdem erhalten diese Organisationen Geld von der EU und deutschen Parteistiftungen. Addameer arbeitet eng mit dem Public Committee Against Torture in Israel (PCATI – Öffentliches Komitee gegen Folter in Israel) zusammen, das von Open Society und dem New Israel Fund finanziert wird,[128] sowie mit den NGOs B'Tselem und Defence for Children International – Palestine (DCI-P). B'Tselem erhielt in den Jahren 2018 und 2019 von Open Society 1 029 983 Schekel. DCI-P wird laut NGO Monitor in unbekannter Höhe vom Open Society Institute finanziert.[129]

Am 22. Oktober 2021 hat das israelische Verteidigungsministerium im Zuge der Aufklärungsarbeit um den Mord an Rina Shnerb sechs dieser PFLP-nahen NGOs als Terrororganisationen eingestuft: DCI-P, UAWC, Al-Haq, Addameer, die Union der palästinensischen Frauenkomitees (UPWC) und Bisan. Eine siebte PFLP-nahe Organisation – die Health Works Committee (HWC) – wurde bereits 2020 dementsprechend eingestuft. Im Februar 2021 wurde das Gefangenennetzwerk Samidoun ebenfalls als Terrororganisation und PFLP-Frontorganisation eingestuft.

Al-Haq ist eine Menschenrechtsorganisation mit Sitz in Ramallah, die sich für die Boykottkampagne BDS und mittels Lawfare (Kriegsführung mit juristischen Mitteln) gegen den Staat Israel einsetzt. Der israelische Oberste Gerichtshof bezeichnet den Leiter dieser Organisation, Shawan Jabarin, als »Menschenrechtler am Tag und Terrorist in der Nacht«. Sowohl Jordanien als auch Israel verweigern ihm aufgrund seiner Verbindungen zur PFLP ein Reisevisum. Die Leiterin des Arabischen Büros der Open Society Hanan Abdel Rahman-Rabbani ist eine ehemalige Al-Haq-Mitarbeiterin und arbeitet mit der Heinrich-Böll-Stiftung der Grünen zusammen.[130] Al-Haq erhielt von Open Society im Jahr 2016 400 000 Dollar und von 2020 bis 2023 800 000 Dollar – und darüber hinaus zwischen 2020 und 2023 vom Deutschen Entwicklungsministerium 511 065 Euro über die Organisation Brot für die Welt der Evangelischen Kirche Deutschland.[131]

Das Bisan Center for Research and Development, das gemäß NGO Monitor mit der linken Rosa-Luxemburg-Stiftung zusammenarbeitet, beschuldigt Israel »kolonialer und rassistischer Unterdrückung« und unterstützt die BDS-Kampagne. Defense for Children International – Palestine wird laut NGO Monitor von Open Society sowie der EU (2017–2019 mit 961 298 und 699 236 Euro) finanziert und beschäftigt mehrere Mitarbeiter der PFLP. Ebenfalls nach Auskunft von NGO Monitor und im Jahr 2017 wurde die Union of Agricultural Work Committees (UAWC) von der steuerfinanzierten deutschen NGO Medico International sowie von der Rosa-Luxemburg-Stiftung finanziert und war die Union of Palestinian Women's Committees (UPWC) mit fünf weiteren Partnern – darunter DCI-P Bisan und Health Work Committees (HWC) – an einem Projekt der Europäischen Kommission über 699 236 Euro beteiligt.

Anstatt sich von ihrer Finanzierung von Terrororganisationen zu distanzieren, hat die Fraktion der Grünen im EU-Parlament einen Protestbrief verfasst, die Terror-NGOs würden »kriminalisiert« und Israel habe »keine glaubhaften Beweise für die Vorwürfe gegen die sechs NGOs präsentiert«,[132] so der Brief der dänischen Grünen-Abgeordneten Margrete Auken. Das sieht die Familie von Rina Shnerb vermutlich anders.

Soros und die Muslimbruderschaft

Die Muslimbrüder wurden 1928 von dem aus Ägypten stammenden Hasan al-Bannā begründet und stellen die führende Organisation des »legalistischen« Islamismus dar, welcher mit legalen Mitteln Politik und Institutionen zu unterwandern versucht. Die Hamas ist der palästinensische Arm der Muslimbruderschaft. Zwischen 2012 und 2013 regierten die Muslimbrüder mit Präsident Mohammed Mursi in Ägypten, bis sie nach Massenprotesten vom Militär abgesetzt und Mursi sowie Hunderte Muslimbrüder zum Tode verurteilt wurden. In Ägypten, Saudi-Arabien, Russland, Syrien, Bahrain und den VAE ist die Muslimbruderschaft heute als Terrororganisation verboten, wohingegen die Türkei und Katar ihre wichtigsten Unterstützer sind.

Aktuell unterwandert die Muslimbruderschaft die politischen Institutionen in Berlin und Brüssel, und das teilweise vom Steuerzahler und von Open Society finanziert. Aydan Özoğuz – die Vizepräsidentin des Deutschen Bundestages (SPD) –, Ferda Ataman – die Antidiskriminierungsbeauftragte der Bundesregierung – sowie Ex-Staatssekretärin Sawsan Chebli arbeiteten mit Muslimbruder-nahen Aktivisten zusammen wie den ARD-YouTubern um Nemi El-Hassan und Younes Al-Amayra, der Satire-Gruppe Datteltäter und der Slam-Poetry-Gruppe i,Slam. Nemi El-Hassan verlor 2021 ihren Job als Moderatorin beim WDR, als der Islamkritiker Irfan Peci ihre Teilnahme am Antisemitischen Al-Quds-Marsch enthüllte.[133] Ferda Ataman, die Begründerin der Gruppe Neue Deutsche Medienmacher*innen, hat ihre ganze Karriere bis in die Bundesregierung hinein fast ausschließlich in Organisationen bestritten, die der Open Society oder der Muslimbruderschaft nahestehen (mehr dazu in Kapitel 6).[134]

Am 31. Juli 2020 enthüllte der EU-Abgeordnete Nicolas Bay von der Fraktion I&D (Identität und Demokratie), dass die EU zwischen 2014 und 2019 36,5 Millionen Euro an islamistische Gruppen gezahlt hatte. Unter anderem finanzierte sie zwischen 2014 und 2019 das European Network Against Racism (ENAR), zu dem das Forum of European Muslim Youth & Student Organisations (FEMYSO) gehört, mit insgesamt 5 422 678 Millionen Euro.

Die Abgeordnete Mathilde Androuët schrieb in einer Anfrage vom Mai 2020, ENAR sei eine »Tarnorganisation«[135] der Open Society Foundations, von der sie zwischen 2016 und 2018 laut deren eigener Website 777 111 Dollar Direktförderung erhalten hatte. Mehrere leitende Figuren von ENAR stehen der Muslimbruderschaft nahe, darunter auch Intissar Kherigi, Ratsmitglied von 2015 bis 2018, die Tochter von Rached al-Ghannouchi, der die Ennahda-Partei, den tunesischen Arm der Muslimbruderschaft, mitbegründet hat. ENAR-Chef Michaël Privot war bis 2008 Mitglied der Muslimbruderschaft. Privot sagt, diese Vorwürfe seien eine »Verschwörungstheorie« und »absichtliche Versuche, Hass gegen Menschenrechtsorganisationen zu säen«.[136]

Im Rahmen der EU-Wahlen 2019 lancierte ENAR in Zusammenarbeit mit FEMYSO eine Kampagne »Muslim Youth: Act Up« (dt. in etwa: »Muslimjugend: Regt euch auf«), und FEMYSO produzierte einen »Werkzeugkasten für muslimische Jugendliche« sowie zwölf Filme als Teil einer Social-Media-Kampagne, um muslimische Jugendliche dazu zu bewegen, sich an Wahlen zu beteiligen. Wie hoch die Finanzierung von FEMYSO durch die EU/ENAR war, ist ihren Jahresberichten nicht zu entnehmen. FEMYSO steht der Muslimbruderschaft nahe, so der Wissenschaftliche Dienst des Deutschen Bundestages 2015.[137] FEMYSO betreibt aber auch Lobbyarbeit in Brüssel und protestierte 2019 gegen die neue EU-Kommission, da sie nicht divers genug und daher rechtsextrem sei.[138] Das bedeutet also, dass die EU über ENAR einen Tarnverein der Muslimbruderschaft bezahlt, um Wahlkampfvideos zu produzieren, Lobbyarbeit in Brüssel zu betreiben und sich vorwerfen zu lassen, EU-Kommissarin Ursula von der Leyen spiele Rechtsradikalen in die Hände.

Zu den deutschen Gruppierungen der FEMYSO gehören die Jugendorganisation von Milli Görus (IGMG), die dem Bayrischen Verfassungsschutz als verfassungsfeindlich und als »Zweig der Muslimbruderschaft bekannt«[139] ist, sowie die Muslimische Jugend in Deutschland (MJD), die ebenfalls seit Jahren vom Verfassungsschutz beobachtet wird, da sie eine »Gefahr für die freiheitlich-demokratische Grundordnung«[140] darstelle. MJD arbeitet mit den schon erwähnten Gruppen Datteltäter und i,Slam aus dem Umfeld von Sawsan Cheblis JUMA e. V. (Jung – Muslimisch – Aktiv) zusammen, das ebenfalls von der Bundeszentrale für politische Bildung, dem BAMF, dem Innenministerium und dem Berliner Senat gefördert wird. JUMA wurde von den Open Society Foundations 2018 mit 100 000 und 2020 mit 75 000 Dollar gefördert. Die heutige Vizepräsidentin des Bundestages Aydan Özoğuz trat bei der Gründung von JUMA 2010 als Rednerin auf.

Am 19. März 2021 hielt die EU online eine Antirassismus-Konferenz ab und lud dazu die ENAR-Chefin Karen Taylor ein, die ihre Redezeit dazu verwendete, gegen die Teilnahme von Rabbi Moshe Kantor zu wettern. »Die Kommission hat sich geweigert, die Einladung an das European Jewish Congress (EJC) zurückzunehmen, obwohl sie auf ein Video des ELC-Präsidenten Moshe Kantor hingewiesen wurde, in dem dieser gegen Muslime und Migranten hetzt und Geburtenkontrolle fordert«,[141] so ENAR. Damit biete die EU-Kommission eine Plattform für eine Organisation, die sich geweigert habe, sich von diesen Aussagen zu distanzieren, und gefährde damit den Aktionsplan gegen Rassismus, so Taylor. Welches Video gemeint war, war nicht klar.

Am 16. März 2021 veröffentlichte ENAR den Bericht »Verdacht, Misstrauen und Überwachung: Die Auswirkungen von Anti-Terror-Gesetzen auf rassifizierte Gruppen, die in Europa von Rassismus bedroht sind«,[142] in dem behauptet wird, es sei rassistisch, islamistischen Terror zu bekämpfen – ein unbeweisbares Totschlagargument, das direkt von der Muslimbruderschaft stammen könnte. Finanziert wurde der Bericht von der EU sowie den Open Society Foundations, der Joseph Rowntree Foundation und der ENAR Stiftung.

Karen Taylor hat aber auch eine eigene NGO, die sie Each One Teach One (EOTO e. V.) nennt und die in den Jahren 2018 bis 2020 von den OSF 1 348 604 Euro erhielt, in den Jahren 2021 bis 2022 vom Bundesfamilienministerium 1 181 000 Euro sowie vom Innenministerium 142 000 Euro.[143]

Als Ferda Ataman 2022 in ihrem neuen Job als Antidiskriminierungsbeauftragte der Bundesregierung in die Kritik geriet, unter anderem weil sie Deutsche als »Kartoffeln« bezeichnet hatte, war Karen Taylor eine der Ersten, die für sie in die Bresche sprang. Als Sprecherin des Bundeskongresses der Migrantenorganisationen organisierte sie einen Offenen Brief, in dem die Vorwürfe gegen Ataman »haltlos« genannt wurden, da sie auf »bewussten Fehlinterpretationen von Publikationen und Aussagen Atamans«[144] basierten. Natürlich unterstützt von Atamans Soros-NGO Neue Deutsche Organisationen und bezahlt von deutschen Steuergeldern. So schließt sich der Kreis.

KAPITEL 4

Die Methode Soros

George Soros hat laut der Website von Open Society 32 Milliarden Dollar an seine Stiftung gespendet. Trotzdem ist er mit Platz 246 auf der Forbes-Liste der Milliardäre immer noch einer der reichsten Menschen der Welt – Stand Dezember 2022 etwa 8,6 Milliarden Dollar. Wie ist das möglich?

Dabei betonte der Börsenguru André Kostolany, wie schwer es ist, selbst als Experte an der Börse Geld zu verdienen. In seiner langen Karriere habe er fast genauso oft danebengelegen, wie er Recht gehabt habe: »In 51 Prozent aller Fälle liege ich richtig, zu 49 Prozent greife ich daneben. Und von den 2 Prozent Unterschied lebe ich.«[145] Wie ist es also möglich, als Spekulant so zuverlässige Resultate zu erzielen, dass man als ungarischer Flüchtling zu einem der erfolgreichsten Investoren der Welt aufsteigt und nebenbei noch 32 Milliarden Dollar übrig hat, um utopische linke Politik zu fördern? Die Antwort könnte in einem anderen Kostolany-Zitat liegen: »Die größte Spekulation der Welt wäre es, einen Politiker zu dem Wert einzukaufen, den er hat, und ihn zu dem Wert zu verkaufen, den er sich selbst einräumt.«[146]

Wie wir gesehen haben, hat Soros selbst eingeräumt, dass gemeinnützige Stiftungen ein attraktives Steuersparmodell darstellen. In seinem Fall könnte die politische Ausrichtung seiner Stiftungen zusätzlich die Möglichkeit geboten haben, nach Kostolanys Formulierung »Politiker einzukaufen«. In diesem Kapitel werden wir uns ansehen, wie es George Soros gelungen sein könnte, anhand der Open Society Foundations den vielleicht größten Insiderhandel der Weltgeschichte durchzuführen.

Der Korruptionsexperte Peter Schweizer ist dafür berühmt, die zwielichtigen Geschäfte der Clinton-Stiftung sowie die korrupten Geschäftsbeziehungen der Biden-Familie in die Ukraine und nach China enthüllt zu haben. In seinem Buch *Clinton Cash* enthüllte Schweizer, wie Bill und Hillary Clinton in nur wenigen Jahren mithilfe ihrer gemeinnützigen Stiftung von mittellosen Staatsdienern zu Multimillionären wurden. Diese Publikation hatte wesentlichen Anteil an der Niederlage von Hillary Clinton 2016, da sie vor allem auch kritische Linke ansprach, die sich über die dubiosen Deals der Clintons mit kolumbianischen Regenwaldvernichtern und russischen Uranerzeugern sowie die Veruntreuung von Spenden für Erdbebenopfer in Haiti entrüsteten.

2018 veröffentlichte Schweizer den Nachfolger *Secret Empires: How the American Political Class Hides Corruption and Enriches Family and Friends* (»Geheime Imperien: Wie die amerikanische politische Klasse Korruption verbirgt und Familie und Freunde bereichert«). Darin dokumentiert er, wie sich die Kinder und Familien führender Politiker in den USA durch ihre Nähe zur Macht bereichern – beispielsweise Hunter Biden, der Sohn des derzeitigen US-Präsidenten und unter Obama Vizepräsidenten Joe Biden, der durch dubiose Deals mit der Ukraine und China binnen weniger Tage zum Millionär wurde. Barack Obamas bester Freund Martin Nesbitt, mit dem Obama gerne auch mitternachts eine Runde Basketball spielt, gründete 2013 mit Unterstützung der Hyatt-Hotelerbin Penny Pritzker die Investmentfirma Vistria, die direkt von Nesbitts Insiderwissen über künftige Wirtschaftspolitik profitierte und Obama-Beamte wie Ex-Bildungsstaatssekretär Tony Miller und Ex-Obama-Legislativassistent John Samuels einstellte, obwohl sie »keine Erfahrung in der Finanzbranche« hatten, wie in der *Fortune* zu lesen ist.[147] Ein seltsames Muster entwickelte sich: Die Obama-Regierung nahm bestimmte Branchen mit der geballten Macht Washingtons aufs Korn. »Nesbitts Vistria und andere im Obama-Umfeld konnten diese Firmen dann zu einem Schnäppchenpreis aufkaufen«,[148] so Schweizer. Dazu zählten Privatuniversitäten, Fluglinien, die Finanzbranche und – Jahre vor Greta Thunberg und Luisa Neubauer – der Energiesektor.

»Wenn jemand ein Kohlekraftwerk bauen will, dann kann er das gerne machen. Aber er wird dabei pleitegehen, denn die Abgaben für Treibhausemissionen werden zu hoch sein«, sagte Barack Obama im Januar 2008 zu Beginn seines Wahlkampfs. Bis 2010 hatte der neue Präsident fast dreißig Verordnungen und über 170 Regeln zulasten der Kohle- und Ölindustrie erlassen. Zwischen Obamas Amtsantritt im Januar 2009 und 2015 stürzten die Börsenkurse vieler Kohlefirmen um über 90 Prozent ab. Gleichzeitig kauften sich Obama-Freunde wie Nesbitt und Spender Tom Steyer in diese Firmen zu einem Spottpreis ein. Während Steyer Anteile an Kohle- und Ölfirmen zu einem Schleuderpreis erwarb, trat er öffentlich als Umweltschützer auf und schrieb im Januar 2012 mit Clinton-Berater John Podesta einen Kommentar im *Wall Street Journal*, der sich gegen die Keystone XL Pipeline wandte.[149] Rein zufällig hatte Steyer in eine konkurrierende Firma investiert, die eine ähnliche Pipeline betrieb.

Kapitel 4

Obama, Soros und das größte Ölfeld der Welt

George Soros unterstützte 2003 den Senatswahlkampf eines jungen Lokalpolitikers aus Chicago namens Barack Obama. 2004 gab dieser Kandidat eine viel beachtete Rede auf dem Bundesparteitag der Demokraten, in der er als einer der ersten US-Politiker den Irakkrieg von George Bush kritisierte. Zu dieser Zeit gelangte auch Soros zu der Ansicht, dass George Bush mit seinem »Krieg gegen den Terror« und seiner angeblich rassistischen Ideologie, »die sich im Besitz der ultimativen Wahrheit wähnt«[150], die größte Bedrohung für die Idee einer offenen Gesellschaft darstellte, und versuchte erfolglos, Bushs Wiederwahl 2004 zu verhindern. Damals unterstützten fast alle Amerikaner den Krieg im Irak, auch Senatorin Hillary Clinton.

George Bush aus dem Weißen Haus zu entfernen wurde zum Hauptfokus in Soros' Leben, und er spendete etwa 27 Millionen Dollar für linke Gruppen wie Center for American Progress von Clinton-Berater John Podesta und MoveOn. Ja, er gründete sogar eine eigene NGO namens America Coming Together (ACT), um Bush zu bekämpfen und die Kandidatur von Senator John Kerry zu unterstützen.

Es war das erste Mal, dass Soros sich ausdrücklich politisch und links positionierte, und es brachte ihm zum ersten Mal die Feindschaft der konservativen Republikaner in den USA ein. Bill O'Reilly von Fox News nannte ihn einen »linksextremen Bombenwerfer« und ein »Ekelpaket«.[151] Doch all das half nichts: Getragen von einer Welle des Patriotismus besiegte George Bush Jr. John Kerry haushoch, und Soros musste sich einen neuen Kandidaten suchen.

Im Juni 2004 veranstaltete Soros eine Spendengala in seinem Haus in New York und spendete persönlich mit seiner Familie 60 000 Dollar an Obamas Senatskampagne.[152] Soros hat zu Beginn von Barack Obamas Karriere auch die Obama-nahe Aktivistengruppe ACORN (Association of Community Organizations for Reform Now) mit mindestens 150 000 Dollar finanziert. Außerdem »leitet er einen geheimnisvollen Club der Reichen namens Democracy Alliance, der 20 Millionen Dollar an Gruppen wie ACORN gespendet hat«,[153] so *Investor's Business Daily*.

Doch als der verdeckte Videojournalist James O'Keefe von Project Veritas 2009 enthüllte, wie die »Bürgerrechtsgruppe« dem als Zuhälter getarnten O'Keefe Tipps gab, wie er Kinder zur Prostitution einschmuggeln und von der Steuer absetzen könne,[154] wurde die ACORN zum ersten handfesten Skandal in der Amtszeit des »Saubermanns« Obama, und Obamas Lieblings-NGO ACORN musste am 2. November 2010 den Betrieb einstellen.

Im Dezember 2006 wagte sich der frischgebackene Senator Obama wieder nach New York, ins politische Heimatrevier von Hillary Clinton und George Soros, um sich als möglicher Präsidentschaftskandidat ins Spiel zu bringen. Soros traf Obama in seinem Büro, und abends sprach Obama auf einer Spendengala.[155] Obamas Mitarbeiter durften, wenn sie in New York waren, sogar George Soros' Büro benutzen.

Am 16. Januar 2007 erklärte Obama, er würde ein Team bilden, um seine Kandidatur auszuloten, und am 11. Februar 2007 gab er offiziell seine Kandidatur für das Amt des Präsidenten bekannt, nachdem George Soros am 27. Januar 2007 überraschend seine Unterstützung von Obama öffentlich verkündet hatte – vermutlich ein herber Schlag für Hillary Clinton, die Soros immer unterstützt hatte. Denn Soros'

Beziehung zu Bill und Hillary Clinton reichte bis mindestens 1994 zurück, als Präsident Bill Clinton den neuen ukrainischen Präsidenten Leonid Kutschma im Weißen Haus empfing. Presseberichten zufolge war Soros damals beim Staatsbankett anwesend. Soros unterstützte Kutschma, bis dieser 2001 wegen der Enthauptung eines Journalisten[156] zurücktreten musste. Soros und Hillary Clinton hielten ihre Freundschaft jedoch bis zum 3. Juni 2004 geheim, als Clinton auf einer Konferenz sagte, sie kenne Soros »schon sehr lange«.[157] Man kann sich also nur zu lebhaft vorstellen, wie enttäuscht Hillary Clinton gewesen sein muss, als ihr langjähriger Verbündeter 2008 zu ihrer Niederlage im Rennen um die Nominierung der Demokratischen Partei beitrug. Vielleicht sagte Soros deshalb 2018 in einem Interview mit der *New York Times*,[158] Obama sei seine »größte Enttäuschung« gewesen, weil dieser ihn nicht genug in seine Politik hineinregieren ließ. Vielleicht wollte er sich auf diesem Weg bei Hillary entschuldigen.

Auch wenn sich Soros später beklagen sollte, Obama hätte nicht genug auf ihn gehört, so ging Obamas Politik doch in weiten Teilen mit der Agenda von George Soros konform – vor allem in Bezug auf den Umwelt- und Klimaschutz, mit dem sich Obama-Freunde wie Martin Nesbitt und Tom Steyer gesundsanierten. Am 8. Oktober 2007 verkündete Obama nicht nur, er werde den Bau neuer Kohlekraftwerke stoppen, sondern er werde auch Steuererleichterungen für die Ölindustrie, die er »Subventionen« nannte, ein Ende setzen. »Der globale Markt bewegt sich weg von den fossilen Energieträgern«,[159] so Obama.

Mit Obamas Amtsantritt 2009 begann George Soros aggressiv, Klimaschutzinitiativen zu unterstützen, und spendete 1,1 Milliarden Dollar an Umweltverbände wie Friends of the Earth, Sierra Club, Alliance for Climate Protection, Earth Justice, Earth Island Institute, Green for All, und das Natural Resources Council. Das Center for American

Progress, eine der wichtigsten linken Soros-NGOs, warb für »grüne Energie« und gegen »König Kohle«. Gleichzeitig investierte Soros' Quantum Fund massiv in fossile Energiefirmen, deren Preise durch die Obama-Politik unter Druck geraten waren, beispielsweise den Bohrplattformbetreiber Transocean Limited sowie den Raffineriebetreiber CVR Energie, dessen Aktienkurs innerhalb von einem Monat von 27 Dollar auf 17 Dollar gefallen war. Außerdem hielt Quantum große Anteile an Marathon Petroleum, Tesoro-Raffinerien, Chevron und Interoil, wie Peter Schweizer herausfand.[160] Im August 2008 investierte George Soros' Quantum Fund 811 Millionen Dollar in Petrobras (Petroleo Brasileiro). »Die staatseigene brasilianische Ölgesellschaft wurde damit zur größten Beteiligung seines Investmentfonds«,[161] mit nämlich 22 Prozent des gesamten Fonds, berichtete Bloomberg.

Während Präsident Obama zu Hause in den USA die fossilen Brennstoffe weiterhin schlechtredete, war interessanterweise eines der ersten Projekte der neu gewählten Obama-Regierung eine massive Subventionierung von Tiefseebohrungen in Brasilien. Im August 2009 gab das Export-Import-Finanzinstitut Bank of the United States laut *Wall Street Journal* bekannt, dass sie Petrobras 2 Milliarden Dollar leihe, »um die Exploration der riesigen Offshore-Entdeckung im brasilianischen Tupi-Ölfeld, im Santos-Becken, in der Nähe von Rio de Janeiro, zu finanzieren«.[162] Bald danach, im Dezember 2010, kündigte Präsident Barack Obama ein Verbot von Offshore-Bohrungen in den USA an und beendete im Januar 2011 die Steuervergünstigungen für US-Ölfirmen. Daraufhin schrieb die *Washington Post*, »einige Beobachter fragten sich, ob der Präsident nicht absichtlich gegen die Interessen der USA handle«.[163] Derart vom US-Steuerzahler gestärkt, konnte Petrobras 2011 neue Aktien im Wert von 70 Milliarden Dollar verkaufen, die größte Kapitalerhöhung in der Geschichte der Welt, wobei es immerhin um »die größte Erdölbohrung der Welt« ging, nämlich im 2007 entdeckten Tupi-Ölrevier.

So viel Geld weckt natürlich Begierden, vor allem bei einer sozialistischen südamerikanischen Regierung, und die beteiligten Ölfirmen, Baufirmen und Politiker machten den vielleicht größten Geldwäsche- und Selbstbedienungsladen der Welt auf, der den Spitznamen Lavo Jato (»Waschstraße«) erhalten sollte. Doch der ehemalige Präsident Lula da Silva und 110 weitere Personen wurden 2015 wegen Korruption, Geldwäsche und anderen Finanzdelikten angeklagt. Im April 2015 gab Petrobras bekannt, das Unternehmen habe »17 Milliarden Dollar durch Missmanagement und Bestechung verloren«, so die *Encyclopedia Britannica*. Quantum Fund war seit 2010 offiziell nicht mehr an Petrobras beteiligt, und auch über eine Beteiligung von Obama-Regierungsmitgliedern am größten Betrugsskandal Brasiliens ist nichts bekannt.

Soros traf sich während Obamas Amtszeit im Weißen Haus regelmäßig persönlich mit Vizepräsident Joe Biden, Wirtschaftsberater Larry Summers, Energieexpertin Michelle Patron und natürlich Obama-Berater John Podesta und Obama selbst. Während seine Umweltlobbyisten von Greenpeace aggressiv gegen die Kohleindustrie vorgingen, kaufte Soros 2011 Anteile an der International Coal Group, und 2012 4 Millionen Anteile an Peabody Energy, dem größten privaten Kohlebergbauunternehmen der Welt. Im Sommer 2015 kaufte er eine weitere Million Peabody-Anteile, die 10 Jahre davor noch 90 Dollar pro Anteil gekostet hatten. Soros erwarb sie für 1 Dollar pro Anteil.[164]

»Meiner Meinung nach hat George Soros die Regierung als Keule benutzt, um die Kohleaktien in den Keller zu treiben und auf fallende Kurse zu setzen«, schrieb Thomas Landstreet in *Forbes* unter der Überschrift: »George Soros geht es nicht um die Kohleindustrie, sondern um die Kohle«.[165] Landstreet wies 2015 darauf hin, dass die Open Society Foundations die NGO Climate Policy Initiative finanziert hatten, die für das Ende der Kohleindustrie und den Ausstieg aus der Fossilenergie warb. »George Soros' Scheinheiligkeit ist oft bemerkt worden«,[166] schrieb der ehemalige Chefökonom der US-Handelskammer Richard Rahn, 2008 in der *Washington Times.* »Er gibt gerne linke und sogar sozialistische Ideen von sich und kritisiert seit vielen Jahren massiv die USA. Dabei hat er mit höchst fragwürdigen Methoden und Insiderwissen Milliarden verdient. Sein Modus Operandi ist, linken Politikern Gefallen zu erweisen und sie dann für seine Geschäfte zu instrumentalisieren.«

Als Barack Obama 2016 nicht mehr kandieren durfte, unterstützte George Soros wieder seine alte Bekannte Hillary Clinton mit mindestens 8 Millionen Dollar im Jahr 2015[167] und im Verbund mit anderen Demokraten 2016[168] mit 12,6 Millionen Dollar. Zu wichtig war der direkte Draht ins Weiße Haus für einen Investor, der dem Markt immer einen Schritt voraus sein wollte. Soros hatte die Absicht, mit Hillary Clinton, sobald sie wieder im Amt sein würde, genauso weiterzumachen wie bisher. Doch dann machte ihm ein Außenseiter einen gewaltigen Strich durch die Rechnung: Donald Trump. In den Wochen nach Trumps Sieg verlor Soros beinahe 1 Milliarde Dollar, weil er gegen Trump auf fallende Kurse gesetzt hatte.[169] Kein Wunder, dass Soros die nächsten 4 Jahre alles daran setzen sollte, um Trump aus dem Weißen Haus zu jagen.

Während der Durststrecke der 4 Trump-Jahre ohne direkten Draht zum Präsidenten musste sich der erfolgreichste Hedgefonds-Spekulant der Welt allerdings eine andere Masche einfallen lassen, um die Märkte zu schlagen. Zum Glück hatte er die Medien auf seiner Seite.

Ibizagate, *Der Spiegel* und die *Süddeutsche*

Am 17. Mai 2019, eine Woche vor den EU-Parlamentswahlen, platzte in Österreich eine politische Bombe – eine Bombe, die von Deutschland aus geworfen worden war. Die Journalisten der *Süddeutschen Zeitung*[170] Bastian Obermayer und Frederik Obermaier und die Journalisten des *Spiegels*[171] um Maik Baumgärtner veröffentlichten Ausschnitte aus einem heimlich aufgenommenen Video vom 24. Juli 2017, das zeigte, wie sich die FPÖ-Politiker Heinz-Christian Strache und Johann Gudenus mit Ehefrau Tajana in einer Finca auf Ibiza mit einer angeblichen russischen Oligarchennichte namens Aljona Makarowa und dem Privatdetektiv Julian Hessenthaler trafen. Dies Treffen war der »Endpunkt einer Verschwörung, die vermutlich schon seit 2014 zum Ziel hatte, die FPÖ und ihren damaligen Obmann Strache zu Fall zu bringen«, sagte der FPÖ-Vertreter im Ibiza-Untersuchungsausschuss, Christian Hafenecker.[172]

Aus den insgesamt über 20 Stunden heimlich und illegal am 24. Juli 2017 zwischen 17:00 Uhr und 1:00 Uhr morgens aufgenommenem Videomaterial veröffentlichten die Journalisten 6 Minuten manipulativ zusammengeschnittenes Material, das Strache und Gudenus der Korruption überführen sollte. So hätten der damalige österreichische Vizekanzler Strache und der Klubobmann (Fraktionsvorsitzende) der FPÖ Gudenus angeblich geplant, die führende österreichische Boulevardzeitung *Krone* mithilfe der vermeintlichen Oligarchin zu übernehmen. Strache und Gudenus mussten zurücktreten, die erfolgreiche rechtskonservative Regierung FPÖ-ÖVP wurde am 27. Mai 2019 gestürzt und durch eine Koalition aus ÖVP und Grünen ersetzt.

In seinem Buch *Das Ibiza Attentat*[173] erklärt Strache, das seine Zusammenarbeit mit Kanzler Sebastian Kurz anfangs sehr erfolgreich gewesen sei. Erst im Oktober 2018 geriet ihre Koalition aufgrund der Ablehnung des sogenannten UNO-Migrationspakts durch Strache und die FPÖ in Schwierigkeiten. Der UNO-Migrationspakt war das Produkt einer UNO-Konferenz am 19. September 2006 in New York, das von der Global Coalition for Migration organisiert worden war, die wiederum von den Open Society Foundations unterstützt wird.[174] Wie sich herausstellte, war die deutsche Bundesregierung »von Anfang an die treibende Kraft bei der Erstellung des umstrittenen ›Global Compact for Migration‹, wie aus Unterlagen des Auswärtigen Amtes hervorgeht.«[175] »Das war vielleicht einer der Gründe, warum sich mein Verhältnis zu Sebastian Kurz ab diesem Zeitpunkt merkbar änderte«,[176] so Strache. »Einige Wochen später rief er mich an, um mich zu informieren, dass gerade George Soros und sein Sohn zu einer Unterredung bei ihm im Bundeskanzleramt seien. Er fragte mich, ob ich ein Problem damit habe, zumal die Gäste aus ihrer Unterstützung für den Migrationspakt nie einen Hehl gemacht hatten. Ich antwortete: ›Das kommt darauf an, was ihr über mich redet.‹ Sebastian Kurz lachte und legte auf.«[177] Es wäre in der Tat interessant zu wissen, was Sebastian Kurz mit George und Alexander Soros in Bezug auf Strache und die FPÖ besprochen hatte. Das Ibiza-Video folgte jedenfalls bis zu seiner Veröffentlichung fast 2 Jahre lang verschlungenen Pfaden, die auch den »Komiker« Jan Böhmermann sowie das Zentrum für politische Schönheit involvierten.

Das Zentrum für politische Schönheit des Aktionskünstlers Philipp Ruch, der auch die Asche von KZ-Opfern für seine Kunstaktionen missbraucht hat,[178] zahlte laut Professor Gert Schmidt der EU-Infothek 2 Monate vor der EU-Wahl 600 000 Euro in Krügerrand-Goldmünzen an den Privatdetektiv Julian Hessenthaler für »ausgewählte

Sequenzen aus dem Video«[179]. Wie das Video von Ruch zu den SZ-Journalisten Bastian Obermayer und Frederik Obermaier gelangte, ist unklar.

Hessenthaler wurde am 10. Dezember 2020 in einer WG in Berlin-Prenzlauer Berg festgenommen. Die *Kronen Zeitung* berichtete, Hessenthaler habe sich im Dunstkreis »eines der bekanntesten deutschen Aktivisten« der NGO Sea-Watch versteckt. »Er soll dabei engen Kontakt zu einem Aushängeschild der umtriebigen Seenotrettung von Flüchtlingen, Sea Watch, gepflogen haben«, so die *Kronen Zeitung*. Am 11. Dezember 2020 sagte Gert Schmidt im Gespräch mit *oe24* jedoch, Hessenthaler sei »in Berlin in der Wohnung, im Büro eines dort in linken Kreisen bekannten Internetjournalisten oder eines Internetmediums verhaftet worden«.

Der Sprecher und Co-Gründer von Sea Watch, Ruben Neugebauer, ist auch bei der Künstlergruppe Peng! Kollektiv aktiv, und der Gründer von Peng!, Jean Peters, arbeitet für das Recherchezentrum Correctiv und die Late-Night-Show *ZDF Magazin Royale* von Jan Böhmermann. Correctiv ist die deutsche Version von Soros' und Podestas US-Medien-NGO Media Matters und wird maßgeblich von Open Society finanziert. Correctiv reagierte nicht auf die Anfrage, ob sie Verbindungen zu Julian Hessenthaler und dem Ibiza-Video bestätigen oder dementieren wollten. Jan Böhmermann, der unlustige linke ZDF-Komiker, schien aber am 13. April 2019 durchaus vom Video zu wissen, da er bei einer Videobotschaft zur Verleihung des österreichischen Filmpreises ROMY sagte, ich »hänge … gerade ziemlich zugekokst und Red-Bull-betankt mit ein paar FPÖ-Geschäftsfreunden in einer russischen Oligarchenvilla auf Ibiza herum – und verhandle darüber, ob und wie ich die *Kronen Zeitung* übernehmen kann und die Meinungsmache in Österreich an mich reißen kann«.[180]

Das vollständige Protokoll des Ibiza-Videos aus den Akten der Staatsanwaltschaft wurde erst am 22. August 2020 veröffentlicht, doch nicht etwa durch die angeblich an der Aufklärung interessierten deutschen SZ- und *Spiegel*-Journalisten, sondern durch *oe24.*[181] Am 8. Februar 2021 veröffentlichte eXXpress[182] das vollständige Video. Sowohl das Protokoll als auch das Video machten deutlich, dass die SZ- und *Spiegel*-Journalisten alle Vorwürfe gegenüber Strache und Gudenus konstruiert und alle entlastenden Aussagen weggelassen hatten. So sagte der Privatdetektiv Julian Hessenthaler in der Finca zu Strache und Gudenus: »Schau, sie (die angebliche Oligarchin) will hören: Ich bring 270 Millionen, innerhalb von so und so einem Zeitraum bekomme ich das zurück und ihr bekommt's das.« Strache antwortete darauf: »Ja, aber das spielt's nicht.« Als Makarowa ihm dann antwortete, dass solche Geschäfte im Osten »ja völlig üblich wären«, antwortete Strache: »Nein, nein. Aber jetzt sind wir ehrlich. Mit jedem anderen Scheiß machst du dich angreifbar, und ich will nicht angreifbar sein. Ich will ruhig schlafen. Ich will in der Früh aufstehen und sagen: Ich bin sauber … No way, mach ich nicht. Und bei mir nur gerade Geschichten, ganz gerade Geschichten.«[183] Daraufhin wurde die Makarowa teilweise regelrecht wütend und wollte Strache daran hindern, die Finca zu verlassen, als ihm unwohl wurde. Das von *oe24* veröffentlichte Protokoll zeigte, dass Heinz-Christian Strache im Mai 2019 die Wahrheit gesagt hat, dass er »immer wieder betont« hatte, »nie etwas Unredliches machen zu wollen«.

Nach der Veröffentlichung sagte Strache zu *oe24*: »Es zeigt sehr gut, wie manipulativ bei der Videoveröffentlichung im Mai des Vorjahres vorgegangen worden ist. Die neuen 5 Minuten werden so wie der Rest des Videos belegen, dass ich immer wieder betont habe, nichts Illegales machen zu wollen.«[184]

Bei einer Pressekonferenz am 26. August 2020 prangerte Strache die »selbst ernannten Aufdecker« Bastian Obermayer und Frederik Obermaier der *Süddeutschen Zeitung* als Hauptverantwortliche an. Sie hätten »nachweislich mit einer manipulativen und tendenziösen Verkürzung des illegal erstellten Ibiza-Videos unter Mithilfe ihres Zeitungskompagnons Florian Klenk vom *Falter* aus dem Ausland eine österreichische Bundesregierung gestürzt … Zwei deutsche Zeitungen sprengen also [die österreichische Regierung] unter dem Deckmäntelchen eines angeblich investigativen Journalismus, mit manipulativen Mitteln und willkürlichen Zusammenschnitten, wo man den wesentlichen Gesamtkontext weggelassen hat und teilweise sogar Aussagen ganz bewusst im Sinne einer Unwahrheit verdreht hat, und haben damit eine gut arbeitende Bundesregierung mit einem Komplott – anders kann man das gar nicht bezeichnen – gestürzt.« Er fügte hinzu: »Das ist der wahre Ibiza-Skandal«, und die Ersteller des Videos seien eine »höchst kriminelle Gruppe«, die sich schon seit 2011 verschworen hätte, ihn politisch und persönlich »zu vernichten«, und von der sich Journalisten und »politisch motivierte Medien« hätten »einspannen lassen«.[185] Die Frage sei nur, warum?

Die Chefredaktion der *Süddeutschen Zeitung* behauptete in einer Stellungnahme auf Facebook am 23. August 2020, die »angeblich neu aufgetauchten Aussagen« seien »alles andere als neu und auch nicht entlastend«, und ihre Redaktion habe »auf diese Aussagen in ihrer Berichterstattung von Anfang an konsequent und wiederholt hingewiesen«.[186] Dass ihre eigene Berichterstattung manipulativ und bewusst so aufgezogen war, dass niemand an der angeblichen Schuld Straches zweifeln würde, mit dem offensichtlichen Ziel, eine Woche vor den EU-Wahlen die Regierung eines befreundeten Nachbarlandes zu stürzen, ficht sie nicht an. Dies ist eine grandiose Frechheit, für die man sich beim ehemaligen Qualitätsblatt SZ scheinbar nicht im Geringsten schämt.

Die verantwortlichen Journalisten Bastian Obermayer[187] und Frederik Obermaier[188] sind laut Website Mitglieder des International Consortium of Investigative Journalists (ICIJ), das nach Angabe der *Süddeutschen Zeitung* selbst zu einem Drittel von Open Society finanziert wird. Der österreichische Journalist Florian Klenk, der die Ibizagate-Story im Wiener *Falter* meldete, war 2016 ebenfalls Mitarbeiter vom ICIJ.[189]

»Im vergangenen Jahr lag das Gesamtbudget (des ICIJ) bei rund 1,8 Millionen Dollar … Einer der größten Unterstützer ist seit Jahren die Open-Society-Stiftung des Multimilliardärs George Soros. Sie gibt dem ICIJ gut ein Drittel des Gesamtbudgets«,[190] schrieb die SZ 2016.

Warum eine vorgeblich seriöse, objektive Zeitung Journalisten beschäftigt, die für linke NGOs arbeiten und diesen wohl auch zum Großteil ihre Karrieren und Preise zu verdanken haben, war nicht klar.

Offshore-Leaks

Was hat Ibizagate nun mit der »Methode Soros« zu tun? Wie wir gesehen haben, sah sich Soros während der Amtszeit von Donald Trump seines direkten Drahts zum Weißen Haus beraubt, der für einen findigen Investor Millionen wert sein kann. War er nicht selbst an der Macht beteiligt, musste Soros also einen anderen Weg finden, um die Märkte zu schlagen – beispielsweise den, mit inszenierten Enthüllungsgeschichten über bestimmte Aktienunternehmen deren Kurse kurzzeitig zum Absturz zu bringen.

Bastian Obermayer und Frederik Obermaier wurden in Zusammenarbeit mit dem ICIJ seit 2013 mit einer Serie sogenannter »Leaks« berühmt, die mutmaßlich auf illegal gehackten Daten beruhten: Offshore-Leaks beziehungsweise Panama Papers, Paradise Papers, Luxemburg-Leaks und Swiss-Leaks. Die beiden ehemaligen SZ-Starjournalisten gewannen für ihren bemerkenswert ungezwungenen Zugang zu augenscheinlich illegal besorgten Daten und mutmaßlich kriminellen Leaks viele Preise: den Henri-Nannen-Preis, den Pulitzerpreis, den Helmut-Schmidt-Journalistenpreis und den Deutschen Reporterpreis.

Doch der größte Datenklau waren die Panama Papers, die weltweit als Enthüllungskampagne inszeniert wurden und angeblich massiven, systematischen Steuerbetrug durch prominente, reiche Deutsche nachweisen sollten, obwohl dabei »sehr wenig hängenblieb«, wie Rainer Zitelmann in der *Weltwoche*[191] schrieb. »3,2 Terabyte illegal erworbener Daten mit 49 Millionen Dokumenten, E-Mails, Formularen, Tabellen, Ausweiskopien wurden akribisch ausgewertet.« Dabei seien jedoch nur 150 Steuerstrafverfahren eingeleitet und etwa 4,2 Millionen Euro hinterzogene Steuern zurückgeholt worden. »Ein mageres Ergebnis«, so die *Weltwoche*, »wenn man bedenkt, dass seinerzeit von einer dreistelligen Zahl sehr berühmter und sehr reicher Familien« in Deutschland die Rede war. Um diesen Informationen nachzugehen, wurden 3 Jahre lang die gestohlenen Daten von zahlreichen – überwiegend wohl unschuldigen – Menschen durchforstet.

Die Panama Papers wurden von einem unbekannten Täter von der panamaischen Kanzlei Mossack Fonseca gestohlen und dem ICIJ zugespielt. Die SZ nennt den Straftäter theatralisch »John Doe« und behauptet, er hätte aus »moralischem Antrieb« gehandelt. »Wie die Quelle an die Daten gekommen ist, ist uns nicht bekannt.«[192] Vielleicht sollten sie ein paar Journalisten dransetzen …

Die Paradise Papers waren 13,4 Millionen illegal gehackte Dokumente der Offshore-Kanzlei Appleby, die 2016 den Starjournalisten Obermayer und Obermaier in die Hände kamen und 2017 veröffentlicht wurden, obwohl hier noch viel weniger tatsächlich illegale Machenschaften im Spiel waren. Das Hauptopfer der Skandalkampagne war die Firma Apple, die angeblich massiv Steuern hinterzogen haben soll. Apple gab dagegen an, im besagten Zeitraum 35 Milliarden Dollar an Steuern[193] gezahlt zu haben. Im Juli 2020 wurde Apple vor dem EU-Gerichtshof in Luxemburg des Vorwurfs der Steuerhinterziehung endgültig freigesprochen. Der langjährige Imageschaden, der durch die Rufmordkampagne verursacht wurde, ist mit Geld nicht zu beziffern.

Um diese recht dürftigen Ergebnisse dennoch zu weltweiten Skandalen aufzubauschen, mit denen man Preise gewinnen und Karriere machen kann, wurden professionell vorbereitete Enthüllungskampagnen inszeniert, »so wie man das sonst nur von internationalen Werbe- oder PR-Kampagnen großer Marken kennt«, schrieb Rainer Zitelmann in der *Weltwoche*: »Es wurden Partnerzeitungen überall auf der Welt gesucht, die koordiniert an der Story arbeiteten. Die Ergebnisse der Recherchen wurden in zwanzig Sprachen veröffentlicht. Bei der *Süddeutschen Zeitung* arbeitete ein Illustrator exklusiv durch ein Projekt, und es wurde sogar ein ›Making-of‹-Film gedreht. Finanziert wurde die Kampagne nach Angaben der Journalisten unter anderem durch ein Projekt des Center for Public Integrity, einer von dem linken Milliardär George Soros gesponserten Organisation.«[194]

Das Center for Public Integrity ist laut InfluenceWatch[195] eine 1989 gegründete linke NGO aus Washington D. C., die steuerrechtlich zwar angeblich gemeinnützig und unparteiisch sein soll, aber »skandalheischend Republikaner und Konservative aufs Korn nimmt« und zu Spionage gegen die Trump-Regierung aufruft. Einem Bericht des Center for Public Integrity über Thunfischfang musste 2011 die Nominierung für den Pulitzerpreis aberkannt werden, nachdem bekannt wurde, dass er auf illegal gehackten Daten beruhte.[196] Diese Institution wurde in der Vergangenheit von den Open Society Foundations von George Soros finanziert.[197] Das International Consortium of Investigative Journalists wurde 1997 vom Center for Public Integrity gegründet und ist seit 2017 formell unabhängig.[198]

Nach dieser Lesart scheinen die beiden »Starjournalisten« Obermayer und Obermaier also so etwas wie die willigen Vollstrecker eines von dubiosen linken NGOs finanzierten weltweiten Hackernetzwerks zu sein, dessen manipulative Kampagnen von denselben linken NGO-Netzwerken in alle Welt herausposaunt werden. Und dafür räumen sie einen renommierten Journalistenpreis nach dem anderen ab. 2022 gründeten Obermayer und Obermaier in Zusammenarbeit mit dem *Spiegel* das Recherchebüro paper trail media in München.[199]

Auffallend ist, dass die sonst so umtriebigen Journalisten niemals über die »heimlichen Offshore-Geschäfte« von George Soros berichten. Dabei ist Soros wie erwähnt dafür bekannt, wenig Steuern zu zahlen – auch deshalb, weil er seine Firmen in Steuerparadiesen ansiedelt. So wurden laut den Panama Papers Soros Finance Inc. in Panama, Soros Holdings Limited auf den Britischen Jungferninseln und eine Kommanditgesellschaft namens Soros Capital auf Bermuda gegründet. Die Gesetze von Panama, Bermuda und den Britischen Jungferninseln erlauben es ausländischen Firmen, ihre Vermögenswerte vor den Steuerbehörden ihrer Heimatländer zu verbergen. Soros Capital Management und Quantum Group of Funds sind auf den Kaimaninseln angesiedelt. Doch obwohl George Soros vielleicht der prominenteste Name in den Panama Papers war, wurde er in der sensationsheischenden Berichterstattung von Obermayer und Obermaier kaum erwähnt. ICIJ-Chef Gerard Ryle sagte Fox News auf Anfrage, er habe Soros' Firmen in der Panama-Papers-Datenbank gar nicht bemerkt, bis Fox News ihn darauf aufmerksam gemacht habe. »Ich vermute, wir haben wohl mehr Informationen [über Soros], denn die öffentliche Datenbank … enthält die zugrunde liegenden Rohdaten nicht«,[200] sagte Ryle in einer E-Mail an Fox News. Warum interessieren sich die fleißigen ICIJ-Journalisten wohl nicht für die Offshore-Geschäfte und Rohdaten von George Soros? Gerade ein Milliardär, der immer wieder dazu aufruft, die Reichen verstärkt zu besteuern,[201] sollte doch nichts dagegen haben, wenn seine Hofberichterstatter auch seine Offshore-Geschäfte und Steuerehrlichkeit untersuchen.

Laut den Panama Papers wurden die Soros Finance Inc. in Panama und die Soros Holdings Inc. auf den Britischen Jungferninseln durch die Kanzlei Mossack Fonseca des deutschen Anwalts Jürgen Mossack und seines panamaischen Partners Ramón Fonseca vertreten. Mossack Fonseca war 2016 in den Lavo-Jato-Skandal um die brasilianische Ölgesellschaft Petrobras verwickelt,[202] in die Soros 2008 investiert hatte. Mossack Fonseca musste 2018 aufgrund des »irreversiblen Schadens«, der durch die Leaks verursacht wurde, schließen.

Vor diesem Hintergrund könnte es also denkbar sein, dass die weltweit inszenierten Enthüllungsberichte der Soros-nahen Journalisten zu Steueraffären von Konkurrenten in Wahrheit nur ein Instrument sind, um Börsenkurse zu manipulieren und schnelle Gewinne zu machen. Denn wenn ein Hedgefonds weiß, dass – wie im Fall der sogenannten FinCEN-Files,[203] ebenfalls von ICIJ, Obermayer und Obermaier publiziert – beispielsweise am 20. September 2020 eine Enthüllungsstory über die Commerzbank und die Deutsche Bank in führenden Zeitungen weltweit publiziert wird, und an diesem Tag die Kurse dieser beiden Banken um etwa 5 Prozent abstürzen werden, wäre es natürlich ein Leichtes, in diesem Zeitraum auf fallende Kurse zu setzen und schnell abzuräumen.

Im *Bundesanzeiger* werden die Leerverkäufe an deutschen Märkten verzeichnet, also die Wetten auf fallende Kurse, wobei sich die Wetten, die in New York, London und Hongkong abgeschlossen werden, hier nicht nachverfolgen lassen. Laut *Bundesanzeiger* begann die Firma BlackRock Investment Management UK Ltd. seit dem 6. März 2020 ihre Leerverkäufe der Aktien der Deutschen Bank von 0,45 Prozent des Aktienkapitals auf 0,72 Prozent am 30. Juli 2020 zu erhöhen und reduzierte diese Positionen nach der Veröffentlichung der FinCEN-Files wieder bis zum 8. März 2021. Gewiss ist es nur ein Zufall, dass George Soros als Berater von BlackRock galt.[204] (Mehr zu BlackRock in Kapitel 5.)

Seitdem hat man trotz der weltweiten Medienkampagne kaum mehr etwas von den FinCEN-Files oder den daraus resultierenden Korruptionsvorwürfen gegen die Commerzbank und die Deutsche Bank gehört. Auch bei den Enthüllungen um die Pandora Papers war von Straftaten kaum die Rede. Die ominösen Vorwürfe angeblich dubioser Geschäfte verschwanden wieder von der Bildfläche, als wären sie nur ein Sturm im Wasserglas gewesen, um die Märkte aufzuscheuchen und womöglich Kurse zu manipulieren. Es könnte sich also um das ultimative Insidergeschäft handeln, ein abgekartetes Spiel, befeuert durch ein angeblich gemeinnütziges, teils sogar steuerfinanziertes NGO-Netzwerk und ihr weltweites Mediennetzwerk. Eventuell läge hier sogar ein Fall für die Finanzaufsicht vor – wäre unsere Regierung nicht Teil des Netzwerks.

Chaos stiften und plündern

Wie André Kostolany schon sagte, ist es kaum möglich, an der Börse zuverlässig Gewinne zu machen – außer man verfügt eben über Insiderwissen oder sorgt dafür, an welches heranzukommen.

Wir haben gesehen, wie Soros möglicherweise seinen Einfluss auf Politiker nutzt, um mithilfe von Insiderwissen die richtigen Wetten und Anlagen zu tätigen. Fehlt ihm aber zuweilen der Draht zu den Mächtigen, nutzt er allem Anschein nach seine Macht über die Medien, um Aktienkurse mittels mutmaßlich illegaler Hacks und aufgeblasener »Steuersünder-Leaks« zu manipulieren. In Ländern mit weniger Transparenz und Rechtsstaatlichkeit gibt es jedoch einen direkteren Weg, um die globale Macht der Soros-Stiftungen zu Geld zu machen: Destabilisieren und Chaos stiften, um dann zu Raub und Plünderei überzugehen – eine Herangehensweise, die Soros‘ Philosophie der Instabilität und Fehlbarkeit der Marktteilnehmer entstammt, die er an der London School of Economics entwickelte. Dementsprechend bezeichnet Stefan Kanfer Soros im *City Journal* als »Connaisseur des Chaos«.[205]

Soros investierte zusammen mit Goldman Sachs, der Overseas Private Investment Corporation (OPIC) der US-Regierung und der Dragon Capital[206] des tschechischen Oligarchen Tomáš Fiala nach dem Maidan-Umsturz 2014 massiv in die Ukraine. Sie kauften für circa 400 Millionen Dollar 350 000 Quadratmeter Immobilien zu Schrottpreisen sowie Medien wie *Novoye Vremya* (2014) und *Ukrainska Prawda* (2021).[207]

Ein anschauliches Beispiel für Soros' Vorgehensweise beschreibt auch die ungarische Historikerin Mariá Schmidt in ihrem Aufsatz »Der Totengräber der Linken« in About Hungary: »Es war einmal ein riesiges Bergwerk in Trepča, Kosovo, wo etwa vierzig Minen Gold, Silber, Zink, Blei und Cadmium förderten. Diese Minen boten den Menschen in der Region ihren Lebensunterhalt. Eine davon, Zvečan, war sogar noch reicher an Mineralien als der Rest.«[208] Nach dem Kosovokrieg (1998–99) wurde im Juni 1999 die internationale Friedenstruppe KFOR entsandt, die auch die Bergwerke von Trepča besetzte. Im September 1999 öffnete die Kosovo Foundation for Open Society ihre Pforten, um dem kriegsgebeutelten Land Demokratie und Zivilgesellschaft zu bringen. Rein zufällig hatte die International Crisis Group, in dessen Vorstand George und Alexander Soros sitzen, ein Interesse an diesem ungenutzten, ertragreichsten Bergwerk Europas.

Im November 1999 veröffentlichte ICG den Bericht »Trepča: Making Sense of the Labyrinth«, der mittlerweile bedauerlicherweise von der ICG-Website gelöscht wurde, aber im Archiv noch verfügbar ist.[209] »Die ICG entdeckte, dass die Steigerung der Produktion in Trepča für die Zukunft des Kosovo von entscheidender Bedeutung war und seine Bodenschätze nach der Unabhängigkeit des Kosovo von Serbien eine große Rolle spielen würden«, so Schmidt. »Die unabhängigen Experten von ICG fanden es jedoch bedauerlich, dass die Produktion stark unterfinanziert, schlecht verwaltet und gesundheitsgefährdend war. … Außerdem wurden die Einheimischen natürlich von Belgrad ausgebeutet. Trepča … ist Kosovos Berliner Mauer.«

Zum Chef der UNO-Zivilverwaltung im Kosovo, der UNMIK, wurde Bernard Kouchner ernannt. Er ist Mitbegründer von Ärzte ohne Grenzen, die eng mit Open Society zusammenarbeiten. Kouchners Pendant Médecins du Monde erhielt von Open Society 2017 bis 2019 laut deren Website 1 030 121 Dollar. Kouchner sei »schockiert« gewesen, schreibt Schmidt sarkastisch, als er im Gefolge der Blauhelmtruppe entdeckte, dass die Arbeitsbedingungen in den Trepča-Minen »schädliche Auswirkungen auf die Gesundheit« hatten, und zwar »insbesondere für die Gesundheit von Kindern und schwangeren Frauen«.[210] Die UN-Verwaltung habe daher keine Zeit verloren, die Minen und die Verarbeitungsbetriebe zu konfiszieren, und Kouchner versuchte zuerst erfolglos, die serbischen Unternehmer zu enteignen. Als diese sich jedoch wehrten, drehte Kouchner ihnen den Strom ab, woraufhin sich die Serben eine neue Stromleitung aus Serbien legen mussten. Kouchner behauptete dann, zwei albanische Kinder wären in den Wasserkanal gefallen, und schnitt ihnen auch den Wasserzugang ab. Als Reaktion organisierte sich das serbische Management eine alternative Wasserversorgung mit einem innovativen Pumpensystem, das Wasser vom Fluss Ibar über Speicherseen auf den Berg, auf dem die Stadt Zvečan liegt, und von dort per Schwerkraft ins Bergwerk beförderte.

Als Nächstes schaltete sich der US-KFOR-General William L. Nash ein und behauptete, in den Stollen seien die Leichen von 700 Kosovo-Albanern begraben. Als sich dies als Ente erwies, musste wieder das Argument der Umweltschädlichkeit herhalten. Am 14. August 2000 stürmten dann 3000 US-Soldaten das Gelände mit Panzern und Hubschraubern und nahmen den serbischen Geschäftsführer Novak Bjelić fest, der auf Anordnung von Kouchner nach Serbien abgeschoben wurde.[211] Die UNO übernahm in Folge die Kontrolle über den größten Arbeitgeber der Region.

»Es war sicherlich ein reiner Zufall, dass die private Investmentfirma von Herrn Soros genau zu diesem Zeitpunkt die Chance erhielt, 51 Millionen Dollar in der Gegend zu investieren. Gleichzeitig gab die US-Bundesregierung Garantien von bis zu 100 Millionen Dollar auf amerikanische Investitionen auf dem Balkan. Herr Soros wurde aus siebzehn Bewerbern ausgewählt, vermutlich durch ein total offenes und faires öffentliches Ausschreibungsverfahren.«[212]

Am 5. Oktober 2000 wurde die Regierung des serbischen Präsidenten Slobodan Milošević durch eine von Soros mitgetragenen Farbrevolution gestürzt (siehe Kapitel 7), und die neue Regierung bekam Trepča von der UNO wieder zurück. Im September 2000 richtete die Clinton-Regierung einen Kapitalanlagefonds in Höhe von 150 Millionen

US-Dollar ein, der von Soros verwaltet wird, um – laut dem Wilson-Center[213] – die Geschäftsentwicklung, Umstrukturierung und Privatisierung in südeuropäischen Ländern zu fördern, deren Volkswirtschaften vom Kosovokonflikt betroffen waren. Die Overseas Private Investment Corporation (OPIC) lieh diesem Fonds 100 Millionen Dollar, und Soros Fund Management investierte weitere 50 Millionen Dollar. »Der Fonds wird in Unternehmen investieren, die in einer Vielzahl von Sektoren wie beispielsweise Telekommunikation, Produktion, Stromerzeugung und -verteilung, Transport und Verbraucherdienstleistungen aktiv sind, in den Ländern Albanien, Bosnien, Bulgarien, Kroatien, ehemalige Jugoslawische Republik Mazedonien, Montenegro, Rumänien, Slowenien und Türkei. Der Kosovo beteiligt sich nicht an dem Fonds, weil er noch nicht über die notwendige Regierungsstruktur verfügt.«[214]

»Das Rezept ist einfach«, erklärt Mariá Schmidt auf so schlagende Weise, dass wir sie an dieser Stelle ausführlich zitieren möchten: »Man identifiziert ein lohnendes Geschäftsziel und schickt seine NGOs vor Ort, um die Region zu destabilisieren, sorgt für den nötigen medialen Rückenwind und stiftet Chaos. Sobald das erledigt ist, ist man derjenige, der die ›Wiederaufbauhilfe‹, und pickt sich dabei die profitabelsten Geschäftsmöglichkeiten heraus. Man öffnet die Grenzen, die ein Hindernis für die eigene Bewegungsfreiheit darstellen. Man untergräbt die nationale Souveränität, damit die lästigen Einheimischen die eigenen Pläne nicht behindern können. Man kauft sich nach Gutdünken Experten, Stipendien, Auszeichnungen, Ruhm, Anerkennung und persönliche Beförderung. Dabei sollte man verhindern, dass diese Verbindungen oder die zugrunde liegende Inkompetenz aufgedeckt wird, wie es geschah, als sich herausstellte, dass die Daten zur globalen Erwärmung zum zweiten Mal manipuliert wurden. Man kauft sich die lokalen Medien, Fernseh- und Radiosender,

Tageszeitungen, Wochenzeitungen sowie Internetblogs, nennt diese ›unabhängige Medien‹ und bezahlt sie großzügig, damit sie nach der eigenen Pfeife tanzen. Man belohnt und fördert sie.

Ob in Ungarn oder international – die mit Soros-Geld gekauften Medien erkennt man an ihrer Gewohnheit, stramm nach Lenin, den Gegner rein mit persönlichen Angriffen zu zerstören. Es geht niemals um Sachpolitik, Argumente, Erklärungen oder Vorschläge. Die sind für die Medien als auch für die Öffentlichkeit zu langweilig. Sie ziehen es vor, Einzelpersonen einzuschüchtern oder, wenn das nicht ausreicht, sie zu vernichten. Die Soros-Aktivisten und -Journalisten sind Experten für Rufmord. Die von Soros üppig finanzierten sogenannten ›zivilgesellschaftlichen Nichtregierungsorganisationen (NGOs)‹ sind natürlich ›unabhängige Experten‹. Sie übertreffen sich dabei, sich selbst und einander als ›unparteiisch‹ zu bezeichnen. Sie werden sich jederzeit und für jeden Zweck, der ihnen vom Soros-Imperium vorgegeben wird, enthusiastisch in den Kampf werfen. Soros' Macht und beispielloser Einfluss stammen aus diesem allgegenwärtigen Netzwerk von Erfüllungsgehilfen, die alle Grenzen überschreiten. Er bewegt sie auf organisierte und koordinierte Weise. Manchmal tut er dies im Einklang mit den außenpolitischen Interessen der USA, manchmal dagegen. Manchmal dient er diesen US-Interessen, aber hin und wieder geht er auch in Gewinnerwartung vorübergehende Allianzen mit lokalen Politikern ein. Er ist schließlich ein Geschäftsmann – oder genauer gesagt ein Spekulant, der Geld verdient und Reichtum anhäuft, indem er andere Menschen zerstört.«[215]

Wir haben gesehen, wie George Soros seine tief- und weitgehenden Verbindungen zu Regierungen mittels zivilgesellschaftlicher Nicht-Regierungsorganisationen möglicherweise zu Geld gemacht hat. Das Problem für jemanden, der sich selbst Größenwahn zuschreibt, ist jedoch, dass es nie genug, sondern immer nur mehr sein kann – vor allem angesichts des verlockenden Umstands, dass Regierungen ja Gelddruckmaschinen besitzen. Im nächsten Kapitel werden wir sehen, wie Soros Regierungen davon überzeugt hat, unbegrenzt Geld für ihn zu drucken.

KAPITEL 5

George Soros, Klaus Schwab und der Great Reset

Wer soll das bezahlen, wer hat das bestellt?
Wer hat so viel Pinke-Pinke, wer hat so viel Geld?

Jupp Schmitz und Kurt Feltz

Wenn es darum ging, utopische linke Projekte ohne wirtschaftliche Tragfähigkeit durchzusetzen, gab es bisher immer ein Hindernis – nämlich das Geld. An Geldmangel sind die DDR und die Sowjetunion gescheitert, und reiche Länder wie Zimbabwe oder Venezuela wurden in kürzester Zeit in die Armut getrieben. So sagte Margaret Thatcher in einem Gespräch mit Thames TV am 5. Februar 1976: »Sozialistische Regierungen richten traditionell einen finanziellen Schlamassel an. Ihnen geht immer das Geld der anderen Leute aus.«[216] Doch hat George Soros dafür eine Lösung gefunden: den Great Reset und die Moderne Monetäre Theorie.

Den Begriff des Great Reset, des »Großen Neustarts«, prägte der kanadische Stadtplanungsprofessor Richard Florida 2010 mit einem Buch, das diesen Titel trug. Die Idee, unsere Welt laufe so verkehrt, dass sie eines kompletten Neustarts bedürfe, ist spätestens seit der französischen Revolution Teil unseres geistig-kulturellen Erbes im Westen. Eine solche Vorstellung erscheint aber in ihrer anmaßenden Absolutheit eher etwas für utopische Weltverbesserer zu sein, als für Weltführer in Davos. Jeder Versuch, die Gesellschaft komplett neu zu erfinden, von Karl Marx und Adolf Hitler bis Mao und Pol Pot, endete bisher in einem Blutbad. Der irische Philosoph Edmund Burke formulierte 1790 in seinem Buch *Über die Französische Revolution. Betrachtungen und Abhandlungen* die Philosophie des Konservatismus und sagte: »Wenn Männer Gott spielen, benehmen sie sich bald wie Teufel.«

Doch leider gibt es keinen Mangel an Menschen, die sich wie George Soros »für einen Gott halten«,[217] wie er sich selbst 1987 beschrieb. Soros nahm seit den 1990er-Jahren regelmäßig an den Treffen des Weltwirtschaftsforums in Davos teil, wo er im Januar 1996 den Oligarchen Boris Beresowski kennenlernte, der seiner Meinung nach Wladimir Putin ins Amt gehievt hatte.[218]

Das Weltwirtschaftsforum (World Economic Forum – WEF) wird seit 1971 vom deutsch-schweizerischen Wirtschaftsprofessor Klaus Schwab organisiert, der 2020 zu Beginn der Coronapandemie seine radikalen Vorstellungen in dem Buch *COVID-19: The Great Reset* (dt.: »COVID-19: Der große Umbruch«) mit Hilfe des Wirtschaftswissenschaftlers Thierry Malleret in Rekordzeit niedergeschrieben hatte, es erschien nämlich bereits am 9. Juli 2020. Darin prophezeit Schwab einen »grundlegenden Wandel« unserer gesamten Welt und Lebensweise: »Nichts wird je wieder so sein wie vor der Krise.«[219] Es werde eine »Neue Normalität« geben, die erstaunlicherweise genauso aussehen würde, wie es die Globalisten Schwab und Soros seit Jahren predigen. Und danach sind Themen wie Gendergleichstellung, Klimagerechtigkeit, bedingungsloses Grundeinkommen, offene Grenzen und die Abschaffung des Nationalstaates im Sinne einer neuen globalen Weltordnung zufälligerweise genau die richtigen Lösungen für die völlig unvorhergesehene Lage während und nach der Pandemie.

Bereits im Juni 2020 hielt Schwab ein virtuelles Treffen einiger der mächtigsten Menschen der Welt ab, darunter der heutige König Charles III., der UNO-Generalsekretär António Guterres, die Geschäftsführerin des Internationalen Währungsfonds Kristalina Georgieva, die Generalsekretärin des Internationalen Gewerkschaftsbundes IGB Sharan Burrow, die Greenpeace-Chefin Jennifer Morgan, der Microsoft-Vorsitzende Bradford Smith, der BP-Vorstandsvorsitzende Bernard Looney und der Mastercard-Vorstandsvorsitzende Ajay S. Banga.

»Um die bestmöglichen Resultate zu erzielen, muss die Welt gemeinsam und schnell handeln, sodass alle Aspekte unserer Gesellschaften und Volkswirtschaften neu gestaltet werden können, von der Bildung bis hin zum Sozialstaat und zu den Arbeitsbedingungen«, schrieb Schwab auf der WEF-Website. »Jedes Land von den USA bis China muss sich beteiligen. Jede Branche von Öl und Gas bis hin zur Technologie muss transformiert werden. Kurz gesagt, wir brauchen einen ›Great Reset‹ des Kapitalismus.«[220] Deswegen habe die Pandemie auch Vorteile: »Die Kehrseite der Pandemie ist, dass sie gezeigt hat, wie schnell und radikal wir unser Leben verändern können. Über Nacht hat die Krise Unternehmen und Einzelpersonen dazu gezwungen, auf bisher essenziell geglaubte Gewohnheiten wie häufige Flugreisen oder Präsenzpflicht im Büro zu verzichten.« Der damalige Prince Charles nannte die Coronapandemie »eine goldene Gelegenheit, um etwas Gutes aus dieser Krise zu schöpfen.«[221]

Die Pläne für diesen Great Reset seien »atemberaubend in ihrem umfassenden Geltungsanspruch«, schreibt der konservative Kritiker

Glenn Beck. »Seine Unterstützer wollen die Gesellschaft grundlegend verändern – von den Autos, die wir fahren, bis zum Essen auf unserem Tisch und den Nachrichten, die wir lesen.« Die Kernidee sei von einer »kleinen, extrem wohlhabenden und gut vernetzten Gruppe von Menschen definiert, zu denen sehr einflussreiche Wirtschaftsbosse, Umweltschützer, Regierungsvertreter und Banker zählen. Das Ziel des ›Great Reset‹ ist sowohl schockierend wie unglaublich anspruchsvoll: die Weltwirtschaft zu transformieren, den freien Markt abzuschaffen, ein kontrollierbareres Wirtschaftssystem einzuführen und unser Verhältnis zu Privatbesitz und private Firmen zu verändern.«[222]

Zu den Befürwortern des Great Reset zählen laut Beck auch führende Vertreter der US-Demokraten wie Al Gore und John Kerry, der Klimabeauftragte der Biden-Regierung, der im Juni 2020 dem WEF ein langes Interview gab, in dem er sagte: »Das ist ein großer Moment. Das Weltwirtschaftsforum … wird beim Great Reset eine Vorreiterrolle im Umgang mit Klimawandel und Ungleichstellung spielen müssen – die besonders in Folge der Coronapandemie zum Vorschein kommen.«[223] 2004 hatte George Soros Kerrys Kandidatur gegen George Bush mit 27 Millionen Dollar unterstützt, wie wir in Kapitel 4 gehört haben. Kerry ist innerhalb der Biden-Regierung einer der wichtigsten Vorkämpfer des Great Reset und der globalistischen Soros-Agenda, allerdings beileibe nicht der einzige. So weist der Autor Matt Palumbo darauf hin, dass die Eltern von Außenminister Antony Blinken an Soros' Central European University in Budapest das Vera and Donald Blinken Open Society Archiv gestiftet haben.[224] Nachdem Blinken Außenminister wurde, gab die ungarische Zeitung *Magyar Nemzet* dazu den Kommentar, dies sei »eine gute Nachricht für George Soros«. Der Stabschef im Weißen Haus, Ron Klain, ist Vorstandmitglied des Center for American Progress, das 2003 von Soros und John Podesta gegründet wurde. Biden-Beraterin Neera Tanden war ebenfalls seit Gründung 2003 beim Center for American Progress und ist seit 2010 Geschäftsführerin; Biden-Sprecherin Karine Jean-Pierre war von 2016 bis 2020 Bundessprecherin von MoveOn.org – und so weiter. Palumbo listet siebzehn Mitglieder der Biden-Regierung auf, die zuvor für Soros-NGOs gearbeitet hatten.[225]

Was ist der Great Reset?

»Je mehr ich über den Great Reset gelernt habe, umso schwerer fällt es mir, ihn zu definieren«, so Glenn Beck. Auch wenn er viele seiner Merkmale trage, handle es sich dabei nicht um Sozialismus. Genauso wenig gehe es aber um Neoliberalismus oder freie Marktwirtschaft, auch wenn die Befürworter gerne mit marktwirtschaftlich klingenden Begriffen wie »Stakeholder«, »Nachhaltigkeit« und »Teilhabe« hantierten. Beim Great Reset würden marktwirtschaftliche Prozesse eher von einer kleinen Elite von Zentralbankern und anderen Auserwählten gesteuert, um uns allen das Paradies auf Erden zu schenken – oder zumindest den »Davosianern«. Auch spiele beim Great Reset die moderne Technik, der Transhumanismus und die künstliche Intelligenz eine große Rolle, aber ihn als reine Technokratie zu verstehen, greife ebenfalls zu kurz. »Der Great Reset ist zutiefst faschistisch, aber weder gewalttätig noch nationalistisch«, so Beck. »Der Grund, aus dem der Great Reset so schwer zu definieren ist, ist die Tatsache, dass noch nie etwas Vergleichbares versucht wurde, zumindest nicht in dieser Größenordnung. Die zutreffendste Bezeichnung ist vielleicht ›moderner Amigo-wirtschaftlicher technokratischer internationalsozialistischer Faschismus‹, aber das ist ein ziemlicher Zungenbrecher. Deshalb habe ich nach reiflicher Überlegung und ausgiebiger Diskussion beschlossen, ›Faschismus des 21. Jahrhunderts‹ dazu zu sagen – vor allem aufgrund seiner Ähnlichkeit mit der Wirtschaftspolitik des deutschen Dritten Reichs.«[226]

Außerdem bestehe, so Beck weiter, eine Geistesverwandtschaft mit dem chinesischen Kommunismus. Das liege aber womöglich daran, dass der marktwirtschaftliche ›Kommunismus‹ der Kommunistischen Partei Chinas große Ähnlichkeit mit dem Nationalsozialismus aufweist, was Konzentrationslager, Polizeistaat, nationalistische Militarisierung, imperialen Weltherrschaftsanspruch, staatlich gelenkte Zwangswirtschaft und autoritären Korporatismus anbelange. Diese Ähnlichkeit sei kein Zufall, denn schon seit Jahren hätten staatsgläubige westliche Eliten den rasend schnellen chinesischen Wirtschaftsaufschwung bewundert. So lobte beispielsweise die WDR-Sendung *Markt* am 27. Mai 2021 den »echten Weitblick« des Massenmörders und Diktators Mao Tse-tung. Während westliche Firmen »nur von Quartalsbericht bis Jahresabschluss« planten, sei China dank einer »jahrzehntelangen Strategie« zur »größten Volkswirtschaft der Welt« geworden, jubelten die Staatsfunker.[227]

Nach dem Bruttoinlandsprodukt gemessen sind die USA immer noch die größte Volkswirtschaft der Welt, aber das scheint den WDR nicht weiter zu stören. Die penetrante Pro-China-Propaganda verschwand erst aus den deutschen Medien, nachdem sich ARD-Übervater George Soros im September 2021 klar gegen die Dominanz Chinas und die Milliardeninvestitionen von Firmen wie BlackRock in China ausgesprochen hatte. »Der Great Reset ist in einem sehr realen Sinne der Versuch der westlichen Eliten, das chinesische Modell bei uns anzuwenden und zu verbessern. Das könnte erklären, warum das Weltwirtschaftsforum zahlreiche enge Verbindungen zu prominenten Chinesen pflegt, darunter Mitglieder des WEF-Aufsichtsrates.«[228]

Während sich die wenigsten Politiker offen zu den Zielen des Great Reset bekennen, haben sich viele von dessen Schlagwörtern und Themen in unseren Wortschatz eingeschlichen, ohne dass wir gefragt wurden oder wir es vielleicht überhaupt wahrgenommen haben. Dazu zählen Begriffe wie »Teilhabe«, »Gleichstellung«, »Stakeholder«, »Klimagerechtigkeit« und »Green New Deal«, die immer sehr positiv und unschuldig erscheinen. Wenn in einem Nachrichtenbeitrag zuerst von »Gleichberechtigung« die Rede ist, dann von »Gleichheit« und irgendwann von »Gleichstellung«, dann müssen beim aufmerksamen Leser oder Zuschauer alle Alarmglocken klingeln. Denn hier hat sich der positive, freiheitliche Begriff »Gleichberechtigung« in sein Gegenteil verwandelt, und zwar in »Gleichstellung« im sozialistischen Sinn. Während nämlich »Gleichberechtigung« allen Menschen gleiche Rechte vor dem Gesetz zusichert und nicht nach Hautfarbe oder Geschlecht diskriminiert, bedeutet »Gleichstellung« genau das Gegenteil: Bestimmte »benachteiligte« oder »marginalisierte« Gruppen sollen bevorzugt behandelt werden, um für vermeintliches »historisches Unrecht«, »Kolonialismus« oder »systemische Diskriminierung« Wiedergutmachung zu leisten.

Diese Kernthese der sogenannten Critical Race Theory ist in den USA bereits allgegenwärtig und hält mittlerweile in Europa über NGOs wie das Soros-finanzierte European Network Against Racism (ENAR – siehe Kapitel 3) Einzug. Leider entlarvt sich der Begriff »Kritische Rassentheorie« für deutsche Ohren gleich selbst, nämlich als das, was er wirklich ist: Rassismus unter umgekehrten Vorzeichen. Dennoch gibt es auf der linken Seite des Parlaments immer noch das Bestreben, den Artikel 3 des deutschen Grundgesetzes zu ändern: »Niemand darf wegen seines Geschlechtes, seiner Abstammung, seiner Rasse, seiner Sprache, seiner Heimat und Herkunft, seines Glaubens, seiner religiösen oder politischen Anschauungen benachteiligt oder bevorzugt werden.« Dieser scheinbar elementare Kernsatz unserer Verfassung ist den Verfechtern der »Gleichstellung« und »Teilhabe« ein Dorn im Auge – genauso wie die sogenannte »Schuldenbremse«, mit der wir uns später befassen werden. Denn eigentlich würden sie sehr gerne aufgrund Rasse und Geschlecht benachteiligen und bevorzugen.

Ein noch viel größeres Einfallstor für die Soros-Schwab-Jünger bietet der »Umweltschutz«, aus dem im nächsten Satz »Klimaschutz« wird und im übernächsten »Klimagerechtigkeit«. Der Deutsche liebt seine Umwelt und will sie schützen, das Klima auch, und warum sollte es dabei nicht gerecht zugehen? Mittels dieses Trojanischen Pferdes haben die Davosianer die gesamte westliche Wirtschaft und Verwaltungen von der kleinsten Gemeinde bis nach Brüssel und Berlin unter dem Stichwort Corporate Social Responsibility (Unternehmerische Sozialverantwortung) und später Nachhaltigkeitsberichterstattung unter ihre Kontrolle gebracht. Seit 2017 müssen die 540 größten deutschen Firmen jährliche Berichte zu ihren Diversitätskonzepten[229] liefern, in denen es um Dinge wie »Vielfalt« und »Inklusion« geht, wonach Arbeitnehmer im Grunde nicht nach Leistung und Eignung, sondern nach Hautfarbe und Geschlecht bewertet werden.

In der Geschäftswelt haben diese Gutmenschen-Standards unter dem Stichwort ESG (Environmental, Social and Governance) Einzug gehalten, angeführt von Larry Fink, dem Chef des weltgrößten Investment-Fonds BlackRock, der ebenfalls ein Stammgast beim WEF in Davos ist. Damit sollen Unternehmen verpflichtet werden, ihre Geschäfte nach nebulösen und sich ständig wandelnden grün-linken Kriterien zu betreiben, anstatt nach solchen, die für die jeweilige Firma wirtschaftlich sinnvoll und infolgedessen auch für die Kunden und die Arbeitnehmer vorteilhaft und – ja – nachhaltig sind.

Mit 10 Billionen Dollar Fremdkapital ist BlackRock der größte Vermögensverwalter der Welt. Seitdem die Firma 2017 erklärt hat, zum

Weltführer im Bereich ESG werden zu wollen, gilt BlackRock-Chef Larry Fink als »Architekt des woken Kapitalismus«. So setzt BlackRock beispielsweise Mineralölfirmen unter Druck, um sie dazu zu bewegen, aus fossilen Brennstoffen auszusteigen, obwohl diese immer noch 90 Prozent der Weltwirtschaft ausmachen. Dabei sind einige deutsche Firmen, bei denen BlackRock in die Unternehmensführung hineingepfuscht hat, finanziell ins Taumeln geraten. Bei Daimler, Lufthansa und Uniper verweigerte BlackRock 2020 die Entlastung aufgrund »mangelnder Fortschritte bei der Offenlegung der Klimarisiken«,[230] wie das *Handelsblatt* berichtete. In der Corona- und Ukrainekrise mussten 2020 die Lufthansa und 2022 Uniper vom Steuerzahler mit Milliarden gerettet werden, da sie faktisch pleite waren. BlackRock aber musste nichts bezahlen.

Während das Unternehmen BlackRock bestimmte Branchen und Industriezweige kaputtredet, investiert es gleichzeitig in andere, die genauso schädlich sind, aber davon profitieren. So ist BlackRock einer der größten Investoren in das Lithium-Bergwerk Grota do Cirilo der kanadischen Firma Sigma Lithium in Minas Gerais, Brasilien. Im offenen Tagebau sollen hier 13 Jahre lang jährlich 531 999 Tonnen Lithium für E-Autos abgebaut werden. Sigma Lithium schätzt den Wert des Projekts auf 5,1 Milliarden Dollar[231] und beabsichtigt aufgrund des aktuellen E-Auto-Booms, die Produktion zu verdoppeln. Doch die gigantische Narbe, die der offene Tagebau in die Erde reißen wird, scheint für Umweltaktivisten kein Problem zu sein, ganz im Gegenteil, denn auf dem COP 27, der UN-Klimakonferenz in Scharm El-Scheich, wurde Sigma Lithium sogar eine eigene Präsentation eingeräumt. Dabei waren nur 10 Minuten für Umweltthemen und 20 Minuten für »Perspektiven institutioneller Anleger« vorgesehen – schließlich stand der sogenannte »Weltklimagipfel« unter dem Motto »The Investment Summit«.[232] Dabei blieb die Entsorgung der

531 999 Tonnen brennbarer und giftiger Lithium-Batterien jährlich ungeklärt. »Am Ende werden sie meist nicht recycelt, sondern verbrannt«,[233] so die FAZ.

Bisher hatten Investmentfirmen immer mit der Unsicherheit zu kämpfen, nicht zu wissen, wie sich bestimmte Branchen und Firmen entwickeln würden. Dank der ESG-Standards hat BlackRock dieses Problem jetzt offensichtlich ein für alle Mal gelöst. Sie entscheiden einfach, welche Branchen und Firmen den Erfolg verdient haben, und führen gegen alle anderen Kampagnen. Das macht es natürlich sehr viel einfacher, erfolgreich zu investieren. Und wenn es doch mal danebengeht, wie bei der Lufthansa oder Uniper, dann springt der Steuerzahler für sie ein, bis am Ende bei der Lufthansa doch ein dickes Plus herauskommt.

Der CDU-Vorsitzende Friedrich Merz war von 2016 bis 2020 Aufsichtsratsvorsitzender von BlackRock Deutschland, genau in der Zeit, als BlackRock mit der ESG-Kampagne begann. Laut Lobbypedia sollte Merz aber nicht nur Aufsichtsrat sein, sondern eine »weiter gefasste Beraterrolle einnehmen, in der er die Beziehungen mit wesentlichen Kunden, Regulierern und Regulierungsbehörden in Deutschland für BlackRock fördern wird«,[234] was einen klaren Lobbyauftrag impliziere. Im März 2020 legte Merz seinen Posten im Aufsichtsrat von BlackRock nieder. Im Oktober 2022 kündigte der zu den OSF gehörende Soros Economic Development Fund an, einen Investmentfonds aufzulegen, der darauf basiere, Firmen zu verklagen, die sich nicht an ESG-Standards hielten. »Der Fonds zielt darauf ab, maximale Erträge für Kläger und Investoren zu generieren und mit diesen Ressourcen weitere Klagen anzustreben.«[235] Darauf muss man erst mal kommen.

Der magische Geldbaum

So viel gutes Gewissen und »Klima« gibt es natürlich nicht umsonst. Um die EU bis 2050 »klimaneutral« zu machen, braucht Europa laut der Europäischen Union 2019 in den nächsten Jahrzehnten jährliche »Investments« zwischen 175 und 290 Milliarden Euro.[236]

Als die frischgebackene US-Abgeordnete Alexandria Ocasio-Cortez 2019 ihren ambitionierten Plan für einen »Green New Deal« samt Abschaffung aller Autos, Kühe und Flugzeuge sowie das bedingungslose Grundeinkommen für alle Arbeitsunwilligen präsentierte, schätzten Kritiker die Kosten auf bis zu 93 Billionen Dollar innerhalb von 10 Jahren.[237] In dem Moment aber, in dem die Republikaner das utopische Projekt kurzerhand im Senat zur Abstimmung auf die Tagesordnung setzten, stimmte kein einziger Demokrat dafür.

Seitdem hat sich viel verändert. Genauer gesagt hat der Great Reset eingesetzt, und so gibt es jede Menge linke Projekte, die allesamt eine Menge Geld kosten. Ob es um die Abschaffung der Autoindustrie geht, den Atomausstieg, das Ende fossiler Energieträger, die gesamte »Klimawende«, »Klimareparationen« für die korrupten Diktaturen in aller Welt oder die massenhafte illegale Einwanderung unqualifizierter Arbeitskräfte in die Kranken- und Sozialversicherung, Milliarden für die Ukraine plus Scholz' »Doppel-Wumms für bezahlbare Energie«.[238] Das Einzige, was linke Regierungen gut können, ist Geld ausgeben. Dabei gab es jedoch – zumindest früher – ein Problem: Früher mussten linke Utopisten nämlich überlegen, wie sie ihre großen Vorhaben finanzieren wollen, denn Arbeit, Produkte und Ressourcen sind nicht endlos verfügbar. Und wenn unser Geld einen realen Gegenwert haben soll, darf es auch nicht endlos verfügbar sein.

1971 musste die US-Regierung nach dem Vietnamkrieg die Bindung des US-Dollar an den Goldpreis aufgeben. Da sich die meisten anderen Länder am Dollar orientierten, fiel damit der Goldstandard auf der ganzen Welt. Statt Gold haben wir heute nur noch Papiergeld in der Tasche – was spendierfreudige Politiker immer wieder in Versuchung bringt, ab und zu ein paar Scheine extra drucken zu lassen. Seit der Aufhebung des Goldstandards haben sich die unabhängigen Zentralbanken bemüht, durch ihre Geldpolitik einen Ausgleich zwischen Inflationsbekämpfung und Wirtschaftsstimulation zu schaffen. Besonders Deutschland, das im 20. Jahrhundert dreimal eine massive Geldentwertung erlebt hatte (Stichwort: Weimar, Reichsmark 1945 und Ostmark), legte großen Wert auf eine stabile Währung – sehr zum Verdruss der südländischen Euroländer, die eine andere Geldpolitik gewohnt waren.

Doch wenn man die Welt umkrempeln und auf den Kopf stellen will, sind einem solche lästigen Buchhalter und Sparfüchse natürlich ein Dorn im Auge. Wer Gott spielen will, will nicht ständig in seinem Portemonnaie nachsehen müssen, wie viele Groschen er noch übrig hat. Dafür haben George Soros und Klaus Schwab jedoch eine Lösung parat: die sogenannte Modern Monetary Theory (MMT – Moderne Geldwerttheorie). Das klingt furchtbar kompliziert, ist aber ganz einfach. Diese Theorie besagt im Prinzip, dass die Inflation besiegt ist und es keinen Grund gibt, nicht unendlich viel Geld zu drucken. Wenn das Geld auf Bäumen wächst, kann man immer den magischen Geldbaum schütteln.

So beschreiben Klaus Schwab und Thierry Malleret in *COVID-19 und der Great Reset*, wie Regierungen während der Coronapandemie ganze Branchen und Bevölkerungssegmente durch »Hubschraubergeld« finanzierten. Um es möglichst einfach auszudrücken, läuft das so: Regierungen verschulden sich bei den Zentralbanken. Wenn sie diese Schulden nie abbezahlen, entspricht dies einer monetären Finanzierung, was heißt, dass die Regierung das Geld nach ihrem Belieben verwenden kann. Sie kann es beispielsweise metaphorisch aus Hubschraubern zu Menschen abwerfen, die in Not sind. Diese Idee habe ihren Reiz und sei realisierbar, schreibt Schwab, berge aber eine Gefahr: Sobald die Bürger verstehen, dass das Geld auf Bäumen wächst, steigt der Druck auf die Politiker, immer mehr zu drucken, und dann kommt die Inflation ins Spiel. Wenn Sie also wissen wollen, wieso wir im Jahr 2022 die höchste Inflation seit 1949 schreiben, so hat diese eine Vorgeschichte, und die hat nichts mit Wladimir Putins Angriffskrieg zu tun.

George Soros spielte schon lange mit Vorstellungen, wie man das Wirtschaftssystem und die Geldpolitik verbessern könnte. In den 1990er-Jahren warb er nach seinen Angriffen auf das Pfund und andere Währungen für eine Weltwährung, und seit 2008 für eine europäische Schuldenunion. 2009 gründete Soros mit 50 Millionen Dollar das Institute for New Economic Thinking (INET) in New York, und zwar in Zusammenarbeit mit der Universität Cambridge. Es stand unter der Leitung des ehemaligen Chefs des Soros Fund Management, Robert Johnson, der schon beim »Schwarzen Mittwoch« dabei gewesen war. INET sollte eine der Brutstätten der Modern Monetary Theory werden, von wo aus sie sich in alle Welt ausbreiten sollte – und in Brüssel, Berlin und Washington nahm man dies dankbar auf. Open Society finanzierte INET 2021 mit 28 750 000 Dollar.

Als Theoretiker führend bei der Modern Monetary Theory bei INET sind Stephanie Kelton, Professorin an der Stony Brook University und Autorin von *Der Defizit-Mythos: Die Modern Monetary Theory und die Gestaltung einer besseren Wirtschaft*, L. Randall Wray (*Modern Money Theory: Ökonomische Revolution oder Geldflutung?*) sowie Pavlina Tcherneva (*Plädoyer für eine Jobgarantie*) –

beide Professoren am Bard College. Das Bard College ist George Soros' Lieblingsuniversität in den USA und US-Partneruniversität der Central European University (CEU) in Budapest und Wien. Soros' zweite Ehefrau Susan Weber gründete 1993 mit 20 Millionen Dollar von ihrem damaligen Ehemann das Bard College Graduate Center for Studies in the Decorative Arts, das sie bis heute leitet. Bis 2020 hatte Soros Bard mit 80 Millionen Dollar unterstützt. 2020 kündigte Soros eine weitere Spende von 100 Millionen Dollar an Bard College für das nächste Jahrzehnt an. 2021 bot er weitere 500 Millionen Dollar für den Fall, dass das College Spender im gleichen Umfang finden könne. Die Bard-Leitung versprach, dies innerhalb von 5 Jahren zu tun. Dies wäre eine der größten akademischen Schenkungen in der gesamten US-Geschichte.[239]

Der Präsident des Bard College, Leon Botstein, ist gleichzeitig Vorstandsvorsitzender der Central European University, die Soros 1991 mit einer Finanzierung von 5 Millionen Dollar jährlich in Budapest gegründet hatte. Da jedoch 2017 ein ungarisches Gesetz den Betrieb ausländischer Universitäten verbot, die keinen Universitätsbetrieb in ihrem Heimatland haben, musste der englischsprachige Teil der CEU 2019 nach Wien umziehen (Kostenpunkt 193 Millionen Dollar für 6 Jahre). Der ungarische Teil der CEU, in der George Soros laut der Historikerin Mariá Schmidt ein Penthouse besitzt, residiert nach wie vor in Budapest.

Seit der Gründung seiner Stiftungen hat Soros über 400 Millionen Dollar an Colleges und Universitäten gespendet, 75 Prozent davon an das Bard College und die Central European University. Mit dem Umzug der CEU nach Wien kündigte Soros eine weitere Spende von 825 Millionen Dollar an, um auf der Basis des Bard College und der CEU ein universitäres Netzwerk zu erschaffen – das Open Society University Network (OSUN). Zum OSUN gehören im UK die London School of Economics und das Chatham House sowie in Deutschland die Hertie School Berlin und das Bard College Berlin. Wie es der Zufall will, lehrt am Bard College Berlin der führende deutsche Propagandist der Modern Monetary Theory, Dr. Dirk H. Ehnts, Autor von *Geld und Kredit: eine €-päische Perspektive.*[240] Ehnts argumentiert, dass die EU praktisch unbegrenzt Geld drucken kann. Mit solchen Ideen rennt er bei der EU natürlich offene Türen ein. Und so gab der Präsident der Europäischen Zentralbank Mario Draghi im September 2019 die Empfehlung, der EZB-Rat sollte »für Ideen wie die Modern Monetary Theory offen sein«,[241] und seine Nachfolgerin Christine Lagarde fügte hinzu, MMT könne »helfen, die Deflation zu bekämpfen«.[242]

Ehnts nimmt offen zur Kenntnis, dass der Zweck der wundersamen Geldvermehrung politische Ziele wie »Vollbeschäftigung« und »nachhaltige Ressourcenbewirtschaftung« sind, die ohne MMT »nicht zu erreichen« seien. Reformvorschläge »mit dem Ziel der Erhöhung des Gemeinwohls wie der Green New Deal oder das Euro Treasury basieren auf MMT und könnten sich auch in der Eurozone relativ einfach umsetzen lassen«.[243] Der Green New Deal basiert also auf der Idee, dass Regierungen praktisch unbegrenzt Geld ausgeben können?!

In Deutschland gibt es nach Artikel 109 des Grundgesetzes und Artikel 104 des EU-Vertrags zur Einhaltung der Haushaltsdisziplin die sogenannte »Schuldenbremse«. Demnach sind »übermäßige öffentliche Defizite« zu vermeiden, was für die Verfechter des magischen Geldbaumes natürlich ungünstig ist. Deshalb befinden wir uns seit 2020 unentwegt im Ausnahmezustand, denn die »Schuldenbremse« kann nur im Falle von »Naturkatastrophen oder außergewöhnlichen Notsituationen, die sich der Kontrolle des Staates entziehen und die staatliche Finanzlage erheblich beeinträchtigen«[244], aufgehoben werden. Nun billigt der Deutsche Bundestag aber sogenannte »Sondervermögen«, die kein Vermögen sind, sondern Neuschulden. Und in diesem Sinne sah der Bundestag am 25. März 2020 »350 Milliarden Euro an Hilfen und fast 820 Milliarden an Garantien [vor], um die Folgen der Krise für Unternehmen und Bürger abzufedern. [...] Um diese erheblichen Mehrausgaben zu finanzieren, musste die in der Verfassung verankerte Schuldenbremse mit absoluter Mehrheit außer Kraft gesetzt werden und ein Nachtragshaushalt im Umfang von knapp 156 Milliarden Euro aufgelegt werden. Ein außergewöhnlicher Schritt, verabschiedete sich der Bundestag damit doch von der ›schwarzen Null‹, jenem Prinzip, das die Haushaltspolitik des Bundes bis dato geprägt hatte. Zum ersten Mal seit 2014 würde der deutsche Staat wieder mit einem Haushaltsminus abschließen – mit dem größten aller Zeiten.«[245] Bereits 3 Monate später, am 2. Juli 2020, verabschiedete das Parlament einen zweiten Nachtragshaushalt in Höhe von rund 24 Milliarden Euro, um dieses von der Regierungskoalition geplante, 130 Milliarden Euro umfassende »größte Konjunkturprogramm in der Geschichte der Bundesrepublik« zu finanzieren. Laut dem Statistischen Bundesamt hat die Coronakrise im Jahr 2020 zu einem Staatsdefizit in Höhe von 139,6 Milliarden Euro geführt.[246]

2021 betrug die Neuverschuldung 215,4 Milliarden Euro. 2022 waren es 138,9 Milliarden Euro, die zweithöchste Neuverschuldung in der Geschichte der Bundesrepublik. Ein Fokus des Bundeshaushalts lag beziehungsweise liegt auf Investitionen für den Klimaschutz und die Energiewende, hinzu kamen das »Sondervermögen Bundeswehr« von 100 Milliarden Euro sowie das Sondervermögen »Doppel-Wumms« (Olaf Scholz) von 200 Milliarden Euro. Der Bundesrechnungshof stufte Letzteres jedoch als verfassungswidrig ein, denn es »verstärkt die bereits bestehende Intransparenz des Bundeshaushaltsplans«. Die vorgesehene Kreditaufnahme »auf Vorrat« bis zum Jahr 2024 verstoße »gegen den verfassungsmäßigen Grundsatz der Jährlichkeit«.[247] Offensichtlich hatte sich der Bundesrechnungshof noch nicht ausreichend mit der Modern Monetary Theory beschäftigt.

Finanzminister Christian Lindner, ehemals Wirtschaftsfachmann, versprach, 2023 die Schuldenbremse wieder einzuhalten – falls bis dahin nicht eine neue Krise ins Haus steht, die Klimakrise, die Chinakrise oder die Wünsch-dir-was-Krise. Aber wozu braucht man eine Schuldenbremse, wenn man sie bei jeder selbst gemachten Krise in einer Zeit der Dauerkrisen einfach aussetzt? Unsere Politiker und ihre Experten schaffen also heimlich, still und leise die Haushaltsdisziplin ab, die sie jetzt »Austeritätspolitik« nennen, mit dem ausdrücklichen Ziel, enorm teure und völlig utopische linke Politik zu finanzieren und Geld auszugeben, als gäbe es kein Morgen.

Die Bundeszentrale für politische Bildung (BPB) findet das alles jedenfalls völlig unbedenklich. Sie hat sogar eine eigene Seite zu dem noch etwas esoterisch klingenden Thema MMT: »Eine Regierung muss ihre Ausgaben nicht finanzieren, weil sie die nationale Währung herausgibt. Eine Sparpolitik ist daher unnötig. Sie behindert die wirtschaftliche Entwicklung sowie die sozial-ökologische Transformation. … Da bei staatlichen Ausgaben stets neues Geld entsteht«, so die BPB weiter, »benötigt eine Regierung als Schöpferin der Währung weder Geld aus Steuern noch aus dem Verkauf staatlicher Schuldverschreibungen.«[248] Sie müssen jetzt allerdings nicht darauf warten, dass die Steuern abgeschafft werden, denn auch dafür haben die MMT-Jünger eine Theorie: Die Bürger müssen besteuert werden, um der Inflation vorzubeugen.

Nein, das ist kein Witz. Diejenigen, die für die schlimmste Inflation seit 1949 verantwortlich sind, wollen Sie weiterhin und immer höher besteuern, doch nicht etwa, weil der Staat Geld braucht, sondern weil die Bürger nicht zu viel davon haben dürfen.

Die MMT stellt einen »Gegenentwurf zur Austeritätspolitik dar«, argumentiert das steuerfinanzierte BPB, »die nach 2010 zu einem verlorenen Jahrzehnt im Euroraum geführt hat und auch nach der Pandemie einer wirtschaftlichen Erholung im Wege stehen wird.«[249] Es reicht also nicht, der Wirtschaft und dem menschlichen Schöpfungsgeist möglichst wenig Steine in den Weg zu legen, sondern der Staat muss her, und zwar so viel wie möglich – und die MMT befreit uns endgültig von der »Finanzierungsfrage der sozial-ökologischen Transformation«. Na endlich!

In der EU ist das alles erwartungsgemäß noch viel gravierender und intransparenter. »Die aktuelle Diskussion um Coronabonds basiert auf der falschen Vorstellung, dass nationale Regierungen ihre Ausgaben durch den Verkauf von Anleihen an ›die Märkte‹ finanzieren«, schrieb Dirk Ehnts 2020. »Während emotional ›Solidarität‹ eingefordert wird, haben EZB und EU die Weichen schon gestellt, damit sich eine Eurokrise mit Austeritätspolitik nicht wiederholt. Dies wird allerdings mittelfristig nicht ausreichen. Der Euro wird scheitern, wenn die Deutschen nicht einsehen, dass ihre ›Juristen‹ das Problem völlig verkennen – es geht nicht um Haftung.«[250] Mit anderen Worten: Werft die Notenpresse an und gebt das Geld mit vollen Händen aus. Was soll schon schiefgehen?

Für 2021 bis 2027 genehmigte sich die EU einen 7-Jahres-Plan, den sogenannten »mehrjährigen Finanzrahmen«, in Höhe von 1,8 Billionen Euro, davon 750 Millionen Euro Neuverschuldung für das »Aufbauinstrument Next Generation EU«. 2021 belief sich der Jahreshaushalt auf insgesamt 169 Milliarden Euro für Projekte wie Migration, Green Deal und den sogenannten Corona-Wiederaufbaufonds. »Das alles sind hochideologisierte Projekte auf Kosten der arbeitenden Menschen«,[251] so der Haushaltsexperte im EU-Parlament Joachim Kuhs. »Im Jahr 2022 verabschiedete das EU-Parlament fünf Berichtigungshaushaltspläne und erhöhte den aktuellen EU-Haushalt von den ursprünglich im Oktober 2021 genehmigten 169,5 Milliarden Euro auf 182,2 Milliarden Euro. Der Haushalt stieg somit um 12,7 Milliarden Euro. Der Jahreshaushalt für 2023 ist mit 186,6 Milliarden Euro angesetzt, das sind 17,1 Milliarden Euro mehr, als bei der ursprünglichen Einigung im Oktober 2021 für den Vorgängerhaushalt vereinbart wurden.«[252]

In den USA gibt es keine Schuldenbremse, deshalb kann ein Joe Biden 2021 einen »Infrastrukturplan« von 3,5 Billionen Dollar, gefolgt von dem Corona-Wiederaufbauprogramm »Build Back Better« von 3,5 Billionen Dollar auflegen, die beide nur wenig mit Corona oder Infrastruktur, dafür viel mit Klimawende, Rassenpolitik und Umverteilung zu tun hatten. Dabei hatte Barack Obama, Bidens Vorgänger und Chef, als er noch Vizepräsident war, bei seinem Wahlkampf 2008 George Bush kritisiert, weil er mit seinen Kriegen in Afghanistan und im Irak die US-Verschuldung um 4 Billionen Dollar erhöht hatte. Obama geißelte die Schuldenpolitik der Bush-Regierung damals noch als »unpatriotisch«. Als er dann im Amt war, sollte Obama im Zuge der Bankenkrise 2008 die bis dato größte Neuverschuldung in der Geschichte der USA zu verantworten haben.

Heute kritisieren die MMT-Anhänger Barack Obama laut Glenn Beck sogar deshalb, »weil er nicht genug Geld ausgegeben hat«,[253] denn ihrer Meinung nach hätte Obama noch viel mehr ausgeben sollen. Für sie ist unser Papiergeld nur Papier beziehungsweise nur eine Ansammlung von Einsen und Nullen in einem Computer. Und genauso sei auch das Haushaltsdefizit, um das wir uns jahrelang große Sorgen gemacht haben, nur eine Zahl. »Die öffentlichen Schulden sind nur eine Aufzeichnung allen Geldes, die der Staat in die Wirtschaft herausgegeben hat, und noch nicht in Form von Steuern zurückverlangt hat«,[254] bestätigt MMT-Päpstin Stephanie Kelton. Unser Geld ist also nichts, was uns gehört, weil wir es uns verdient haben, indem wir etwas mit einem Gegenwert hergestellt oder geleistet haben, sondern es existiert nur durch die Gnade des Staates, der es jederzeit wieder zurückverlangen kann – ganz so, wie es früher die Gutsherren taten.

»Das Haushaltsdefizit kann zu groß sein«, so Kelton. »Das würde sich dann in einer Inflation äußern.« (2022 kehrte die Inflation weltweit zurück.) »Das Haushaltsdefizit kann aber auch zu klein sein. Es kann zu klein sein, um die Nachfrage anzukurbeln. Das Zeichen für ein zu kleines Haushaltsdefizit ist Arbeitslosigkeit.«[255] MMT-Befürworter wollen die magische Geldvermehrung nicht nur nutzen, um Vollbeschäftigung herzustellen, sondern um jedes andere utopische Ziel durchzusetzen, das ihnen gerade vorschwebt. Den Kohlendioxidausstoß auf Null reduzieren? Alle Autos durch Elektroautos mit der dazugehörigen Energieversorgung ersetzen? Einen Krieg mit Russland führen? Klimareparationen an die ganze Welt zahlen? Alles kein Problem, denn es sind ja nur ein paar Einsen und Nullen in einer Excel-Tabelle.

Der Autor Matthew Klein nennt die MMT »eine Kriegswirtschaft in Friedenszeiten« und stellt fest, dass der Staat »alles Nötige tun kann, um seine gesellschaftlichen Ziele durchzusetzen, solange er seine Kontrolle über die Bevölkerung wahrt«.[256]

Wenn es unbegrenzt Geld gibt, warum muss der Staat dann Steuern verlangen? Warum fahren wir nicht einfach alle in den Urlaub oder schauen uns Netflix-Serien an und lassen den Staat alles bezahlen? Das darf natürlich nicht sein, und genau deshalb gibt es Steuern. Statt ein Mittel zur Finanzierung der Regierung sind Steuern laut MMT ein Instrument, um die Bürger bei der Stange zu halten und jene zu bestrafen, die mit unserer Regierung nicht einverstanden sind. »In Stephanie Keltons Welt müssen die Bürger nicht überzeugt werden, ihr von Staats wegen produziertes Monopoly-Spielgeld zu benutzen, sondern gezwungen werden.« Deshalb können alternative Währungen wie Kryptowährungen unter keinen Umständen als Zahlungsmittel geduldet werden, vor allem nicht, um seine Steuern zu bezahlen. »Für Stephanie Kelton und andere MMTler stellen Kryptowährungen eine Bedrohung für die Macht des Staates und der Banken dar. Steuern sind ein probates Mittel, um uns zu zwingen, ihre Währung zu verwenden.«[257] Was gibt es für eine bessere Garantie, damit das Spielgeld der Staatsbanken in Verwendung bleibt, als all jene ins Gefängnis zu sperren, die sich weigern, ihre Steuerschuld in dieser Währung zu begleichen? Der Schauspieler Wesley Snipes war ein Anhänger der Bewegung »Souveräner Bürger« und wollte aus Prinzip keine Steuern zahlen, weil er die Autorität der US-Regierung nicht anerkannte. Er musste 2010 für 3 Jahre ins Gefängnis.

Laut MMT kann man Steuern auch benutzen, um die Inflation zu bekämpfen. Das Problem ist nach dieser Darstellung nicht, dass der Staat zu viel Geld druckt, was unweigerlich zur Inflation führt. Nein, das wahre Problem ist, dass Sie, der Bürger, zu viel Geld haben. Sie sind die Ursache für die Inflation, nicht die wilde Gelddruckerei der MMT-Fraktion und jener Politiker, denen Sie einen Blankoscheck für alle möglichen utopischen Projekte erteilen. Deshalb dienen Steuern laut MMT dazu, den Bürgern das überschüssige Geld wegzunehmen und somit der Inflation entgegenzuwirken. »Wenn die Regierung mehr Geld für das Gesundheitssystem oder die Bildung ausgeben will, muss sie uns Bürgern vielleicht etwas Kaufkraft wegnehmen, damit wir mit unseren Ausgaben keine Preiserhöhung verursachen«,[258] so Stephanie Kelton. MMT gibt der Politik also nicht nur freie Hand bei der Verwirklichung ihrer kühnsten Träume und abstrusesten Projekte, sondern auch noch bei der Umverteilung vermeintlich ungerecht verteilter Vermögen. »MMT sieht Steuern als wichtiges Instrument gegen jahrzehntelange steigende Ungerechtigkeit.« Die Steuern sind also nicht dazu da, um den Staatshaushalt zu finanzieren, sondern dazu, denjenigen, die angeblich zu viel verdienen, ihr überschüssiges Geld wegzunehmen. In Deutschland gilt der Spitzensteuersatz bereits bei einem Einkommen von 58 597 Euro. Die obersten 25 Prozent der Topverdiener zahlen bereits 77 Prozent der gesamten Einkommenssteuer. Aber damit diese »Ungerechtigkeit« ausgeglichen wird, muss der Staat den Topverdienern möglichst viel wegnehmen. Diese Topverdiener sind Menschen, die fleißig und erfolgreich genug sind, um hohe Einkünfte zu generieren, und sich auf Leute verlassen können, die bereit sind, für ihre Dienste einen hohen Preis zu bezahlen. Der Staat nimmt ihnen dieses Geld aber nicht ab, weil er es etwa benötigte, sondern nur, um es Ihnen wegzunehmen. Im Grunde könnte er es auch verbrennen, so MMT-Papst L. Randall Wray vom Bard College.

»Viel zu lange haben die US-Demokraten ein symbiotisches Verhältnis zu den Reichen gepflegt«, so Wray. »Die haben sich mit den ›guten‹ Reichen wie George Soros, Bill Gates und Warren Buffett eingelassen und ihre Thinktanks und Wahlkämpfe finanziert. … Doch die Progressiven von heute werden nicht in diese Falle tappen. ›Wie werdet ihr das alles bezahlen?‹ Durch ›Sondervermögen‹. Der Staat braucht die Reichen nicht dazu. Wir werden euch trotzdem besteuern, denn ihr habt zu viel – zu viel Einkommen, zu viel Reichtum, zu viel Macht. Und was machen wir mit den Steuereinnahmen? Wir verbrennen sie. Der Staat braucht euer Geld nicht. In Wahrheit sind Steuern nur Überweisungen von Girokonten. Wir könnten 3 oder 5 Nullen vom Vermögen der Reichen einfach streichen.«[259]

Pavlina Tcherneva, eine Kollegin von L. Randall Wray am Bard College, kritisiert »Linke, die denken, wir müssen die Reichen besteuern, um den Fortschritt zu bezahlen«. Dies führe nur zu einer »selbstverschuldeten Lähmung«. Die linke Agenda davon abhängig zu machen, dass genug Steuern von den Reichen eingetrieben würden, sei

»eine imaginäre Nabelschnur, die die progressive Agenda zur Geisel der Unterdrücker macht«.[260] Laut MMT sind Steuern und Ausgaben völlig losgelöst von der Wirklichkeit. Ausgaben dienen dazu, die linke Agenda zu finanzieren, und Steuern dienen dazu, unerwünschte Verhaltensweisen zu bestrafen – Autofahren, mit Öl heizen, zu hohe Einkünfte, »Transmenschen zu marginalisieren« und Kinder zu beschützen – da sind der Fantasie keine Grenzen gesetzt. »Regierungen können Steuern benutzen, um zu bestimmten Verhaltensweisen zu ermutigen oder sie zu bestrafen, die öffentliche Gesundheit zu verbessern, den Klimawandel zu bekämpfen, oder riskante Spekulation an den Aktienmärkten zu bekämpfen«,[261] lesen wir wieder bei Stephanie Kelton.

Als das Deutsche Reich durch den Versailler Vertrag verpflichtet wurde, 269 Milliarden Goldmark Reparationen zu leisten, warf die Weimarer Regierung die Notenpresse an und erzeugte im Oktober 1923 eine Hyperinflation von 29 000 Prozent. Ende 1923 war ein Dollar 4,3 Billionen Mark wert. In Simbabwe enteignete die linksradikale Regierung von Robert Mugabe im Jahr 2000 erst die weißen Bauern, indem er sie vertrieb oder ermordete, verursachte dann eine katastrophale Hungersnot und erzeugte 2008 eine Hyperinflation von bis zu 89,7 Trilliarden Prozent. In Venezuela schaffte es der linksradikale Nicolas Maduro 2018, aus dem reichsten Land Südamerikas und einem OPEC-Mitglied ein Armenhaus mit 2 Millionen Prozent Inflation zu machen.

Warum sollte also die MMT nicht zu einer rasenden, außer Kontrolle geratenen Inflation führen? Auch hier haben die MMT-Jünger eine verblüffende Antwort: Der Staat wird es regeln. Die Anhänger der MMT denken, dass dieselben Dummköpfe, die die Inflation erzeugt haben, durch ein Mikromanagement der Wirtschaft und gelegentliches Drehen an den Stellschrauben der Ordnungspolitik in der

Lage sein werden, Verhältnisse wie in der Weimarer Republik und Simbabwe zu erkennen und zu verhindern. Wir sollen also die Zukunft unserer Wirtschaft in die Hände derselben Genies legen, die den Berliner Flughafen in den Märkischen Sand gesetzt und die Berliner Parlamentswahlen 2021 veranstaltet haben. Was sollte da auch schiefgehen?

»Warum sollten wir glauben, dass diejenigen, die dieses neumodische System zur Inflationserzeugung konstruiert haben, klug genug sind, es zu richten? Und warum haben sie das System nicht einfach von vorneherein so konstruiert, dass es keine Inflation erzeugt?«[262]

Wenn Regierungsbehörden so gut planen und Probleme lösen können, warum kommt dann die Bahn nicht mehr pünktlich und warum ist die Bundespost so unzuverlässig geworden? Und glaubt irgendjemand, dass gut vernetzte Politiker Milliardenzahlungen an ihre Freunde in den erneuerbaren Energiebranchen kürzen werden, wenn wir doch unbedingt zu einer Welt ohne fossile Brennstoffe wechseln wollen? Ein bisschen Inflation hält doch keinen Politiker auf, der die Welt vor der existenziellen Bedrohung des Klimawandels retten will, nicht wahr?

Wenn die Inflation aus dem Ruder läuft, zielt Keltons System letztlich darauf ab, einen Sündenbock zu finden. Die »fossilen Energiefirmen« zum Beispiel, die Coronapandemie oder Wladimir Putins völkerrechtswidriger Angriffskrieg. Leider lässt es sich nicht ändern, wir müssen jetzt solidarisch sein und verzichten lernen, und wenn der Energie- und Benzinpreis sich verdoppelt, ist es nicht unsere Schuld, sondern die von Putin, Shell und BP. Und wer etwas anderes behauptet, ist ein Putinversteher und Klimaleugner.

»Am Ende werden die Billionen Dollar, die die Regierung gedruckt hat, eine Inflation erzeugen. Entweder in der Gesamtwirtschaft oder in bestimmten Wirtschaftszweigen. Die Bürokraten werden gezwungen, die ›Quellen des Inflationsdrucks‹ ausfindig zu machen und dann geeignete politische Gegenmaßnahmen zu ergreifen. Ein perfekter Plan für all jene, die die Gesellschaft verändern und kontrollieren wollen. Die anderen aber wird es kalt erwischen – vor allem dann, wenn man versucht, eine Industrienation mit Wind und Sonne zu betreiben.«[263]

Stephanie Kelton sprach im Juni 2021[264] und im November 2021[265] beim Weltwirtschaftsforum über MMT und erklärte den Great-Reset-Globalisten, dass sie sich ab sofort keine Sorgen mehr wegen der Haushaltsdisziplin und der Defizite machen müssten, denn nun war MMT da, um riesige Ausgaben für die Umwandlung der Gesellschaft zu rechtfertigen. Das Panel im November hieß »Der Great Reset: Widerstandsfähigkeit für zukünftige globale Risiken schaffen«. Sprecher waren neben Kelton die EU-Kommissarin Ursula von der Leyen, der Klimabeauftragte der Biden-Regierung John Kerry sowie Ben Smith, der 2017 bei BuzzFeed das berüchtigte Steele-Dossier im Auftrag der Clinton-Kampagne platziert hatte, um Donald Trump als Putin-Marionette zu diffamieren (siehe Kapitel 11). Die hanebüchenen Fake News des Steele-Dossiers, nach denen Trump angeblich mit russischen Prostituierten »Natursekt«-Spiele praktiziert hätte, hätten unter normalen Umständen das Ende einer jeden journalistischen Karriere bedeutet. Stattdessen wurde Smith zur *New York Times* befördert, und das FBI bespitzelte den US-Präsidenten.

John Kerry bekannte sich in einem Interview auf dem Weltwirtschaftsforum im Juni 2020 zum Great Reset, denn: »Normal war jetzt eine Krise; normal funktionierte nicht mehr. Wir sollten uns das nicht so vorstellen, als könnten wir einen Knopf drücken und zu dem zurückkehren, was einmal war. Wir sind sehr weit davon entfernt, fähig zu sein, zu irgendeiner Art von Normalität zurückzukehren.« Die Antwort sieht Kerry bei immer mehr Staat, bei globalen Institutionen und elitären Anführern. Da die Staaten nicht entschlossen genug handelten, so Kerry, liege es am Weltwirtschaftsforum (World Economic Forum – WEF), die globale Revolution voranzutreiben: »Das ist ein großer Moment. Das Weltwirtschaftsforum wird eine Vorreiterrolle dabei spielen müssen, den Great Reset zu definieren, um Klimawandel und Ungleichstellung zu bekämpfen, die als Folge von Corona bloßgestellt werden.«[266]

Im November 2020 wurde John Kerry bei einer WEF-Diskussion gefragt, ob WEF-Mitglieder sich vom neuen Präsidenten zu viel erwarteten. Kerry erwiderte: »Die Antwort auf Ihre Frage lautet nein, Sie erwarten nicht zu viel. … Ja, er [der Great Reset] wird passieren. Ich glaube, er wird mit größerer Geschwindigkeit und Intensität auf uns zukommen, als viele sich vorstellen können. Im Prinzip haben die Bürger der USA jetzt für den Great Reset gestimmt. Und zwar mit Rekordzahlen.«[267]

Die Politik der Biden-Regierung ist also im Prinzip die Agenda des Great Reset, verkörpert durch Bidens erfolgloses »Build-Back-Better«-Paket, das »mit einem beschleunigten Investment von 2 Billionen Dollar ... uns unumkehrbar auf Kurs setzt, um die hochgesteckten Klimaziele zu erreichen, die die Wissenschaft fordert … um ambitioniert zu handeln, um sauberen, heimisch produzierten Strom zu generieren und bis 2035 den CO_2-freien Energiesektor zu erreichen«. Bidens Begriff des »Build Back Better« (Besser Wieder Aufbauen) stammt direkt aus einem Artikel von der Website des WEF vom 20. Mai 2020, in dem der Autor Johnny Wood schreibt: »Wir haben uns Gedanken gemacht, wie man besser wiederaufbauen kann, und es ist klar, dass eine grünere Wirtschaft ein riesiger Teil des Wiederaufbaus sein wird.«[268]

Was Corona mit dem Klima zu tun hat, verstehen nur die Great-Reset-Jünger. Am 13. Juni 2020 schrieben Peter Bakker und John Elkington auf der WEF-Seite: »Um besser wiederaufzubauen, müssen wir den Kapitalismus neu erfinden.«[269] Joe Biden kündigte am 28. Oktober 2021 seinen »Build-Back-Better«-Plan an.[270] Nicht nur zu Kerry hat er ein enges Verhältnis, sondern auch zu mindestens drei weiteren Vorstandsmitgliedern des Weltwirtschaftsforums: Ex-Vizepräsident Al Gore (Carlyle Group), David Rubenstein, den Vorsitzenden des Council on Foreign Relations, sowie BlackRock-Chef Larry Fink. Im Übrigen sitzt der Chef von Salesforce Vertriebssoftware Marc Benioff, ein langjähriger Unterstützer von Vizepräsidentin Kamala Harris, ebenfalls im WEF-Vorstand. Der US-Transportminister Pete Buttigieg ist Mitglied des WEF-Forums Young Global Leaders. Buttigiegs klimapolitischer Berater David Victor gehört dem WEF an und verfasste im Juni 2020 einen langen Artikel für die Yale University mit dem Titel »Building Back Better: Warum Europa den globalen grünen Wiederaufbau anführen muss«.[271]

Bei der Gründung seines Biden Institute 2017 an der Universität Delaware nahm sich Biden das Weltwirtschaftsforum zum Vorbild und traf sich mit Klaus Schwab, dem größten Fürsprecher des Great Reset, »um einen Plan für die Zukunft des Instituts zu formulieren«.[272] Als Joe Biden 2021 dann an seinem ersten G7-Gipfel teilnahm und Angela Merkel an ihrem letzten, kündigte Biden seinen Plan »Build Back Better World« an: »Durch B3W [Build Back Better World] werden die G7-Staaten und ihre Partner in vier Bereichen die Mobilisierung von Privatkapital koordinieren: Klima, Gesundheit und Gesundheitsschutz, Digitaltechnologie sowie Gendergleichheit und Gleichstellung.«[273] Der Europäische Rat begrüßte »unsere gemeinsame Agenda für globales Handeln, um besser wiederaufzubauen«[274] – und zwar mit grundlegendem Wandel, fairem Handel, digitaler Transformation, Klima (»Netto-Null« bis 2050), Gender und

Gleichstellung, sowie 100 Milliarden Dollar vom IWF für die Dritte Welt. Kommt einem das nicht bekannt vor?

Seit Bali November 2022 nimmt Klaus Schwab ganz offiziell am G20-Gipfel der Regierungen der zwanzig größten Industrieländer teil, wobei unseres Wissens das WEF keine Regierung darstellt. Aber wir könnten uns ja täuschen. Bei seiner Rede auf diesem G20-Gipfel ging es Schwab »wie üblich nur um eines«, schreibt Report24, »den Great Reset, die ›große Transformation‹, oder wie er es hier ausdrückt: die ›tiefgreifende systemische Umstrukturierung unserer Welt‹«.[275]

»Wenn ich Namen wie Frau Merkel oder Wladimir Putin erwähne, so waren sie alle Young Global Leader des Weltwirtschaftsforums«,[276] sagte Schwab am 20. September 2017 bei einem Gespräch an der Harvard Universität. »Aber worauf wir am meisten stolz sind, ist die junge Generation, wie Premierminister Trudeau. ... Wir penetrieren die Regierungskabinette. Gestern war ich auf einem Empfang für den Premierminister Justin Trudeau, dabei weiß ich, dass über die Hälfte seines Regierungskabinetts aus Young Global Leadern besteht.« Die deutsche Bundesregierung ist nicht minder unterwandert vom WEF und den Jüngern des Great Reset. So ist Außenministerin Annalena Baerbock seit 2020 aktives Mitglied des WEF-Forums Young Global Leaders.

Am 23. April 2020 hielt die Greenpeace-Chefin Jennifer Morgan einen Vortrag für das Weltwirtschaftsforum mit dem Titel: »Can Climate Action survive COVID-19?« Kate Whiting äußerte sich dazu auf der Website des WEF unter der Überschrift »How the world can ›reset‹ itself after COVID-19 – according to these experts« (dt.: »Wie die Welt nach Corona einen Reset (Neustart) machen kann«).[277] »Lass eine gute Krise nie ungenutzt«, hatte Barack Obamas Stabschef Rahm Emanuel empfohlen. Und Morgans Rede schlug genau in diese Kerbe.

Sie lobte die Coronapandemie, weil sie uns »die Chance gibt, einen Schritt zurückzutreten und die Welt, in der wir leben möchten, neu zu überdenken«. Und fährt fort: »Nach dem Zweiten Weltkrieg haben wir eine neue Weltordnung geschaffen. … Wir leben jetzt in einer anderen Welt als damals. Wir müssen uns fragen, was wir anders machen können.« Dem Weltwirtschaftsforum falle dabei »eine große Verantwortung« zu, nämlich »den Reset-Knopf zu drücken und uns zu überlegen, wie man das Wohlergehen für die Menschen und die Welt sichern kann.«

Morgan sehe »das Potenzial für einen stärker vernetzten Ansatz zum Wiederaufbau umweltfreundlicherer Volkswirtschaften, wie den European Green Deal«, schreibt Whiting weiter. Natürlich liege die Antwort beim Staat, nämlich in einer »Zusammenarbeit von Regierungen, Unternehmen und der Jugendbewegung«. »Unternehmen haben aus der Vergangenheit gelernt und sollten die Gelegenheit nutzen, eine kreisförmige, CO_2-freie Wirtschaft für die Menschen und die Marge zu schaffen. Staatliche Mittel müssen in Menschen investiert werden, um nachhaltige Arbeitsplätze zu schaffen. … Wir haben die Möglichkeit, Bergleute aus dem Kohlebergbau nach und nach in andere Jobs zu versetzen. Das kann kein Entweder-oder sein. Über diese Dinge müssen wir gemeinsam nachdenken.«[278]

Jennifer Morgan war zwischen 1994 und 1996 Koordinatorin der US-Sektion von Climate Action Network. Von 1996 bis 1997 arbeitete sie im Rahmen eines Stipendiums der Robert Bosch Stiftung im deutschen Bundesumweltministerium, das damals von Angela Merkel geleitet wurde, für die sie Reden schrieb. Von 1998 bis 2006 leitete sie das Klimawandel-Programm des World Wildlife Fund. 2016 wurde sie Geschäftsführerin von Greenpeace. Morgan wurde im April 2022 im Eilverfahren in Deutschland eingebürgert, damit sie Annalena Baerbocks »Staatssekretärin für Klimaverhandlungen« im Auswärtigen Amt werden konnte.[279] Seitdem haben sich die Benzinpreise mitunter verdoppelt, die Strom- und Heizkosten verdreifacht, und die Inflation ist auf dem höchsten Stand seit 1949.

KAPITEL 6

Die Neuen deutschen Medienmacher*innen – von Media Matters zu Correctiv*

Wir haben gesehen, wie George Soros Gruppen in der Art von International Consortium of Investigative Journalists (ICIJ) finanziert, die prinzipiell in der Lage sind, Börsenkurse über die Medien zu manipulieren. Seltsamerweise nahmen diese fleißigen Jäger von Steuerhinterziehern niemals den größten politischen Spender der Welt unter die Lupe. Gleichzeitig hat ein enormer Linksruck in den Mainstreammedien stattgefunden. Soros-Aktivisten werden routinemäßig in den Nachrichten zitiert, ohne als solche identifiziert zu werden, wie wir in Kapitel 1 zum Thema Ukraine gesehen haben. Wenn man in der *Tagesschau* der ARD Experten oder Aktivisten einer zivilgesellschaftlichen NGO präsentiert bekommt, sind George Soros und Open Society oft nicht weit.

Betrachten wir den 5. April 2020, einen Sonntagabend ganz zu Anfang der Coronapandemie. Zuerst hielt die *Tagesschau* im *Brennpunkt* ein leidenschaftliches Plädoyer, um wegen Corona mehr Migranten von der Insel Lesbos aufzunehmen – wobei es egal war, dass es zu diesem Zeitpunkt auf Lesbos weniger Coronafälle gab als in

* siehe auch Fußnote Seite 6 im Inhaltsverzeichnis

Berlin. Das Résumé durfte dann ein gewisser Gerald Knaus ziehen, der, wie die *Welt* schreibt, schon 2016 »die Blaupause für Merkels Asylpolitik erarbeitet« hatte: »Es geht immerhin darum, eine humanitäre Katastrophe in Griechenland zu vermeiden.«[280]

Doch sieht man genauer hin, so entdeckt man, dass Knaus Begründer und Vorsitzender der European Stability Initiative (ESI) ist, die seit 2009 von Open Society finanziert wird und 2015 bis 2017 einen Zuschuss von 300000 Dollar erhalten hatte.[281] Knaus ist also ein Lobbyist für den Mann, der 2015 im Soros-Plan laut *Welt* gefordert hatte, die EU müsse »in absehbarer Zukunft mindestens 1 Million Asylsuchende jährlich aufnehmen«.[282] Die Merkel nahestehende *Welt* hatte diesen Aufsatz von George Soros' Website Project Syndicate eins zu eins auf die Kommentarseite übernommen.[283] In der *Tagesschau* wird Knaus jedoch nur als »Migrationsforscher« identifiziert. Knapp 2 Stunden später berichtete das *heute-journal* über Pläne der Bundesregierung für eine Corona-App, die die Bewegungsprofile der angeblich freiwilligen Teilnehmer aufzeichnen soll – ein datenschutzrechtlich höchst umstrittenes Projekt, das schon damals laut *heute-journal* mindestens 50 Prozent der Bürger ablehnten. Dazu befragte Claus Kleber den »Datenrechtsexperten und Aktivisten« Ulf Buermeyer, den er in höchsten Tönen lobt: »Er hat den Bilderbuchlebenslauf eines Topjuristen an deutschen und amerikanischen Universitäten, war schon Anwalt, Menschenrechtler, Richter, Mitarbeiter an Verfassungsgerichten – ein Schützer der Bürgerrechte, speziell auch im Digitalen.«[284] Das perfekte Framing! Buermeyer durfte dann 5 Minuten lang erklären, warum die Bürger vor dieser Tracing-App keine Angst haben müssten. Misstrauen dürfte jedoch allein schon deshalb angebracht sein, weil Claus Kleber und das *heute-journal* darauf verzichtet hatten, darauf hinzuweisen, dass Buermeyer seit 2016 als Vorsitzender der Gesellschaft für Freiheitsrechte (GFF) hauptberuflicher Soros-Lobbyist ist.

Die Open Society Foundations finanzierten die GFF laut eigener Website von 2015 bis 2018 mit mindestens 105 000 Dollar. Das Luminate Omidyar Network des eBay-Mitbegründers Pierre Omidyar, das mit Open Society auch die linken Medienlobbyisten von Correctiv finanziert, unterstützte 2018 bis 2019 die GFF mit 250 000 Dollar. Die GFF arbeitet eng mit Soros-nahen Gruppen wie Amnesty International, dem Deutschen Journalisten-Verband, der Deutschen Journalistinnen- und Journalisten-Union, dem Journalisten-Netzwerk n-ost, Reporter ohne Grenzen und dem ARD-Soros-Netzwerk Netzwerk Recherche zusammen.[285] Im September 2018 beteiligte sich die GFF laut taz[286] am Bundesverwaltungsgerichtsverfahren gegen das Verbot der linksradikalen Hetzplattform linksunten.indymedia durch das Bundesinnenministerium vom August 2017. »Laut GFF handelte [es] sich bei linksunten.indymedia nicht um einen Verein, sondern um ein Telemedium, dessen inhaltliche Kontrolle im Rundfunkstaatsvertrag geregelt sei«,[287] liest man bei Wikipedia.

Wieso sollte man seine Daten und Bewegungsprofile nicht einem »Experten« anvertrauen, der sich für die gewalttätige und verbotene Antifa-Plattform linksunten.indymedia einsetzt?

Framing ist alles

Ein anschauliches Beispiel für die enge Verstrickung der öffentlich-rechtlichen deutschen Sender mit Open Society ist der Fall des ARD »Framing-Manuals« 2019. »Framing« ist ein Begriff aus der Psychologie, der bezeichnet, wie gezielte Umformulierungen einer Nachricht einen ganz bestimmten Effekt erzeugen können.

Am 11. September 2019 enthüllte die *Welt*, dass die ARD ein 90-seitiges »Framing-Manual« der Kommunikationsforscherin Elisabeth in Auftrag gegeben hatte, um Kritik an der ARD abzuwehren und dem Zuschauer klarzumachen, warum die ARD unverzichtbar ist.[288] Am 19. Februar 2019 veröffentlichte Autor Michael Klonovsky auf seinem Blog Acta Diurna einen Screenshot einer Liste von Sponsoren von Elisabeth Wehlings Berkeley Framing Institute, das auf ihrer offiziellen Website bereits gelöscht war. Folglich zählten zu Elisabeth Wehlings Sponsoren auch die Open Society Stiftungen.

Wehlings Doktorvater an der Universität Berkeley, George Lakoff, arbeitet laut SourceWatch für alle wichtigen NGOs der Soros-nahen amerikanischen Linken, inklusive der Open Society. Mit Wehling schrieb Lakoff 2012 einen Ratgeber für die Demokratische Partei in den USA. Herausgeber war die linke Stiftung Free Press, die von Open Society finanziert wird. George Soros schrieb auf dem Klappentext: »Ich habe sehr viel von Lakoff gelernt, und Sie sollten das auch.«[289] Elisabeth Wehling war 2015 Rednerin bei Open Society in Brüssel, und zwar am 23. Februar zum Thema »Moralische Motive des Linken und Rechten Populismus« und am 24. Februar zum Thema »Kognitive Forschung in der Politik«. Am 17. September 2015 sprach sie beim Treffen der Sozialdemokratischen Akademiker & Künstler zum Thema »Framing, Regionalwahlkampf, und die Flüchtlingskrise«.[290]

Laut Sebastian Sigler auf *Tichys Einblick*[291] war es die MDR-Intendantin Karola Wille, die das »Framing-Manual« für 120 000 Euro bei Wehling in Auftrag gegeben hatte. Die Nähe von Frau Dr. Wehling zu George Soros und den Open Society Stiftungen sei »kein Faktor bei der Entscheidung, mit ihr zusammenzuarbeiten« gewesen, habe ein Sprecher des MDR erklärt. Und auch sonst gebe es keine weiteren Verbindungen von Prof. Dr. Karola Wille und der ARD zu George Soros und Open Society. Die ehemalige ARD-Vorsitzende trat jedoch mehrmals bei Ereignissen auf, die eng mit Open Society verbunden sind, zum Beispiel bei der Konferenz von Netzwerk Recherche 2016 zum Thema »Die große Verunsicherung: Medien zwischen Glaubwürdigkeitskrise und Zukunftssorgen« und auf der re:publica 2017, die von der Soros-nahen netzpolitik.org veranstaltet wird, zum Thema »Glaubwürdigkeit und Verantwortung des öffentlich-rechtlichen Rundfunks«. Wille ist im Kuratorium der Soros-geförderten Reporter ohne Grenzen und übernahm 2019 den Vorsitz des deutschen Nationalkomitees des Internationalen Presse Instituts (IPI), das am 15. Januar 2018 noch die Open Society Foundations unter den Sponsoren listete, was am 5. Februar 2018 plötzlich nicht mehr der Fall war.[292]

»Propaganda-Lawine«: 131 Millionen Dollar für Medien weltweit

Wer genauer hinsieht, kann vor allem bei den öffentlich-rechtlichen Sendern, aber auch bei privatwirtschaftlichen »Qualitätsmedien« wie *Spiegel* und *Süddeutsche Zeitung* jede Menge Soros-Verbindungen entdecken. Es ist fast ein lustiges Suchspiel, das man mit einem Handy und ein paar guten Websites und Datenbanken wie InfluenceWatch und Discover the Networks spielen kann. Doch wie ist es möglich, dass ein einzelner Mensch so viel Einfluss über die Medien und Politik haben kann?

Das konservative Media Research Center (MRC) hat in seinem ausführlichen Bericht »Propaganda Avalanche« (dt.: »Propaganda-Lawine«) festgestellt, dass George Soros weltweit 253 Medienorganisationen finanziert hat, und zwar zwischen 2000 und 2014 mit 103 236 632 Dollar und zwischen 2016 und 2020 mit 131 111 250 Dollar.[293] »Der linke Milliardär George Soros nutzt seine gemeinnützigen Organisationen, um Verbindungen zu Hunderten von Medienorganisationen auf der ganzen Welt aufzubauen, die die Nachrichten beeinflussen und an aktivistischen Medien beteiligt sind. Soros unterstützt journalistische und aktivistische Medien-NGOs und beeinflusst damit die öffentliche Meinungsbildung auf praktisch allen Kontinenten und in vielen Sprachen«[294], haben Joseph Vasquez und Dan Schneider recherchiert. »Diese Journalisten verschonen ihn bei ihren Recherchen, weil sie ihn als Verbündeten sehen, nicht als Ziel. Die millionenschweren Bemühungen des 92-jährigen Philanthropen zur Förderung seiner abartigen Agenda der ›offenen Gesellschaft‹ umfassen einige der radikalsten linken Ideen zum Thema unbegrenzter Abtreibung, marxistischer Ökonomie, Antiamerikanismus, Entmachtung der Polizei, Umweltextremismus und LGBT-Fanatismus. […] Diese Gruppen üben massive Macht über Informationen in der internationalen Politik aus. Soros sagte der *New York Times* einmal, sein Ziel sei es, den Bogen der Geschichte ›in die richtige Richtung zu biegen‹. Er meint das.«[295]

Zu den wichtigsten Gruppen weltweit zählt **Project Syndicate,** das sich als »Kommentarspalte der *Welt*« begreift und Politiker, Professoren, Geschäftsleute und Aktivisten zu seinen Autoren zählt, darunter 140 Regierungschefs. Laut Project Syndicate sind seine Kommentare allein im Jahr 2021 insgesamt 20 393 Mal in 156 Ländern erschienen. Zwischen 2016 und 2020 hat Open Society Project Syndicate mit 1 532 105 Dollar finanziert. Zu den deutschsprachigen Mitgliedern von Project Syndicate gehören *Tagesspiegel*, *Deutsche Wirtschaftsnachrichten*, *€uro*, *Handelsblatt*, *Wirtschaftswoche*, *Der Standard* und *Die Presse* aus Österreich. Zu den wichtigsten weltweiten Mitgliedern gehören das Weltwirtschaftsforum, das Aspen Institute aus den USA, die Impfallianz Gavi *EUobserver* aus Belgien, der *The Guardian* aus dem UK, *Le Monde* aus Frankreich, *Corriere della Sera* aus Italien, *El Pais* aus Spanien, und *Dagens Nyheter* aus Schweden.

MRC nennt das **Poynter Institut** »das weltweite Soros-Wahrheitsministerium«, das mit dem International Fact-Checking Network

(IFCN) als globale »Zulassungsstelle« für sogenannte »Faktenchecker« wie beispielsweise das deutsche Recherchezentrum Correctiv fungiert. IFCN arbeitet weltweit mit Hundert Faktenchecker-Organisationen zusammen, darunter Lead Stories in den USA, PolitiFact von Poynter, Agence France-Presse (AFP) und EUfactcheck, einem Netzwerk von neunzehn Medienpartnern aus dreizehn europäischen Ländern in zehn Sprachen, das ebenfalls von Open Society finanziert wird.[296] Soros finanzierte IFCN zwischen 2016 und 2020 mit 492 000 Dollar. Correctiv führt auf seiner Website Open Society als Partner von EUfactcheck auf, aber EUfactcheck taucht nicht auf der Open-Society-Website auf.

openDemocracy aus dem UK ist laut MRC »Soros' weltweites Journalismusnetzwerk«, – »eine linksextreme Gosse«, die »Transgenderideologie in Kindern, antichristliche Propaganda, die Abschaffung der traditionellen Familie, Klimaradikalismus und Antisemitismus[297]« predigt. Es hat nach eigenen Angaben 11 Millionen Besucher im Jahr und erscheint auf Englisch, Russisch, Spanisch und Portugiesisch. openDemocracy veröffentlichte Forderungen des ehemaligen iranischen Präsidenten Hassan Rouhani und nach einem globalen »Klima-Lockdown«. Am 14. Juni 2014 bezeichnete Rana Baker auf *openDemocracy.net* die Raketen der Hamas auf israelische Zivilisten als »notwendigen Gegendiskurs«, bei dem es »weniger um die Toten« gehe, sondern um die »Unterminierung von Privilegien im antikolonialen Kontext«.[298] Zwischen 2016 und 2020 hat Open Society openDemocracy mit 1 633 457 Dollar finanziert.

Wikipedia-Betreiber **Wikimedia** erhielt 2018 2 Millionen Dollar von George Soros persönlich[299] und ist seitdem zu einer linken Plattform geworden, die »Establisment-Propaganda« betreibe, wie Wikipedia-Gründer Larry Sanger 2021 kritisierte: »Wenn man sich die Artikel auf Wikipedia ansieht, kann man sehen, wie sie einfach die Ansicht des

Weltwirtschaftsforums und der Weltgesundheitsorganisation WHO, der CDC und verschiedener anderer Sprachrohre des Establishments wie Fauci zum Ausdruck bringen, von denen sie ihre Hinweise nehmen. … Es wird weltweit ein bestimmter Standpunkt durchgesetzt, was für mich als Libertären oder freiheitsliebenden Konservativen erstaunlich ist.«[300] Wer beispielsweise den Eintrag über Joe Biden aufsuche, werde dort keine Themen finden, die Republikaner an Biden kritisieren. Wikipedia schließe bestimmte konservative Medien als Quellen komplett aus, so Sanger: »Die *Daily Mail* darf man zum Beispiel überhaupt nicht zitieren. Fox News kann man zu gesellschaftspolitischen Themen auch nicht zitieren. Das ist verboten. Wenn ein Thema nicht in den linken Mainstreammedien berichtet wird, wird es folglich auf Wikipedia auch nicht erscheinen.«[301]

Andere wichtige internationale Medien-NGOs sind **Free Press**, die 2017 bis 2021 von Open Society 2 Millionen Dollar, und der **Media Democracy Fund**, der zwischen 2016 und 2020 von Open Society 3 520 000 Dollar erhalten hat.

Die erste Soros-Medien-NGO war **Media Matters for America**. Soros rief sie 2004 zusammen mit dem Center for American Progress von Clinton-Berater John Podesta nach dem Lewinsky-Skandal ins Leben, um Krisen und Skandalen in den Medien zukünftig den richtigen Dreh zu geben. Der konservative Medienpionier und Lewinsky-Enthüller Andrew Breitbart beschrieb in seinem Buch *Righteous Indignation*, wie die Linke »eine Antwort auf virale Skandale geschaffen hatte: Media Matters«.[302] Media Matters sei als »Brandschutzmauer« gegen Lewinsky-artige Skandale geschaffen worden. Die Mitarbeiter des Chefs David Brock waren »Internet-affine junge weiße Männer«, so Breitbart. »Sie sammeln viele Spenden, 7 bis 10 Millionen Dollar im Jahr, um unbequeme Geschichten zu Tode zu diffamieren, pedantisch auseinanderzunehmen, in Einzelteile zu zerlegen, und dann zu behaupten, sie wären ›widerlegt‹. Die Inhalte von Media Matters werden von allen linken Medien mit Brief und Siegel geteilt, von MSNBC und CNN bis zur *New York Times*, die die Behauptungen ungeprüft übernehmen.«[303]

Anfangs wurde Media Matters laut InfluenceWatch mit 2 Millionen Dollar von der Tides Foundation sowie MoveOn.org und dem New Democrat Network finanziert.[304] Soros spendete 2010 direkt 1 Million Dollar[305] und 2021 laut OSF-Website 500 000 Dollar. Media Matters gibt einen regelmäßigen Newsletter heraus und stalkt obsessiv von Steven Bannon bis Tucker Carlson alle prominenten Köpfe der Trump-Bewegung, deren Geschichten und Behauptungen natürlich alle schon ›widerlegt‹ sind, noch bevor man sie überhaupt gelesen hat. Media Matters ruft regelmäßig Werbetreibende zum Boykott von Medien wie Fox News und Breitbart auf und droht unverhohlen damit, sie sonst an den Pranger ihrer enormen Medienreichweite zu stellen. Damit ist Media Matters – absichtlich oder unabsichtlich – das Vorbild für das Mutterschiff der deutschen Soros-Medien-NGOs: Correctiv.

Correctiv: »Recherchen für die Gesellschaft«

Correctiv wurde 2013 von David Schraven gegründet, der zuvor bei der Funke-Mediengruppe das Rechercheressort geleitet hatte, und von der Brost-Stiftung, die der Funke-Gruppe (WAZ) und der SPD nahesteht, mit 3 Millionen Dollar finanziert. Außerdem erhielt Correctiv von 2016 bis 2021 446 398,13 Euro von Open Society. 2014 bis 2018 bekam Correctiv von der Brost-Stiftung 3 797 090 Euro. Ab 2019 löste dann die Luminate Omidyar Network Foundation des eBay-Gründers Pierre Omidyar die Brost-Stiftung mit 2 146 439,42 Euro in den Jahren 2018 bis 2022 ab.

Mit seiner linken Medienorganisation First Look Media ist Omidyar Mitbegründer des linken US-Nachrichtenportals The Intercept, das von Journalist Glenn Greenwald gegründet wurde, um die Enthüllungen des Whistleblowers Edward Snowden zu veröffentlichen. Greenwald verließ 2020 seine eigene Plattform, weil sie seine Enthüllungsartikel über Joe Bidens Auslandsgeschäfte von Hunter Bidens Laptop zensierte.[306]

Die Omidyar-Gruppe finanziert Hunderte von NGOs und Medienplattformen auf der ganzen Welt, darunter den antirussischen ukrainischen TV-Sender Hromadske.TV, und gründete 2014 den Democracy Fund, der linke Faktenchecker wie Politifact, Poynter und ProPublica finanziert und eng mit Open Society zusammenarbeitet. Der Democracy Fund finanziert laut InfluenceWatch auch das Center for Public Integrity, das das International Consortium of Investigative Journalists ICIJ der Ibiza-Journalisten Bastian Obermayer und Frederik Obermaier gegründet hat (siehe Kapitel 4).

Ebenso unterstützt Omidyars Democracy Fund den German Marshall Fund, der die Bundesaußenministerin Annalena Baerbock und Agrarminister Cem Özdemir gefördert hat, sowie das Aspen Institute, das häufig mit Baerbock zusammenarbeitet. Durch Twitter-Leaks wurde bekannt, dass das Aspen Institute in Wahlkampf 2020 regelmäßige Meetings mit FBI und CIA organisierte, um die Zensur der Trump-Kampagne und die Unterdrückung der Laptop-Enthüllungen über Hunter Biden zu organisieren (siehe Kapitel 12).

Weitere Correctiv-Unterstützer sind laut eigener Website:

Die **Adessium Foundation** (2015–2021: 520 000 Euro) des holländischen Börsenspekulanten Gerard van Vliet gehört mit Open Society zum Network of European Foundations, einem Netzwerk aus linken

Stiftungen, und unterstützt laut InfluenceWatch Soros-nahe NGOs wie das Center for Public Integrity und die Open Knowledge Foundation.

Google Germany unterstützte Correctiv 2020 mit 60 000 Euro, Googles Digital News Initiative DNI 2017 mit 270 000 Euro und 2018 mit 230 000 Euro. Im Zuge der Coronapandemie beauftragte Google 20 Faktencheck-Organisationen weltweit mit über 6,3 Millionen Dollar im Kampf gegen »Desinformation« im Zusammenhang mit dem Coronavirus.[307]

Facebook spendete 2017 105 000 Euro an Correctiv und erwählte ausgerechnet Correctiv als Faktenchecker für die Online-Plattform. 2019 kam die Deutsche Presse Agentur dpa als Facebook-Faktenchecker dazu. Auf Anfrage von *Kressreport* wollten aber weder Correctiv noch dpa verraten, wie viel sie von Facebook für ihre Faktenchecks erhalten. Zu den Zahlungen von Facebook teilte der Geschäftsführer von Correctiv, David Schraven, *Kressreport* gegenüber lediglich mit: »Die Kooperation wird über unsere gewerbliche Tochterfirma, die Correctiv Verlag und Vertrieb UG, abgewickelt. Diese Tochterfirma steht im ganz normalen Geschäftsleben, wie jedes Unternehmen. Aus diesem Grund legt die UG anders als die Correctiv Recherchen für die Gesellschaft als gemeinnützige GmbH ihre Einnahmen nicht detailliert offen.«[308] Schraven bezifferte die gesamten Umsatzerlöse des kommerziellen Zweigs von Correctiv im Jahr 2018 auf 552 000 Euro. Darin sind neben dem Factchecking ein Festival, Buchverkäufe, ein Buchladen und ein Café gebündelt. Quellen aus dem Umfeld beziffern die Einnahmen von Correctiv durch die Facebook-Kooperation auf einige Hunderttausend Euro jährlich.

Im Mai 2020 musste Correctiv für einen Faktencheck eine Niederlage vor Gericht hinnehmen, schreibt Markus Wiegand auf *Kressreport*:

»Das Oberlandesgericht Karlsruhe hatte geurteilt, dass das Recherchekollektiv einen Beitrag von *Tichys Einblick* im Auftrag von Facebook aus wettbewerbsrechtlichen Gründen nicht mit dem Stempel ›teils falsch‹ hätte versehen dürfen.«[309] Correctiv habe in dem Verfahren selbst vorgebracht, deren Faktenchecks seien grundgesetzlich garantierte Meinungsäußerungen, schrieb Verleger Roland Tichy. Correctiv schmücke sich also mit falschen Federn, wenn es behaupte, Tatsachen zu prüfen. Es sei nur eine Meinung, die Correctiv abgebe, stellten die Richter des Oberlandesgerichts fest. »So erweckt die Kennzeichnung ›Fact Check‹ und die Bewertung ›teilweise falsch‹ den Eindruck, dass ausschließlich oder zumindest vorrangig Tatsachenbehauptung (›Facts‹) in Frage stünden. … Tatsächlich handelt es sich … insgesamt um eine wertende Stellungnahme.« Es gehe also nicht um Faktenprüferei, sondern um »billige Meinung«,[310] die abgegeben werde, so *Tichys Einblick*.

Laut Anwalt Stefan Homburg ist Correctiv »Deutschlands seltsamster Konzern«, denn er firmiere als gemeinnützige GmbH, wickle aber die Facebook-Faktenchecks über die gewerbliche Tochter Correctiv Verlag und Vertrieb für die Gesellschaft UG (haftungsbeschränkt) ab. »Diese Charade muss man sich auf der Zunge zergehen lassen«, schreibt Homburg. »Die gewerbliche UG zensiert Beiträge des politischen Gegners und erhält dafür Geld von Facebook. Anschließend stempelt aber nicht sie die zensierten Beiträge als Lügen ab, sondern die dem Gemeinnützigkeitsrecht und einem Redaktionsstatut unterliegende gGmbH. Indem die gGmbH bei der Verleihung der Pinocchio-Nasen jeden Hinweis auf die UG unterlässt, erweckt sie den irreführenden Eindruck, sie selbst habe die Prüfung vorgenommen.« Durch diesen »Etikettenschwindel« werde die »Öffentlichkeit getäuscht«, so Homburg. »Weil die UG als gewerbliche Gesellschaft weder dem Gemeinnützigkeitsrecht noch dem Redaktionsstatut unterliegt, ist sie völlig frei und kann auch das Gehalt, das David Schraven als Geschäftsführer der gGmbH bezieht, beliebig aufstocken, denn Schraven ist gleichzeitig Geschäftsführer der UG.«[311]

Die **Schöpflin Stiftung** förderte 2015 bis 2022 Correctiv mit 1 622 944 Euro. Die Stiftung der Quelle-Erben unterstützt außerdem die Soros-nahen NGOs Investigate Europe, FragDenStaat, HateAid, Wikimedia Deutschland und von 2017 bis 2020 das Zentrum für politische Schönheit (ZPS), das laut Professor Gert Schmidt von der EU-Infothek an der Bezahlung des Ibiza-Videos mit 600 000 Euro beteiligt gewesen sein soll.[312] ZPS-Sprecher Philipp Ruch musste sich 2019 für eine geschmacklose Kunstaktion mit angeblicher Asche von KZ-Opfern am Bundestag entschuldigen.[313]

Zusammen mit Correctiv, der Rudolf Augstein Stiftung, Reporter ohne Grenzen (RSF), dem Europäischen Zentrum für Presse- und Medienfreiheit (ECPMF), der NGO Media in Cooperation and Transition (MiCT), dem Netzwerk für Osteuropa-Berichterstattung n-ost, der Medienplattform dekoder und der taz Panter Stiftung betreiben die genannten Institutionen den JX FUND als »europäischen Fonds für Journalisten im Exil«, vor allem für Oppositionelle aus Russland und Belarus. Und zu Beginn des Ukrainekrieges April 2022 gab die Bundesregierung bekannt, dass sie den JX FUND mit 800 000 Euro unterstützen wird.

Im Rahmen des Ukrainekrieges spendete Schöpflin laut Website außerdem 100 000 Euro, um Pro-Ukraine-Journalisten zu finanzieren, darunter 60 000 Euro an Reporter ohne Grenzen und n-ost, die in Lwiw mit dem ukrainischen Institute of Mass Information oder IMI (2019: 75 000 Dollar von Open Society) das Press Freedom Center betreiben, um westliche Journalisten zu informieren (siehe Kapitel 1).[314] Selenskyj-Gegner aus der Ukraine werden nicht erkennbar gefördert.

Die **Rudolf Augstein Stiftung** des 2002 verstorbenen *Spiegel*-Gründers förderte Correctiv laut ihrer Website von 2015 bis 2021 mit 394 111,13 Euro. Außerdem finanzierte sie Soros-nahe NGOs wie Investigate Europe, die Neuen deutschen Medienmacher*innen, Netzwerk Recherche, Global Investigative Journalist Conference und Hostwriter. Correctiv wird außerdem vom Steuerzahler finanziert, so unter anderem 2015 bis 2018 mit 209294 Euro von der Bundeszentrale für politische Bildung des Innenministeriums. In den Jahren 2017 und 2018 spendete die Hamburger Stiftung für Kultur und Wissenschaft jeweils 98000 Euro und 44000 Euro, die Hansestadt Hamburg 2018 29950 Euro. Des Weiteren: die Landesanstalt für Medien NRW 2016 bis 2018 120050 Euro, die Staatskanzlei des Landes NRW von 2020 bis 2022 300436 Euro (auf der Correctiv-Website als Landeshauptkasse NRW angegeben).

Die **Bundesregierung** spendierte 2022 den linken Meinungsmachern 33 494,91 Euro (auf der Correctiv-Website als Bundeskasse Halle angegeben). Laut einer Kleinen Anfrage an die Bundesregierung kamen 2021 36 000 Euro vom Bundesministerium des Inneren.[315] Das Auswärtige Amt förderte außerdem in den Jahren 2019 und 2020 das Projekt Salon Türkiye des Correctiv-Türkeiexperten Can Dündar mit 44 000 Euro. Die **Deutsche Telekom**, die zu 32 Prozent der Bundesregierung und der KfW-Bank gehört, finanzierte Correctiv 2017 bis 2021 mit 320 000 Euro, unter anderem für die Reporterfabrik (so heißt diese Web-Akademie des Journalismus tatsächlich) in Zusammenarbeit mit dem ARD-gesponserten Netzwerk Recherche. Die steuerfinanzierte Heinrich-Böll-Stiftung der Grünen zahlte 2015 12 000 Euro an Correctiv. »Während Correctiv auf seiner Website immer wieder die Unabhängigkeit bei der Arbeit rund um die Faktenchecks betont, kommen Vertreter des ›Recherchezentrums‹ bei direkten Fragen in Live-Formaten angesichts der erwähnten Financiers schnell ins Schleudern«, schreibt Florian Warweg auf NachDenkSeiten.

Beispielhaft stehe dafür ein Auftritt der Correctiv-Cheffaktencheckerin Alice Echtermann bei der CDU-nahen Konrad-Adenauer-Stiftung vom April 2021. Echtermann sei gefragt worden, ob es für Correctiv ein Problem darstelle, dass die Rechercheplattform von Milliardären finanziert werde: »Echtermanns erstaunliche Antwort: ›Hm, wenn man das so sehen möchte, dass so eine Finanzierung ein Indiz für fehlende Unabhängigkeit ist, können wir dem natürlich wenig entgegensetzen‹.«[316] Echtermann wurde auch gefragt, ob sie sagen könne, wie hoch die Finanzierung von Facebook für die Correctiv-Faktenchecks ausfällt, so Warweg. Die Antwort lautete: »Nein. Kann ich nicht. Das darf ich nicht. Wir haben eine Vereinbarung mit Facebook, dass wir über Vertragsdetails nicht sprechen dürfen.«[317]

Die Correctiv-Chefs verdienten mit ihrer »gemeinnützigen« Recherche Top-Gehälter, David Schraven beispielsweise im Jahre 2021 laut Correctiv-Website 120 000 Euro und zwischen 2014 und 2020 638408 Euro. Co-Geschäftsführer Simon Kretschmer erhielt zwischen 2018 und 2021 440 000 Euro und trat zum Jahresende 2022 zurück.[318] 2015 bis 2017 war dann Markus Grill Co-Geschäftsführer und kam in 3 Jahren auf 382 793 Euro. Danach wechselte Grill zum WDR/NDR und leitet nun das Berliner Büro der Investigativressorts der beiden ARD-Sender. Bis 2017 war Grill im Vorstand von Netzwerk Recherche gewesen, der Soros-nahen Medienkonferenz des NDR, auf der jedes Jahr bis zu ein Dutzend Correctiv-Mitarbeiter gemeinsam mit führenden Meinungsmachern Deutschlands wie Anja Reschke und Patrick Gensing Strategien im »Kampf gegen Rechts« erörtern (dazu gleich mehr). David Schraven war 2007 Gründungsmitglied von Netzwerk Recherche. Correctiv-Stammautor Daniel Drepper ist erster Vorsitzender im Vorstand von Netzwerk Recherche.[319]

Schraven arbeitete zuerst für Zeitungen wie taz, *Welt* und *Zeit* und war dann bis 2014 Recherche-Chef bei der WAZ/Funke-Mediengruppe. Geschäftsführer der WAZ-Gruppe von 2002 bis 2012 war Bodo Hombach (SPD, Wirtschaftsminister NRW, Stabschef Gerhard Schröder) gewesen. Dieser wiederum war zwischen 2011 und 2020 stellvertretender Vorsitzender der Brost-Stiftung und ist jetzt ihr Vorstandsvorsitzender. Seit 2014 ist David Schraven alleiniger Gesellschafter und Geschäftsführer der gemeinnützigen GmbH Correctiv. »Anders als bei Vereinen gibt es also keine demokratische Kontrolle durch Mitglieder, sondern einen Alleinherrscher«, schrieb Anwalt Ansgar Neuhof auf *Tichys Einblick*: »Wer die Idee zur Gründung der Correctiv GmbH gehabt hat, ist unklar, aber gut war sie, die Idee einer gemeinnützigen GmbH. Auf der einen Seite ein Journalist mit einem überschaubaren Gehalt in abhängiger Stellung in einer kriselnden Branche, auf der anderen Seite eine Stiftung mit einem nach dem Weggang vom WAZ-Konzern um Einfluss bemühten SPD-Politiker an der Spitze, die viel Geld zu verteilen hat, aber als gemeinnützige Organisation gewissen Zwängen bei der Vergabe der Gelder unterworfen ist. Einfach der WAZ, Schraven oder einer normalen gewerblichen GmbH Geld für Journalismus zu, wäre natürlich gemeinnützigkeitsschädlich gewesen. Doch die Vergabe von Stiftungsgeldern an eine gemeinnützige Organisation ist zulässig. Die gemeinnützige Correctiv GmbH ermöglichte somit der Brost-Stiftung die sonst kaum mögliche direkte Finanzierung von Journalismus, während der ›normale‹ Mitarbeiter Schraven zum gut bezahlten GmbH-Geschäftsführer aufstieg. … Das für ihn Gute daran: er kann die Höhe seines Gehalts selbst festlegen.«[320]

Schraven veröffentlichte 2016 den Artikel »Das AfD-Programm entschlüsselt«,[321] der eine Auflistung augenscheinlich unwahrer Behauptungen über das AfD-Wahlkampfprogramm enthielt. Die AfD wolle »Alkoholiker und psychisch Kranke in Lager stecken, Kinder ab 12 Jahren in Haft bringen, Hunderttausende Soldaten einziehen, staatlich kontrolliertes Fernsehen (und) gegen Muslime und Juden hetzen«, behauptete Schraven unter anderem – in fantasievoller Auslegung eines vorläufigen Entwurfs für ein AfD-Programm, der nie verabschiedet wurde. Obwohl die meisten von Schravens Behauptungen im AfD-Wahlprogramm 2017 nicht zu finden sind, sind sie im Internet heute noch unterwegs und tauchen – vielleicht von Werbegeldern finanziert – immer wieder als Meme in den sozialen Medien auf.

2017 veröffentlichte Schraven den Artikel »EXKLUSIV: Spitzenfrau der AfD in Nordrhein-Westfalen arbeitete als Prostituierte«. Der Veröffentlichung folgte »ein Sturm der Entrüstung, auch bei zahlreichen Journalisten, da hier das Privatleben der Politikerin in sensationslüsterner Manier an die Öffentlichkeit gezerrt wurde«,[322] so Stefan Winterbauer auf Meedia. Das Landgericht Düsseldorf untersagte Correctiv, den Artikel weiterzuverbreiten, denn er verletze die Privatsphäre der Kandidatin.

Da die AfD »ein völkisches Familienbild zum Staatsauftrag erklärt« hat, sei »der persönliche Lebenswandel einer AfD-Politikerin nicht privat, sondern politisch«, konterte Correctiv, woraufhin Stefan Niggemeier auf *Übermedien* erwiderte: »Das bedeutet wohl: Wer sich in der AfD engagiert, hat sein Recht auf eine Privat- oder Intimsphäre verloren«.[323]

Correctiv, Nawalny und der »Putin-Palast«

Der russische Oppositionelle Alexei Nawalny wurde am 20. August 2020 in Sibirien mutmaßlich vergiftet und fiel ins Koma. Nachdem sich die Bundeskanzlerin Angela Merkel für ihn eingesetzt hatte, wurde er am 21. August nach Berlin gebracht, wo er in der Charité behandelt wurde. Am 2. September erklärte die Bundesregierung, ein Bundeswehrlabor habe ein Nervengift der Nowitschok-Gruppe in

Nawalnys Körper nachgewiesen. Am 22. September konnte Nawalny das Krankenhaus wieder verlassen und hatte sich wie durch ein Wunder schon im Dezember so weit erholt, dass er gemeinsam mit Correctiv-Chef David Schraven einen Dokumentarfilm über Wladimir Putins Zeit als KGB-Agent in Dresden drehen konnte, wie die *Sächsische Zeitung* berichtete.[324]

Nur 2 Tage nach Alexei Nawalnys Rückkehr nach Russland und seiner Verhaftung veröffentlichte sein Team ein Video mit dem Titel »Ein Palast für Putin«, in dem es um einen angeblich superteuren geheimen Palast von Putin ging. Aus der *Sächsischen Zeitung* erfahren wir Einzelheiten: »Das Gebäude wird mit detailreichen Grundrissen und Möblierungsbeispielen sowie umfangreichem Skizzen- und Fotomaterial bis in die kleinste Prunk-Ausfertigung präsentiert. Man kann sich das Ganze quasi in einer Online-Besichtigung betrachten. Mehr als 1 Milliarde Euro soll dieser Palast gekostet haben und insgesamt ein Gelände umfassen, das 39-mal so groß sein soll wie das Fürstentum von Monaco. In der ersten halben Stunde nach Veröffentlichung wurde das Video bereits eine halbe Million Mal angeklickt.« Und dann erfährt der Leser, »die umfangreichen Recherchen in Putins Vergangenheit« seien übrigens »mit deutscher Unterstützung zustande gekommen«. So habe sich auch das Rechercheteam Correctiv an der Arbeit beteiligt, was David Schraven auf Nachfrage der SZ bestätigte: »Wir recherchieren seit längerer Zeit unter anderem über die frühen Jahre Putins in Dresden und das System Putin.«[325] Da habe es nahegelegen, mit Nawalny zusammenzuarbeiten, den er gut kenne, sagte Schraven, der Nawalny am 18. Dezember 2020 durch Dresden begleitet hatte. Bezahlt worden sei die Recherche aber nicht vom Kremlkritiker, betonte Schraven eigens.

In Russland unterstützte George Soros ein ganzes Netzwerk an linken NGOs, bis diese 2015 schließlich verboten wurden. Nawalny, der in westlichen Medien als Anführer der Opposition hofiert wird, arbeitete laut den Enthüllungen von SorosLeaks seit 2011 mit Open Society zusammen, um »Akteure und Allianzen der Zivilgesellschaft (beispielsweise Nawalny)« zusammenzubringen, was nach Recherchen von Free West Media wiederum ein geleaktes OSF-Dokument zutage brachte.[326]

Nawalny arbeitet eng mit dem Exiloligarchen Michail Chodorkowski zusammen, der mindestens seit 2003 mit Soros befreundet ist und seine Open Russia Foundation nach dem Vorbild des Soros-Netzwerks aufgebaut hat. Chodorkowski betreibt von London aus das Investigativportal The Dossier Center. ARD und *Spiegel* veröffentlichen gerne diese sogenannten »Recherchen« des The Dossier Center aus Russland in Zusammenarbeit mit den Soros-nahen Bellingcat-Medienlobbyisten aus dem UK und The Insider aus Russland. »Wir bekommen einen Großteil unserer Finanzierung von Spendern wie der Open Society Foundations«[327], sagte Bellingcat-Gründer Eliot Higgins dem *Guardian* 2018.

Am 17. Januar 2021 wurde Nawalny direkt nach seiner Rückkehr nach Russland am Moskauer Flughafen verhaftet. Es folgten – auch aufgrund des »Putin-Palast«-Videos – landesweite Proteste. Free West Media warf die Frage auf, ob die US-Botschaft in Moskau die Russen ermutigt habe, an von der Regierung verbotenen Pro-Nawalny-Protesten teilzunehmen. Dies sei laut dem russischen Außenministerium nämlich der Fall. Am Samstag, dem 23. Januar 2021, habe das russische Außenministerium eine »schamlose Einmischung« festgestellt, berichtete die Schweizer Zeitung *20 Minuten*. Offenbar unter dem Vorwand, ihre Staatsbürger vor ihnen zu warnen, hatten die Amerikaner auf ihrer Botschaftsseite Zeiten und Orte der in mehreren Städten geplanten Demonstrationen veröffentlicht. »Worum ging es, Einfluss zu nehmen oder Anweisungen zu geben?«, fragte die

Sprecherin des Außenministeriums Marija Sacharowa auf Facebook. Die Veröffentlichung sei eindeutig dazu gedacht gewesen, Demonstranten zu ermuntern, glaubte sie, und fordert von den amerikanischen Kollegen eine Erklärung. Seitens der US-Botschaft herrsche zu den Anschuldigungen aber Schweigen, schreibt Free West Media. Trotz fehlender Genehmigungen und offener Warnungen der russischen Sicherheitsbehörden, riefen die Nawalny-Unterstützer weiter zu Demonstrationen auf, und aus ihren Kreisen war die Rede von Hunderttausenden, die landesweit für Nawalny auf die Straßen gehen würden. Es habe außerdem mehr als 2500 Festnahmen gegeben.

Der russische Präsident Putin bestritt derweil, dass der Palast ihm oder seinen engsten Verwandten gehöre. Den Namen des Besitzers werde man aber trotzdem nicht veröffentlichen: »Der Kreml hat kein Recht, die Namen dieser Eigentümer bekanntzugeben, und wir haben auch nicht vor, dies zu tun, denn das ist einfach nicht korrekt«, ließ Dmitri Peskow wissen.[328]

Hacken mit der Reporterfabrik

Wir haben bereits gesehen, wie die SZ-Journalisten Bastian Obermayer und Frederik Obermaier ihre Karrieren mit – möglicherweise – illegal gehackten Steuerdaten gemacht haben. Noch vor 10 Jahren war die Verwendung von illegal gehackten Daten journalistisch unzulässig. So wurde einem Bericht des Center for Public Integrity über Thunfischfang 2011 die Nominierung für den Pulitzerpreis aberkannt, als bekannt wurde, dass er auf illegal gehackten Daten beruhte.[329] Inzwischen bauen Journalisten ihre ganze Karriere auf illegal gehackten Daten aus nebulösen »zivilgesellschaftlichen Recherchezentren« mit eigener politischer Agenda wie Correctiv, ICIJ, Bellingcat oder The Insider auf.

Im Corona-März 2021 bot die Reporterfabrik von Correctiv, wie sich deren Journalismusakademie bezeichnenderweise selbst nennt, sogar ganz unverblümt einen Online-Workshop »Hacken für Anfänger« mit dem IT-Experten Marco di Filippo an, dessen Themen waren: »Wie ich mir eine verdeckte Identität zulege«, »Wie ich durch ungeschützte Schlüssellöcher komme«, »Wie man an Zugangsdaten kommt«, »Wie ich durch Datenleaks an Passwörter komme«, »Wie ich über Mails an Unternehmen komme«, »Wie ich Daten anzapfe, die in der Luft herumschwirren«, »Wie man eine Malware baut«, »Wie ich Unternehmen über einen Stick angreife«, »Wie man Websites hackt«, »Wie Hacker-Voodoo funktioniert« und »Wie ich über SMS angreife«. Die Teilnahme kostete 25 Euro.[330]

In der Ankündigung wurde zwar behauptet, »dieser Workshop soll nicht dazu anregen, die Computer anderer Leute unsicher zu machen, sondern ganz im Gegenteil soll er helfen, die Schwachstellen des leichtfertigen Umgangs mit den eigenen Daten aufzuzeigen«, doch die Präsentation der einzelnen Teillehrgänge las sich de facto wie eine Anleitung zum illegalen Hacken.

Netzwerk Recherche: Wo sich Anja Reschke und Patrick Gensing mit dem Soros-Netzwerk treffen

Netzwerk Recherche wurde 2001 auf einer Tagung der Friedrich-Ebert-Stiftung[331] von Thomas Leif (SWR), Hans Leyendecker (SZ), Georg Mascolo (ARD) und Kollegen gegründet, darunter auch David Schraven (WAZ, später Correctiv).[332]

Die jährliche Konferenz findet beim Norddeutschen Rundfunk in Hamburg statt, bei der sich die deutsche Medienprominenz 2 Tage lang mit Vertretern diverser Soros-Gruppen trifft, um sich auszutauschen. Obwohl in den Jahresberichten von Netzwerk Recherche die Open Society Foundations oder der Name Soros nirgendwo auftauchen, wird aus dem Veranstaltungsprogrammen der letzten Jahre der Zusammenhang schnell ersichtlich.

Die Liste der prominente Referenten[333] liest sich wie ein Who's who des deutschen Aktivisten-Journalismus: Stammgast Anja Reschke (NDR), Carmen Miosga (*Tagesthemen*), Lutz Marmor (Intendant des NDR), Julia Jäkel (CEO Gruner + Jahr), Patrick Gensing (ARD-Faktenfinder), Hans Leyendecker (SZ), Klaus Brinkbäumer (*Spiegel*), Jakob Augstein (der Freitag), Franziska Augstein, Armin Wolf (ORF), Blogger Stefan Niggemeier und Autorin Silke Burmester, um nur die prominentesten Namen anzuführen. Sie diskutieren fast ausschließlich mit »Experten« verschiedener Soros-naher Gruppen: Arne Semsrott von der Open Knowledge Foundation, Thomas Schnedler von Correctiv und Netzwerk Recherche, Mehmet Ata von Mediendienst Integration, Marie Bröckling von netzpolitik.org, Gemma Poerzen von Reporter ohne Grenzen, Susanne Tannert von ichbinhier, sowie Transparency International, interlink academy, journalismfund.eu, Investigate Europe, journalists.network und das Global Investigative Journalism Network (GIJN), dessen Weltkonferenz sogar 2019 in Hamburg von Netzwerk Recherche ausgerichtet wurde.

Netzwerk Recherche war mutmaßlich der Geburtsort des umstrittenen linken Recherche-Kollektivs von WDR, NDR und *Süddeutscher Zeitung*, das von Februar 2014 bis März 2022 vom ehemaligen *Spiegel*-Chefredakteur Georg Mascolo geleitet wurde und mit dem Soros-finanzierten ICIJ über die sogenannten Paradise und Panama Papers recherchiert hat. Im April 2022 übernahm der Correctiv-

Mitbegründer Daniel Drepper von Mascolo die Leitung des Rechercheverbunds.

Themen von Netzwerk Recherche sind beispielsweise: »Hass und Drohungen gegen Journalisten – Wo bleibt unsere Solidarität?« mit Anja Reschke und Patrick Gensing; »Solidarität ja – aber wie? Wenn Journalisten zu Aktivisten werden (müssen)« mit Silke Burmester, Stephan Lamby und Christian Mihr von Reporter ohne Grenzen; oder »Hetze, Drohungen und Übergriffe« mit Mehmet Ata von Mediendienst Integration. Auffallend ist, dass hier viel *über* die Gegenseite geredet wird, aber wenig *mit* ihr. Zum Umgang mit der AfD gab es jede Menge Veranstaltungen, aber als einziger Gast durfte sich 2016 Alexander Gauland dem Kreuzverhör von Kai Gniffke (*Tagesschau*) und AfD-Expertin Melanie Amann (*Spiegel*) stellen. Obwohl just in diesen Jahren – nicht zuletzt infolge des Linksdralls der Mainstreammedien – alternative Medien in der Art von Die Achse des Guten, Reitschuster oder *Tichys Einblick* regelrecht explodierten, finden sich kritische Gäste wie Roland Tichy, Henryk Broder oder Boris Reitschuster auf keinem Podium von Netzwerk Recherche und Ihren Kollegen wieder. Stattdessen diskutierte 2016 ein Patrick Gensing mit Julia Beyer von der Deutschen Welle über »Fake News - Wer oder was steckt dahinter?«.

Netzwerk Recherche unterhält eine Geschäftsstelle im steuerfinanzierten Haus der Demokratie und Menschenrechte in Berlin, in dem ausschließlich linke und linksextreme Gruppen und Personen residieren – etwa die vom Kentler-Pädophilie-Skandal her berühmt-berüchtigte Humanistische Union und die PFLP-nahe palästinensische Menschenrechtsanwältin Nadija Samour. Netzwerk Recherche hat laut seiner Website mehr als 1100 Mitglieder (Stand 11. Juli 2022 ohne ruhende Mitgliedschaften). In den Jahren 2015 bis 2022 wurden die Netzwerk-Recherche-Konferenzen in Hamburg von Julia

Stein organisiert, Leiterin der Redaktion Politik und Recherche beim NDR und Mitglied im ICIJ, wo sie die NDR-Beiträge zu den Panama Papers, Offshore-Leaks, Lux-Leaks und Swiss-Leaks koordinierte.[334] Als 2022 bekannt wurde, dass sie Reporter bei der Berichterstattung behindert habe, musste Stein ihre Posten ruhen lassen.[335] Auf eine Anfrage, wie sich die Netzwerk-Recherche-Konferenzen finanzieren und warum so viele Vertreter von Soros-NGOs eingeladen werden, wollte Stein nicht antworten.

Die Neuen deutschen Medienmacher*innen: Ferda Ataman, Open Society und die Muslimbruderschaft

Die Neuen deutschen Medienmacher*innen (NdM) wurden 2008 von der Journalistin Ferda Ataman mitbegründet, um für mehr Vielfalt in den Medien und für die »richtige« Berichterstattung zu Migrationsthemen zu sorgen. Wenn man sich fragt, wie im Sprachgebrauch deutscher Medien aus dem Wort »Ausländer« »Menschen mit Migrationshintergrund« und aus dem Wort »Asylant« »Geflüchtete« wurde, liegt es zu einem nicht unerheblichen Teil an den NdM und ihren politisch korrekten »Formulierungshilfen«, über die sie sogar ein Glossar führen.[336]

Nach einem Studium der Politikwissenschaft (natürlich mit dem Schwerpunkt Migration), Jobs bei *Spiegel Online* und dem T*agesspiegel* sowie als Redenschreiberin für Armin Laschet, begann Ataman ihre steile Karriere als unbequeme Vorzeigemigrantin 2008 mit der Gründung der NdM. Von 2012 bis 2016 war sie Leiterin des Mediendienstes Integration des Rats für Migration e. V., der Migrationsexperten in die Medien entsendet und ein Journalisten-Handbuch zum Thema Islam herausgibt. Vorsitzender des Rats für Migration ist Professor Werner Schiffauer, führender Islamisierungs-Apologet in Deutschland.

Der Mediendienst Integration wird laut Website von den Open Society Foundations (160 000 Dollar im Jahr 2016) gefördert, der Amadeu Antonio Stiftung, der Freudenberg Stiftung, der Stiftung Mercator,, dem Global Marshall Fund, dem Asyl-, Migrations- und Integrationsfonds der EU sowie dem Beauftragten der Bundesregierung für Migration, Flüchtlinge und Integration (200 000 Euro im Jahr 2019). 2016 wurde Ataman zweite Vorsitzende der Neuen deutschen Medienmacher*innen und 2018 deren Vorsitzende – mit dem Ziel, Diversität in deutschen Medien durchzusetzen. Seit 2018 verleihen sie den rassistisch benannten Preis »Die goldene Kartoffel«. Der erste Preisgewinner war der damalige *Bild*-Chefredakteur Julian Reichelt. »*Bild* steht für Unsachlichkeit, Vorurteile und Panikmache, wenn es um die Themen Integration, Migration und Asyl geht«[337], hieß es in der Begründung.

Reichelt ließ es sich nicht nehmen, bei der Verleihung zu erscheinen und den Preis abzulehnen. Denn die Bezeichnung »Kartoffel« sei an deutschen Brennpunktschulen eine Beschimpfung geworden, die sich auf Rasse und Herkunft bezieht. »Das ist in keiner Weise liebevoll gemeint, und das wissen alle, die Kinder haben, die derzeit in solchen Schulen zur Schule gehen«, belehrte Reichelt bei der Preisverleihung am 3. November 2018 in Berlin-Kreuzberg, als Pfiffe und Buhrufe aus dem Publikum kamen.

In einem Artikel für die Amadeu Antonio Stiftung schrieb Ataman im Mai 2018:

»Politiker, die derzeit über Heimat reden, suchen in der Regel eine Antwort auf die grassierende ›Fremdenangst‹. Doch das ist brandgefährlich. Denn in diesem Kontext kann Heimat nur bedeuten, dass es um Blut und Boden geht: Deutschland als Heimat der Menschen, die zuerst hier waren. Und also auch bestimmte Vorrechte haben. Hier wird Heimat zum weniger verpönten Begriff für ›Volk‹ und ›Nation‹.«[338]

Als Reaktion boykottierte Bundesinnenminister Horst Seehofer den 10. Integrationsgipfel am 13. Juni 2018 mit den Worten: »Ich kann an einem Integrationsgipfel nicht teilnehmen, wenn eine Teilnehmerin meine Strategie für Heimat in einem Artikel […] mit dem Heimatbegriff der Nationalsozialisten in Verbindung bringt.«[339]

Im April 2020, zu Beginn der Coronapandemie, behauptete Ataman, deutsche Krankenhäuser würden Migranten diskriminieren: »Ich habe irgendwie eine Ahnung, welche Bevölkerungsgruppen in Krankenhäusern zuerst behandelt werden, wenn die Beatmungsgeräte knapp werden.« Dafür musste sich Ataman entschuldigen.[340]

Die Neuen deutschen Medienmacher*innen erhielten nach Auskunft ihrer Website von den Open Society Foundations in den Jahren 2017 und 2020 jeweils 100 712 Dollar und 186 029 Dollar. Von der Bundesregierung wurden die NdM 2016 bis 2019 mit mindestens 3 863 504,67 Euro gefördert, 2016 mit 591 000, 2017 mit 857 000 und 2018 mit 939 000 Euro – vornehmlich aus Mitteln der Integrationsbeauftragten und des Familienministeriums. Dazu kamen 2017 bis 2018 184 903,20 Euro aus Mitteln des BAMF, 52 552,90 Euro aus Mitteln der Bundeszentrale für politische Bildung sowie 300 048,77 Euro für das Projekt »Demokratie leben!« des Familienministeriums.

2019 erhielten die NdM von der Integrationsbeauftragten 853 000 Euro für die Schaffung einer Informationsplattform für Flüchtlinge unter handbookgermany.de und 158 000 Euro für das Programm »Wege in den Journalismus«, insgesamt also 1,11 Millionen Euro.

Integrationsbeauftragte war von 2013 bis 2018 die heutige Vizepräsidentin des deutschen Bundestages Aydan Özoğuz (SPD), deren Brüder die vom Verfassungsschutz beobachtete islamistische Website Muslim-Markt betreiben. Özoğuz ist Mitglied im Beirat der Deutsch-Palästinensischen Gesellschaft (DPG), die die Boykottkampagne BDS zur Auslöschung Israels unterstützt. Aydan Özoğuz warb für die sogenannte »Hilfsorganisation« Islamic Relief, die in Israel und den Vereinigten Arabischen Emiraten wegen ihrer Nähe zur Hamas und der Muslimbruderschaft verboten ist. Im November 2020 mussten die Bundesregierung, ARD und ZDF nach Enthüllungen der *Jüdischen Rundschau*[341] die Zusammenarbeit mit Islamic Relief Deutschland beenden.[342]

Von 2017 bis 2021 war Ferda Ataman außerdem Sprecherin des von den NdM gegründeten Dachverbands der neuen deutschen organisationen (ndo), dem postmigrantischen Netzwerk, das ebenfalls von der Bundeszentrale für Politische Bildung (BPB), dem Bundesprogramm »Demokratie leben!« sowie der Integrationsbeauftragten gefördert wird. Zu den Mitgliedern der ndo gehören die öffentlich-rechtlich finanzierten YouTuber um Younes Al-Amayra, die Datteltäter, die den grausamen Anschlag 2015 auf Charlie Hebdo in Paris mit zwölf Toten relativierten, sowie die Keimzelle der Datteltäter, die Slam-Poetry-Gruppe i'Slam. Aus diesem Umfeld stammt auch die von Aydan Özoğuz protegierte YouTuberin Nemi El-Hassan, die 2021 beim WDR eine Moderatorenstelle erhalten sollte, bis bekannt wurde, dass sie 2014 auf dem israelfeindlichen Al-Kuds-Tag in Berlin mitgebrüllt und noch 2021 auf Twitter palästinensische Terroristen gefeiert hatte.[343]

Datteltäter und i'Slam haben ihren Ursprung in JUMA e. V. – Jung, Muslimisch, Aktiv –, das ebenfalls von der BPB, vom BAMF, vom Innenministerium und dem Berliner Senat gefördert wird. Aydan Özoğuz trat bereits bei der Gründung von JUMA 2010 zusammen mit JUMA-Initiatorin Sawsan Chebli als Rednerin auf. Gefördert wurde JUMA 2018 von den Open Society Foundations mit 100 000 Dollar und 2020 mit 75 000 Dollar. i'Slam und die Datteltäter kooperierten mit Organisationen aus dem Umfeld der Muslimbruderschaft, darunter Islamic Relief Deutschland (IRD), die Muslimische Jugend in Deutschland (MJD), das Münchner Forum für Islam und der Islamischen Jugendkonferenz (YouCon). »Laut Verfassungsschutz wird ›YouCon‹ von der Deutschen Muslimischen Gemeinschaft (DMG, ehemals IGD) und dem Islamischen Jugendzentrum Berlin (IJB) organisiert und ist dem Aktionsgeflecht der Muslimbruderschaft zuzuordnen«,[344] erklärt Zara Riffler bei *Tichys Einblick*.

Die MJD wird vom Verfassungsschutz beobachtet, da sie eine »Gefahr für die freiheitlich-demokratische Grundordnung« darstelle. Die MJD organisiere »regelmäßige Auftritte von Referenten aus diesem Spektrum [der Muslimbrüder]« und nehme »eine wesentliche Funktion als Rekrutierungsreservoir und Kaderschmiede für diese von den Moslembrüdern beeinflusste Spielart des politischen Islam wahr«,[345] so der Wissenschaftliche Dienst des Deutschen Bundestages.

Zu den Mitgliedern der ndo zählt außerdem CLAIM, die Allianz gegen Islam- und Muslimfeindlichkeit aus Heidelberg, ebenfalls vom Familienministerium im Rahmen des Programms »Demokratie leben!« finanziert. Zum Delegiertenkreis von CLAIM zählen laut Website unter anderem die JUMA, die Muslimische Jugend in Deutschland sowie Inssan e. V., deren Mitbegründerin Lydia Nofal auch im Vorstand von CLAIM sitzt, ebenso wie Professor Werner Schiffauer, Vorsitzender des Rates für Migration. 2021 enthüllte die *Welt*, dass das Land Berlin den Islamverein Inssan mit rund 1,3 Millionen Euro gefördert hat, der enge Kontakte zu Islamic Relief und der Palästinensischen Gemeinschaft in Deutschland (PGD) hat, laut Berliner Innenverwaltung eine Organisation von Anhängern der Hamas.[346] Inssan erhielt von den Open Society Foundations 2018 laut deren Website 28 178 Dollar.

2019 organisierte CLAIM in Berlin eine »Aktionswoche gegen antimuslimischen Rassismus« mit über siebzig Organisationen, darunter Inssan, JUMA und die Junge Islam Konferenz (JIK). Zu den Stargästen zählten Documenta-Verantwortliche Claudia Roth, Sawsan Chebli, Integrationsstaatssekretärin Serap Güler, MdB Katja Kipping (Die Linke), MdB Karamba Diaby (SPD), MdB Christine Buchholz (Die Linke, Mitglied der Deutsch-Palästinensischen Gesellschaft) und natürlich Ferda Ataman mit den ndo.

Die Junge Islam Konferenz ist ein Projekt der Schwarzkopf-Stiftung Junges Europa mit Finanzierung von BPB und »Demokratie leben!«. Die Leiterin der JIK ist Dr. Asmaa Soliman, die 2014 bis 2015 als Researcher für ENAR – das European Network against Racism – tätig war, zu dem das Forum of European Muslim Youth & Student Organisations (FEMYSO) gehört. Das FEMYSO steht dem Wissenschaftlichen Dienst des Deutschen Bundestages 2015 zufolge der Muslimbruderschaft nahe.[347] Soliman veröffentlichte ihre Doktorarbeit an der Goethe-Universität Frankfurt 2017 zum Thema »European Muslims Transforming the Public Sphere« (»Wie europäische Muslime die öffentliche Sphäre verwandeln«).

Mehrere leitende Figuren von ENAR stehen der Muslimbruderschaft nahe, so Ratsmitglied Intissar Kherigi, Tochter von Rached Ghannouchi, Mitbegründer der Ennahda-Partei, dem tunesischen Arm der Muslimbruderschaft. ENAR-Chef Michaël Privot war bis 2008

Mitglied der Muslimbruderschaft. Die EU finanzierte ENAR von 2014 bis 2019 mit insgesamt 5 422 678 Euro.

Am 7. Juli 2022 machte die Ampel-Regierung Ferda Ataman zur Leiterin der Antidiskriminierungsstelle des Bundes. Am 8. August 2022 kündigte Kulturstaatsministerin Claudia Roth an, mit 2,3 Millionen Euro regierungsnahe Medien zu fördern, darunter Netzwerk Recherche, Die Neuen deutschen Medienmacher*innen, das Europäische Zentrum für Presse- und Medienfreiheit sowie Correctiv. Zur Jury gehörte die neue Antidiskriminierungsbeauftragte Ferda Ataman, die also ihren eigenen ehemaligen Verein bezuschusste.[348]

re:publica und Netzpolitik

Netzpolitik – netzpolitik.org – ist ein spendenfinanzierter Blog aus Berlin, der über digitale Themen schreibt. Er veranstaltet unter anderem die jährliche Tagung re:publica, auf der 2018 Justizministerin Katharina Barley sprechen durfte und Jan Böhmermann zur Spam-Kampagne »Reconquista Internet« gegen sogenannte »rechte Trolle« aufrufen durfte.

Im Jahresbericht von Netzpolitik steht zu lesen, dass der Verein zu fast 90 Prozent spendenfinanziert ist.[349] Gegründet wurde er 2004 von Markus Beckedahl (Bündnis 90/Die Grünen). 2015 ermittelte der Bundesverfassungsschutz in der NSA-Affäre wegen Landesverrats gegen Netzpolitik,[350] was dem Verein einen Spendenboom von 170 000 Euro einbrachte, bis der damalige Justizminister Heiko Maas seinen Generalbundesanwalt Harald Range entließ, um Netzpolitik zu schützen.[351] Der gemeinnützige Verein ist mit Beckedahls Internetfirma newthinking communications GmbH verstrickt, der die re:publica veranstaltet und die Mitarbeiter beschäftigte.[352] Die ersten 10 Jahre lief netzpolitik.org unter dem Dach der newthinking communications GmbH, die Markus Beckedahl seinerzeit parallel zu Netzpolitik mitgegründet und aufgebaut hatte und aus der die re:publica entstanden ist. »Wir waren intern als Redaktion immer unabhängig und haben sehr genau darauf geachtet, dass es zu keinen Interessenskonflikten kam. Dennoch wussten wir, dass die Konstruktion aus gemeinnützigem Förderverein, angehängt an eine kommerzielle Agentur, die mit freier Softwareentwicklung und Tech-Konferenzen Geld verdient, nicht unseren Ansprüchen an Transparenz und Unabhängigkeit genügt. ... Seit diesem Jahr sind wir nun vollkommen unabhängig und nur noch als Mieter zusammen auf einer Etage«,[353] schrieb Netzpolitik 2016.

Hinweise auf eine Beteiligung von George Soros und den Open Society Foundations finden sich keine in den umfangreichen Geschäftsberichten, die netzpolitik.org veröffentlicht. Dennoch deutet die Personalstruktur auf eine Verstrickung mit Open Society hin. 2016, als George Soros eine 18-Milliarden-Dollar-Spende an Open Society ankündigte, wurde das Redaktionsteam von Netzpolitik plötzlich aufgestockt, wobei die neuen Mitarbeiter in der Regel von Soros-nahen Medienstiftungen kamen: Ingo Dachwitz und Markus Reuter kamen von der 2010 von Beckedahl gegründeten Digitalen Gesellschaft, die 2013 75 000 Euro Startkapital von Open Society erhielt;[354] Simon Reberger kam vom Deutschen Fachjournalisten-Verband DFJV, der mit Soros-Gruppen wie Digitale Gesellschaft oder Reporter ohne Grenzen zusammenarbeitet; Kirsten Fiedler ist Geschäftsführerin der Soros-geförderten europäischen NGO European Digital Rights (EDRi.org).[355]

Und Arne Semsrott, der Bruder des GEZ-geförderten Open-Borders-Komikers Nico Semsrott, arbeitet gleich für drei Soros-Gruppen:

Transparency International, Open Knowledge Foundation und Correctiv.[356]

Die Soros-Brüder Arne und Nico Semsrott

Anti-Komiker Nico Semsrott arbeitet für das ZDF und ist Europa-Abgeordneter für die Satirepartei Die Partei. Sein Bruder Arne Semsrott scheint mit FragDenStaat, der Open Knowledge Foundation, Correctiv und Netzpolitik beziehungsweise re:publica einer der wichtigsten Soros-Aktivisten in Deutschland zu sein.

Berühmt wurde Nico Semsrott mit einer Anti-AfD-Tirade, die mittlerweile 3 Million Klicks auf YouTube hat und Behauptungen enthält wie »die AfD will an den Grenzen Menschen erschießen«.[357] Semsrott musste später eingestehen, dass er Teile des Textes vom BBC-Komiker Stewart Lee abgeschrieben hatte.[358] Dennoch bekam der Anti-Komiker einen Vertrag bei der *heute-show* des ZDF und erfreut seine Fangemeinde mit Tweets von Reconquista Internet und Sea-Watch.

Nicos Bruder Arne Semsrott arbeitete erst für Transparency International, das zu dem höchst intransparenten Open-Society-Netzwerk gehört, dann für Correctiv und netzpolitik.org. 2018 hat Arne Semsrott sogar seine eigene Soros-Gruppe bekommen, die Open Knowledge Foundation Deutschland mit dem Projekt FragDenStaat, das wiederum von seinem ZDF-Bruder auf Twitter beworben wird. Arne Semsrott ist auch ein regelmäßiger Gast auf der Konferenz Netzwerk Recherche.

Die Open Knowledge Foundation existiert weltweit und arbeitet mit Access Info Europe[359] zusammen, das laut OSF-Website von 2016 bis 2022 539 575 Dollar von Open Society erhielt. 2017 erhielt die Open

Knowledge Foundation Brazil von Open Society laut OSF-Website 100 000 Dollar. Die Open Knowledge Foundation Deutschland wird von der Bundesregierung finanziert und erhielt 2019 vom Bundesforschungsministerium 4,588 Millionen Euro, davon 616 000 Euro für den Prototype Fund, bei dem Softwareprojekte finanziert werden (2020: 259 000 Euro). »Der Prototype Fund ist ein Förderprogramm des Bundesministeriums für Bildung und Forschung (BMBF), das von der Open Knowledge Foundation Deutschland betreut und ausgewertet wird«,[360] steht auf der Website zu lesen.

Auf netzpolitik.org schrieb Semsrott am 1. August 2016: »Die Open Knowledge Foundation Deutschland hat heute gemeinsam mit dem Bundesministerium für Bildung und Forschung den Prototype Fund gestartet. Das Förderprogramm soll gemeinnützige Open-Source-Projekte mit insgesamt 1,2 Millionen Euro fördern.«[361]

Eines der Projekte des Prototype Fund war der »Hassreden-Tracker« des linken Ex-Twitterentwicklers Travis Brown, der in Berlin lebt. Laut Bewerbung hätten »prominente rechtsextreme Accounts auf Twitter und Facebook ein gut dokumentiertes Muster entwickelt, um kontroverse und extremistische Inhalte an ihre Follower*innen zu verteilen und diese dann zu löschen, bevor Moderator*innen die Möglichkeit haben, darauf zu reagieren. So radikalisieren sie ihr Publikum und minimieren gleichzeitig die Gefahr, ihre Plattformen, ihre Finanzierung oder gemäßigte Unterstützer*innen zu verlieren. Archivierung ist ein wichtiges Element, um diesem Verhalten entgegenzuwirken, und hat in vielen Fällen zu prominenten Siegen im Kampf gegen die extreme Rechte geführt.«

Travis Brown benutzte seinen »Hassreden-Tracker«, um die Twitternutzerin Chaya Raichik alias Libs of TikTok zu »doxxen« (dt.: internetbasiertes Zusammentragen und Veröffentlichen privater Daten in bösartiger Absicht). Seit November 2020 dokumentiert Raichik auf Twitter unter anderem Videos von Erziehern, die Kleinkinder zur Transgender-Sexualität erziehen wollen, und erreicht damit 1,7 Millionen Follower. Am Osterwochenende 2022 erschien die *Washington-Post*-Journalistin Taylor Lorenz bei Raichiks Verwandten vor der Tür und veröffentlichte am 19. April einen Artikel mit deren vollständigen Namen. Lorenz hat eine Karriere daraus gemacht, unliebsame Menschen mit anderer Meinung zu doxxen und sich dann tränenreich darüber zu beklagen, wenn sie selbst dafür angeprangert wird. Raichik erhielt Morddrohungen und musste ihren Wohnsitz wechseln.

Lorenz hatte Raichiks persönliche Daten jedoch nicht selbst recherchiert, sondern vom deutschen Steuerzahler gesponsert bekommen, wie sie in der *Washington Post* zugab: »Eines Samstags entdeckte Softwareentwickler Travis Brown, der an einem Projekt mit Unterstützung des Protoype Funds arbeitet … den Twitterverlauf des Kontos [Libs of TikTok] und postete ihn in einem Thread.« Außerdem basiere der Artikel auf Recherchen der linken Website Media Matters, so Lorenz.[362]

»Das war also eine ausländische nachrichtendienstliche Operation, um einen amerikanischen Bürger einzuschüchtern und zum Schweigen zu bringen«, wunderte sich Fox-News-Moderator Tucker Carlson. »Ist das überhaupt legal? Weiß die Biden-Regierung davon? Warum will die deutsche Bundesregierung ein amerikanisches Twitterkonto sperren lassen, das Tweets von amerikanischen Lehrern postet? Muss die Journalistin Taylor Lorenz sich als ausländische Agentin anmelden?«

Frontex: Die Echokammer der Soros-Medien

Am 4. August 2019 veröffentlichte *report München*, das Politmagazin der ARD, den Bericht »Grenzschutzagentur Frontex: Exzessive Gewalt, Schläge, Misshandlungen«,[363] der bundesweit Schlagzeilen machte. Laut *report München* »verschließt die EU-Grenzschutzagentur Frontex die Augen vor Menschenrechtsverletzungen durch nationale Grenzbeamte« und »verstoße selbst immer wieder gegen Menschenrechte«, so die BR-Reporter Anna Tillack und Niklas Nau in diesem Bericht. Doch genau das Gegenteil war der Fall. Der Bericht ist ein Musterbeispiel, wie eine von Aktivisten organisierte Soros-Medienkampagne skandalträchtig an die verbündete Presse durchgestochen und viral über alle Kanäle verbreitet wird. Der Bericht sei eine Kooperation des ARD-Politmagazins, der britischen Zeitung *The Guardian* und des Recherchezentrums Correctiv, räumten die Reporter ein. Anna Tillack zog es vor, keine Fragen des Autoren zu beantworten. Sylvie Stephan von der BR-Pressestelle sagte dazu am 7. August 2019: »Kooperationen zwischen Medienpartnern sind im Journalismus nichts Außergewöhnliches. Es obliegt den Redaktionen des Bayerischen Rundfunks, diese Kooperationspartner nach journalistischen Gesichtspunkten auszuwählen.«

Nichts Außergewöhnliches? Der Bericht von *report München* beruht im Wesentlichen auf Recherchen des linken Aktivisten Arne Semsrott, wie Correctiv in seinem Bericht zu demselben Thema darlegt.[364] 2017 begann Semsrott die Aktivitäten von Frontex zu untersuchen, und zwar zusammen mit der spanischen Aktivistin Luisa Izuzquiza, die für Semsrotts Madrider Partner-NGO Access Info Europe arbeitet. Gemeinsam stellten sie Informationsanfragen, um die Berichte der Grenzagentur Frontex einzusehen. Diese gaben sie dann an Correctiv weiter, das sie wiederum *report München* zur Verfügung stellte.

Was genau hatte *report München* herausgefunden? Die Reporterin Anna Tillack besuchte Frontex-Grenzbeamte, die als Beobachter im Nicht-EU-Land Albanien an der albanisch-griechischen Grenze vor Ort sind. Kollegial nahmen die Leipziger Bundespolizisten Christian Schönwald und Jan Seibold die hübsche junge Journalistin mit auf Patrouille, scheinbar nicht ahnend, dass sie vorhatte, sie in die Pfanne zu hauen. Die Aufnahmen schnitt *report München* mit reißerischen Grafiken von beißenden Schäferhunden – Bildmaterial lag wohl nicht vor – und bruchstückhaften Zitaten aus Frontex-Berichten zusammen, die von »Misshandlungen«, »exzessiver Gewalt« und sogar »Hetzjagden mit Hunden« sprachen. Mit diesen Missständen in Verbindung gebracht werden sollte eigentlich Frontex, doch diese Vorwürfe bezogen sich nicht auf Frontex, sondern auf nationale Grenzschutzbeamte vor Ort. Frontex hat – vor allem in Nicht-EU-Ländern wie Albanien – nur Beobachterstatus und kann für Fehler der örtlichen Polizei kaum zur Verantwortung gezogen werden.

Die geschilderten Misshandlungen und Hetzjagden mit Hunden fanden laut Correctiv auch gar nicht in Albanien statt, sondern in Ungarn, wo Frontex-Beamte ganz im Gegenteil sogar exzessive Gewalt und Misshandlungen zu verhindern bemüht sind. Der damalige Frontex-Chef Fabrice Leggeri sagte laut Correctiv: »Die Anwesenheit von Frontex minimiere das Risiko, dass ungarische Beamte gewalttätig werden, antwortete er in einem Schreiben an Nichtregierungsorganisationen, die einen Abzug der Beamten aus Ungarn fordern. Immerhin könnten Frontex-Angehörige Vorfälle dokumentieren, wenn sie vor Ort seien.«[365] Leggeri wurde 2022 wegen anderweitiger skurriler Vorwürfe von weiteren Soros-Medien aus dem Amt gemobbt.

Gegenteilig zu dem, was die reißerische Überschrift von *report München* suggerierte, war Frontex an den EU-Außengrenzen also nicht an Misshandlungen und exzessiver Gewalt beteiligt, sondern versuchte, diese zu verhindern und zu dokumentieren. Frontex hat die Stelle eines Menschenrechtsbeauftragten eingerichtet, um die Wahrung der Rechte von illegalen Migranten zu garantieren. Die Berichte dieses Menschenrechtsbeauftragten wiederum sind es, die Arne Semsrott, Correctiv und Anna Tillack von *report München* als Grundlage für ihre Berichte verwendeten. Natürlich geht es in diesen Berichten vornehmlich um Problemfälle und nicht um den normalen Betrieb. »Frontex schafft es nicht, diese brutalen Vorfälle zu unterbinden«, betont Tillack, dabei liegt es überhaupt nicht im Aufgabenbereich von Frontex, nationalen Polizeibeamten Vorschiften zu machen.

Auch die BR-Pressestelle musste einräumen: »Die im Film angesprochenen Vorwürfe zu Gewalt an den EU-Außengrenzen beziehen sich in unserer Berichterstattung auf nationale Grenzpolizisten, was aus unseren Publikationen klar hervorgeht. Der Bericht über Regelverstöße auf von Frontex organisierten oder koordinierten Abschiebeflügen ist ein interner Bericht der Frontex-Grundrechtsbeauftragten.«[366]

Welche Fehler wurden Frontex selbst konkret vorgeworfen? Frontex sei laut eigener Berichte »selbst in Menschenrechtsverletzungen verstrickt«, so die BR-Journalistin Tillack. »Unbegleitete Minderjährige werden abgeschoben, entgegen der Frontex-Regeln. In mehreren Fällen wurden Handschellen unverhältnismäßig eingesetzt. … sogar bis zu sieben Beamte hielten einen Rückzuführenden in Handschellen, hielten ihm immer wieder die Augen zu und übten Druck auf seinen Kopf aus.« Doch Frontex-Sprecherin Ewa Moncure erklärte auf Anfrage des Autors, was es damit auf sich habe. Es sei nicht richtig, dass die Abschiebung sogenannter »unbegleiteter Minderjähriger«

europaweit verboten sei. Dies liege immer noch im Ermessen der einzelnen Mitgliedsstaaten. Frontex würde sich bei Abschiebungen jedoch äußerste Mühe geben, sicherzustellen, dass alles mit rechten Dingen zugehe. »In jedem einzelnen Fall wird eine Risikobewertung vorgenommen, um zu entscheiden, welche Maßnahmen und wie viele Beamte notwendig sind. Wir folgen dabei genauen Vorschriften zu Best Practices und haben bei jeder Abschiebung einen Arzt und einen Menschrechtsbeauftragten anwesend, um sicherzugehen, dass die Rechte der Abzuschiebenden eingehalten werden«, antwortete Moncure am 7. August 2019 aus dem Frontex-Hauptquartier in Warschau.

Frontex distanzierte sich vehement von dem ARD-Bericht: »Frontex bestreitet jegliche Beteiligung ihrer Beamten an Menschenrechtsverletzungen. Frontex verurteilt jede Form unmenschlicher Behandlung, Gewaltausübung oder unvorschriftsmäßiger Rückführung, die einen Verstoß gegen die EU-Menschenrechtscharta darstellen. […] Sollte irgendjemand Beweise für solche Vorwürfe haben, was konkrete Vergehen von Frontex-Beamten angeht, bitten wir darum, uns dies mitzuteilen. Bisher liegen uns keinerlei solche Vorwürfe vor.«

Entgegen der reißerischen Überschrift von *report München* scheint Frontex also nicht an »exzessiver Gewalt, Schlägen und Misshandlungen« beteiligt zu sein, sondern tut alles, um die Menschenrechte illegaler Migranten zu garantieren. Sogar der Correctiv-Bericht muss einräumen, dass Frontex bei zahllosen Einsätzen pro Jahr sich kaum etwas zuschulden kommen lässt: »2018 gingen gerade einmal zehn Beschwerden ein – von Hunderttausenden Menschen, die in Kontakt mit Frontex kamen.« So endete der Bericht von Anna Tillack und Niklas Nau mit nächtlichen Aufnahmen, wie die beiden deutschen Bundespolizisten eine Gruppe Jugendlicher anhielten. »Schnell stellt sich heraus: Es sind Einheimische. Später in der Nacht wird ihr Team noch fünf Flüchtlinge aufgreifen. Hier läuft alles nach Regeln.«

Zusammenfassend ergibt sich das folgende Bild: Ausgehend von Recherchen linker, teilweise steuerfinanzierter Open-Borders-Aktivisten hatte der BR ein Team nach Albanien geschickt, um sich von pflichtgetreuen deutschen Bundespolizisten ihr Einsatzgebiet zeigen zu lassen – mit der vollen Absicht, diese freundlichen Beamten in die Pfanne zu hauen. Als die Reporter vor Ort keine Regelverstöße dokumentieren konnten, illustrierten sie ihren Bericht mit reißerischen Grafiken, die auf Vorfällen in Ungarn, einem völlig anderen Land, basierten – und brachten dennoch in der Headline die Bundesbeamten mit »exzessiver Gewalt« und »Misshandlungen« in Verbindung.

Diese Schlagzeilen wurden wiederum unkritisch, aber lautstark, von allen Medien der Republik übernommen, und dienten Open-Borders-Politikern wie Erik Marquardt (Linke) als Aufhänger, um Interviews zu geben und offene Grenzen zu fordern.[367] Dann kann Frau Tillack vermutlich ihren nächsten Preis vom Bundespräsidenten entgegennehmen. Die Echokammer der Soros-Medien funktioniert perfekt – finanziert vom deutschen Steuerzahler. Mit der Realität hatte das aber gar nichts zu tun – mit Journalismus ebenfalls nicht.

KAPITEL 7

Die Farbrevolutionen

George Soros' wohltätiges Engagement begann in Europa in den ehemaligen Ländern des Ostblocks schon vor dem Mauerfall 1989. Bereits 1984 eröffnete die Hungarian Soros Foundation in Ungarn, wo Soros unter anderem Fotokopierer und Telefone für einen jungen Oppositionspolitiker namens Viktor Orbán kaufte und diesen 1988 mit einem Stipendium für 3 Monate nach Oxford schickte. Im Mai 1989 folgten dann die Stefan Batory Foundation in Warschau, Polen, 1989 das Open Society Institute Russland, im April 1990 die International Renaissance Foundation in Kiew, Ukraine, damals noch Teil der Sowjetunion, und 1991 die Central European University in Budapest.

In den nächsten 5 Jahren folgten Open Society Stiftungen in Albanien, in den Baltischen Staaten, in Bulgarien, in der Tschechischen Republik, in Kasachstan, Kirgisistan, Moldawien, Rumänien und der Slowakei. Mit dem Ausbruch des Jugoslawienkrieges engagierte sich Soros mit 50 Millionen Dollar in Bosnien-Herzegowina und eröffnete ein Büro im eingekesselten Sarajewo mit seinen engsten Mitstreitern Aryeh Neier von Human Rights Watch und Lord Mark Malloch-Brown, Mitglied des House of Lords im Vereinigten Königreich. Neier war von 1993 bis 2012 Vorsitzender der Open Society Stiftungen, Malloch-Brown folgte ihm in diesem Amt 2020. Es entstanden Open Society Stiftungen in den ehemaligen jugoslawischen Republiken Serbien, Nord-Mazedonien und Kosovo. Neier überredete Soros, ihm 2 Millionen von den 50 Millionen Dollar für Bosnien zur Verfügung zu stellen, um einen Internationalen Strafgerichtshof für das ehemalige Jugoslawien (ICTY) einzurichten. Aus dem ICTY erwuchs mit Unterstützung von Neier und Open Society der Internationale Strafgerichtshof ICC in Den Haag, den die USA, China, die Ukraine und Russland ablehnen.

Lord Mark Malloch-Brown war 1990 daran beteiligt, in Chile den antikommunistischen Militärdiktator Augusto Pinochet aus dem Amt zu drängen[368] und 1986 den philippinischen Präsidenten Ferdinand Marcos durch Corazon Aquino abzulösen. Einer seiner »herausragendsten Beiträge zu Corys Wahlkampf war es, eine Wahltagsbefragung zu produzieren, laut der sie gewonnen hatte«, sagte Malloch-Brown laut dem *Philippine Daily Inquirer*. »Sie landete auf Seite 1 und hatte einen enormen Einfluss, denn sie pflanzte den Menschen die Idee ein, dass Aquino Marcos mit 55 Prozent zu 45 Prozent besiegt hatte.«[369]

2014 wurde Malloch-Brown CEO der Weltbank für Auswärtige Angelegenheiten und die Vereinten Nationen und als Stellvertretender Generalsekretär der UNO CEO der SGO Group, der die Wahlmaschinenfirma Smartmatic gehört, die 1997 in Venezuela gegründet wurde und deren Wahlmaschinen seit der Wiederwahl von Hugo Chavez in Venezuela 2004 im Einsatz sind. Letztere wurden auch in den Philippinen 2010 und 2013 benutzt, bis 2016 acht Geistliche die Petition »Stoppt Smartmatic und Malloch-Brown«[370] beim Obersten Gericht einreichten und Smartmatic zwangen, jedem Wähler eine Quittung auf Papier auszuhändigen. Daraufhin besiegte der konservative Kandidat Rodrigo Duterte den linken Amtsinhaber Benigno Aquino III. Die umstrittene venezolanische Smartmatic-Software war 2020 auch im Mittelpunkt der Vorwürfe von Unregelmäßigkeiten bei den US-Wahlen. Nach der Abwahl Donald Trumps machte George Soros Malloch-Brown im Januar 2021 zum Vorsitzenden der OSF. Man kann Malloch-Brown mit einigem Recht als Vater der Farbrevolutionen sehen.

Aufgrund der Bosnienerfahrung gründete Malloch-Brown 1995 mit Soros und Morton I. Abramowitz, dem Vorsitzenden des Carnegie Endowment for International Peace, die International Crisis Group, deren Vorstand heute auch George Soros' Sohn Alexander Soros, die ehemalige EU-Außenbeauftragte Federica Mogherini, die ehemalige israelische Außenministerin Tzipi Livni und der ehemalige deutsche Außenminister Sigmar Gabriel angehören (siehe Kapitel 3). Ursprünglich sollte Malloch-Brown den Vorsitz übernehmen, doch dieser wurde von der Weltbank angeworben und trat zurück. Der voraussichtliche Nachfolger, der einfallsreiche Ingenieur Fred Cuny, der in Bosnien Wunder bewirkte und in Sarajewo sogar einen LKW-Tunnel unter den gefährlichen Flughafen bauen wollte, verschwand 1995 in Tschetschenien und wurde vermutlich hingerichtet. Unter dem dritten Präsidenten, dem ehemaligen australischen Außenminister Gareth Evans, »hat das Ganze erst Fahrt aufgenommen«, sagte Malloch-Brown zu Emily Tamkin. Die International Crisis Group, die heute Krisengebiete in aller Welt im Auge behält, hätte es »ohne Malloch-Browns Beharrlichkeit oder Cunys Einfallsreichtum nicht gegeben. Aber vor allem würde sie nicht ohne George Soros' Geld existieren«.[371]

Regimewechsel und Farbrevolutionen

Schon 1989 half Soros, die »Samtene Revolution« in der Tschechoslowakei zu finanzieren, die den Schriftsteller Václav Havel ins Präsidentenamt in der Prager Burg hob. Der Begriff »Farbrevolution« für eine von außen inszenierte und orchestrierte Kampagne zum Regimewechsel etablierte sich nach der »Rosenrevolution« in Georgien 2003, der »Orangenen Revolution« in der Ukraine 2004 und der »Tulpenrevolution« in Kirgisistan.

Laut David Horowitz lernte Soros seine Strategie von dem ehemaligen Harvard-Politologen Gene Sharp, einem führenden Theoretiker zu Regimewechseln durch direkte Aktionen und Autor von *The Politics of Nonviolent Action*.[372] Sharp gründete 1983 in Boston das Albert-Einstein-Institut und arbeitete mit Soros an der »Orangenen Revolution« in der Ukraine und dem Sturz von Slobodan Milošević.[373]

Der Schlüssel zum Sturz einer feindlichen Regierung, so Sharp, sei es, ihre Fähigkeit zu untergraben, sich zu wehren. Das ist ein langsamer, schleichender Prozess des langen »Marsches durch die Institutionen«, wie es einst Rudi Dutschke artikuliert hatte, und verlangt einen langen Atem. Schlüsselstellen der Zielregierung müssen infiltriert werden, vor allem bei der Polizei, dem Militär und den Geheimdiensten. Dadurch kann man das Regime »zwingen, da ihre Bürger, Armeen und Ressourcen nicht mehr zuverlässig ihre Macht sichern können«.[374]

Soros' Farbrevolutionen folgten Sharps Muster, wobei die Infiltration durch humanitäre und zivilgesellschaftliche NGOs erfolgte. Der kroatische Präsident Franjo Tuđman beschrieb diesen Prozess 1996 folgendermaßen: Soros und seine Verbündeten »haben ihre Tentakel im ganzen Land ausgebreitet. … Soros hatte die Genehmigung, humanitäre Hilfe zu sammeln und zu verteilen …, aber wir haben ihnen gestattet, so ziemlich alles zu tun, was sie wollten. … Sie haben ihre Netzwerke überall ausgebreitet, Menschen aller sozialen und Altersklassen – von Schülern und Studenten zu Journalisten, Professoren und Akademikern – und locken sie mit finanzieller Hilfe. Das sind Menschen aus allen Schichten, aus Kultur, Wirtschaft. Wissenschaft, Medizin, Jura und Journalismus … [sie wollen] alle Lebensbereiche kontrollieren … und einen Staat innerhalb des Staates etablieren.«[375]

Tuđman hatte sich vorgenommen, das Soros-Netzwerk in Kroatien auszuhebeln, starb jedoch 1999 an Magenkrebs. Nach seinem Tod kam eine Soros-genehme Regierung unter Präsident Stjepan »Stipe« Mesić an die Macht.[376] Doch Kroatien war nicht George Soros' erster Regimewechsel, sondern die Slowakei 1998.

Slowakei 1998: »Rock the Vote«

1993 löste sich die Tschechoslowakei in die Tschechische Republik und Slowakei auf. Vladimír Mečiar wurde Präsident der Slowakei und erfreute sich Beliebtheitswerten von bis zu 90 Prozent der slowakischen Bevölkerung. Der Westen sorgte sich jedoch wegen seiner patriotischen pro-slowakischen Haltung und seiner Nähe zu Russland. »Mečiar möchte die Slowakei näher an Russland führen«, sagte Soros 1995. »Er will der erste Vorposten eines neuen russischen Reiches werden. Wenn es ihm gelingt, wird die Slowakei ein Dolch, der auf das Herz Europas gerichtet ist.«[377] 1992 eröffnete der Open Society Fund sein Büro in Bratislawa und begann, zivilgesellschaftliche NGOs zu finanzieren. 1994 wurde ein Zusammenschluss von sechzehn Soros-NGOs gegründet, ein »Gremium des Dritten Sektors«. Ihr Sprecher Pavol Demeš nannte Open Society »die größte Stiftung in der modernen Geschichte der Slowakei«.[378] Er sollte 2004 auch an der Orangenen Revolution in der Ukraine beteiligt sein und ist seit 2002 Direktor des German-Marshall-Fund-Büros in Bratislava.

»Zwischen 1992, als der Fonds gegründet wurde, und 2015 wurden [von Soros] 45 Millionen Dollar in der Slowakei für 6000 verschiedene Veranstaltungen ausgegeben«, sagte Open-Society-Chef Jan Orlowski zu Emily Tamkin.[379] Im Februar des Wahljahres 1998 waren in der kleinen Slowakei die gewaltige Menge von 14400 zivilgesellschaftlichen Organisationen angemeldet.[380] Unter der Führung des »Dritten Sektors« bündelten sie sich unter einer Dachorganisation namens Zivilkampagne 98 (OK 98 – Občianska Kampaň). Dazu gehörte eine »Rock the Vote« betitelte Bustour nach dem Vorbild der Soros-MTV-Kampagne in den USA, sagte der Organisator Marek Kapusta, die mit 10 000 Dollar von Open Society über die Foundation for a Civil Society finanziert wurde, um junge Leute zum Wählen zu animieren.

2 Monate vor den Wahlen dachten über 50 Prozent der slowakischen Bevölkerung, dass Mečiar wiedergewählt würde, doch OK 98 schaffte es, rund 70 Prozent der Bevölkerung zu erreichen, schätzt Martin Bútora. Die Kampagne wurde speziell auf Zielgruppen wie Frauen, Rentner und Sinti und Roma zugeschnitten.[381] Die Freiwilligen waren Slowaken, aber Strategie und Finanzierung stammten aus dem Ausland. Soros lieferte das Fundament: »Meine Stiftungen trugen zum demokratischen Regimewechsel in der Slowakei 1998, Kroatien 1999 und (Rest-)Jugoslawien 2000 bei«, schrieb Soros 2003. »Wir mobilisierten die Zivilgesellschaft, Vladimír Mečiar, Franjo Tuđman und Slobodan Milošević loszuwerden.«[382] Mečiar ließ Soros schon 1995 zur »Persona non grata in der Slowakei erklären«[383] und begann 1998, Soros offen für seine Einmischung in die slowakischen Wahlen zu kritisieren. »Sie nannten uns Soros-finanzierte CIA-Agenten«, sagt

Rasťo Kužel der Medien-NGO Memo 98. Und Tamkin fügt hinzu: »Die Behauptung, dass die Amerikaner sich in die Innenpolitik der Slowakei einmischten und dass Soros den Wahlkampf gegen Mečiar finanzierte, hatte einen gewissen Wahrheitsgehalt.«[384]

In gewissem Sinn war Soros selbst schuld, dass Herrscher wie Mečiar, Tuđman und Milošević ihn als Zielscheibe und Sündenbock ausmachten, sagte der ehemalige slowakische Außenminister Pavol Demeš, zitiert von Emily Tamkin. Immerhin bestand er darauf, sehr lautstark und vollmundig in Interviews und Büchern wie *Underwriting Democracy* über seine Regimewechselpläne und sein Engagement in Osteuropa zu sprechen und zu schreiben. Soros wollte ganz offenbar nicht nur gemeinnützige Spenden zur Verfügung stellen, sondern seine ganz persönliche politische Ideologie durchsetzen. »Die meisten Spender blieben eher neutral. Die Leiter anderer Stiftungen waren eher unsichtbar«[385], wie die Rockefeller- und Ford-Stiftungen. Soros dagegen wollte nicht nur still und leise einen Scheck unterschreiben, sondern traf sich mit Regierungschefs und Oppositionsführern und machte sich diese manchmal auch zu Feinden.

Während ein Politiker wie Mečiar sein Land in die Unabhängigkeit geführt hatte und sich den Patriotismus und die Nationalstaatlichkeit auf die Fahnen geschrieben hatte, waren für Soros Nationalstaaten »der Fluch dieser Region«, erklärte Jan Orlowski im Gespräch mit Tamkin. Soros fand den Nationalstaat »idiotisch«.[386] Die Wählermobilisierung in der Slowakei 1998 »war für uns etwas völlig Neues«, sagte Marek Kapusta, »deshalb hat sie so gut funktioniert. Mečiar hat das Potenzial völlig unterschätzt«.[387] Die Wahlbeteiligung lag bei 84 Prozent. Mečiars Partei verlor 8 Prozent, die neugebildete linke Bündnispartei Slowakische Demokratische Koalition (SDK) holte aus dem Stand 26,33 Prozent und bildete eine linke Koalition. Es war George Soros' erster erfolgreicher Regimewechsel – aber beileibe nicht der letzte.

Ex-Jugoslawien 2000: Die Baggerrevolution

Die Baggerrevolution in Ex-Jugoslawien, zu dem damals Serbien, Montenegro und der Kosovo gehörten, war die erste klassische Farbrevolution und hatte damals noch ein hehres Ziel: nämlich den Autokraten und Kriegsverbrecher Slobodan Milošević zu stürzen.

Die 70000 Mitglieder starke Otpor!-Bewegung (dt.: »Widerstand«) wurde laut Emily Tamkin[388] von Soros, dem Freedom House in Washington, dem britischen Auswärtigen Amt und anderen europäischen Regierungen finanziert. Benannt wurde sie nach dem Demonstranten Ljubisav Đokić, der am 5. Oktober 2000 mit dem Radlader in die staatliche Medienanstalt RTS gefahren war. Zu ihren deutschen Unterstützern gehörte die Friedrich-Ebert-Stiftung der SPD, die Friedrich-Naumann-Stiftung der FDP und die Konrad-Adenauer-Stiftung der CDU, sagt die Forscherin Marlene Spoerri.[389] Spoerri kritisierte die westliche Einmischung in die ex-jugoslawische Demokratie und fand nach Gesprächen mit 150 Beteiligten, dass die westliche »Unterstützung der Demokratie« in Wahrheit die Demokratie untergrabe.

Die Baggerrevolution begann am Wahltag, dem 26. September 2000, als der Herausforderer Vojislav Koštunica 48,9 Prozent zu 38,6 Prozent für Slobodan Milošević erhielt. Das Gesetz schreibt für den Fall, dass kein Kandidat die 50-Prozent-Marke überschreitet, eine Stichwahl vor.

Diese Stichwahl wurde für den 8. Oktober angesetzt, aber Koštunica verweigerte zuerst seine Teilnahme und führte Wahlausgangsumfragen an, um das offizielle Ergebnis anzufechten. Laut dem angesehenen britischen Militärjournal *Jane's Sentinel*[390] hatten beide

Seiten Wahlmanipulation betrieben, aber die Soros-nahen Medien beschuldigten nur Miloševićs Seite und forderten seinen Rücktritt. Radikale Otpor!-Demonstranten randalierten in Belgrad am 5. Oktober 2000 mit Fäusten, Waffen und Molotowcocktails und setzten das Parlament in Brand. Mit Kalaschnikows, Mörsern und Panzerfäusten bewaffnet errichteten Otpor!-Einheiten Straßensperren. Gleichzeitig hofierte Otpor! aber Polizei und Militär und schickte ihnen sogar Blumen. Sie hatten eine serbische Kurzfassung von Gene Sharps Buch *The Politics of Nonviolent Action* verfasst, den Otpor!-Leitfaden »Widerstand in deiner Nachbarschaft: Wie man die serbische Krise friedlich lösen kann«.[391]

Die rabiaten Taktiken von Otpor! zwangen Milošević zurückzutreten, sonst hätte er eine NATO-Intervention oder einen Bürgerkrieg riskiert. Milošević wurde verhaftet und nach Den Haag gebracht, wo er als Kriegsverbrecher angeklagt wurde und 2006 in seiner Zelle starb. »Seit 1991 finanzierte das Open Society Institute die serbische Opposition mit mehr als 100 Millionen Dollar, unter anderem für politische Parteien, Verlagshäuser und ›unabhängige‹ Medien wie Radio B92, das in westlichen Medien als mutiger kleiner Oppositionssender präsentiert wurde, aber in Wahrheit von einem der reichsten Männer der Welt finanziert wurde«,[392] schrieb der britische Journalist Neil Clark. Die USA finanzierten die Opposition durch das Außenministerium mit 41 Millionen Dollar, unter anderem für 2,5 Millionen Aufkleber und 5000 Sprühdosen für Anti-Milošević-Graffiti.[393] Soros und seine Handlanger gaben offen zu, hinter dem Sturz von Milošević und der radikalen Otpor! gestanden zu haben. »Wir waren vor Ort, um den zivilen Sektor zu unterstützen, die Leute, die gegen Milošević kämpften«, so Velimir Ćurgus Kazimir von den Soros Foundations Networks. »Der Großteil unserer Arbeit fand im Geheimen statt.«[394]

Milošević wurde zwar von Russland unterstützt, doch Russland konnte nicht mit den Millionen aus den USA mithalten. Der Einsatz von Open Society in Bosnien und der Sturz Milošević́s war vermutlich ein wichtiger Beitrag zum Frieden auf dem Balkan. Der Erfolg der Baggerrevolution zeigte Soros aber, dass Regimewechsel durch Farbrevolutionen möglich waren. Es wurde bald zur Gewohnheit. Die nächste Farbrevolution, die Rosenrevolution 2003 in Georgien, richtete sich aber nicht gegen einen Kriegsverbrecher, sondern gegen einen vorgeblichen Freund des Westens und brachte George Soros seinen mächtigsten Feind ein: Wladimir Putin.

Georgien 2003: Die Rosenrevolution

Im Gegensatz zu Milošević war der georgische Präsident Eduard Schewardnadse eigentlich einer von »unseren Freunden« im Westen und als Michail Gorbatschows Außenminister von 1985 bis 1990 einer der Helden der deutschen Wiedervereinigung. Er war ein Freund von Hans-Dietrich Genscher und Unterstützer der Freiheit für die baltischen Staaten und Osteuropa, was ihm den Spitznamen »Totengräber der Sowjetunion« einbrachte. 1992 wurde er der Präsident Georgiens. Nachdem 1993 und 1995 Anschläge auf ihn verübt worden waren, schenkte ihm die Kohl-Regierung einen gepanzerten Mercedes 600, der ihm 1998 das Leben rettete, als tschetschenische Attentäter mit zwei Panzerfäusten auf ihn schossen.[395]

Aber 2002 machte Schewardnadse den Fehler, George Soros für seine Einmischung in die georgische Politik zu kritisieren. Bei einem Besuch in Moskau warnte Soros Schewardnadse, seine Amtszeit hänge am seidenen Faden, und unterstellte ihm den Versuch, bei den Wahlen 2003 zu betrügen. Es sei nötig, »die Zivilgesellschaft zu mobilisieren, um freie und faire Wahlen sicherzustellen«, sagte Soros und drohte unumwunden, dasselbe habe er bereits erfolgreich in der Slowakei, Kroatien und Rest-Jugoslawien praktiziert.[396]

Soros und Schewardnadse kannten sich schon seit den 1980er-Jahren, als der Georgier sowjetischer Außenminister war. Schewardnadse lud Soros ins Land ein, um 1994 die Open Society Georgia zu gründen, mit dem erklärten Ziel, demokratische Institutionen und Zivilgesellschaft aufzubauen. In Georgien lernte Soros den damaligen Justizminister Micheil Saakaschwili kennen und lobte sein Antikorruptionsprogramm. Im September 2001 kündigte Saakaschwili, warf Schewardnadse schleppende Korruptionsbekämpfung vor und gründete im Oktober die Oppositionspartei Vereinte Nationale Bewegung. 2002 erhielt Saakaschwili zusammen mit dem ehemaligen Parlamentspräsidenten und späteren Ministerpräsidenten Surab Schwania von der Central European University in Budapest den Open Society Award.[397]

»Bereits im Februar [2003] begann der milliardenschwere Finanzier George Soros damit, die Fundamente für den Sturz des georgischen Präsidenten Eduard Schewardnadse zu legen«, schrieb Mark McKinnon in der kanadischen Zeitschrift *Globe and Mail.* »In diesem Monat schickte sein Open Society Institute einen 31-jährigen Tifliser Aktivisten namens Giga Bokeria nach Serbien, um sich mit Mitgliedern der Otpor!-Bewegung zu treffen und zu lernen, wie sie Straßendemonstrationen genutzt hatten, um den Diktator Slobodan Milošević zu stürzen. Im Sommer finanzierte Soros' Stiftung eine Reise von Otpor!-Aktivisten nach Georgien, die in 3-tägigen Kursen mehr als 1000 Studenten beibrachten, wie man eine friedliche Revolution inszeniert.«

Soros finanzierte auch den Fernsehsender Rustavi-2, der mit wöchentlichen Ausstrahlungen des US-Dokumentarfilms *Bringing*

Down a Dictator (dt.: »Wie stürzt man einen Diktator«) über den Fall Miloševićs begann. Produziert worden war der Film vom ehemaligen Linksradikalen Peter Ackerman, der beim berüchtigten Wall-Street-Betrüger Michael Milken reich geworden war und nach Milkens Verurteilung seine eigene Werkstatt für Farbrevolutionen gründete, das International Center on Strategic Non-Violence in Washington. »Am wichtigsten war der Film«, bekundete ein Revolutionsführer. »Alle Demonstranten kannten die Taktiken der Revolution in Belgrad auswendig, weil sie diesen Film gesehen hatten. Alle wussten, was zu tun war. In den 10 hektischen Tagen vor Schewardnadses Sturz strahlte der Sender den Film immer häufiger aus.«[398]

Der TV-Sender Rustavi-2 erhielt 1995 von Soros sein Startkapital und weitere Mittel 2002, als der Sender die Oppositionszeitung *24 Saati* (dt.: »24 Stunden«) gründete und eine beliebte Zeichentrickserie produzierte, die den Präsidenten als korrupten Gauner darstellte. Am 26. Juli 2001 wurde Nachrichtensprecher Giorgi Sanaia in seiner Wohnung ermordet, im November 2001 gab es eine Razzia bei Rustavi-2 wegen Steuerhinterziehung. »Sie waren ein Tribunal« für die Opposition, sagte Giga Bokeria, »die Leute wussten, wo sie echte Informationen herbekommen. Sie wurden über die Details der Wahl informiert, wann, wo und wie sie auf die Straße gehen sollten.« Neben dem TV-Sender finanzierte Soros auch die Jugendbewegung Kmara! (dt.: »Genug!«) mit 500 000 Dollar. Ein Teil dieses Geldes wurde möglicherweise bei den 3-wöchigen Straßenprotesten verwendet, um Demonstranten aus dem Umland in Bussen heranzufahren sowie Lautsprecher und einen riesigen Bildschirm inmitten der Menschenmassen rund um das Parlamentsgebäude aufzustellen.[399]

Am 2. November 2003 fanden die Wahlen statt, die Schewardnadse gewann. Doch sofort begann der TV-Sender Rustavi-2 Wahlausgangsumfragen zu senden, nach denen die Opposition gewonnen hatte, und sprach von Wahlbetrug. Die Meinungsforscher, die diese Umfragen lieferten, wurden, wie George Soros zugab, ebenfalls von Open Society Georgia bezahlt.[400] Saakaschwili erklärte sich zum Sieger und rief mit einem Zitat des ersten georgischen Präsidenten Swiad Gamsachurdia zu Protesten auf: »Wir werden Rosen statt Kugeln auf unsere Feinde werfen«. Daher der Name Rosenrevolution.

»George Soros betreibt Opposition gegen den Präsidenten von Georgien«, erklärte Schewardnadse während der Proteste bei einer Pressekonferenz in Tiflis und drohte, die Büros der Open Society in Georgia schließen zu lassen. Es sei nicht die Sache von Soros, »sich in die Innenpolitik Georgiens einzumischen«.[401] Am 22. November, am Tag der konstituierenden Sitzung des Parlamentes, erreichten die Proteste in Tiflis ihren Höhepunkt. Demonstranten stürmten das Parlament, unterbrachen die Rede Schewardnadse und forderten ihn zum Rücktritt auf. Schewardnadse musste mit seiner Leibgarde fliehen und rief den Ausnahmezustand aus, doch die Polizei verweigerte ihm den Gehorsam. Am 23. November 2003 trat Schewardnadse als gewählter Präsident Georgiens zurück, und Saakaschwili wurde am 4. Januar 2004 in einer Neuwahl zum Präsidenten ernannt. Der Geschäftsführer der Open Society Georgia, Aleksandre Lomaia, erhielt den Kultusministerposten.

»Die Menschen glaubten den Wahlausgangsumfragen, nicht den offiziellen Wahlergebnissen«, kommentiert Soros, »und es gab eine Revolution. Saakaschwili wurde Präsident. Ich war begeistert und tat alles in meiner Macht Stehende, um ihm zum Erfolg zu verhelfen.«[402] »Es ist in Georgien allgemein bekannt, dass Herr Soros Schewardnadses Sturz geplant hat«,[403] bezeugte Zaza Gachechiladze, Chefredakteur vom *Georgian Messenger,* gegenüber Mark McKinnon. Nach Ansicht der Open-Society-Mitarbeiter geschah dies alles im Namen des Demokratieaufbaus. Laura Silber, leitende Politikberaterin bei

Open Society, erklärte McKinnon gegenüber, die Stiftung habe den Austausch mit Serbien gesponsert, weil »einige der Erfahrungen sehr gut übertragbar sind«. Das politische Klima Georgiens »sieht aufgeheizter aus, als es ist«.[404] Und George Soros ließ die *Los Angeles Times* wissen: »Ich bin sehr erfreut über die Ereignisse in Georgien. Und ich bin sehr stolz darauf, einen Teil dazu beigetragen zu haben.«[405]

2004 folgte auf die georgische Rosenrevolution die nächste Farbrevolution, die allerdings längerfristige Konsequenzen haben sollte: die Orangene Revolution in der Ukraine (dazu mehr in Kapitel 9). Nach dieser kam 2008 der Sohn des in Kenia geborenen Barack Hussein Obama ins Weiße Haus und machte sich daran, den Nahen Osten umzukrempeln – und zwar mit dem sogenannten Arabischen Frühling.

Der Arabische Frühling: Die Jasminrevolution in Tunesien

Am 17. Dezember 2010 setzte sich der Gemüseverkäufer Mohamed Bouazizi in Sidi Bouzid aus Protest gegen einen Strafzettel in Brand. Am Tag danach gab es in diesem kleinen Ort 300 Kilometer südlich der Hauptstadt Tunis Unruhen, die unter normalen Umständen international nicht weiter beachtet worden wären. Doch eine neue Generation von Bloggern und Internetaktivisten, die von Open Society und der Obama-Regierung unterstützt wurden, griff Bouzizis Fall auf und thematisierte ihn weltweit. Bereits am 28. November 2010 hatten dieselben internationalen Medien, die wir von Ibizagate und den Panama Papers her kennen, die »WikiLeaks Cables« über Korruption in Tunesien veröffentlicht: *Spiegel*, *The Guardian*, *New York Times*, *Le Monde* und *El Pais*.[406] Erst der Fall Bouazizi aber brachte die Tunesier auf die Straßen, stürzte die Regierung am 14. Januar 2011 und löste

Revolutionen in Libyen, Ägypten und Syrien aus, die später als »Arabischer Frühling« bekannt wurden. Der Arabische Frühling trägt alle Anzeichen einer Soros-Obama-gesteuerten Farbrevolution. Open Society ist laut ihrer Website seit 2005 in Tunesien aktiv und öffnete 2014 ein eigenes Büro in Tunis. Am 9. März 2015 besuchte Soros Tunesien und wurde vom Ministerpräsidenten Habib Essid empfangen.

Der Blog Nawaat (dt.: »Kern«) war einer der wichtigsten Auslöser der Jasminrevolution in Tunesien. Nawaat wurde 2004 von Sami Ben Gharbia und den Brüdern Guerfali und Malek Khadhraoui gegründet und wird laut aktueller Website von Open Society, dem National Endowment for Democracy, der Heinrich-Böll-Stiftung, der Friedrich-Ebert-Stiftung und der Rosa-Luxemburg-Stiftung finanziert.[407] Das National Endowment for Democracy wurde 1982 von der CIA und dem US-Außenministerium ins Leben gerufen, um Medienarbeit in aller Welt zu leisten.

Eine weitere einflussreiche Bloggerin war Amira Yahyaoui, die Tochter des oppositionellen Richters Mokhtar Yahyaoui. Ihr Cousin Zouhair Yahyaoui schuf die satirische Website TUNeZINE und starb 2005, nachdem er von der Regierung eingesperrt und gefoltert worden war. Inzwischen war Amira Yahyaoui mit 18 Jahren nach Paris geflohen, von wo aus sie gegen das Regime von Präsident Zine el-Abidine Ben Ali anschrieb. Nach der Jasminrevolution 2011 kehrte sie nach Tunesien zurück und gründete mit 120 000 Dollar von Open Society die NGO Al-Bawsala (dt.: »Kompass«).[408] Laut Website erhielt Al-Bawsala unter anderem von Open Society, dem National Endowment for Democracy, der Heinrich-Böll-Stiftung, der Deutschen Botschaft Tunesien, der EU, Oxfam und Anwälten ohne Grenzen die entsprechende Finanzierung.[409] Amira Yahyaoui wurde 2016 zum Young Global Leader und zur Co-Vorsitzenden des WEF in Davos ernannt.

Am 27. Januar 2011 gab die International Federation of Human Rights (FIDH) einen Solidaritätsaufruf für drei Soros-NGOs heraus: die Ligue Tunisienne des droits de l'Homme (LTDH – Tunisian League for Human Rights), die Association Tunisienne des Femmes Démocrates (ATFD – Tunisian Association of Democratic Women) und den Conseil National pour les Libertés en Tunisie (CNLT – National Council for Liberties in Tunisia), die »auf der Frontlinie einer Revolution für die Menschenrechte kämpfen«,[410] heißt es in diesem Appell. FIDH wird von Open Society (2016: 850000 Dollar) und dem National Endowment for Democracy finanziert. Der Chef von LTDH, Moncef Marzouki, wurde nach dem Sturz der Regierung am 17. Januar 2011 Übergangspräsident von Tunesien. CNLT-Chefin Sihem Bensedrine ist zugleich Vorsitzende der Arab Working Group of Media Monitoring, die Open Society finanziell trägt, und bekam am 16. Dezember 2011 von der International Crisis Group und US-Außenministerin Hillary Clinton den Preis »In Pursuit of Peace« verliehen. Der tunesische Gewerkschaftsbund Union Générale Tunisienne du Travail (UGTT) bildete zusammen mit der LTDH, dem Arbeitgeberverband UTICA und dem Anwaltsverband das Quartett für nationalen Dialog, das 2015 den Friedensnobelpreis für seine Rolle bei der Jasminrevolution erhielt. »Die Open Society Foundations salutieren vor dem Quartett und seinen Leistungen«,[411] schrieb der damalige Open Society Chef Chris Stone.

»Während die USA Milliarden von Dollar in ausländische Militärprogramme und Anti-Terror-Kampagnen steckten, förderte ein kleiner Kreis US-finanzierter NGOs die Demokratie in autoritären arabischen Staaten«, las man 2011 in der *New York Times.* »Wenn US-Beamte auf die Aufstände des Arabischen Frühlings zurückblicken, sehen sie, dass die US-Kampagnen zur Demokratieförderung eine größere Rolle bei der Anfachung der Proteste spielten, als bisher bekannt war. Wichtige Führer der Bewegungen wurden von den

Amerikanern in Wahlkampfstrategie, bei der Verwendung neuer Medien und bei Wahlüberwachung ausgebildet.«[412]

Im April 2011 erklärte der stellvertretende US-Außenminister für Menschenrechte, Michael Posner, die US-Regierung habe in den letzten 2 Jahren 50 Millionen Dollar »für die Entwicklung neuer Technologien bereitgestellt, die Aktivisten dabei helfen, sich vor Verhaftung und Strafverfolgung durch autoritäre Regierungen zu schützen«. Die USA hätten »Schulungen für 5000 Aktivisten in verschiedenen Teilen der Welt organisiert. Ein Workshop im Nahen Osten Anfang 2011 brachte Aktivisten aus Tunesien, Ägypten, Syrien und dem Libanon zusammen, die in ihre Länder zurückkehrten mit dem Ziel, dort ihre Kollegen auszubilden. … Sie gingen zurück und es gab einen Dominoeffekt.«[413] Dieser Dominoeffekt war der Arabische Frühling.

Der Arabische Frühling breitete sich 2011 bis nach Libyen, Ägypten und Syrien aus. In Tunesien und Ägypten kamen die Muslimbrüder an die Macht, die eine ernsthafte Bedrohung für die Sicherheit Israels und der Welt darstellten. In Libyen und Syrien entbrannten Bürgerkriege, die bis heute andauern und eine enorme Flüchtlingswelle nach Europa auslösten. Der sogenannte »Islamische Staat« breitete von Syrien und Irak Terror über die ganze Welt aus.

Vielleicht war die Jasminrevolution 2011 etwas Gutes für Tunesien. Doch das »Gesetz der unbeabsichtigten Konsequenzen«[414] (Robert K. Merton) besagt, dass man die negativen Folgen seines Tuns letztendlich nie absehen kann, egal wie wohlwollend dieses gewesen sein mag. Ob es wirklich so eine gute Idee war, die autokratischen Regime des volatilen Nahen Ostens zu stürzen, ob es die Aufgabe westlicher Regierungen und NGOs sein kann, Putschversuche und

Revolutionen in anderen Ländern zu inszenieren, darf vor dem Hintergrund der Entwicklungen in Syrien und Libyen zumindest bezweifelt werden.

Mazedonien an Soros und die EU: »Bitte lasst uns in Ruhe!«

Die »ehemalige jugoslawische Republik Mazedonien« hatte 10 Jahre lang (von 2006 bis 2016) eine erfolgreiche konservative Regierung unter der Partei VMRO und Premierminister Nikola Gruevski. Ihr größtes Problem schien der Namensstreit mit Griechenland zu sein, dass ebenfalls den Namen Mazedonien und das Erbe Alexanders des Großen für sich beanspruchte. Nord-Mazedonien ist ein christlich-orthodoxes Land, das die westliche Kultur und das Christentum erhalten will, und die slawischen Mazedonier sind so konservativ, dass sie als einziges Land in Europa die Abtreibungsgesetze strenger gemacht haben. Eine wachsende muslimische Minderheit von etwa 28 Prozent strebt dagegen tendenziell ein Großalbanien mit der Republik Albanien und dem Kosovo an.

So geriet Mazedonien ins Visier von George Soros, der seit dem Mauerfall auf dem Balkan besonders aktiv ist und dort das fördert, was er für Demokratie und offene Gesellschaft hält: linke Open-Borders-Politik. EU-Eliten haben sich gemeinsam mit der Obama-Regierung und der Open-Society-Stiftungen zusammengetan, um Mazedonien in die EU zu führen und die konservative Regierung zu stürzen, und organisierten dafür 2016 einen Putsch der sogenannten »Zivilgesellschaft« – einen Putsch nicht gewählter und damit nicht demokratisch legitimierter linker NGOs und Medien, die sogar T-Shirts mit der Aufschrift »Die Soros-Armee« trugen, als sie Steine und Farbbeutel auf Regierungsgebäude warfen und den Premierminister aus dem Land drängten.

Die folgenden Ausführungen stützen sich auf Recherchen von Victor Gaetan, der 2017 den Artikel »Macedonia to George Soros and USAID: Go Away« in der angesehenen konservativen Zeitschrift *The American Spectator*[415] veröffentlicht hat, sowie unabhängige Bestätigungen durch den Daily Caller,[416] Breitbart,[417] Judicial Watch,[418] den US-Senator Mike Lee aus Utah und Gespräche mit dem mazedonischen Journalisten Cvetin Chilimanov.

Nach eigenen Angaben haben die Open-Society-Stiftungen seit 1992 94,8 Millionen US-Dollar in das kleine Land mit 2,1 Millionen Einwohnern gepumpt.[419] Aktuell sind es etwa 2,5 Millionen US-Dollar pro Jahr für linke NGOs und Medienstiftungen. Dazu kommt der gleiche Betrag für dieselben Gruppen von USAID und EU, so der Journalist Chilimanov, denn diese hätten einen Deal mit Soros, die Finanzierung »Dollar für Dollar« zu erwidern. Dies Geld dient hauptsächlich zur Beeinflussung der Medien und der Zivilgesellschaft, also ungewählter Lobbygruppen mit eigener linker Agenda.

Da Barack Obama als Bürgerrechtsanwalt und junger Senator aus Chicago wenig Erfahrung und Interesse an Außenpolitik hatte, überließ er während seiner Präsidentschaft weite Teile seiner Außenpolitik in Osteuropa den Soros-Stiftungen, die eng mit den US-Botschaften zusammenarbeiteten. In der »ehemaligen jugoslawischen Republik Mazedonien« arbeiteten das State Department und USAID unter der Obama-Regierung Hand in Hand mit der Open-Society-Stiftung[420] und pumpte, wie Gaetan im *The Spectator* berichtet, seit 2012 insgesamt 14,3 Millionen US-Dollar in Open-Society-Gruppen. Der damalige US-Botschafter Jess Baily, der Anfang 2019 abberufen wurde, beteiligte sich ausdrücklich an diesen Regimewechselplänen. Millionen Dollar an USAID-Entwicklungshilfe sind seitdem unauffindbar.[421] Als die Trump-Regierung die Bücher vor Ort durch eigene Kontrolleure prüfen ließ, nahm Baily plötzlich seinen Hut. Der ehemalige Obama-CIA-Leiter in Skopje David Stephenson arbeitet jetzt für eine Soros-nahe juristische Stiftung, die dem linken Premier Zoltan Zaev zuarbeitet: die Jungen Anwälte Nordmazedoniens.[422]

2012 und wieder 2015 organisierten diese Gruppen gewaltsame Aufstände gegen die konservative Regierung von Soros-Kritiker Nikola Gruevski.[423] Albanische Guerillas attackierten 2015 eine Polizeistation in Kumanovo und töteten acht Polizisten, zehn Angreifer starben. Demonstranten mit »Soros-Armee«-T-Shirts schossen in Skopje mit Farbkugeln auf Gebäude und Menschen – eine Farbrevolution der handfesten Sorte also. Die Deutsche Welle, die direkt aus dem Kanzleramt finanziert wird, feierte den linken Mob, der »den Kleptokraten etwas Farbe verlieh«,[424] wie Boris Georgievski 2016 schrieb. Ausgelöst worden waren diese Demonstrationen durch Lauschangriffe auf die Regierung von Nikola Gruevski, die angeblich deren Korruption belegen sollten.[425] Die Urheber dieser Lauschangriffe wurden nie ausfindig gemacht.

Es war also ein Szenario, das frappierend an die Lauschangriffe gegen den Trump-Wahlkampf oder Ibizagate in Österreich erinnert: Eine Rufmordkampagne, die sich nicht um Politik dreht, sondern ausschließlich auf die persönliche und politische Vernichtung des Gegners abzielt – eine Strategie, die der US-Aktivist Saul Alinsky in seinem Revolutionsratgeber *Rules for Radicals*[426] formuliert hat, dem Standard-Strategiewerk von Barack Obama und Hillary Clinton. Die Soros-Medienstiftungen bezahlten mit US-Steuergeldern 2014 sogar eine mazedonische Übersetzung dieses berüchtigten Revolutionshandbuchs.[427]

Mit diesen Methoden vertrieben die USA, die EU und Open Society Nikola Gruevski Ende 2015 aus dem Amt und schließlich aus dem Land. Bei den Wahlen 2016 bekam die konservative VMRO zwar die Mehrheit, konnte aber keine Regierung bilden, da die Moslem-Partei auf Betreiben der US-Beauftragten Victoria Nuland und des EU-Erweiterungskommissars Johannes Hahn absprang und mit den Sozialisten koalierte. Seitdem herrscht in Mazedonien eine muslimisch-sozialistische Regierung mit Zoran Zaev an der Spitze, unter der VMRO-Minister eingesperrt und verprügelt wurden, die Meinungsfreiheit eingeschränkt wird und etwa 200 bis 300 Mitglieder der VMRO vermittels Hatespeech verfolgt werden.[428] Orthodoxe Mazedonier wie Chilimanov unterstützen zwar weiterhin mehrheitlich die konservative VMRO, die Muslime stimmten aber zu 98 Prozent für die linke Koalition. Die deutsche Botschaft in Skopje unterstützte laut Chilimanov offen die linke Regierung und setzte sich gegen die konservative VMRO ein. Als Belohnung wurde Mazedonien die NATO- und EU-Mitgliedschaft in Aussicht gestellt. Der erste Schritt dahin wurde mit der Beilegung des Namensstreits mit Griechenland im Abkommen von Prespa gemacht, nach welchem Mazedonien sich in Nordmazedonien umbenannt hat. George und Alexander Soros schrieben 2018 in der *New York Times*, die Beilegung des Namensstreits sei »ein historischer Schritt«, und ermunterten EU und NATO, den ganzen Balkan aufzunehmen.[429]

Nordmazedonien unter der konservativen VMRO-Regierung war immerhin das Land gewesen, das mit der Schließung der Balkanroute in Absprache mit Österreich und den V4-Staaten am 8. März 2016 die »Flüchtlingskrise« entschärft hatte. Doch so unglaublich es klingt: 2 Monate später wurde diese konservative Regierung durch Einwirken der EU, der USA und Open Society gestürzt, obwohl sie die Mehrheit der Stimmen bei der Wahl erhalten hatte. Der Premierminister sollte ins Gefängnis kommen, musste im November 2018 fliehen und lebt jetzt als politischer Flüchtling in Ungarn unter dem Schutz von Viktor Orbán.[430] »Ich kenne diesen Mann«, sagt Viktor Orbán. »Es wäre sehr viel schwieriger gewesen, die Grenzen ohne ihn zu schließen. Wir lassen unsere Verbündeten nicht fallen. Wir glauben an Gerechtigkeit.«[431]

Ende 2017 schickte Ungarn Polizeikräfte nach Nordmazedonien, um trotz der Unruhen die Grenzsicherung aufrechtzuerhalten. Mittlerweile sind die Grenzen zwar offiziell geschlossen, aber Hunderte illegaler Migranten werden pro Woche heimlich nach Deutschland durchgelassen. Im März 2019 starb ein Mann aus Bangladesch auf der Strecke von der mazedonischen Grenze nach Serbien, und sechs Pakistaner wurden schwer verletzt, weil der Fahrer laut City News eine Polizeistreife gesehen hatte und den fünfzehn Illegalen an Bord befohlen hatte, abzuspringen.[432]

Während die EU mit dem Finger auf Regierungen in Polen und Ungarn zeigt, greift sie in Zusammenarbeit mit den Obama-Veteranen im US-Außenministerium und der Open-Society-Stiftungen von George Soros also aktiv in die Politik unserer südöstlichen Nachbarn ein, um die Schließung der Balkanroute wieder rückgängig zu machen.

Wilder Osten: Albanien, Bulgarien, Rumänien, Kosovo

In Nordmazedoniens Nachbarstaat **Albanien** beschuldigte der damalige Präsident Ilir Meta George Soros 2019, sich in die Wahlen eingemischt zu haben und für »eine Verschwörung« verantwortlich zu sein, die darauf abziele, »den Staat vollständig zu erobern«. Am 2. Juli 2019 sagte er bei einer Pressekonferenz, es habe eine »inländische und internationale Verschwörung gegen die albanische Demokratie gegeben, um das Land bei umstrittenen Lokalwahlen zu destabilisieren«.[433]

Bereits 2016 hatten Soros-finanzierte Experten mithilfe der US-Botschaft in Tirana eine Justizreform durchgedrückt, die das Gerichtssystem in diesem Balkanland nach Auskunft der *Washington Times* völlig lahmgelegt hat: »Die derzeitige sozialistische Regierung unter der Leitung von Premierminister Edi Rama war somit in der Lage, Gesetze praktisch ohne rechtliche Kontrollen und Gleichgewichte zu erlassen, während sie die Staatsanwaltschaft mit ihren Handlangern füllte. Niemand weiß, wann die Gerichte als gleichberechtigte Zweigstelle einsatzbereit sein werden.«[434] Nachdem die regierenden Sozialisten Meta beschuldigt hatten, gegen die Verfassung verstoßen zu haben, wurde dieser 2021 des Amtes enthoben.

Die Beziehung des sozialistischen albanischen Premierministers Edi Rama zu George Soros reicht bis in die 1990er-Jahre zurück, als er noch nicht in der Politik tätig war, erzählte Rama dem Journalisten Blendi Fevziu der Onlinezeitung SOT.[435]

»Nachdem die Berliner Mauer gefallen war, gehörte ich zu einer Gruppe von Albanern in Paris, zu der auch Edi Rama gehörte, der jetzt Albaniens Premierminister ist«, berichtet die Journalistin Evi Kokalari. »Darunter war auch der Sohn des Leiters der Soros-Stiftung in Albanien. Daher weiß ich, wie Soros die perfekte Gelegenheit gefunden hat, Rama als seine Marionette zu installieren. Unter der Leitung von Rama führte der Apparat der Sozialistischen Partei 2013 mittels gefälschter Stimmzettel einen Putsch gegen die regierende konservative Partei durch, bei der die Anführer buchstäblich arme Menschen für Stimmen bezahlten.«[436] Das habe der Sender RTV Klan sogar auf Video dokumentiert.[437]

In den Jahren 2015 bis 2018 setzte sich der US-Botschafter Donald Lu für die Soros-Agenda in Albanien ein. Laut einer Anfrage von Judicial Watch finanzierte die Entwicklungsagentur USAID 2016 Soros' East West Management Institute in Albanien mit 9 Millionen Dollar, und die Open-Society-Website bescheinigt zwischen 2017 und 2021 eine Summe von 600 000 Dollar für dieses Institut. Der Open-Society-Chef in Albanien Andri Dobrushi habe eine »Soros-Söldnerarmee« installiert, sagte der ungarische Premierminister Viktor Orbán, und die von Judicial Watch veröffentlichten Dokumente zeigten, dass US-Gelder an NGOs fließen, die sich für die linke Zivilgesellschaft einsetzen und gleichzeitig konservative, pro-amerikanische Gruppen angreifen.[438] Zusammen mit Botschafter Donald Lu plante Dobrushi »US-Hilfen für die Kommunalwahlen im Juni« in Albanien, um die Sozialisten zu unterstützen, und Lu verweigerte konservativen albanischen Juristen US-Visen.

»Die Obama-Regierung hat ihre Außenpolitik im Prinzip an George Soros delegiert, vor allem in Albanien«, sagte Judicial-Watch-Präsident Tom Fitton. »Der Beamtenapparat (Deep State) ist weiterhin eng mit Soros verbunden und nutzt das Außenministerium in Ländern wie Albanien, um seine radikale Agenda voranzutreiben.«

Nun, da die Opposition in Albanien »neutralisiert« worden sei, schreibt Evi Kokolari, »wird der extrem unbeliebte Rama an der Macht bleiben, solange er sein inniges Verhältnis mit George Soros aufrechterhält.«[439]

In **Bulgarien** ließ Medienmogul Deljan Peewski am 13. März 2017 über seine Zeitung *Telegraf* der Balkan Media Company ein 240 Seiten starkes Buch mit dem Titel *Räuber der Demokratie*[440] verschenken. Laut diesem standen Soros-finanzierte NGOs 2013 hinter Straßenprotesten, die zum Sturz der konservativen Regierung und der

Machtübernahme durch eine Übergangsregierung unter dem ehemaligen Kommunisten Marin Rajkow geführt hätten. Dahinter stehe unter anderem die Website Bivol, die zu dem Soros-finanzierten Organized Crime and Corruption Reporting Project (OCCRP) gehöre, mit der auch die SZ-Journalisten Obermayer und Obermaier an ihren Steuerenthüllungen arbeiten. Laut *Räuber der Demokratie* wurden die dahinterstehenden NGOs und Medien von den Open Society Foundations und America for Bulgaria der US-Regierung finanziert. Seit 2009 hat America for Bulgaria laut eigenen Angaben über 200 Millionen Dollar in Bulgarien ausgegeben.[441]

Die vom ehemaligen Justizminister Hristo Iwanow neu gegründete Partei mit dem Namen »Ja. Bulgarien« wird ebenfalls als ein Soros-Projekt dargestellt. Richtern und Justiz-NGOs, die »Reformen der bulgarischen Justiz« befürworten, wurde auch vorgeworfen, sie versuchten, das Rechtssystem im Sinne Soros' zu unterwandern, beklagte das OCCRP.[442] Der Vertrieb von *Räuber der Demokratie* wurde zwar innerhalb weniger Tage verboten, doch da waren alle Exemplare schon vergriffen.

In **Rumänien** wurde am 30. Dezember 1989, also fast unmittelbar nach der Erschießung des Diktators Nicolae Ceaușescu und seiner Frau Elena am 25. Dezember, Grupul pentru Dialog Social (GDS – Gruppe für sozialen Dialog) gegründet. Wenige Tage später traf sich George Soros in Bukarest mit der GDS. »Ich glaube, meine Maschine war die erste Privatmaschine, die nach Bukarest flog«,[443] sagte Soros 2005 zu Robert Turcescu im rumänischen Fernsehen. Im Juni 1990 rief er die Soros-Stiftung in Bukarest mit einem Budget von 1,5 Millionen Dollar ins Leben. Alin Teodorescu wurde der erste GDS-Vorsitzende, später dann Stabschef des Präsidenten Adrian Nastase 2000 bis 2004 und schließlich Parlamentsabgeordneter.

Zusammen mit den USA unterstützte Soros den ersten Privatsender in Rumänien, SOTI TV, und zusammen mit Freedom House und dem National Endowment for Democracy die Ausbildung von Journalisten in Rumänien. Die erste Geschäftsführerin von Open Society Rumänien, Sandra Pralong, sollte später die Beraterin sowohl von Präsident Emil Constantinescu (1998 bis 2000) als auch seit 2015 von Präsident Klaus Iohannis werden. Mitte der 1990er-Jahre war das Budget auf 10 Millionen Dollar gestiegen, zur Jahrtausendwende auf 16 Millionen Dollar. 1997 wurde der Name zu Fundaţia pentru o Societate Deschisă (FSD – Stiftung für eine offene Gesellschaft) geändert. Im Jahr 2000 wurden unter dem Dach des Soros Open Network Romania (SON) zwölf weitere Unter-NGOs gebildet.

Im Dezember 2016 fanden in Rumänien Parlamentswahlen statt, aus denen die Sozialdemokraten PSD mit 45 Prozent als stärkste Kraft hervorgingen und mit den Liberaldemokraten ALDE eine Koalition bildeten. Am 4. Januar 2017 wurde Sorin Grindeanu als Premierminister vereidigt. Doch Soros unterstützte in Rumänien andere Parteien, darunter die Liberalkonservativen (PNL), und warf den Sozialdemokraten Korruption vor. Die Facebook-Gruppe Corupţia ucide (»Korruption tötet!«) des jungen Aktivisten Florin Bădiţă warf der neuen Regierung vor, die Korruption legalisieren zu wollen, und rief am 18. Januar 2017 zu Protesten auf.

Seine Beziehung zum Soros-Netzwerk nahm Bădiţă in einem Interview trotzig zur Kenntnis: »Ich habe den ersten Teil der Proteste im Januar 2012 organisiert und habe eine großartige Beziehung zur Soros Foundation. … Ich habe auch an einem Workshop der Soros Foundation im Jahr 2013 teilgenommen, wo Soros mich manipulierte und mir beibrachte, wie man den Staat kritisiert, um herauszufinden, ob der Bürgermeister korrupt ist oder nicht. Verflucht sei Soros für das, was er mir angetan hat! Er hat mich zu einem engagierten Bürger gemacht!«[444]

Bădiţăs »Antikorruptionsproteste« begannen am 18. Januar 2017 in Bukarest mit 5000 Teilnehmern, um am 1. Februar auf 100 000 und dann landesweite 500 000 am 5. Februar anzusteigen. Es waren die größten Proteste, die es in Rumänien je gegeben hatte. Bei der Demo am 1. Februar schleuderten maskierte Randalierer Feuerwerk auf Polizisten. Der Vorsitzende der Sozialdemokraten Liviu Dragnea nannte dies »eine Kampagne der Lügen und Fehlinformationen«, und beschuldigte Präsident Klaus Iohannis, darin verwickelt zu sein.[445] Parlamentspräsident Dragnea suggerierte, dass die Demonstranten von den Medien manipuliert wurden: »Wenn ich in den letzten Tagen nur ferngesehen hätte, ohne die Begründung des Verfassungsgerichts zu lesen und ohne zu sehen, was die Regierung wirklich genehmigt hat, wäre ich ebenfalls wütend auf die Straße gegangen. … Eine solche Maschinerie der Fehlinformationen habe ich nur bei der Revolution (1989) gesehen. In Rumänien wird ein professionell organisiertes System der Falschinformation benutzt.«[446]

Die Demonstrationen gingen bis zum 14. Juni 2017 weiter, dann wurde Sorin Grindeanu per Misstrauensvotum von seiner eigenen Partei abgesetzt. Grindeanu war fassungslos und wusste immer noch nicht, wie ihm geschehen war. »Ich verstehe immer noch nicht den Zorn, die gewählte Regierung nach nur 6 Monaten absetzen zu wollen«, sagte er laut Reuters. »Ich sehe keinen Grund außer der Gier eines Mannes nach Macht.«[447] Wir wissen, welchen Mann Grindeanu meinte. Dennoch gingen die Proteste weiter und richteten sich nun gegen den Vorsitzenden der Sozialdemokraten, Liviu Dragnea. Die Medien-NGO Rise Project beschuldigte Dragnea der Korruption.[448] Dragnea dementierte und kündigte eine Klage an. Rise Project hatte laut Open-Society-Website 2016 23 900 Dollar vom OSF Independent Journalism Program und 2019 62 232 Dollar von der Open Society Initiative for Europe bekommen. Die Anschuldigungen »stammen alle von George Soros, diesem Übeltäter, dem ich nicht klein beigeben werde«, so Dragnea.[449]

Im November 2017 verabschiedeten die rumänischen Sozialdemokraten, wie in vielen anderen osteuropäischen Ländern, ein Gesetz, um den Einfluss von Soros-NGOs einzudämmen. Demnach wurden ausländische NGOs verpflichtet, halbjährlich ihre Finanzen offenzulegen, und NGOs, die sich politisch betätigten, sollten nicht länger steuerfinanziert werden dürfen.[450] Laut dem PNL-Abgeordneten Dumitru Oprea beschuldigten die Opposition und NGOs die Regierung »billiger Propaganda« und des »Anti-Sorosismus«.[451] Als am 10. August 2018 dann rund 100 000 Demonstranten in Bukarest aufmarschierten, eskalierten die Proteste, die Demonstranten durchbrachen Polizeiabsperrungen vor dem Regierungssitz, und die Polizei setzte Tränengas und Schlagstöcke ein. Laut ORF wurden 450 Menschen verletzt, darunter 65 schwer. »Als Folge wurde die Stimmung noch explosiver, die Polizei setzte bis zum späten Abend mehrfach Tränengas und kurzfristig sogar Wasserwerfer ein und ließ Sondereinsatzkräfte aufmarschieren«, berichtete der ORF. »Ein ORF-Team wurde ebenfalls attackiert: Im Zuge eines Einsatzes gegen Hooligans prügelten Polizisten mit Schlagstöcken auf den Kameramann ein.« Doch der ORF protestierte nicht etwa gegen die Randalierer, sondern gegen die Polizei. In rumänischen Medien werde vermutet, suggerierte der ORF, »dass es sich um Provokateure handeln könnte, deren Gewaltbereitschaft der Polizei einen Vorwand zum Eingreifen liefern sollte.«[452]

In einem Interview mit Antena 3 warf Parlamentspräsident Liviu Dragnea am 21. August 2018 Soros indirekt vor, 2017 ein Killerkommando auf ihn angesetzt zu haben. Im April 2017 seien vier Ausländer

3 Wochen lang in Bukarest gewesen und ihm »sehr nahegekommen«. Die vier seien »von einer weltberühmten Person« bezahlt worden. Als er gefragt wurde, ob er Soros meine, sagte Dragnea, »ich denke nicht an ihn, aber er denkt an mich«.[453] Am 27. Mai 2019 wurde Dragnea in zweiter Instanz der »Anstiftung zum Amtsmissbrauch« für schuldig befunden und zu dreieinhalb Jahren Gefängnis verurteilt, am 15. Juli 2021 aber auf Bewährung freigelassen, allerdings unter der Auflage, dass er bis 2024 kein öffentliches Amt mehr bekleiden dürfe. Dragneas Nachfolgerin Viorica Dăncilă wurde am 10. Oktober 2019 durch ein Misstrauensvotum aus ihrem Amt getrieben, und Präsident Klaus Iohannis setzte Ludovic Orban von der Soros-nahen liberalkonservativen PNL als Premier ein. Seitdem regiert die PNL Rumänien in wechselnden Koalitionen, obwohl die Sozialdemokraten immer noch die größte Partei stellen.

In Rumänien gebe es »keine Herausforderungen mehr für George Soros«, sagte der Politikwissenschaftler Bogdan Duca der ungarischen *Magyar Nemzet*, »in Rumänien hat George Soros seine eigene Partei: die Uniunea Salvați România (USR – Parteiunion Rettet Rumänien)«. Soros' Leute seien auch in anderen Parteien wie in der regierenden Nationalliberalen Partei (PNL) »leicht zu erkennen«. Die Verhaftung von Liviu Dragnea und die anschließende Bändigung der Sozialdemokraten setzten »jedem ernsthaften souveränen Widerstand ein Ende. … Er hat den ideologischen Kampf gewonnen. Die drei großen Parteien, die derzeit die politische Szene Rumäniens dominieren – USR-Plus, PNL und PSD – machen alle progressive Politik.« Sogar den Widerstand gegen Soros instrumentalisiere das Soros-Netzwerk. Liviu Dragnea und andere Politiker, die es wagten, Soros' Einfluss in Rumänien zu thematisieren, würden als »Verschwörungsfanatiker« hingestellt, »als Schwachköpfe, die an jene Märchen glauben, dass die Welt von einer superreichen Elite kontrolliert werden würde«.[454] Soros-Kritiker würden »sofort stigmatisiert« und mit »Verschwörungstheoretikern in einen Topf geworfen«, setzt Duca fort. In der rumänischen Gesellschaft gebe es »keine Informationen über die Verteidigungsstrategien anderer Regierungen gegen den schädlichen Einfluss der Soros-Ideologie und des von ihr kontrollierten Netzwerks zivilgesellschaftlicher Organisationen«.[455]

Betrachten wir als Nächstes ein Beispiel für eine erfolgreiche »Verteidigungsstrategie anderer Regierungen«, nämlich Ungarn.

Ungarn: »Stoppt Soros!«

Ausgerechnet in seinem Heimatland Ungarn stößt George Soros auf den größten Widerstand in der EU. Das liegt zum großen Teil an der Regierung von Viktor Orbán, der schon als Jurastudent und antikommunistischer Dissident 1988 von Soros unterstützt wurde. Soros hatte bereits 1984 seine erste Stiftung in Budapest gegründet und schickte den jungen Dissidenten Orbán nach dessen Studium für 3 Monate ans Pembroke College der Oxford University. »Orbán war genauso wie ich Stipendiat der Open Society Stiftung und studierte 1989 in Oxford«,[456] berichtet die Orbán-Vertraute Mariá Schmidt im Gespräch mit dem Autoren. »Als es 2010 Überschwemmungen in Ungarn gab, spendete Soros sehr viel Geld und setzte sich für die Roma ein. Da haben sich die beiden noch mal getroffen. George Soros ist nun mal ein Ungar, und das Land liegt ihm angeblich am Herzen, es ist ihm wichtig. Er hat eine Penthousewohnung auf dem Dach seiner Uni, er ist oft hier. Man kann ihm in Budapest auf der Straße begegnen, wie sollte es auch anders sein, er ist sozusagen unser Landesmann.« Von der Historikerin und Leiterin des Holocaustmuseums Terror Háza erfahren wir: »1994 versuchte Soros Orbán zu einer Koalition mit den Ex-Kommunisten zu bewegen, was dieser jedoch strikt ablehnte. Da begann der Zwist.«[457]

Befeuert von »Soros' Plan«[458] und Merkel-Berater Gerald Knaus von der European Stability Initiative, die 2015 bis 2017 300 000 Dollar von den OSF erhielt (siehe Kapitel 6), geriet Ungarn im September 2015 zum Brennpunkt von Angela Merkels Grenzöffnung. Dagegen begann Orbán 2016 seine »Stoppt-Soros«-Kampagne mit 100 Millionen Euro für Anti-Soros-Plakatmotive wie »Lasst Soros nicht zuletzt lachen«.[459] 2017 verabschiedete das Parlament nach russischem und israelischem Vorbild das Anti-NGO-Gesetz, dem gemäß alle Zuwendungen aus dem Ausland gemeldet werden müssen. Organisationen, die mehr als 23 000 Euro pro Jahr aus dem Ausland erhalten, werden als »fremdfinanziert« gekennzeichnet, und die ausländischen Spender müssen auf einer offiziellen Website veröffentlicht werden.[460] 2018 verabschiedete das Parlament das »Stoppt-Soros«-Gesetz, um NGO-Mitarbeiter zu bestrafen, die illegalen Migranten helfen, die Asylgesetze zu umgehen.[461] Seither versucht der Europäische Gerichtshof, beide Gesetze zu verbieten, die Ungarn wehren sich aber juristisch.

Open Society verlegte seinen Europasitz von Budapest nach Berlin, da Mitarbeiter Angst hatten, in Budapest zu bleiben, denn angeblich waren staatliche Sicherheitsbeamte bei ihnen zu Hause aufgetaucht.[462] Im April 2017 wurde das »Anti-CEU-Gesetz« verabschiedet, nach dem ausländische Universitäten nur zugelassen werden, wenn sie in ihrem Heimatland auch einen Universitätsbetrieb nachweisen können. So unterhält die Central European University eine Briefkastenadresse an einem Einfamilienhaus in Annandale-on-Hudson, New York, auf dem Campus des Bard College.[463] Am 3. Dezember 2018 kündigte die CEU unter lautem Wehklagen an, Budapest zum 1. Januar 2019 zu verlassen und auf Einladung des damaligen österreichischen Bundeskanzlers Sebastian Kurz nach Wien zu ziehen. Kurz war Mitglied des ECFR[464] und traf sich unter anderem am 18. November 2018 mit George und Alexander Soros in Wien (siehe Kapitel 4).

Die internationalen Medien stellten das neue Gesetz als Angriff auf die ungarische Demokratie dar. Gleichzeitig kündigte George Soros der CEU und Bard College eine Investition von 825 Millionen Dollar an, um »ein weltweites Netzwerk aufzubauen, damit Hochschulen und Universitäten zusammenarbeiten und sich gegenseitig unterstützen können«. Die Kosten des Umzugs nach Wien wurden auf 193 Millionen Euro in 6 Jahren geschätzt. Die Mainstreammedien erweckten den Eindruck, die CEU werde komplett aus Ungarn vertrieben.

Mariá Schmidt wies den Autor bei seinem Besuch in Budapest jedoch darauf hin, dass die ungarischsprachige CEU noch voll in Betrieb sei. Das Ganze sei vom Leiter der Uni, dem kanadischen Linken-Politiker Michael Ignatieff, politisch aufgebauscht worden, um im Ausland gegen Orbán Stimmung zu machen. Und in der Tat: Der Autor ging an einem Sonntag im Mai 2019 zur CEU und machte dort Fotos, mit der Auflage, die Gesichter der Studenten unkenntlich zu halten. Die Soros-Uni ist ein imposanter Klotz mitten in Pest an der Straße Nádor utca unweit des Freiheitsplatzes. Am schwarzen Brett hingen handgeschriebene Plakate für Pro-Palästina-Filme, die die Gründung Israels als »Nakba« (dt.: »Katastrophe«) verunglimpften. Selbst an einem Sonntag war eine Handvoll fleißiger Studenten dort anzutreffen.

Soros wollte seine Vertreibung aus Budapest jedoch nicht auf sich sitzen lassen und begann eine Koalition aller Oppositionsparteien zu schmieden, um bei den nächsten Parlamentswahlen 2022 die Fidesz-Partei von Viktor Orbán zu stürzen. Je näher die Wahlen im Mai 2022 heranrückten, desto mehr Artikel tauchten in den westlichen Mainstreammedien auf, die die »vereinte Opposition« in Ungarn als Retter priesen und den Niedergang Orbáns prophezeiten. In den Umfragen sank Orbáns Fidesz-Partei im November 2022 zum ersten Mal seit Jahren unter 50 Prozent, womit die gebündelten Kräfte der Oppositionsparteien in die Nähe einer Mehrheit kamen, wie Euractiv schrieb.[465] Doch dies war nur möglich, da die vereinte Opposition auch die rechtsextreme Jobbik-Partei einschloss, die 2021 circa 14 Prozent der Wähler hinter sich hatte und etwa gleichauf mit der Demokratischen Koalition des ehemaligen sozialistischen Premiers Ferenc Gyurcsány lag. Die rechtsextreme Jobbik war damit die größte oder zweitgrößte Oppositionspartei. Dies wurde von deutschen Medien, wenn sie die Abwahl Orbáns herbeischrieben, jedoch selten erwähnt. Besonders die Deutsche Welle, die vom Kanzleramt finanziert wird, tat sich dabei unrühmlich hervor.[466] Die deutschen Medien beklagten gerne in schrillen Tönen, dass in Ungarn die Demokratie abgeschafft werde – dabei wurde im Oktober 2019 im linken Budapest ein Grüner Bürgermeister gewählt, Gergely Karácsony, der mit den Sozialdemokraten koalierte. Seitdem wird die Hauptstadt Ungarns, das angeblich am Rande der Despotie taumelt, von der Opposition regiert.

Wer eine Übersicht über alle Korruptionsvorwürfe und Skandale um Viktor Orbáns Fidesz-Partei erhalten will, muss nur jeden x-beliebigen Taxifahrer in Budapest darauf ansprechen und wird die gesamte Fahrt über köstlich unterhalten werden. Soros-Liebling Karácsony wurde anfangs als führender Kandidat der Orbán-Herausforderer angesehen, obwohl seine Grüne Partei landesweit bei nur 2 Prozent in den Umfragen liegt. Am 31. März 2020 bedankte sich Karácsony öffentlich bei George Soros für eine Spende von 1 Million Euro.[467]

Da Karácsony außerhalb von Pest, des linken Stadtteils von Budapest, jedoch kaum Unterstützer hatte, wurde der parteilose Péter Márki-Zay Spitzenkandidat der Vereinten Opposition. Márki-Zay ist Bürgermeister von Hódmezővásárhely, einer Kleinstadt mit 44 000 Einwohnern im Südosten Ungarns, und Mitbegründer der Bewegung Aller Ungarn. Nachdem Márki-Zay im Oktober 2021 als

Orbán-Herausforderer gekürt wurde, wurde ihm in Brüssel der rote Teppich ausgerollt.[468] Im November 2021 traf sich Péter Márki-Zay zu Gesprächen mit einigen der wichtigsten EU-Vertreter in Brüssel, darunter die Grünen-Vorsitzende Ska Keller und Orbáns größte Gegenspielerin Věra Jourová, Kommissionsvizepräsidentin und Kommissarin für Werte und Transparenz, sowie die Vorsitzende der Sozialdemokraten, Iratxe García Pérez, und Manfred Weber, Vorsitzender der Europäischen Volkspartei.[469]

Doch dann tauchte ein Problem auf: Der EU-Vorzeigekandidat PMZ hatte sich, um Orbán zu schlagen, nicht nur mit der antisemitischen Jobbik-Partei verbündet, sondern trat im Wahlkampf sogar seinen eigenen handfesten Antisemitismusskandal los. Denn am 9. Januar 2022 ließ sich Márki-Zay zu einem bizarren Facebook-Post gegen Orbáns Fidesz-Partei hinreißen, mit der Bemerkung, dass es »übrigens Juden in der Fidesz gibt. Nicht viele, aber immerhin«.[470] Im Oktober 2020 traf sich Márki-Zay mit dem berüchtigten Jobbik-Politiker László Bíró, der Budapest »Judapest« nennt und sich 2019 auf Facebook über »polnische, russische und israelische chassidische jüdische Touristen« beklagte: »Mein Hund flippt aus, wenn diese Lauslocken an meinem Haus vorbeigehen.«[471] Márki-Zay unterstützt auch den Jobbik-Abgeordneten Lajos Rig, der Roma als »Biowaffe der Juden« bezeichnet hat.

Bei seinem EU-Besuch in Brüssel im November 2021 ließ sich Márki-Zay mit dem EU-Abgeordneten der Jobbik Márton Gyöngyösi fotografieren, der bei einer Rede im ungarischen Parlament 2012 gesagt hatte, es sei »höchste Zeit, eine Bestandsaufnahme zu machen, wie viele Juden in Ungarn ein Sicherheitsrisiko darstellen, vor allem im ungarischen Parlament und der Regierung«.[472]

Man kann sich lebhaft vorstellen, was die Mainstreammedien aus all diesen unsäglichen Skandalen gemacht hätten, wenn es gegen

Orbáns Fidesz gegangen wäre. Da es aber um die EU-Lieblinge der Vereinten Opposition ging, herrschte eisernes Schweigen im deutschen Blätterwald. Stattdessen versuchten die deutschen Mainstreammedien krampfhaft, die Jobbik als plötzlich geläutert darzustellen. So bezeichnet die *Frankfurter Allgemeine*[473] die ungarischen Rechtextremen als »pro-europäisch« und »transatlantisch« und sah sie in der Tradition von Konrad Adenauer, Alcide De Gasperi und Robert Schuman. Orbán-Sprecher Zoltán Kovács mokierte sich genüsslich: »Hört auf mit der Reinwaschung!«[474]

Unbestreitbar war dabei die Tatsache, dass viele der führenden Oppositionsvertreter dem NGO-Netzwerk um die Open Society Foundations entstammten, das aus Brüssel und Berlin finanziert wird. Die sozialistische Nachfolgepartei Momentum Movement wird von George Soros finanziert, ihre Anführer »sind alle im Soros-Netzwerk ausgebildet worden«,[475] so Fidesz-Abgeordneter János Halász. Am 17. November 2022 veröffentlichte der ungarische Geheimdienst einen Bericht,[476] nach dem die »vereinte Opposition« illegalerweise 7,5 Millionen Dollar von der US-NGO Action for Democracy erhalten haben soll. Péter Márki-Zay hatte schon im Juni 2022 zugegeben, 4,5 Millionen Dollar von Action for Democracy erhalten zu haben.[477] Wahlkampffinanzierung aus dem Ausland ist in Ungarn wie in den meisten Ländern illegal.

Obwohl Action for Democracy erst im Februar 2022 kurz vor der Wahl gegründet wurde, schickte es bereits am 1. März 2022 eine Überweisung von 684 672 Dollar an eine Firma, die der Demokratischen Koalition des Sozialisten Ferenc Gyurcsány nahesteht. Auch wenn Action for Democracy auf der Website der Open Society nicht als Empfänger aufgeführt ist, gehören zu den Mitgliedern Soros-Veteranen wie der britische Historiker Timothy Garton Ash, die *Atlantic*-Autorin Anne Applebaum, der ehemalige NATO-Oberkommandierende General Wesley K. Clark und der amerikanische Politikwissenschaftler Francis Fukuyama. David Koranyi, Exekutivdirektor von Action for Democracy, ist neben anderen Soros-finanzierten NGOs Fellow des Atlantic Council und Mitglied des European Council on Foreign Relations.

Am 29. März 2022 beklagte die Századvég Foundation, dass sich die »Wahlbeobachter« von der OSZE im Vorfeld der Wahlen hauptsächlich mit Open-Society-finanzierten NGOs träfen, darunter die Hungarian Civil Liberties Union (870 118 Dollar zwischen 2016 und 2020 von den OSF, 17 847 Euro von der EU 2019), das Hungarian Helsinki Committee (1 510 000 Dollar von den OSF 2016 bis 2019 sowie 6,42 Millionen Euro von der EU 2014 bis 2021), Mertek Medien Monitor (48 113 Dollar 2017 bis 2020 von den OSF, 100 000 Euro 2020 von der EU), Political Capital (295 869 Dollar 2016 bis 2021 von den OSF, 180 00 Euro 2020 von der EU), die Transparency International Hungary Foundation (202 032 Dollar 2019 laut Századvég von den OSF, 150 000 Euro 2020 von der EU), die Civil College Foundation (2 200 859 Dollar von den OSF) und Unhack Democracy, das laut Századvég vom German Marshall Fund (GMF), dem European Cultural Foundation (ECF) und der Friedrich-Naumann-Stiftung der FDP finanziert wird.[478] Der German Marshall Fund erhielt laut Finanztransparenzportal von der EU 700 000 Euro im Jahr 2020, von der Bundesregierung jährlich 2 Millionen Euro und laut OSF-Website 1 137 987 Euro von den Open Society Foundations in den Jahren 2017 bis 2021.

Es ist also zu vermuten, dass die EU, die USA und die Open Society illegalerweise den Wahlkampf in Ungarn zugunsten einer Koalition beeinflusst haben, zu der die Neofaschisten von Jobbik zählten, und das nur, um Viktor Orbán zu stürzen. All dies selbstverständlich im Namen von »Demokratie«, »Transparenz« und »Rechtsstaatlichkeit«.

KAPITEL 8

Soros in Brüssel

Wie wir eben gesehen haben, werden erstaunlich viele Open-Society-nahe NGOs auch von der EU finanziert. Nach dem Soros-Erfolgsrezept liefert Open Society das Startkapital und bildet Mitarbeiter aus, damit diese dann selbstständig Spenden und Steuergelder sammeln können. Idealerweise werden diese NGOs irgendwann von Open Society unabhängig – doch ohne die linke Agenda aufzugeben, versteht sich.

In Brüssel hat George Soros den perfekten Sumpf gefunden, um weltweit Projekte und NGOs zu finanzieren – von den Abtreibungsbefürwortern von International Planned Parenthood bis zu LGBTI-Gruppen, die weltweit die Trans-Agenda fördern wollen. Open Society ist einer der größten Lobbyisten in Europa. Laut LobbyControl[479] hat das Open Society European Policy Institute (OSEPI) mit achtzehn Lobbyisten seit 2014 91 Meetings mit Kommissionsmitgliedern wie Věra Jourová, Margret Vestager, Frans Timmermans, Joachim Herrmann, Ylva Johansson und Martin Selmayr abgehalten. Das Budget lag zuletzt 2021 bei 7 026 760 Euro. Seit September 2021 müssen nichtgewerbliche Lobbyisten ihre Budgets in Brüssel nicht mehr veröffentlichen, was natürlich für diese Lobbyisten sehr praktisch ist, die so gerne von Offenheit und Transparenz reden.

So trafen sich die Open Society Lobbyisten am 12. Mai 2022 zusammen mit der Robert Bosch Stiftung und dem European Programme for Integration and Migration mit dem Mitarbeiter der EU-Kommissarin für Inneres Ylva Johansson, Giulio di Blasi, um die Ukrainepolitik der EU zu besprechen. Es wäre im Namen der Transparenz natürlich sehr interessant, zu erfahren, was hierbei besprochen wurde. Vielleicht wird ja Transparency International eines Tages Licht ins Dunkel bringen. Laut Lobbyfacts hatte das European Council on Foreign Relations mit vierzehn Lobbyisten und einem Budget von 8 780 000 Euro seit 2015 dreißig Treffen mit der EU-Kommission.[480]

2018 wurde ein 127 Seiten starkes Dokument des OSEPI geleakt, das 226 »zuverlässige Verbündete« im EU-Parlament zwischen 2014 und 2019 auflistet, in »11 Ausschüssen und 26 Delegationen« 226 EU-Abgeordnete, die »erwiesen oder wahrscheinlich« Open-Society-Verbündete sind: »Die Erwähnung eines MdEP in diesem Brevier deutet an, dass sie wahrscheinlich die Arbeit von Open Society unterstützen werden.« Mit diesen europäischen Gesetzgebern sollte Open Society bemüht sein, »eine langfristige und vertrauensvolle Zusammenarbeit zu pflegen«.[481]

Zu den deutschen MdEPs zählen von den Grünen die Vizefraktionsvorsitzenden Ska Keller und Rebecca Harms sowie der jetzige Bundestagsabgeordnete Sven Giegold; von der SPD unter anderem Parlamentspräsident Martin Schulz; von den Linken die Fraktionsvorsitzende Gabriele Zimmer sowie der spätere stellvertretende Vorsitzende der Linken im Bundestag Fabio de Masi; von der FDP Vizeparlamentspräsident Alexander Graf Lambsdorff (ebenfalls ECFR);

und von der CDU Elmar Brok. Achten Sie einmal darauf, wie oft diese Leute im Fernsehen auftreten.

Nigel Farage (UKIP), der damalige EU-Abgeordnete und »Mister Brexit«, forderte nach Veröffentlichung dieser Liste im November 2017 einen »Soros-Untersuchungsausschuss« und schickte Briefe an alle Abgeordneten auf der Liste, um Details zu erfahren. Bei seiner Rede über die Paradise Papers am 14. November 2017 sagte Farage:

> *Diese Enthüllungen waren das Produkt des Verbands der Investigativjournalisten (der ICIJ). Aber was nicht gesagt wird, ist, dass diese Untersuchung von einem gewissen George Soros bezahlt wird.*

(Zwischenruf von Philipp Lamberts, einem belgischen Grünen: Na und?)

> *Ich sage Ihnen gleich was »und«. Das könnte Sie auch persönlich betreffen. Ich sage das zu einer Zeit, in der das Interesse an der Finanzierung des Brexit-Referendums oder der Trump-Wahl ein fast hysterisches Ausmaß erreicht haben. Letzte Woche hat die Wahlkommission im UK sogar eine Untersuchung eröffnet, ob die Brexit-Befürworter ausländisches oder gar russisches Geld angenommen haben. Diese Untersuchungen sind das Resultat von Parlamentsanfragen eines gewissen Ben Bradshaw, der Verbindungen zu Open Society hat.*
>
> *Ich frage mich, wenn hier über ausländisches Geld, politische Beeinflussung und Unterwanderung ge-*

sprochen wird, ob wir da nicht an der falschen Stelle suchen. Ich sage das, weil George Soros vor Kurzem an Open Society 18 Milliarden Dollar gespendet hat, die sich ja für offene Grenzen und supranationale Gebilde wie die EU einsetzen. Sein Einfluss hier in Brüssel ist in der Tat bemerkenswert. Open Society brüstet sich, letztes Jahr 42 Treffen mit der Europäischen Kommission gehabt zu haben. Sie haben ein Brevier von 226 »zuverlässigen« Verbündeten im EU-Parlament veröffentlicht, darunter war auch Ihr Name, Herr Lambert, vielleicht interessiert Sie das ja. Letzte Woche hat sich Herr Verhofstadt sogar in den Konflikt mit dem ungarischen Premier Viktor Orbán eingemischt, zugunsten von Herrn Soros.

Wenn wir schon eine Diskussion über politische und finanzielle Transparenz führen wollen, nur zu: Ich werde heute einen Brief an all diese 226 Abgeordneten schicken und ein paar ganz vernünftige Fragen stellen: Haben Sie jemals direkt oder indirekt Gelder von Open Society erhalten? Wie oft waren Sie bei ihnen zu Gast? Bitte zählen Sie alle Ereignisse auf, die Sie mit deren Vertretern oder Herrn Soros besucht haben. Ich finde, dieses Parlament sollte einen Untersuchungsausschuss dazu einberufen. Das könnte der größte Fall der Einflussnahme aller Zeiten sein.[482]

Der Autor konnte 2020 Nigel Farage bei einem Bier oder drei in seinem Londoner Lieblingspub, dem Westminster Arms, direkt dazu befragen: Farage hat von keinem einzigen »zuverlässigen Verbündeten« je eine Antwort erhalten.

Am 1. März 2018 nannte Nigel Farage George Soros im EU-Parlament »den gefährlichsten Mann der Welt«:

> *Wir reden hier immer über Menschenrechte, Demokratie und den Rechtsstaat. Aber 2011, als Journalisten in Polen verhaftet und entlassen wurden, weil sie die Regierung kritisiert haben, was hat die Europäische Kommission gemacht? Gar nichts. Natürlich nicht, denn Premierminister (Donald) Tusk war pro-EU. Aber wenn eine EU-kritische Partei wie Recht und Gesetz (PiS) an die Macht kommt und mit der alten Garde der Kommunisten aufräumt und ihr System modernisieren will, da wird plötzlich mit Artikel 7 gedroht, um Polen seine demokratischen Rechte in dieser Union wegzunehmen.*
>
> *In Ungarn ist es die gleiche Geschichte, wo sich Viktor Orbán völlig zu Recht weigert, eure absurde Quotenregelung für Migranten anzuerkennen, und deshalb als der leibhaftige Teufel gebrandmarkt wird. Vielleicht ist der wahre Grund eher, dass er gegen George Soros vorgeht, vielleicht dem gefährlichsten Mann in unserer westlichen Welt heutzutage. »Weiter so, Viktor Orbán!«, ist das Einzige, das freie Demokraten dazu sagen können.*
>
> *In jedem Mitgliedsland, in dem Sie glauben, einen Verstoß zu erkennen, können Sie gar nicht schnell genug intervenieren, bis auf Katalonien, das haben wir alle schon wieder vergessen. 950 Menschen wurden dort von der Polizei verprügelt, weil sie an einem Sonntagmorgen ihre Meinung zum Ausdruck bringen wollten,*

ein ganz klarer Verstoß gegen die Menschenrechte, Herr Timmermans, ein völliger Missbrauch der demokratischen Gepflogenheiten, aber in dem Fall sagen Sie plötzlich, das geht uns nichts an. Denn das ist natürlich eine Pro-EU-Regierung, und die eiserne Faust der EU bleibt nur für ihre Kritiker reserviert.

Sie haben heute gesagt, Sie hoffen, die Briten würden es sich noch mal überlegen und den Brexit rückgängig machen. Wenn man sich ansieht, wie Sie mit Polen umspringen, kann die Antwort nur »Nein!« lauten. Was Sie mit Polen machen, ist die moderne Breschnew-Doktrin der begrenzten Souveränität. Ihr habt euch damals gegen das Sowjetsystem gewehrt, liebe Polen, ich hoffe, dass ihr euch auch gegen dieses System wehren werdet.

Im weltweiten Sumpf der Quersubventionen: 87 Millionen Euro für NGOs 2019

Das hatte sich Greta Thunberg wohl anders vorgestellt. Da zu Coronazeiten das Klimathema in Europa nicht besonders zog, begann sie sich Anfang 2021 in die Innenpolitik Indiens einzumischen. Als die konservative Regierung von Narendra Modi die Agrarpreise lockern wollte, demonstrierten – aufgestachelt durch internationale NGOs – wütende Bauern. Und am 26. Januar 2021, dem Republic Day, kam es zu gewalttätigen Ausschreitungen, bei denen 300 Polizisten verletzt wurden. Am 3. Februar 2021 twitterte Thunberg – wohl aus Versehen – ein Toolkit beziehungsweise einen »Leitfaden zum Aufruhr«, mutmaßlich aus dem Umfeld des globalen NGO-Netzwerks um die Open

Society Foundations (OSF). Der Tweet wurde von Promis wie Sängerin Rihanna geteilt und enthielt Aufrufe zu »physischen Aktionen«. In Indien erntete Thunbergs Einmischung wütende Reaktionen, und mehrere Aufwiegler wurden verhaftet. Das Toolkit gab vor allem Einblick, wie ein globales Netzwerk von linken NGOs entstanden ist, das – offensichtlich vom europäischen Steuerzahler finanziert – Aufstände schürt und Regierungen stürzt.[483]

Die EU finanziert von Brasilien bis Südafrika, Indien und Myanmar inzwischen eine Vielzahl von Nichtregierungsorganisationen (NGOs) mit Verbindungen zu Open Society, die Lobbyarbeit für ihre linke Agenda und damit für weitere EU-Finanzierungen betreiben. Dies schaffe »eine vom Steuerzahler finanzierte Echokammer, die konservative politische Meinungen marginalisiert und gegen das Neutralitätsgebot verstößt«, monierte Joachim Kuhs, der Berichterstatter für den EU-Haushalt 2019, in einem Bericht 2020,[484] der zusammen mit dem European Centre for Law and Justice veröffentlicht wurde.[485]

»Diese NGOs haben die Praxis perfektioniert, Steuergelder für ihre Lobbyarbeit zu beanspruchen und damit eine dezidiert linke Agenda um ›No Borders‹, illegale Migration, ›Lawfare‹-Klagewellen und Medienkampagnen gegen konservative Politiker, Parteien und Meinungen zu betreiben, die als nicht näher definierte ›Hassrede‹ diffamiert werden«, klagte Kuhs. Diese »Nichtregierungsorganisationen« seien längst zu einer Art von Quasi-Regierungsorganen (QuaNGOs) mutiert, die vom Steuerzahler finanziert und im staatlichen Auftrag eine linke politische Agenda forcierten. Die NGOs attackierten im Namen der Menschenrechte konservative Regierungen innerhalb und außerhalb der EU, am gravierendsten im Falle Israels, aber auch in Osteuropa, Italien, Südafrika, Indien, Brasilien, Myanmar und sogar in den USA.

Das Büro Kuhs hat allein für das Jahr 2019 insgesamt 87 145 536 Euro an Projektfinanzierungen der EU-Kommission identifiziert, die an NGOs gingen, die mit den OSF in Verbindung stehen. Aufgrund fehlender Transparenz ist die eigentliche Summe vermutlich viel höher, so der Bericht. Diese sogenannten »Menschenrechtsgruppen« finanzieren Projekte zur »Wählermobilisierung« gegen unliebsame konservative Regierungen, gegen »Propaganda und Hassrede auf dem Balkan« oder für »No-Borders«-Lawfare und die Rechte von illegalen Migranten.

In der *Jüdischen Rundschau* berichtete Kuhs von 13 124 712 Euro EU-Geldern, die an Israel-feindliche NGOs gehen, die meist dem Open-Society-Netzwerk nahestehen und in teils gewalttätigen Protesten zum Sturz der gewählten israelischen Regierung aufrufen.[486] Mittlerweile finanziert Brüssel jedoch ein weltweites Netz von OSF-nahen NGOs mit Steuergeldern, die eine einseitig linke Agenda forcieren. Überall, wo Open Borders, Gender-LGBTQ, Abtreibung, bedingungsloses Grundeinkommen, Kampf gegen Rechts und Rassismus, Polizeifeindlichkeit oder Klimagerechtigkeit draufsteht, ist zumeist OSF- und EU-Geld im Spiel, und zwar vom Balkan bis Brasilien, Südafrika, Indien und USA.

Auf dem Balkan gab die EU 2019 mindestens 4 117 137 Euro für OSF-nahe NGOs aus, vor allem in **Mazedonien**, Serbien und Kosovo. Die Foundation Open Society Macedonia erhielt 2019 insgesamt 1 425 526 Euro von der EU, das Civil Organization Institute für Human Rights Skopje 66 043 Euro, das Medienprojekt Metamorphosis 997 394 Euro, Reactor – Research in Action 1 241 535 Euro, Margins Skopje 140 000 Euro, und 12 002 Euro gingen an die Youth Alliance Krusevo.

Im **Kosovo** bekam das Balkan Investigative Reporting Network (BIRN) 397 204 Euro. Fast 1 Million (997 394) Euro teilte sich Metamorphosis Nordmazedonien mit Open Data Kosovo, dem Center for Research Transparency und Accountability Serbien (CRTA) sowie NGOs in Estland, Albanien und Montenegro.

In **Südafrika** vergab die EU 2019 mindestens 3 599 614 Euro an NGOs, die die linke politische Agenda der Open Society Foundations verfolgen, wie beispielsweise das Southern Africa Human Rights Litigation Centre (SALC), das mit fünf weiteren NGOs 1 992 350 Euro von der EU erhielt. Das African Policing Oversight Forum, das die Open Society Foundations zu seinen Hauptförderern zählt,[487] wurde von der EU mit 475 000 Euro finanziert.

Die NGO Gender Links,[488] die die Open Society Foundations zu ihren Förderern zählt, erhielt 142 500 Euro von der EU. Gender Links und der Women and Law in Southern Africa Research Trust (WLSA), Partner der Open Society Initiative for Southern Africa (OSISA) in Lesotho,[489] bekamen 989 764 Euro von der EU.

Das konservativ regierte **Indien** war noch vor 10 Jahren weitgehend von den segensreichen Aktivitäten von Open Society verschont, wie NGO Monitor 2014 schrieb: »OSF supports no organizations in India«.[490] Doch dies hat sich scheinbar geändert, denn auf dem WEF-Forum in Davos kündigte George Soros 2020 an,[491] eine Milliarde US-Dollar für den weltweiten »Kampf gegen Nationalismus« auszugeben, wobei er besonders die konservative Regierung von Narendra Modi in Indien hervorhob.[492] Auf der Münchner Sicherheitskonferenz 2023 sprach sich Soros wieder gegen Modis »Würgegriff« auf ihr Land aus und versprach einen »demokratischen Wandel« in Indien.[493]

2019 förderte die EU OSF-nahe NGOs in Indien mit mindestens 4 596 255 Euro, darunter die India Network for Basic Income Foundation (INBI Foundation), OpenDemocracy UK, Childfund, Habitat for Humanity India, die Foundation for Social Transformation sowie die National Foundation for India.

Auch in **Myanmar** (dem ehemaligen Burma) etablierte George Soros 1994 eine OSF-Niederlassung[494] und macht Druck für die muslimische ethnische Minderheit der Rohingya, die seitdem außerordentlich viel Medienaufmerksamkeit erfährt. Insgesamt gingen von der EU 2019 mindestens 5 499 750 Euro an Projekte mit OSF-NGOs in Myanmar. Von März 2014 bis Januar 2017 hat George Soros, nach dem regierungsnahen *Global New Light of Myanmar*, Myanmar viermal besucht und die Staatsrätin und Friedensnobelpreisträgerin Aung San Suu Kyi zweimal getroffen, während sein Sohn und OSF-Vizechef Alexander Soros Myanmar zwischen Januar 2017 und Januar 2020 siebenmal und Aung San Suu Kyi sechsmal einen Besuch abgestattet hat.[495] Aung San Suu Kyi wurde als Regierungschefin unter anderem vom Open-Society-finanzierten International State Crime Initiative vorgeworfen, den »Völkermord an den Rohingya zu legitimieren«.[496]

Am 8. November 2020 fanden Nationalwahlen in Myanmar statt, die Human Rights Watch »fundamental fehlerhaft«[497] nannte. Nach Vorwürfen des Wahlbetrugs übernahm das Militär am 1. Februar 2021 in Myanmar die Macht, und Präsident Win Myint sowie Staatsrätin Aung San Suu Kyi wurden mit anderen Regierungsmitgliedern und Abgeordneten inhaftiert. Die Militärjunta in Myanmar hat daraufhin den Finanzchef der Open Society Myanmar (OSM) verhaftet und zur Verhaftung elf weiterer Open-Society-Mitarbeiter wegen Finanzvergehen und Unterstützung der Unruhen aufgerufen. Der Prokurist der Open Society Myanmar, Phyu Pa Pa Thaw, wurde am 12. März 2021 wegen angeblicher »Barzahlungen an die Widerstandsbewegung« von Open Society inhaftiert.[498] »Vorwürfe, dass OSM Mittel für illegale Zweck benutzt haben soll, sind falsch. Diese Mittel wurden rein für die offiziellen Zwecke von OSM verwendet«,[499] sagte Open Society Myanmar laut Reuters. Westliche Medien berichteten, dass bei der Niederschlagung des Protests gegen den Militärputsch in Myanmar 180 Menschen getötet wurden. Aung San Suu Kyi, die als Oppositionsführerin bereits 15 Jahre in Haft verbracht hatte, wurde am 11. Oktober 2022 durch die Militärdiktatur erneut zu 26 Jahren Haft verurteilt.

Sogar in den nicht wirklich armen **USA** finanzierte die EU 2019 Soros-nahe NGOs mit mindestens 26 984 681 Euro. 494 681 Euro gingen an die US-NGO Groundswell International in Haiti, die 2016 von Open Society 900 000 Dollar erhalten hatte. 300 000 Euro vom EU-Steuerzahler wurden an das Institute for Women's Policy Research gezahlt, das ebenfalls von Open Society finanziert wurde. Mit 24 690 000 Euro finanzierte die EU die International Bank for Reconstruction and Development (IBRD), während die Weltbank 2017–2018 von Open Society mit 1 585 000 Dollar finanziert wurde. Und 1 500 000 Euro gingen von der EU an das International Rescue Committee, das 2018 von Open Society 75 000 Dollar erhalten hatte. (alle Angaben laut OSF-Website, Stand: Februar 2023).

Da Open Society mit EU-Finanzierung scheinbar eine weltweite linke Außenpolitik betreibt, fehlt nur noch eins: Ein Soros-Außenministerium.

Das Soros-Außenministerium: Das European Council on Foreign Relations

Das European Council on Foreign Relations (ECFR) gilt als »Soros-Außenministerium« in Europa. Es wurde 2007 vom ehemaligen deutschen Außenminister Joschka Fischer und der Frau des niederländischen Prinzen Johan Friso, Mabel von Oranien, begründet und residiert in Berlin, Unter den Linden 17. Der ehemalige deutsche Außenminister Joschka Fischer nahm schon 1969 an einer Konferenz der Palästinensischen Befreiungsorganisation PLO in Algier teil, wo PLO-Chef Jassir Arafat zum Kampf gegen Israel bis zum »Endsieg« aufrief.[500] Fischers Kollege und Grünen-Mitbegründer Dieter Kunzelmann reiste in demselben Jahr zum Terrortraining nach Jordanien und traf sich mit Jassir Arafat von der Fatah sowie dem mörderischen Kinderarzt Dr. Wadi Haddad von der Volksbefreiungsfront Palästina (PFLP). Als Fischer und Kunzelmann 1980 die Grünen mitbegründeten, setzten sie diese langjährige Zusammenarbeit mit der israelfeindlichen Volksbefreiungsfront Palästina nahtlos fort. Bis heute werden PFLP-nahe Organisationen durch die Heinrich-Böll-Stiftung der Grünen mit deutschen Steuergeldern in Millionenhöhe finanziert. Das European Council on Foreign Relations setzt sich in Berlin und Brüssel für eine israelfeindliche Politik ein, bezeichnet Israel als »Besatzer« im eigenen Land und fordert Boykotte gegen Juden, die in Judäa und Samaria wohnen. Oft leiden die arabischen Mitarbeiter am meisten unter Boykotten von Firmen wie SodaStream.

Der ECFR-Koordinator für Israel/Palästina, Hugh Lovatt, nannte die Entführung und Ermordung von drei israelischen Teenagern 2014 »ein Symptom der israelischen Besatzungspolitik«.[501] Der ehemalige Programmleiter MENA für ECFR, Daniel Levy, nannte Boykott, Divestment und Sanktionen (BDS) »eine legitime Form des Protestes gegen eine illegale und inhumane Besatzungspolitik«.[502] Der Deutsche Bundestag hat in seiner BDS-Resolution 2020[503] die staatliche Finanzierung von BDS eigentlich verboten. Das ECFR forcierte auch die Pro-Regime-Iran-Politik der Bundesregierung.

Laut mehreren Kleinen Anfragen der AfD[504] hat die Bundesregierung in den Jahren 2015–2022 das ECFR mit mindestens 960 636 Euro unterstützt.[505] 7 314 386 Euro erhielt das ECFR 2021–22 von den OSF. Eine Anfrage zur Finanzierung des ECFR ließ das Auswärtige Amt von Staatssekretär Niels Annen beantworten, der selbst Mitglied des ECFR ist. Mehr muss man über die Unterwanderung deutscher Außenpolitik durch die Soros-NGO ECFR nicht wissen.

Seit dem russischen Angriff auf die Ukraine ist das European Council on Foreign Relations für die europäische Außenpolitik tonangebend geworden und führte Anfang 2023 die Kampagne an, deutsche Panzer des Typs Leopard 2 und amerikanische des Typs M1 Abrams an die Ukraine zu liefern. Dabei hatten sowohl Präsident Joe Biden als auch Bundeskanzler Olaf Scholz 2022 die Lieferung von Kampfpanzern ausgeschlossen. Am 20. Januar 2023 schrieben Margaryta Khvostova und Dmytro Kryvosheiev auf der Website des ECFR, der Westen müsse 300 Panzer in die Ukraine schicken, um Russland »hinter die Grenzen vom 23.02.2022 zurückzudrängen«. Befürchtungen, damit werde eine rote Linie überquert, taten Khvostova und Kryvosheiev als unbedenklich ab, schließlich habe der Westen bereits andere Panzer wie beispielsweise polnische T-72 geliefert.[506]

Ebenfalls am 20. Januar tauchte auf Twitter der Hashtag »#freetheleopards« auf, und Pro-Ukraine-Demonstranten marschierten »spontan« in München zum Hauptquartier der SPD sowie in Berlin zum Bundestag. Eine Analyse der beteiligten Twitterkonten zeigte, dass unter anderem die Journalisten Julian Röpcke von der *Welt*, Jessica

Berlin vom German Marshall Center und der Robert Bosch Stiftung, TheLvivJournal, Euromaidan Press der International Renaissance Foundation, das Konto @UkraineVerstehen vom Zentrum Liberale Moderne, Sergej Sumlenny von der Heinrich-Böll-Stiftung (siehe Kapitel 1) und das ECFR-Mitglied Reinhard Bütikofer im Zentrum dieses Twitter-Hashtags standen. Am 25. Januar 2023 gab Bundeskanzler Olaf Scholz bekannt, Leopard 2 Panzer in die Ukraine zu liefern, obwohl er sich lange gegen diese Panzerlieferungen gesträubt hatte. Zuvor musste aber die SPD sturmreif geschossen werden.

So begann am 1. Januar 2023 eine Kampagne gegen die damalige Verteidigungsministerin Christine Lambrecht wegen eines missglückten Silvestervideos, das unter normalen Umständen keine weitere Beachtung erhalten hätte. Die Kampagne ging in erster Linie von der Waffenlobbyistin Ulrike Franke vom ECFR aus, die seit März 2022 für mehr Waffen für die Ukraine wirbt. Sie postete an besagtem 1. Januar 2023 das Lambrecht-Video auf Twitter mit der Bemerkung: »Das ist so unglaublich daneben. ... Sind die in Berlin verrückt geworden?«[507] Frankes Post hatte bis Ende Januar 2023 5 Millionen Views. Es folgte ein völlig unverhältnismäßiger Shitstorm gegen Lambrecht, die als Quotenfrau in Kriegszeiten viel mehr falsch gemacht hatte, als dieses eine Silvestervideo aufzunehmen.

Doch alle Mainstreammedien übernahmen wie auf Kommando das Ulrike-Franke-Narrativ, Lambrecht sei »instinktlos« und »unprofessionell«. Infolgedessen trat Lambrecht am 16. Januar 2023 als Verteidigungsministerin zurück und wurde am 19. Januar 2023 durch den Bundeskanzler Olaf Scholz vertrauten Boris Pistorius ersetzt. Am 25. Januar 2023 erfolgte dann die Ankündigung der Panzerlieferungen. Als Außenministerin Annalena Baerbock am 24. Januar 2023 im Europarat sagte, »wir sind im Krieg mit Russland«, folgte kein vergleichbarer Shitstorm. Annalena Baerbock gab in ihrem Lebenslauf an,[508] Mitglied des European Council on Foreign Relations zu sein, wird jedoch nach dem Stand von Februar 2023 nicht mehr auf der Website des ECFR unter »Deutsche Mitglieder« aufgeführt.

Schon bald folgte die nächste »rote Linie«: Am 29. Januar 2023 forderten der Chef der Münchner Sicherheitskonferenz, Christoph Heusgen, und sein Vorgänger Wolfgang Ischinger Kampfflugzeuge für die Ukraine.[509] Beide sind ebenfalls Mitglieder des European Council on Foreign Relations.

Eine Auswahl deutscher Mitglieder des ECFR-Rates
(laut Website, Stand: Februar 2023):

→ **Henry Alt-Haaker** – Senior Vice President, Robert Bosch Stiftung

→ **Niels Annen** – Parlamentarischer Staatssekretär, Bundesministerium für wirtschaftliche Zusammenarbeit und Entwicklung

→ **MdB Thomas Bagger** – Botschafter der Bundesrepublik Deutschland in Polen

→ **MdB Franziska Brantner** – Parlamentarische Staatssekretärin im Bundesministerium für Wirtschaft und Klimaschutz

→ **Sandra Breka** – Vizepräsidentin und COO, Open Society Foundations

→ **Reinhard Bütikofer** – Mitglied des Europäischen Parlaments

→ **Julia De Clerck-Sachsse** – Senior Non-Resident Fellow, German Marshall Fund

→ **Anne Duncker** – Direktorin, Center for Europe in the World, Stiftung Mercator

→ **Florian Eder** – Redaktionsleiter, *Politico*

- **Joschka Fischer** – Vorstand a. D. ECFR; ehemaliger Außenminister; ehemaliger Vizekanzler von Deutschland
- **Alexander Graf Lambsdorff** – Mitglied des Bundestages; Stellvertretender Vorsitzender der FDP
- **Anna Herrhausen** – Geschäftsführerin, Alfred Herrhausen Gesellschaft
- **Christoph Heusgen** – ehemaliger UN-Botschafter; Vorsitzender, Münchner Sicherheitskonferenz
- **Ina Heusgen** – Direktorin für Multilaterale Angelegenheiten, Vereinte Nationen und Afrika, Bundeskanzleramt
- **Wolfgang Ischinger** – Botschafter; ehemaliger Vorsitzender der Münchner Sicherheitskonferenz
- **MdB Roderich Kiesewetter** (CDU)
- **MdB Lars Klingbeil** – Co-Vorsitzender der SPD
- **Stefan Kornelius** – Politikredakteur, *Süddeutsche Zeitung*
- **Sergey Lagodinsky** – Mitglied des Europäischen Parlaments
- **Stefan Mair** – Direktor, Stiftung Wissenschaft und Politik (SWP)
- **Johannes Meier** – Vorsitzender des Beirats, Stiftung Mercator
- **Hannah Neumann** (Grüne) – Mitglied des Europäischen Parlaments
- **MdB Dietmar Nietan** (SPD)
- **MdB Omid Nouripour** – Co-Vorsitzender, Bündnis 90/Die Grünen
- **MdB Cem Özdemir** – Landwirtschaftsminister (Grüne)
- **MdB Norbert Röttgen** – Co-Vorsitzender, ECFR
- **Caroline Schmutte** – Geschäftsführerin, Berlin Global Dialogue, zuvor Bill & Melinda Gates Stiftung, Wellcome Trust

Der Europäische Gerichtshof für Menschenrechte (EGMR)

Der Europäische Gerichtshof für Menschenrechte (EGMR) wurde 1959 in Straßburg von den Mitgliedstaaten des Europarats erschaffen, »um die Einhaltung der Europäischen Menschenrechtskonvention sicherzustellen«, so die Website des Europarats.

Im Februar 2020 legte die konservative Straßburger NGO European Center for Law and Justice (ECLJ) den Bericht »NGOs und die Richter des EGMR 2009–2019« vor, der die Geschichte des EGMR untersuchte und zu dem Schluss kam, dass viele der Richter am Gerichtshof für Menschenrecht aus dem Umfeld des Open-Society-Netzwerks stammten.[510] Das European Center for Law and Justice war 1998 vom konservativen US-Aktivisten Jay Sekulow in Straßburg mit der Absicht gegründet worden, für eine neutrale und unabhängige Rechtsprechung zu kämpfen. »Unser Bericht hat in vielen europäischen Ländern für sehr viel Aufmerksamkeit gesorgt«, sagte der Leiter Grégor Puppinck dem Autor. »In Deutschland hat seltsamerweise außer *Epoch Times*[511], *Zuerst!*[512] und *Cato Magazin* noch niemand dazu berichtet.«

Der Bericht nannte sieben NGOs, die sowohl als Kläger am Gerichtshof auftreten als auch Richter entsenden, die über diese Fälle der NGOs dann zu urteilen haben. Im Endeffekt reichen also Soros-NGOs Klagen und Stellungnahmen am Gericht ein, die von Soros-Richtern entschieden werden und unsere Europa- und Asylpolitik maßgeblich mitbestimmen. Von hundert Richtern, die seit 2009 am EGMR sitzen, haben 22 zuvor teils in leitenden Positionen bei diesen sieben NGOs gearbeitet. Diese NGOs sind: Advice on Individual

Rights in Europe (A.I.R.E.), Amnesty International, die International Commission of Jurists (ICJ), das Helsinki Committees and Foundations Network, Human Rights Watch (HRW), INTERIGHTS (International Center for the Judicial Protection of Human Rights) sowie die Open Society Foundations und deren diverse Ableger, ganz besonders die Open Society Justice Initiative (OSJI).

»Das Open-Society-Netzwerk entsendet auffallend viele Richter in dieses Gremium und finanziert die anderen sechs NGOs, die in diesem Bericht erwähnt werden. Der große Einfluss, den Open Society und dessen Ableger ausüben, ist in vielerlei Hinsicht problematisch. Noch schwerer wiegt die Tatsache, dass 18 dieser 22 Richter über Fälle entschieden haben, die von ihren ehemaligen NGOs eingereicht oder unterstützt wurden«, so der Bericht. Er identifizierte 88 problematische Fälle in den vergangenen 10 Jahren. »In nur 12 Fällen haben Richter aufgrund von Befangenheit Fälle abgegeben. […] Dies ist eine sehr ernste Situation, die die Unabhängigkeit des EGMR und die Neutralität seiner Richter stark infrage stellt. Diese Konflikte müssen unverzüglich ausgeräumt werden.«[513]

2012 war der Europäische Gerichtshof für Menschenrechte für die wegweisende Entscheidung »Hirsi Jamaa et al. gegen Italien«[514] verantwortlich, wonach es europäischen Ländern bei Strafe untersagt wurde sogenannte »Pushbacks« von illegalen Migranten vorzunehmen. In der Umsetzung bedeutet dies, dass EU-Länder verpflichtet wurden, alle Migranten aufzunehmen, da sie sonst empfindlichen Geldstrafen ausgesetzt wären. Der Fall wurde von einem ganzen Netzwerk an Soros-finanzierten NGOs und Anwälten vorbereitet und eingereicht,[515] die offensichtlich die Ressourcen hatten, 22 abgewiesene Somalier und Eritreer in Lagern in Libyen ausfindig zu machen und deren Fall nach Straßburg zu bringen. Viele derselben

Soros-nahen NGOs waren 2020 daran beteiligt, den ehemaligen italienischen Innenminister Matteo Salvini wegen »Freiheitsberaubung« vor Gericht zu bringen.

Soros versus Salvini: Auf Grenzschutz stehen 15 Jahre Haft

Am Samstag, dem 3. Oktober 2020, begann auf Sizilien der Prozess gegen den ehemaligen italienischen Innenminister Matteo Salvini wegen »Kidnapping«, weil er illegale Migranten nicht an Land hatte gehen lassen wollen. Die Klage wurde jedoch nicht von »nigerianischen Flüchtlingen« angestrengt, wie die Medien suggerierten, sondern von NGOs, die von der EU und den Open Society Foundations finanziert werden.

Im Juli 2019 hatte der damalige italienische Innenminister Matteo Salvini sich geweigert, 116 illegale Migranten vom Küstenwachenschiff *Bruno Gregoretti* an Land gehen zu lassen, bis andere europäische Länder sich am 31. Juli bereit erklärten, die Illegalen (it.: »Clandestini«) aufzunehmen. Dafür wurde Matteo Salvini 2020 in Catania, Sizilien, der Prozess aufgrund von »Freiheitsberaubung« gemacht, worauf bis zu 15 Jahre Haft standen, obwohl Salvini als Abgeordneter zu diesem Zeitpunkt eigentlich Immunität genoss. Doch der politische Gegner im italienischen Senat hatte im Juli 2020 beschlossen, diese Immunität rückwirkend aufzuheben. Der zuständige Staatsanwalt in Catania zeigt sich laut *Il Giornale* überzeugt, »dass das Verfahren gegenstandslos ist«.[516] Einen Innenminister der »Freiheitsberaubung« zu überführen, weil er die Grenzen seines Landes sichern will, wäre in der Rechtsgeschichte auch sicher ein Novum. Salvini erfuhr in Catania Unterstützung vonseiten seiner politischen Rivalen

Giorgia Meloni (Fratelli d'Italia) und Antonio Tajani (Forza Italia). Die Mehrheit der Italiener unterstützte laut Lorenzo Pregliasco von YouTrend Salvinis Einwanderungspolitik.[517]

Was jedoch selten berichtet wurde: Die Klage gegen Salvini wurde nicht etwa von geschädigten Migranten oder der sizilianischen Staatsanwaltschaft angestrengt, sondern in erster Linie von linken NGOs, die von der EU und den Open Society Foundations von George Soros finanziert werden, wie *Il Giornale* enthüllte.[518] Die einzigen Geschädigten, die sich von den 116 Migranten gefunden hatten, um die Klage zu unterstützen, war das nigerianische Ehepaar Jafra und Aishat Saha, die – schwanger – 20 Stunden im Hafen von Catania warten mussten, bis sie in Europa an Land gehen konnten. Eigentlich wurde die Klage von NGOs angestrengt, die der linken italienischen Organisation ARCI angehören, die in ganz Italien Jugend-, Kultur- und Gemeindezentren betreibt, so wie die ihr angehörige Umwelt-NGO Legambiente. Dazu erklärte die Legambiente-Anwältin Daniela Ciancimino stolz: »Die Anklage in diesem Prozess wird nur von Zivilorganisationen vertreten.«

ARCI (Associazione Ricreativa e Culturale Italiana) hat über 1 Million Mitglieder und ist als Kernorganisation der Italienischen Linken (Sinistra Italiana) eng mit der Popolari Democratici (PD) sowie dem Open-Society-Netzwerk in Italien verbunden. ARCI arbeitet mit der italienischen NGO Mediterraneo – Saving Humans zusammen, um illegale Migranten nach Europa zu bringen.[519]

Soros-finanzierte Lawfare-NGOs (Kriegsführung mit rechtlichen Mitteln) wie ASGI (Associazione per gli Studi Giuridici sull'Immigrazione), A Buon Diritto und CILD (Coalizione Italiana Liberta e Diritti Civili) strengen immer wieder Prozesse in Italien an, um offene Grenzen zu erzwingen. 2018 strebte ASGI zusammen mit ARCI und dem Global Legal Action Network (GLAN) vor dem Europäischen Gerichtshof für Menschenrechte (EGMR) den Prozess »GLAN-ASGI« an – ebenfalls, um die Zurückweisung von illegalen Migranten zu verbieten.[520] Im Februar 2020 dokumentierte das European Center for Law and Justice (ECLJ), wie bereits erwähnt, den Einfluss von Open Society auf das EGMR. So erhielten ASGI, CILD und ARCI laut OSF-Website in den Jahren 2016–2022 2 818 820 Dollar von Open Society; von der EU bekam ARCI 2015–2019 mindestens 3 409 206 Euro.

Am 14. Mai 2021 wurde die ARCI-Klage gegen Salvini in Catania verworfen. Doch die spanische Seenotrettungs-NGO Proactiva Open Arms klagt in Palermo weiterhin gegen Salvini wegen »Freiheitsberaubung«, und zwar in einem anderen Fall vom August 2019, und beantragt 15 Jahre Haft für den ehemaligen italienischen Innenminister. Sogar Hollywood-Star Richard Gere, der am 9. August 2019 die *Open Arms* besucht hatte, wurde 2021 nach Sizilien eingeflogen, um gegen Salvini auszusagen.[521] Das entsprechende Interview mit Richard Gere wurde von der Website Global Development präsentiert, einer Kooperation des *Guardian* und der Bill & Melinda Gates Foundation. »Ich habe sofort meine Kontakte in Deutschland angerufen«, erinnert sich Gere an seinen Besuch auf der *Open Arms,* die 19 Tage vor Lampedusa wartete. »Angela Merkel war offenbar die mutigste Person in Europa«, so Gere. »Sie nahm damals 1 Million Flüchtlinge auf. Aber auch ihr waren die Hände gebunden.«

»Da sieht man, wie ernst dieser Prozess ist«, spottete Matteo Salvini. »Sie fliegen sogar Richard Gere aus Hollywood ein, um darüber auszusagen, wie schlimm ich bin.« Georgia Meloni nannte Gere »einen aufmerksamkeitsgeilen Schauspieler«.

Der Fall wird begleitet von NGOs wie Borderline Europe,[522] ECRE und Associazione Diritti e Frontiere. A Buon Diritto gründete 2020 einen Rechtshilfeausschuss für die Mittelmeer-Migrations-NGOs Proactiva Open Arms, Sea-Watch, Ärzte ohne Grenzen, Mediterranea Saving Humans, SOS Mediterranée, Emergency und ResQ – People saving people.[523] A Buon Diritto erhielt 2019–2020 von Open Society laut Website 120 800 Dollar.

Mit anderen Worten: Die Verfahren gegen Matteo Salvini werden von NGOs angestrengt und begleitet, die von Open Society und Steuergeldern aus dem EU-Haushalt bezahlt werden. Das offene Verfahren gegen Salvini trug zu den Gründen bei, aus denen er im Kabinett Meloni nicht mehr als Innenminister infrage kam.

KAPITEL 9

Russland und Ukraine: »Das Sowjetreich wurde zum Soros-Reich«

Wenn man Wladimir Putin, der angesichts aller Probleme seines Landes öffentlich eine Maske der stoischen Ruhe kultiviert, mitten in der Nacht wachrütteln und fragen würde, wer die größte Bedrohung seiner Macht im Land darstelle, würde er wahrscheinlich George Soros sagen. […] Sogar bevor Putin Präsident wurde, identifizierte Soros öffentlich den ehemaligen KGB-Agenten als Feind der offenen Gesellschaft. »Putin wird versuchen, einen starken Staat zu etablieren, und das könnte ihm auch gelingen«, schrieb Soros am Vorabend von Putins Wahlsieg im Jahr 2000 in einem Artikel für die New York Review of Books *mit dem Titel »Wer hat Russland verloren«?*[524]

Mark McKinnon

Am 20. Januar 1993 wurde Bill Clinton Präsident der USA, ein Jahr nachdem die Sowjetunion zerbrochen war. Boris Jelzin hatte am 10. Juli 1991 sein Amt als Präsident der Sowjetrepublik Russland angetreten, am 25. Dezember 1991 war Michail Gorbatschow als Präsident der UdSSR zurückgetreten, und am 26. Dezember 1991 wurde die Sowjetunion aufgelöst.

»Die Russlandpolitik der Clintons war ein Riesendesaster, hauptsächlich weil sie einen Großteil ihrer Ausführung George Soros übertrugen«,[525] schrieb David Horowitz. Das Open Society Institute von George Soros war eine der ersten westlichen Stiftungen, die in Moskau aufmachten, merkte Victor Davidoff in *Moscow Times* an: »Es nahm 1987 die Aktivität mit Bildungsprojekten auf.« 1991 begann das Open Society Institute, die russische Eliteschicht und Intellektuelle zu finanzieren, die mit dem Zusammenbruch des Staates plötzlich arbeitslos geworden waren. »Die Hyperinflation hatte ihre Ersparnisse aufgefressen, deshalb fanden sich Forscher, Lehrer, Bibliothekare und Ärzte plötzlich in finanzieller Not. Und so legte die Soros-Stiftung ein riesiges Programm auf, um sowjetische Forscher und Wissenschaftler direkt zu unterstützen.«[526] Für David Horowitz war Soros' Engagement in Moskau »jener Moment, von dem an er sich moralisch definierte«: »Als selbst ernannter Vorkämpfer für eine offene Gesellschaft fand er sich in der einzigartigen Position, sich auf den Ruinen der Sowjetunion für eine neue Demokratie einzusetzen. Stattdessen ging er diese Situation an wie alle anderen großen Entscheidungen seines Lebens: Er diente sich dem korrupten System an, das sich herausbildete und schröpfte Gewinne von einem wehrlosen Volk ab. Das war letztendlich lohnender, als eine bessere Zukunft für das postkommunistische Russland zu schaffen.«[527]

Statt den üblichen diplomatischen Kanälen des State Department vertraute Bill Clinton seine Beziehungen zum postsowjetischen Russland einem Dreiergespann aus persönlichen Vertrauten an: Sonderbotschafter Strobe Talbott im Außenministerium, Staatssekretär Lawrence Summers im Finanzministerium und Vizepräsident Al

Gore.[528] Talbott war Clintons Mitbewohner gewesen, als sie gemeinsam mit einem Rhodes-Stipendium an der Universität Oxford waren, und nun der Sprecher des Trios. *Business Week* nannte Talbott den »Russlandbeauftragten«[529] der Clinton-Regierung. Da Talbott aber über keinerlei Erfahrung mit Russland verfügte, wandte er sich an einen anderen Clinton-Vertrauten, der schon seit 5 Jahren in Moskau ein Büro unterhielt und für seine Osteuropaexpertise berühmt war: George Soros. Talbott sagte in *The New Yorker* 1995: »[George Soros' Politik] und die Politik der USA sind nicht eins, aber sie sind kompatibel. Es ist wie eine Zusammenarbeit unter wohlgesonnenen Verbündeten oder Regierungen. Wir versuchen unsere Politik gegenüber den ehemaligen Ostblockstaaten mit Deutschland, Frankreich und Großbritannien abzustimmen – und eben mit George Soros.« Laut Talbott sei Soros »eine Ressource für das Land, ein Goldschatz«.[530]

»Die Clintons begrüßten Soros mit offenen Armen«, schrieb die Journalistin und Russlandexpertin Anne Williamson. »Soros erbrachte für die Clintons wertvolle Dienste und erhielt im Gegenzug weitgehende Freiheit für seine Geschäfte im ehemaligen sowjetischen Ostblock. Soros hat unter Bill und Hillary nicht nur seinen Reichtum gemehrt, sondern passte auch zu ihrem Hippie-Zeitgeist. Durch sie erhielt George Soros eine Plattform, um seine radikale Politik zu predigen.«[531] Erst mithilfe dieses Outsourcings der Russlandpolitik durch die Clintons erhielt Soros Zugang zu den obersten Kreisen der Politik, der ihm heute selbstverständlich geworden ist. Und so konnte er in einem Interview mit Charlie Rose von PBS sagen, »ich nehme gerne Einfluss auf die Politik. […] Ich habe einen sehr guten Zugang zur Clinton-Regierung, keine Frage. Wir arbeiten als Team zusammen.«[532]

Doch selbst der Finanzguru George Soros konnte den völligen wirtschaftlichen Zusammenbruch Russlands in dieser Zeit nicht verhindern. David Ignatius von der *Washington Post*, der später eine unrühmliche Rolle bei der angeblichen Russlandverschwörung gegen Donald Trump spielen sollte, sah die Schuld in erster Linie bei der Clinton-Regierung.[533] Unter der Überschrift »Wer hat Russland ausgeraubt? Wusste Al Gore vom massiven Diebstahl?« nahm Ignatius den Spitznamen der späteren Trump-Affäre vorweg und schrieb: »Nennen wir es Russiagate.« Er beklagte »die Gesetzlosigkeit des heutigen Russlands und die Mitschuld der Clinton-Regierung am dortigen Niedergang und Verfall«. Was den Fall Russland so tragisch mache, so Ignatius, sei die Tatsache, »dass die Clinton-Regierung eine der wertvollsten Ressourcen schlechthin verschwendet hat – den guten Willen und Idealismus des russischen Volkes, das sich gerade von 70 Jahren kommunistischer Herrschaft befreit hatte. Das Russlanddebakel wird uns noch jahrzehntelang verfolgen.«[534]

Im Mai 1989 begann Soros durch seine Stephan-Báthory-Stiftung in Polen einen jungen Wirtschaftswissenschaftler namens Jeffrey Sachs dafür zu finanzieren, dass er einen Reformplan für die polnische Wirtschaft aufstellte. Sachs befürwortete eine Schocktherapie für die Ostblockländer, um auf einen Schlag Preis- und Wechselkursbindungen, Handelsbarrieren und Investmentschranken aufzuheben und das Trauma der Umstellung auf den Kapitalismus möglichst kurz zu halten. Polen begann am 1. Januar 1990 mit einer solchen Reform, die trotz kurzzeitiger Hyperinflation von 568 Prozent im Jahr 1990 als Erfolg gilt. »Es war sehr schwer für die Bevölkerung«, schrieb Soros, »aber die Menschen waren bereit, sehr viel Schmerzen in Kauf zu nehmen, um eine echte Veränderung zu erreichen.«[535]

Alsdann sprachen Soros und Sachs bei Michail Gorbatschow in Moskau vor, der ihren Plan jedoch ablehnte. »Das hat Soros wütend gemacht«, berichtet Horowitz. »Als Gorbatschow dann im Westen um Kredite warb, untergrub ihn Soros in der Presse und sagte ein Scheitern seiner Reformen voraus.«[536] Damit beschädigte Soros Gorbatschows Ansehen im Westen und erschwerte dessen Zugang zu Hilfsgeldern und Krediten. Die zunehmende Wirtschaftskrise führte zum Putschversuch 1991, zum Sturz Gorbatschows und infolgedessen zum Ende der Sowjetunion und dem Aufstieg von Boris Jelzin. Dieser zeigte sich empfänglicher für die Schocktherapiepläne von Sachs und Soros und hob am 2. Januar 1992 die Preisbindung in Russland auf. Die Inflation explodierte auf 2520 Prozent – und: »Es folgte eine der größten wirtschaftlichen Katastrophen der Weltgeschichte.«[537]

Die Jelzin-Jahre waren unter Soros und Sachs davon geprägt, dass korrupte russische und amerikanische Beamte und Geschäftsleute ihren Zugang zur Macht nutzten, um das Riesenreich unter sich aufzuteilen. Doch das geschah nicht ohne Widerstand. Am 9. Dezember 1992 weigerte sich das russische Parlament, den Architekten dieser russischen Schocktherapie Jegor Gaidar zum Premierminister zu ernennen. Der Konflikt zwischen Jelzin und dem Parlament über die Radikalreformen schaukelte sich 1993 so hoch, dass Jelzin schließlich am 26. September 1993 das Parlament für aufgelöst erklärte. In den Tagen vom 2. bis 4. Oktober 1993 kam es zu Straßenschlachten zwischen Jelzins Unterstützern und jenen des Parlaments, der Polizei und den OMON-Sondereinheiten. Dabei wurden circa 1500 Menschen getötet. Am 4. Oktober 1993 ließ Jelzin das Parlamentsgebäude, das »Weiße Haus«, von zehn Panzern beschießen und stürmen. Bis heute gilt dieser »Sturm aufs Weiße Haus« in Russland als dunkelste Stunde im Kampf Russlands gegen seine Feinde im Westen.

»Es war einer der bedeutendsten Raubzüge der Geschichte, der Anfang der 1990er-Jahre Jahre in Russland stattfand«, schreibt Russlandexperte Boris Reitschuster, der 15 Jahre lang Moskau-Korrespondent des *Focus* war. »Zugespitzt ausgedrückt, teilten das organisierte

Verbrechen und die Parteibonzen die unermesslichen Reichtümer Russlands unter sich auf, während die Hyperinflation die gesamten Ersparnisse der einfachen Menschen auffraß. Unter dem Applaus, ja teilweise unter der tatkräftigen Mithilfe des Westens. … Als sich das Parlament, das Jelzin zuvor ins Amt gehievt hatte, dagegen wehrte, löste er das Parlament einfach auf. Als das Verfassungsgericht die Entscheidung für verfassungswidrig erklärte, löste Jelzin auch dieses auf. Faktisch ein Staatsstreich aus dem Kreml. Und wie berichteten die Medien im Westen darüber? Sie schrieben, als sich die Abgeordneten wehrten, es sei ein Putsch von Altkommunisten, den Jelzin niederschlagen ließ. Dabei gab er den Befehl, aus Panzern auf das Parlament zu schießen. Gewalt war als Machtmittel wieder salonfähig, unter Applaus aus dem Westen. Jelzin konnte weiter seinen Wildwest-Kapitalismus ausbauen.«[538]

»Die einfachen Menschen wurden immer ärmer, und gleichzeitig entstanden die Oligarchen«, kommentierte Reitschuster die damalige Lage in einem Video. »Man hat diese Gaidar'schen Reformen gemacht, wo man Russland ein unpassendes System aufgezwängt hat, und Demokratie wurde von einem Hoffnungsschimmer fast zum Schimpfwort. Statt Demokratie hat man ›Dermokratie‹ gesagt, das Wort für Fäkalien. Da hat der Westen die Augen zugemacht beziehungsweise das aktiv befördert. Es gab den sogenannten Putsch gegen Jelzin, der in den deutschen Medien als Putsch verkauft wurde. In Wahrheit war es ein Staatsstreich von Jelzin.« Reitschuster bezeichnete den Sturm aufs Weiße Haus als »Ursünde«: »Damit war klar: Man kann mit Panzern mitten in Moskau das Parlament beschießen, und der Westen macht das mit. Man hat die Oligarchen und die ganzen Eskapaden von Jelzin mitgemacht.« Der 4. Oktober 1992 sei »das Weimar-Moment« für Russland, an dem die Menschen die Demokratie und die Marktwirtschaft abzulehnen begannen. »Man hat gesehen, der Westen nutzt uns aus. So ist Putin groß geworden. Wenn man sich damals anders verhalten hätte, könnten wir jetzt Russland als Partner haben.«[539]

Dank der Soros-Sachs-Russlandpolitik wurde das russische Tafelsilber für Peanuts verhökert, und Millarden Dollar Entwicklungshilfe verschwanden in dunkle Kanäle in der Schweiz und auf Zypern. Zwischen 1992 und 1996 wurden 57 Prozent der russischen Firmen privatisiert, »aber der russische Staat erhielt nur 3 Milliarden Dollar dafür, da sie zum Schleuderpreis an korrupte Cliquen verscherbelt wurden«,[540] liest man bei dem Russlandexperten Peter Reddaway. »Ein Teil dieser Firmen landete in George Soros' Portfolio, wie er später vor dem US. Kongress zugab«, ergänzt Richard Poe, »viel mehr verschwand in den Taschen von korrupten russischen Oligarchen, oft mit Verbindungen zum organisierten Verbrechen«.[541] Bis 1996 hatten sich die »Sieben Banker« (ru.: Semibankirschina) herausgebildet, die die Kontrolle über 60 Prozent der russischen Rohstoffe hatten, darunter Erdgas und Erdöl: Boris Beresowski, Wladimir Gussinski, Michail Chodorkowski, Michail Fridman, Wladimir Potanin, Alexander Smolenski, Wladimir Winogradow und später Roman Abramowitsch.

Sachs und Soros übten mit den »Jungen Reformern« Jegor Gaidar, Boris Nemzow und Anatoli Tschubais enormen Einfluss in Russland aus und ermöglichten den Aufstieg von Oligarchen. Sachs leitete von 1993 bis 1999 das Harvard-Institut für Internationale Entwicklung (HIID), das im Auftrag der US-Entwicklungsbehörde USAID die Reform der russischen Wirtschaft verantwortete und Boris Jelzin direkt beriet. In Russland nannte man sie die »Garvardniki«, die Harvardianer. Die Garvardniki diktierten Jelzin die Gesetze direkt in die Feder oder schrieben sie gar selbst, und er »boxte«[542] sie dann durch, und zwar per Präsidialerlass am Parlament vorbei. Wäre all dies von Erfolg gekrönt gewesen, hätte man es vielleicht verzeihen können. Doch die Versuchung, sich bei der Privatisierung des Riesenreiches zu bedienen, war selbst für die klugen Köpfe aus Cambridge, Massachusetts, zu groß. Jeffrey Sachs selbst wurde keinerlei Unrechts bezichtigt, doch er musste am 25. Mai 1999 im Rahmen einer Untersuchung des Justizministeriums der Harvard-Institut-Korruption zurücktreten. Nach einer Anklage wegen 120 Millionen Dollar verschwundener Entwicklungsgelder handelte Harvard eine vergleichsweise milde Strafe von 26 Millionen aus.[543]

Die Harvard-Stiftung Harvard Management Company (HMC) und George Soros waren die einzigen ausländischen Mitbieter, die an den Versteigerungen des russischen Staatseigentums teilnehmen durften, präzisiert die Journalistin Anne Williamson gegenüber Janine Wedel: »HMC und Soros erhielten große Anteile an Novolipetsk, dem zweitgrößten russischen Stahlwerk, und Sidanko Öl, die größere Ölreserven hatten als Mobil. HMC und Soros investierten auch in den lukrativen, IMF-gestützten russischen Anleihenmarkt.«[544] Um die Regeln gegen ausländische Käufer zu umgehen, kauften sie diese Anteile über den Sputnik-Fonds des Oligarchen Wladimir Potanin.[545]

Im Juli 1997 kaufte Soros zusammen mit Potanins Uneximbank für 1 Milliarde Dollar 24 Prozent des Kommunikationsriesen Svyazinvest, kurz nachdem Soros der Jelzin-Regierung einen Überbrückungskredit von Hunderten Millionen Dollar zur Verfügung gestellt hatte, während sie auf die Erlöse einer Euro-Anleihentranche warteten. Die Uneximbank verwendete laut Williamson diesen Kredit, um im August 1997 Norilsk Nickel zu kaufen. Die US-Russlandpolitik war »voller Interessenkonflikte zwischen dem Harvard-Institut, den USAID-finanzierten Verbündeten von Anatoli Tschubais, ausgewählten russischen Bankern und Soros-Insidern«, so Williamson. »Trotz

Enthüllung dieser Korruption in den russischen Medien (und weit zögerlicher in US-Medien) blieb die Harvard-Tschubais-Clique das Hauptinstrument der US-Wirtschaftspolitik in Russland.«

1994 wurde George Soros gefragt, wie er die enorme Macht beschreiben würde, die er in der ehemaligen Sowjetunion erlangt hatte. »Schreiben Sie einfach, das Sowjetreich heißt jetzt Soros-Reich.«[546] Doch dies »Soros-Reich« währte nicht lange. 1998 begannen die Republikaner im Kongress, die Finanzhilfen für Russland zu untersuchen, und die Milliardenströme versiegten. Am Schwarzen Montag, dem 17. August 1998, musste Russland den Zahlungsausfall bekannt geben und den Rubel abwerten. Ironischerweise könnte Soros den Schwarzen Montag sogar mitausgelöst haben, denn er intervenierte im Vorfeld beim US-Finanzministerium und veröffentlichte einen Artikel in der *Financial Times*, laut dem der Zusammenbruch der russischen Märkte »die finale Phase erreicht« hätte. Soros forderte eine Abwertung des Rubels und die Errichtung eines Währungsausschusses, der die russische Zentralbank entmachtet hätte. »Dabei verkannte er vielleicht, dass dieser offene Brief als Werk des Investors Soros und nicht des Intellektuellen Soros gesehen werden würde«, steht im Bericht von USAID. »Sein Brief löste eine Panik an den russischen Märkten aus, denn die Investoren glaubten, dass Soros gegen den Rubel spekulierte. Im Endeffekt verloren Soros' Fonds aufgrund der russischen Finanzkrise 2 Milliarden Dollar.«[547]

Laut Soros selbst war sein Engagement in Russland selbstverständlich rein mildtätiger Natur, und er habe die Verluste in Kauf genommen, um dem Land zu helfen. »Meine Erfahrung zeigt mir, dass die Menschen mich als Investor ernster nehmen denn als Philanthrop. Wenn ich also in einem Land etwas verändern will, ist es besser, als potenzieller Investor aufzutreten.« Er sei in Russland nur als Investor ernst genommen worden, da die Menschen nicht an einen »selbstlosen Spender« glauben würden. »Das speiste nur mein Selbstbild als gottgleiches Wesen, das über den Dingen schwebt, das Böse bekämpft und Gutes tat«, schreibt er in *Soros on Soros*. »Ich wurde so zu einer Ehrfurcht gebietenden Figur. Aber ich erkannte, dass die Menschen in Russland damit nichts anfangen konnten.« Daher habe er widerwillig die Gestalt eines Oligarchen und Raubritters angenommen. »So konnte ich auch ein Vorbild für die neuen russischen Raubtierkapitalisten werden. [...] Indem ich als Investor auftrat, stieg ich vom Olymp herab und wurde ein Mensch aus Fleisch und Blut.« Und fügt hinzu: »Wir machen das natürlich nicht als öffentliche Dienstleistung. ... Wir machen das, um Geld zu verdienen. Es liegt vielleicht nicht im Interesse derjenigen Länder, von denen wir die Gewinne abschöpfen. Aber so funktionieren nun mal die Finanzmärkte.«[548] Ein Jahr vor dem Skandal am 15. September 1998 hatte Soros vor dem Finanzausschuss des US-Kongresses ausgesagt, die »Amigo-Wirtschaft« sei eines der größten Probleme Russlands. »Aber kann man Ihnen nicht auch vorwerfen, Teil dieser Amigo-Wirtschaft zu sein?«, fragte ihn der Abgeordnete Spencer Bacchus. »Ja, ich würde schon sagen, dass ich Teil dieser Amigo-Wirtschaft war«,[549] musste Soros schließlich zugeben.

Ein Jahr später, am 1. September 1999, nannte der Abgeordnete Jim Leach den Russlandskandal »einen der größten sozialen Raubzüge der Weltgeschichte«. Leach war »sehr überzeugt«, dass mindestens 100 Milliarden Dollar vom IWF und anderen internationalen Hilfsgeldern für Russland veruntreut wurden. 1999 löste Premierminister Wladimir Putin dann Boris Jelzin als Präsident ab und stellte die Oligarchen vor die Wahl: entweder für oder gegen ihn. Wer wie Roman Abramowitsch, Michail Fridman und Wladimir Potanin Putin unterstützte, durfte bleiben.

Boris Beresowski wurde 2013 erhängt in seinem Haus nahe Windsor gefunden. Wladimir Winogradow starb 2008 an einem Herzinfarkt. Wladimir Gussinski wurde 2000 verhaftet und durfte Russland verlassen, nachdem er seinen Medienkonzern Media-Most, der über verdächtige Bombenanschläge in Moskau berichtet hatte, an die Gazprom verkauft hatte. Alexander Smolenski verkaufte seinen Konzern 2003 an Wladimir Potanin und tauchte 2011 vermutlich in Wien unter. Michail Chodorkowski gründete 2001 nach dem Vorbild von George Soros die Open Russia Foundation. 2003 wurde er wegen angeblichen Betrugs verhaftet und war bis 2013 inhaftiert, als sich Hans-Dietrich Genscher bei Putin für ihn einsetzte. Nach seiner Freilassung am 20. Dezember 2013 zog Chodorkowski in die Schweiz und 2015 nach London, von wo aus er heute The Dossier Center finanziert[550] – Partner vom *Spiegel*, dem ARD-Recherchepartner Bellingcat und The Insider, die eng mit dem russischen Oppositionellen Alexei Nawalny zusammenarbeiten.

Putin betrachtete Soros vermutlich als weiteren Oligarchen, den es zu zähmen galt. So wurde 2003 die Moskauer Soros-Stiftung über Nacht aus ihren Büros in einer alten Villa ausgesperrt. »Über 40 Bewaffnete vertrieben Mitarbeiter zwangsweise aus ihren Büros und konfiszierten Dokumente, Computer und andere Besitztümer«,[551] berichtete Open Society Institute. Daraufhin machte Soros sein Moskauer Büro dicht, betrieb aber seine Finanzierung »zivilgesellschaftlicher« Gruppen weiter. Doch 2015 erklärte der russische Generalstaatsanwalt die Soros-Stiftung zur »unerwünschten Organisation« und drohte den Mitarbeitern, den Geförderten und sogar Beratern und Dienstleistern mit bis zu 6 Jahren Haft.[552]

Die Vertreibung der Open Society aus Moskau 2003 ereignete sich zu derselben Zeit wie die Rosenrevolution in Georgien. Wladimir Putin unterstützte Eduard Schewardnadse, den er im März 2003 nach Sotschi eingeladen hatte.[553] Putin schwor später, Schewardnadses Nachfolger Saakaschwili »an den Eiern« aufzuhängen, nachdem dieser am 8. August 2008 die russische Exklave Südossetien angegriffen hatte und vergeblich versuchte, Georgien in die NATO zu führen. »Wir sind gegen die Lösung politischer Probleme auf illegale Weise«, sagte Putin. »Nehmen wir das Beispiel Georgien: Dort hat der Westen aktiv Eduard Schewardnadse unterstützt. Warum war es notwendig, ihn mittels einer Revolution zu stürzen? Wen hat der Westen dabei unterstützt, und warum? Alle Themen sollten auf legale, verfassungsgemäße Weise gelöst werden.«[554]

Bald folgte die nächste Farbrevolution direkt an den Grenzen Russlands, die Putin zum absoluten Soros-Gegner machen sollte: Die Orangene Revolution in der Ukraine 2004.

Ukraine: Die Orangene Revolution 2004

Die Ukraine ist seit 1990 einer der wichtigsten Außenposten des Soros-Netzwerkes. »International hat George Soros in der Ukraine mehr Einfluss als in jedem anderen Land der Welt«, so Matt Palumbo vom Media Research Center. Laut der russischsprachigen Zeitung *Vesti* war George Soros 2019 der zweitmächtigste Mann in der Ukraine nach Wolodymyr Selenskyj und noch vor dem Ministerpräsidenten Oleksij Hontscharuk. »Durch die von ihm finanzierten Organisationen kann Soros das wirtschaftliche und politische Leben in der ganzen Ukraine beeinflussen.«[555]

Im April 1990 hatte Soros die International Renaissance Foundation (IRF) in Kiew gegründet, und zwar nach Auskunft der OSF »kurz bevor die Ukraine im August 1991 ihre Unabhängigkeit von der Sowjetunion erklärte. Vor der russischen Invasion 2022 verfügte die

IRF über Niederlassungen in Odessa, Charkiw, Lwiw und Dnipro und beschäftigte mehr als sechzig Mitarbeiter.«[556] 1994 stand ihr ein Budget von 12 Millionen Dollar zur Verfügung, womit sie unter anderem das Soros Center for Contemporary Art Kyiv (SCCA – Soros Kunstzentrum Kiew) gründete. Open Society hat seit 1991 230 Millionen Dollar in der Ukraine gespendet und ist damit bis heute der größte unabhängige ausländische Geldgeber in der Ukraine. Im März 2022 rief Open Society mit 25 Millionen Dollar den Ukraine Democracy Fund ins Leben – mit dem Ziel, 100 Millionen Dollar zu sammeln, um »Menschenrechtsgruppen, unabhängige Journalisten und andere zivilgesellschaftliche Gruppen zu finanzieren«.[557]

Nachdem der georgische Präsident Micheil Saakaschwili 2013 wegen Korruption in Georgien gestürzt wurde, floh er zuerst in die USA und dann in die Ukraine, wo Präsident Petro Poroschenko ihn am 30. Mai 2015 zum Gouverneur von Odessa ernannte. Laut Remix wurde Saakaschwili dabei auch von Soros finanziert. Dasselbe gilt für die Journalistin und ehemalige Abgeordnete Switlana Salitschuk und den Abgeordneten und Vizevorsitzenden des Rüstungskonzerns Ukroboronprom Mustafa Nayyem. Nachdem der Sender ZIK TV am 28. Februar 2020 einen Fernsehmarathon unter dem Titel »Riecht nach Soros« veranstaltet hatte, bürgerte sich in der Ukraine der Begriff »Sorosiata« für die Handlanger des ungarischen Geldgebers ein.[558] Laut dem USAID-gesponserten Nachrichtenportal Ukraine-World wurden die Vorwürfe gegen Soros erhoben, er kontrolliere die ukrainische Regierung, wolle den Premier Hontscharuk stürzen und Land und Firmen in der Ukraine aufkaufen. ZIK TV wurde dafür vom ukrainischen Rundfunkrat gerügt.[559]

Am 21. November 2004 gewann der amtierende Ministerpräsident Wiktor Janukowytsch die Wahl in der Ukraine mit 49,42 Prozent gegen seinen Herausforderer Wiktor Juschtschenko, der laut der

Zentralen Wahlkommission 46,69 Prozent der Stimmen erhielt. Der Fernsehsender Nadia (dt.: »Hoffnung«) berief sich jedoch – ganz nach dem Rezept aus Serbien und Georgien – auf eine Umfrage des Razumkov Center des Atlantic Council,[560] nach der angeblich Juschtschenko gewonnen hatte. Am nächsten Tag protestierten 100000 Menschen auf dem Maidan in Kiew, und am 26. Dezember 2004 wurde die Wahl wiederholt. Das Ergebnis waren 51,99 Prozent für Wiktor Juschtschenko und 44,19 Prozent Wiktor Janukowytsch.

»Als die ukrainische Opposition – angeführt von (Julia) Timoschenko und Wiktor Juschtschenko, dem ehemaligen Zentralbanker – Ende 2003 signalisiert hatte, dass sie westliche Hilfe beim Sturz von [Präsident Leonid] Kutschma wollte, machten sich George Soros und diverse vom National Endowment for Democracy (NED) finanzierte Gruppen daran, dafür zu sorgen«,[561] hat der kanadische Journalist Mark McKinnon recherchiert. Das National Democratic Institute vom NED der US-Regierung habe einen »Geheimpakt« zwischen Juschtschenko und Timoschenko arrangiert, nach dem Juschtschenko Präsident und Timoschenko Ministerpräsidentin werden sollten, und die kanadische Botschaft habe die Opposition unter dem Deckmantel »Infrastruktur« und »Bildung« mit einer halben Million Dollar finanziert.

Die USA hätten ebenfalls »eine tragende Rolle« gespielt, da sie die Ukraine als »neue Front in einem neuen Kalten Krieg mit einem wiedererstarkenden Kreml« sahen.[562] Nach dem Erfolg der Rosenrevolution in Georgien hatte der kanadische Botschafter in der Ukraine, Andrew Robinson, zur »Spendenkoordination« Geheimtreffen der Botschafter aus 28 Ländern mit der Opposition zu arrangieren begonnen. Auch die umstrittene Wahlausgangsumfrage des Razumkow-Zentrums wurde vom Western finanziert, so McKinnon. Der Razumkow-Chef Jurij Jakimenko bestand darauf, die Umfrage sei objektiv und wissenschaftlich gewesen, auch wenn er sich damit brüstete, damit die Unterstützer von Juschtschenko mobilisiert zu haben.

Die Unterstützung aus dem Westen sei zwar »Kleingeld« im Vergleich zu den 600 Millionen Dollar, die Russland über die Gazprom in die Kampagne von Janukowytsch investiert hätte. Der Westen habe sein Geld jedoch klüger investiert, so McKinnon, und hatte einen »dramatischen Effekt auf den Straßen Kiews«. Amerikanische und europäische »pro-demokratische« Gruppen finanzierten die ukrainische Jugendbewegung Pora nach dem Vorbild von Otpor! in Serbien und Kmara in Georgien. Pora war das »Rückgrat der Proteste, bis Juschtschenko am 23. Januar 2005 seinen Amtseid ablegte«. »Die Ähnlichkeiten zwischen dem, was 2000 in Belgrad, 2003 in Tiflis und 2004 in Kiew passierte, wurden auch in Moskau bemerkt«, so McKinnon, »wo die Aufstände nicht als Ausdruck des Volkswillens betrachtet wurden, sondern als friedliche Putsche des Westens.«[563]

Die Orangene Revolution war »ein gut organisierter Straßenprotest nach dem Vorbild von Serbien und Georgien«, sagte der Kremlbeobachter Sergej Markow. »Ich nenne sie NGO-Revolutionen, die das Ziel hatten, Russland zurückzudrängen, das seit Wladimir Putins Amtsantritt 2000 wieder selbstbewusster geworden ist.«[564] Juschtschenko wurde also Präsident, Timoschenko Ministerpräsidentin, der Pora-Chef und Open-Society-Mitarbeiter Wladislaw Kaskiw[565] wurde Sonderberater des Präsidenten und der ehemalige Razumkow-Chef Anatolij Hryzenko Verteidigungsminister, womit er auch für die Annäherung an die NATO zuständig war. Der New Yorker Leiter des Open Society Institutes Leonard Bernardo schrieb 2005, der Sieg der Orangenen Revolution sei »ein Sieg für den demokratischen Prozess« und »ein Hoffnungsschimmer für die Welt«.[566]

Doch der Zauber der Orangenen Revolution währte nicht lang. Timoschenko erfreute sich bald größerer Beliebtheit als Juschtschenko, der sie und die gesamte Regierung am 8. September 2005 entließ. Bei Neuwahlen am 26. März 2006 wurde Janukowytsch erneut zum Ministerpräsidenten gewählt und Timoschenko zur Oppositionsführerin. Nach den Parlamentswahlen am 30. September 2007 einigten sie sich auf eine Fortsetzung der Koalition der Orangenen Revolution. Timoschenko bekam wieder den Ministerpräsidentenposten. 2010 kandidierte sie für das Amt des Präsidenten, verlor aber gegen den pro-russischen Wiktor Janukowytsch, dem sie dann Unregelmäßigkeiten bei der Wahl vorwarf. Im Dezember 2010 nahm die Staatsanwaltschaft Ermittlungen gegen Timoschenko wegen Korruption und Amtsmissbrauch bei der Verhandlung von Erdgaspreisen mit Russland auf. Sie wurde am 5. August 2011 in Untersuchungshaft genommen und am 11. Oktober 2011 zu 7 Jahren Gefängnis verurteilt, wogegen sie vor dem Europäischen Gerichtshof für Menschenrechte Klage erhob. Daraufhin verschob die EU das geplante Assoziierungsabkommen mit der Ukraine und warf dem Präsidenten Janukowytsch vor, die Gerichte gegen seine politische Gegnerin zu instrumentalisieren. Für den Westen war klar: Janukowytsch musste weg. Und sie wussten auch wie.

Der Euromaidan 2014

Zwischen der Orangenen Revolution 2004 und dem Euromaidan 2014 veränderten sich die Voraussetzungen für Soros' Farbrevolutionen grundlegend, denn das Weiße Haus wechselte vom Soros-Gegenspieler George Bush Jr. zum Soros-Zögling Barack Obama. Die Möglichkeiten für Regimewechsel durch Open-Society-NGOs und die US-Regierung schienen nun beinahe unbegrenzt, und so begann 2011 der Arabische Frühling in Tunesien (siehe Kapitel 7) und breitete sich bis nach Syrien aus.

Als der ukrainische Präsident Wiktor Janukowytsch das Assoziierungsabkommen mit der EU kippte, um enger mit Putins Russland zusammenzuarbeiten, bot sich 2014 dann die Gelegenheit, Soros' Erzfeind im Kreml zu begegnen. Dabei ging es einerseits um die EU-Forderung, Julia Timoschenko aus der Haft zu entlassen, und andererseits um die Zollunion mit Russland, die im Fall eines EU-Beitritts der Ukraine beendet werden musste. Auf die Absage der EU hin, die ukrainischen Forderungen nach Hilfskrediten über 20 Milliarden Euro zu erfüllen,[567] bot Putin der bankrotten Ukraine Kredite über 15 Milliarden Dollar.[568] Janukowytsch nahm Putins Angebot an und setzte am 21. November 2013 das Assoziierungsabkommen mit der EU aus.

Der afghanisch-ukrainische Abgeordnete, Journalist und Open-Society-Mitarbeiter Mustafa Nayyem postete am 21. November 2013 auf Facebook einen Aufruf zum Protest am Maidan Nesaleschnosti, dem Unabhängigkeitsplatz in Kiew: »Okay, im Ernst. Wer ist bereit, bis Mitternacht auf dem Maidan zu bleiben? Likes zählen nicht, nur Kommentare. Schreibt ›ich bin bereit‹ unter diesen Post. Wenn wir über Tausend haben, legen wir los.« Über Nacht tauchten dann plötzlich drei neue YouTube-Kanäle auf, die die Proteste am Maidan live übertrugen und zum Protest aufriefen: Spilno.TV am 21. November 2013, Nayyems Kanal Hromadske.TV am 22. November und Espreso.TV am 24.November. Hromadske.TV wurde seit August 2013 von der US-Botschaft, der niederländischen Botschaft und der International Renaissance Foundation mit 2 576 596 ukrainischen Hrywnja (circa 250 000 Euro) finanziert, erfährt man in dem Dokumentarfilm *Ukraine on Fire*.

Die Open Society räumte auf ihrer Website ein, sie habe »während der Krise juristischen Beistand für Aktivisten, Demonstranten und Journalisten zur Verfügung gestellt; medizinische Versorgung für

Gewaltopfer sichergestellt; zivilgesellschaftliche Solidarität und Organisation ermöglicht; unabhängige Liveberichterstattung vom Maidan auf Kanälen wie Hromadske.TV unterstützt; und Fälle von Folter, Misshandlung sowie polizeilichen und juristischen Verstößen dokumentiert«.[569]

Die Organisation der »Revolution der Würde« auf dem Maidan 2013–2014 zeigte alle Anzeichen einer Farbrevolution, wie es sie auch in Serbien und Georgien gegeben hatte. Die Demonstranten benutzten sogar die Hüpf-Chöre, die man heute von den Klimahüpfern von Fridays for Future her kennt, nur skandierten sie nicht »Wer nicht hüpft, der ist für Kohle«, sondern: »Wer nicht hüpft, der ist ein Russki!«. »Ich habe noch vor der Unabhängigkeit der Ukraine eine Stiftung dort eingerichtet«, sagte George Soros im Mai 2014 zu Fareed Zakaria auf CNN, »und diese Stiftung hat eine wichtige Rolle bei den jetzigen Ereignissen gespielt«.[570]

Janukowytsch fuhr am 28. November 2013 zum EU-Gipfel nach Vilnius, wo er vergebens hoffte, eine Einigung mit Bundeskanzlerin Angela Merkel zu erreichen. Boxweltmeister Vitali Klitschko, Chef der »pro-europäischen« Partei Udar (dt.: »Schlag«) war ebenfalls in Vilnius, »um im Namen der Opposition den Druck auf Janukowitsch zu erhöhen«, schriebt *Die Zeit*. »Janukowitsch hat panische Angst, die Macht zu verlieren«,[571] gab Klitschko zu wissen. Die Oppositionsführer Arsenij Jazenjuk von Timoschenkos Allukrainischer Vereinigung Vaterland, Vitali Klitschko von der Partei Udar (Ukrainische Demokratische Allianz für Reformen) und der rechtsextreme Oleh Tjahnybok von der Partei Swoboda (dt.: »Freiheit«) traten am 29. November 2013 zusammen auf dem Maidan auf. »In der Ukraine beginnt eine Revolution. Wir errichten eine Zeltstadt auf dem Maidan und starten einen nationalen Streik«[572], bekundete Tjahnybok.

»Anfangs waren die Demonstranten friedlich, und ich war zum Dialog mit ihnen bereit«, sagte Janukowytsch im Gespräch mit dem linken Filmemacher Oliver Stone im Dokumentarfilm *Ukraine on Fire*. »Die Proteste im November 2013 bis Februar 2014 waren von langer Hand vorbereitet«, ergänzte der ehemalige Innenminister Witalij Sachartschenko. »Es gab eine große Anzahl ausländisch finanzierter NGOs, jede Menge Journalisten, die Stipendien bekommen hatten.« Und der Journalist Robert Parry sagte zu Stone: »Gewisse NGOs werden von Regierungsstellen finanziert, damit sie diesen Regierungen anstelle jener Menschen dienen, für die sie angeblich arbeiten. Nach einer Reihe von Skandalen in den 1970ern war die CIA in den 1980er-Jahren diskreditiert. Traditionellerweise finanzierte die CIA in Zielländern Medien, NGOs, und Politiker. Als Ronald Reagan 1980 an die Regierung kam, wurde diese Aufgabe an eine neue Organisation delegiert, nämlich das National Endowment für Democracy (NED), das 1983 geschaffen wurde. Die NED hat also die Aufgabe der CIA übernommen, politische Gruppen zu unterstützen, Aktivisten auszubilden, mit Journalisten und Geschäftsleuten zu reden, um die Interessen der USA im Ausland durchzusetzen – manchmal gegen den Willen der dortigen Regierung.«[573] Die NED habe 2013 65 Projekte in der Ukraine für insgesamt 20 Millionen Dollar finanziert, so Parry, und ein »politisches Schattengebilde aus Medien und Aktivistengruppen geschaffen, das aktiviert werden konnte, um Unruhe zu stiften, sobald die ukrainische Regierung nicht spurte«.[574] »Vieles von dem, was wir machen, wurde vor 25 Jahren heimlich von der CIA ins Leben gerufen«,[575] bezeugte der ehemalige NED-Vorsitzender Allen Weinstein 1991 gegenüber David Ignatius von der *Washington Post*. Im September 2013 beschrieb der NED-Chef Carl Gershman in derselben Zeitung deren Aktivitäten in Osteuropa und den ehemaligen Sowjetrepubliken und merkte an, die Ukraine sei »das Kronjuwel« der Region. Ein Beitritt der Ukraine zur EU würde Putins »Abgang beschleunigen«.[576]

Auch der ehemalige Innenminister Witalij Sachartschenko bekundete Stone gegenüber: »Am Anfang waren die Demonstranten friedlich. Alle möglichen Leute waren da, alte und junge Leute, Familien mit Kindern. Es war offensichtlich, dass sie dem Staat und der Polizei vertrauten und sich dort sicher fühlten. Sie hatten keine Angst vor Gewalt vonseiten der Behörden. Die Polizisten waren nicht bewaffnet.« Dann seien jedoch »Extremisten« unter den Demonstranten aufgetaucht, »Mitglieder von rechtsextremen und neofaschistischen Organisationen«. Am 24. November, »als das Kabinettsgebäude der ukrainischen Regierung angegriffen wurde, und die Polizeibeamten, die es bewachten«,[577] sei es zu den ersten gewalttätigen Ausschreitungen gekommen. In der Nacht des 30. November 2013 eskalierte die Gewalt weiter, als die Sondereinheit Berkut unter dem Vorwand, einen Weihnachtsbaum aufstellen zu wollen, um 4:00 Uhr morgens den Maidan räumen ließ.

»Ich erhielt einen Anruf von Oleksandr Popow, dem Vorsitzenden der Kiewer Stadtverwaltung, die den Weihnachtsbaum auf dem Maidan aufstellen wollten«, so Sachartschenko weiter zu Oliver Stone, und »sagte ihm, das sei unmöglich, solange die Demonstranten da sind. Um 1:00 Uhr morgens, als die Menschen begannen, den Maidan zu verlassen, telefonierte ich mit dem Chef der ukrainischen Sicherheitsbehörden und fragte ihn nach seiner Einschätzung der Lage. Er sagte, ›Es ist gottlob vorbei.‹ Ich lebte zu dieser Zeit in meinem Büro und bekam in manchen Nächten nur 2 Stunden Schlaf.«

Um 3:00 Uhr morgens sei Sachartschenko heimgekommen, habe den Wecker auf 6:30 Uhr gestellt und in der Früh dann im Fernsehen die Bilder von Krankenwagen und Verletzten entdeckt. Die Sonderpolizei habe die Demonstranten um 4:00 Uhr morgens angegriffen, etwa 80 Menschen wurden verletzt. »Meine erste Reaktion war: Wir brauchen eine Untersuchung, wer die Gewalt gegen die Demonstranten angeordnet hat«, versicherte Janukowytsch Stone gegenüber. »Ich war absolut gegen Menschenrechtsverstöße und Gewalt gegen Demonstranten.« Stadtverwalter Oleksandr Popow sei »nicht autorisiert« gewesen, solche Entscheidungen zu treffen. Doch der habe sich, so Stone, an den Leiter der Präsidialverwaltung Serhij Lyowotschkin gewandt, der enge Kontakte zu US-Botschafter Geoffrey Pyatt und der Staatssekretärin des US-Außenministerium Victoria Nuland gehabt hätte. In der Nacht des 30. November habe Lyowotschkin die Räumung des Maidan mit Oppositionsführer Arsenij Jazenjuk besprochen. Laut den Medien hätte die Polizei schlafende Demonstranten in ihren Zelten überfallen, doch Bilder aus der Nacht zeigten mit Stöcken bewaffnete Extremisten, die auf die Polizei gewartet hätten. Wie zufällig waren auch reihenweise Journalisten und Kamerateams um 4:00 Uhr morgens zugegen, um die Auseinandersetzungen festzuhalten. »Eine Gruppe gut ausgebildeter junger Männer traf zeitgleich mit der Polizei ein«, erfährt man in *Ukraine on Fire*, »und begann, Steine und Fackeln zu werfen.« »Gruppen von Milizionären vom Rechten Sektor wurden während des Maidan nach Kiew gebracht«, berichtete Robert Parry, »und waren die Schlägertrupps der Proteste. Von anfänglich friedlichen Protesten uferte der Maidan immer mehr in Gewalt aus.«

Am 1. Dezember 2013 begannen in Kiew »schwerwiegende Ausschreitungen«, so Janukowytsch weiter. »Neonazi-Gruppen nahmen daran teil, junge Männer mit Schlagstöcken und Eisenstangen. Auch Baufahrzeuge kamen zum Einsatz. Die Polizisten, die die Regierungsgebäude bewachten, wurden mit Baggern angegriffen.« Janukowytsch hätte eigentlich mit den Demonstranten verhandeln wollen, doch das sei unter diesen Umständen nicht möglich gewesen.

Zu dieser Zeit seien häufig Vertreter der US-Regierung in der Ukraine zu Gast gewesen, vor allem die US-Staatssekretärin für Osteuropa

Victoria Nuland. »Ich habe mich mit ihr über die Lage unterhalten, doch dann ging sie zum Maidan, um die Demonstranten zu unterstützen und die Polizei anzuklagen. In welchem anderen Land wäre das akzeptabel? Kann der ukrainische Botschafter zu den Demonstranten in Ferguson, Missouri, hingehen, Doughnuts verteilen und die Polizei beschimpfen? Ich glaube, in den meisten europäischen Ländern wäre das unmöglich. Warum soll es also in der Ukraine in Ordnung sein?« An seinen höchsten Kontakt in der US-Regierung, den damaligen Vizepräsidenten Joe Biden, erinnert sich Janukowytsch folgendermaßen: »Wir haben uns oft am Telefon unterhalten, doch das Problem war, dass Joe Biden anders handelte, als er sagte.« Der US-Botschafter Geoffrey Pyatt habe ständig Maidan-Demonstranten empfangen. »Wir haben das beobachtet und hatten den Eindruck, dass die US-Botschaft das Hauptquartier des Ganzen war.«

Am 7. Februar 2014 wurde ein abgefangenes Telefonat auf einem YouTube-Kanal namens Марионетки Майдана (»Marionetten des Maidan«) veröffentlicht – ein Beitrag, der bis heute 1,4 Millionen Mal aufgerufen wurde, obwohl der Kanal nur 750 Abonnenten hat. Es ist davon auszugehen, dass der russische Geheimdienst hinter der Veröffentlichung steckt. In diesem Telefonat besprach die US-Ostbeauftragte Victoria Nuland mit dem US-Botschafter Geoffrey Pyatt offensichtlich, wer der nächste Präsident der Ukraine werden solle:

Nuland: *»Ich glaube nicht, dass Klitsch [Vitali Klitschko] in der Regierung sein sollte. Ich glaube nicht, dass es notwendig oder eine gute Idee ist.«*

Pyatt: »Ja, wahrscheinlich. ... Lassen wir ihn lieber außen vor, er soll erst mal seine politischen Hausaufgaben machen. Es geht mir nur darum, die moderaten demokratischen Kräfte zusammenzuhalten. Das Problem wird [der rechtsextreme] Oleh Tjahnybok sein, damit rechnet Janukowytsch sicher.«

Nuland: *»Für mich ist Jaz [Arsenij Jazenjuk] der mit der Wirtschaftserfahrung, der Regierungserfahrung. ... Er braucht Klitsch und Tjahnybok draußen. Er muss viermal die Woche mit ihnen reden, nicht mehr. Klitsch drinnen zu haben, auf dieser Ebene mit Jazenjuk zu arbeiten, das haut nicht hin.«*

Pyatt: »Ja, nein, das stimmt. Okay, gut. Sollen wir als Nächstes eine Telko mit ihm vereinbaren?«

Nuland: *»Einverstanden. ... Ich habe [Joe Bidens Nationalen Sicherheitsberater Jake] Sullivan geschrieben, und er hat mir geantwortet, dass wir [Vizepräsident Joe] Biden brauchen. Ich habe ihm gesagt, bis morgen haben wir die Details geklärt, und er kann sein Okay geben. Biden ist also dabei.«*

Pyatt: »Prima. Danke.«[578]

Zur Rolle der europäischen Partner bei der neuen Regierungsbildung sagte Nuland nur: »Fuck the EU.« »Wir haben also dieses bemerkenswerte Telefonat, bei dem sich zwei Mitglieder der US-Regierung scheinbar über einen Putsch unterhalten und wie man die Regierung der Ukraine umgestalten will«[579], kommentiert Robert Parry.

Am 22. Januar 2014, dem ukrainischen Tag der Einheit, wurden drei Demonstranten von Scharfschützen erschossen – nach Aussage der Opposition von der Polizei. Der damalige Premierminister Mykola Asarow aber erklärte der BBC Ukraine gegenüber, die Polizei sei an dem Tag gar nicht bewaffnet gewesen, und gab stattdessen extremistischen Demonstranten die Schuld.[580] Am 20. Februar 2014 gingen Demonstranten mit Molotowcocktails und Schusswaffen auf die Polizei und das Regierungsgebäude los. »Man hat mich informiert, dass es Scharfschützen und Verletzte auf beiden Seiten gab«, sagte Janukowytsch zu Stone. Die ersten Schüsse kamen laut Innenminister Sachartschenko aus der Richtung der Musikakademie Peter Tschaikowski, die in den Händen der Opposition war. Die Regierung beschuldigte die Demonstranten, Scharfschützen einzusetzen und »gezielt töten« zu wollen, wohingegen die Opposition von Provokateuren und Infiltrierung sprach.[581] 67 Polizisten, die teilweise verletzt waren, wurden von Letzterer gefangen genommen. Nach Aussage von Sachartschenko wurden 20 Polizisten getötet und 150 verletzt. 21 Demonstranten kamen ums Leben. »Es war klar, dass der Putsch begonnen hatte«, so Janukowytsch. »Wir haben versucht, mit der Opposition zu verhandeln, und konnten uns auch in vielerlei Hinsicht einigen. Erst später habe ich verstanden, dass das Ganze nur ein Spiel war. Die radikalen Demonstranten haben die Verhandlungen gar nicht beachtet, sondern nur ihren Auftrag ausgeführt.«

Am 20. Februar 2014 kamen die deutschen, französischen und polnischen Außenminister Frank-Walter Steinmeier, Laurent Fabius und

Radoslaw Sikorski angereist, um zwischen Janukowytsch und den Oppositionsführern Klitschko, Jazenjuk und dem rechtsradikalen Tjahnybok zu vermitteln. Während dieser Verhandlungen wurde für den Maidan ein Waffenstillstand vereinbart. Doch Dmytro Jarosch, Anführer des paramilitärischen Rechten Sektors, erklärte, den Waffenstillstand nicht einhalten zu wollen, da die bisherigen Vereinbarungen ihre Ziele nicht erfüllt hätten: »Der Rechte Sektor wird keine einzige Blockade eines Regierungsgebäudes aufheben, bis Janukowytsch zurückgetreten ist«, kündigte Jarosch seinen Anhängern an.

Steinmeier, Fabius und Sikorski vermittelten am 21. Februar eine Vereinbarung, nach der es bis zum Dezember 2014 Neuwahlen geben sollte, eine Amnestie für verhaftete Demonstranten, eine Untersuchung der Gewaltvorfälle sowie eine Rückkehr zur Verfassung vor Janukowytschs Amtszeit. Diese Vereinbarung wurde einstimmig vom Parlament gebilligt, welches daraufhin Innenminister Sachartschenko seines Amtes enthob und Timoschenko freiließ.

»Ich habe die Vereinbarung unterschrieben, aber es war egal, was ich unterschrieb«, so Janukowytsch. »Der Putsch war schon vorbereitet und ließ sich nicht mehr aufhalten.«[582] »Wenn Sie das nicht unterstützen, wird das Kriegsrecht ausgerufen, und dann werden Sie alle sterben«,[583] sagte der polnische Außenminister Radoslaw Sikorski in Richtung Tjahnybok. Vitali Klitschko wollte der Menge am Maidan die Vereinbarung verkaufen, wurde aber ausgebuht, weil er Janukowytsch die Hand geschüttelt hatte. Dmytro Jarosch vom Rechten Sektor lehnte die Vereinbarung ab und forderte die Verhaftung von Innenminister Sachartschenko, die Absetzung des Staatsanwalts und Verteidigungsministers sowie ein Verbot von Janukowytschs Partei der Regionen und der Kommunistischen Partei. Die Opposition drohte mit einem bewaffneten Aufstand, falls Janukowytsch nicht zurücktrete. Janukowytsch verließ Kiew am Abend des 21. Februar

2014. Die Polizei zog sich zurück, wie der polnische Außenministers Radoslaw Sikorski verwundert feststellte, als er auf dem Weg aus dem Präsidentenpalast die Polizisten verstört in Busse springen und davonfahren sah. »Es war erstaunlich. Das war nicht Teil der Abmachung. Erstaunlich.«[584]

Am 22. Februar 2014 wurde Julia Timoschenko aus der Haft entlassen und sprach zu 100 000 am Maidan versammelten Menschen. Bewaffnete Demonstranten stürmten den Präsidentenpalast und die Regierungsgebäude. Janukowytsch erinnerte sich im Gespräch mit Oliver Stone, dass er per Hubschrauber nach Charkiw geflogen wurde, während zur Ablenkung seine Limousinenkarawane davonfuhr und dabei beschossen wurde, denn: »Laut unseren Nachrichtendiensten waren Söldner im Land, mit dem Auftrag, mich umzubringen.« Janukowytsch floh am 24. Februar 2014 nach Russland, wo er bis heute lebt.

Nach der ukrainischen Verfassung hätten einer Amtsenthebung das Verfassungsgericht und drei Viertel des Parlaments zustimmen müssen (388 von 450 Stimmen). Doch nur 328 Abgeordnete hatten sich positiv geäußert. Die Abgeordneten von Janukowytschs Partei der Regionen waren der Abstimmung ferngeblieben. Über die Verfassungsmäßigkeit dieser Amtsenthebung kann man also streiten. Doch »das Außenministerium der USA bestätigte sofort, dass die Abwahl legitim war«, so Robert Parry. »Das war die Fortführung des Regimewechsels. Anstatt sich auf die Vereinbarung vom 21. Februar zu berufen, oder zu versuchen, Janukowytsch wiedereinzusetzen, wurden sofort Fakten geschaffen. Das Ergebnis war der Widerstand der Ostukraine, die Abspaltung der Krim und eine weitere Eskalation.«[585]

Pro-russische Proteste fanden von Luhansk bis Odessa statt, in den Gebieten also, die traditionell eher russisch geprägt waren, denn die neuen Machthaber in Kiew hatten als eine ihrer allerersten Amtshandlungen am 23. Februar beantragt, Russisch als zweite Amtssprache der Ukraine zu verbieten. Am 13. März kam es in Donezk zu gewalttätigen Zusammenstößen zwischen pro-russischen und proukrainischen Demonstranten, bei denen ein Mensch getötet wurde und über fünfzig verletzt wurden. 3 Tage später dann, am 16. März 2014, stimmte die vorwiegend russischsprachige Bevölkerung der Krim für die Unabhängigkeit von Kiew, die Moskau anerkannte. Am 6. April besetzten die pro-russischen Demonstranten die Amtsgebäude in Donezk und riefen am Folgetag die Volksrepublik Donezk aus. Von den rechten Milizen des Rechten Sektors und der Asow-Brigade unterstützt, mobilisierte Kiew zum »Anti-Terror-Einsatz«. Julia Timoschenko rief am 15. April zur Gründung einer bewaffneten »Widerstandsarmee« auf, die sich an den Kämpfen im Donbas beteiligte und von Timoschenko finanziert worden sein soll.[586] Im Mai 2014 gründete der ukrainische Oligarch Ihor Kolomojskyj das rechtsextreme Asow-Regiment, das im Juni an den Kämpfen um die Stadt Mariupol teilnahm. In Odessa, der wichtigsten Hafenstadt der Ukraine, die 1794 von Katharina der Großen gegründet worden war, begannen im Januar 2014 Anti-Maidan-Proteste. Während der ukrainischen Fußballmeisterschaft kam es am 2. Mai 2014 zu gewaltsamen Zusammenstößen zwischen den pro-russischen Demonstranten und maskierten Hooligans der Maidan-Milizen. Die Anti-Maidan-Demonstranten verschanzten sich im Gewerkschaftshaus, wo sie in der Falle saßen. Ihre Angreifer warfen Molotowcocktails und setzten das Gewerkschaftshaus in Brand. Mindestens 31 Menschen starben.[587] Der Rechte Sektor nannte diesen 2. Mai auf Facebook »einen stolzen Augenblick in der ukrainischen Geschichte«.

Am 30. Mai 2015 wurde der ehemalige Präsident von Georgien, Micheil Saakaschwili, als Gouverneur von Odessa eingesetzt. Von Soros in Georgien installiert, um »die Korruption zu bekämpfen«, war Saakaschwili aber im Oktober 2013 selbst wegen Korruption in die USA geflohen. Obwohl er in seiner Heimat polizeilich gesucht wurde, kehrte er 2014 zum Maidan in die Ukraine zurück und wurde Berater des neuen Präsidenten Petro Poroschenko. 2015 legte er die georgische Staatsbürgerschaft ab, nahm die ukrainische Staatsbürgerschaft an und wurde Statthalter in Odessa von Soros' Gnaden. Am 6. Juli 2015 besuchte ihn der US-Botschafter Geoffrey Pyatt in Odessa und bot ihm für die Ausbildung der Polizei US-Spezialisten an. Vom New International Leadership Institute in Washington erhielt Saakaschwili ein Gehalt von 198 000 Dollar, und Wiktor Juschtschenko ist der Pate seines Sohnes.[588]

Seither ist Odessa fest in der Hand der Regierung in Kiew.

KAPITEL 10

Biden und Soros in der Ukraine

»Wir haben eine Stiftung in der Ukraine, eine unserer besten Stiftungen. Sie weigerten sich zu fliehen und führen dort die Zivilgesellschaft an. Ich möchte dazusagen, dass eine Person sehr tief in der Ukraine involviert war, nämlich [Joe] Biden. Ich habe ihn sogar im Zusammenhang mit der Ukraine zum ersten Mal kennengelernt. Er hatte viel mehr Geduld mit der Bekehrung von [Präsident Petro] Poroschenko zu einem demokratischen Anführer als ich. Ich hatte schnell die Schnauze voll von ihm, und das habe ich ihm gesagt. Aber Biden hat nicht aufgegeben.«[589]

George Soros beim Weltwirtschaftsforum in Davos, 2022

Vielleicht war es der letzte Auftritt des sichtlich altersschwachen 92-jährigen George Soros beim Weltwirtschaftsforum in Davos, das er seit 3 Jahrzehnten regelmäßig besucht hatte, und es blieb unklar, ob Soros bezüglich Biden und der Ukraine etwas ausgeplaudert hatte, als der Moderator, Lord Mark Malloch-Brown, Vorsitzender von Open

Society, nach einer halben Stunde die Fragerunde unterbrach, weil Soros Wladimir Putin mit Viktor Orbán verwechselte. Daraufhin ließ Soros im Folgejahr 2023 das WEF zum ersten Mal in 30 Jahren aus »terminlichen Gründen« aus. Soros habe »in den vergangenen 30 Jahren mehr als eine Viertelmilliarde Dollar in die Ukraine investiert und Kiew mit seinem Sohn Alexander und Ehefrau Tamiko Bolton Dutzende Besuche abgestattet«, sagte Malloch-Brown.

Am 25. Mai 2014 wurde Petro Poroschenko zum neuen Präsidenten der Ukraine gewählt. Am 13. Januar 2015 traf er sich in Chicago mit George Soros, um EU-Finanzhilfen für die Ukraine und die Gründung des Nationalen Anti-Korruptionsbüros der Ukraine (NABU) zu besprechen. »Petro Poroschenko und George Soros vereinbarten, ihren Dialog im Rahmen des Weltwirtschaftsforums in Davos Ende Januar fortzusetzen«, erklärte das ukrainische Konsulat in Chicago, und Soros: »Die Ukraine verteidigt nicht nur sich, sondern Europa. … Daher sollte Europa der Ukraine bei seinen notwenigen Reformen beistehen.«[590]

Leonid Bershidsky von Bloomberg war jedoch anderer Ansicht: »George Soros hat einen furchtbaren Plan, der Ukraine Geld hinterherzuwerfen«, schrieb er am 8. Januar 2015. »Präsident Petro Poroschenkos Plädoyer für internationale Finanzhilfen erhielt Unterstützung vom Finanzier und Wohltäter George Soros, der Europa ermutigte, ein Rettungspaket von 50 Milliarden Dollar für die Ukraine aufzulegen. Doch sowohl Soros' ausgefeilter Plan als auch die Bemühungen der ukrainischen Regierung erwartet Gegenwind: Denn der Regierung fehlt die Glaubwürdigkeit, und die europäischen Staaten haben Besseres mit ihrem Geld vor.«[591] Im März 2015 kündigte Soros an, 1 Milliarde Dollar in die Ukraine für Landwirtschaft und Infrastrukturprojekte investieren zu wollen, und fügte hinzu: »Der

Westen kann der Ukraine helfen, in den Augen der Investoren attraktiver zu werden. … Dabei braucht es eine politische Risikoversicherung.«[592]

Am 12. November 2015 verlieh Poroschenko George Soros den ukrainischen Freiheitsorden und lobte seine »intensiven Aktivitäten« in den vergangenen Jahren, die »den demokratischen Wandel, der jetzt in der Ukraine stattfindet, extrem unterstützt haben«.[593] Soros nannte die Verleihung eine »große Ehre« für ihn und die International Renaissance Foundation. Auf der Urkunde wurde Soros' »Beitrag zur Stärkung der internationalen Autorität des ukrainischen Staates« und der »Umsetzung sozioökonomischer Reformen« hervorgehoben.

Doch Soros wollte wie üblich nicht nur Geld geben, sondern im Sinne seiner linksradikalen Agenda das ganze Land verändern. »Sie müssen zeigen, dass die neue Ukraine anders ist als die alte«, betonte Soros Poroschenko gegenüber und warb in einem Aufsatz, den er zusammen mit dem linken Vordenker Bernard-Henri Lévy verfasst hatte, für einen »Marshallplan für die Ukraine« sowie für »radikale Reformen«. Die beiden Autoren idealisierten den Umsturz als »seltenes Experiment in partizipativer Demokratie; ein nobles Abenteuer eines Volkes, das sich zusammengeschlossen hat, um sein Land für die Moderne, die Demokratie und für Europa zu öffnen«. Sie warben für eine »neue Ukraine«, die der »alten Ukraine« gegenüberstehe. »Die alte Ukraine ist tief verwurzelt mit einer alten Staatsbürokratie, die Hand in Hand mit einer Wirtschaftsoligarchie zusammenarbeitet. Und die Reformer sehen sich mit der handfesten Feindschaft des russischen Präsidenten Wladimir Putin konfrontiert, der die Ukraine um jeden Preis destabilisieren will.«[594]

Die Ironie dieser Worte eines Oligarchen, der gerade die Regierung in der Ukraine gestürzt hat, scheint ihnen gar nicht bewusst zu sein. Die

Ukraine brauche sofort 15 Milliarden Dollar, aber »um das Überleben der Ukraine zu sichern«, müssten die westlichen Länder weitere Gelder zusichern, »je nach dem Grad der russischen Bedrohung und dem Erfolg der ukrainischen Reformen«, schrieben Soros und Lévy.

Soros sah Wladimir Putin und das Wohl der russischsprachigen Minderheit in der Ostukraine nicht als Herausforderung, die es friedlich beizulegen galt, oder den russischen Präsidenten gar als möglichen Partner, mit dem man zusammenarbeiten könnte, sondern nur als Bedrohung. »Russland droht mit seiner militärischen Dominanz«, betonte Soros auf dem Blog der Open Society. »Putin glaubt nur an Machtdemonstrationen. Er lässt seine Muskeln spielen und erwartet, dass die anderen kuschen. Er wird alles in seiner Macht Stehende tun, um den Fortschritt aufzuhalten und das Land in seiner korrupten Vergangenheit gefangen zu halten.«[595]

Am 29. Mai 2014 erschien im *Guardian* ein Beitrag von Soros unter dem Titel »Wie die EU die Ukraine retten kann«, in dem er Putins Russland als existenzielle Bedrohung für die Ukraine und den Westen beschreibt: »Während das gewagte europäische Experiment der supranationalen Regierung strauchelt, stellt sich Russland als gefährlicher Rivale der EU heraus, mit globalen geopolitischen Ambitionen und der Bereitschaft, Gewalt einzusetzen. Putin nutzt eine national-ethnische Ideologie, um sein Regime zu stützen.« Ein Erfolg der Ukraine wäre »eine existenzielle Bedrohung« für Putins Macht in Russland, schreibt Soros forsch. »Deshalb versucht er so sehr, die Ukraine mit den selbst ernannten Separatistenrepubliken in der Ostukraine zu destabilisieren.« Auffallend ist, dass sich Soros, der sich sonst sehr für Sinti und Roma, Black Lives Matter und andere unterdrückte Minderheiten einsetzt, keine Gedanken über die russische Minderheit in der Ukraine zu machen scheint. Stattdessen fordert er ein finanzielles Wettrüsten zwischen der EU und Moskau: »Putin will die Krim mit über 50 Milliarden Euro zu einem Vorzeigemodell machen. Mit europäischer Unterstützung könnte die Ukraine diesen Vergleich für sich entscheiden.«[596]

Europa müsse »aufwachen und verstehen, dass es von Russland angegriffen wird«, setzt Soros sein Säbelrasseln am 5. Februar 2015 fort. Die EU solle die »Verteidigungsausgaben« der Ukraine erstatten, sonst werde Europa »sich alleine gegen die russische Aggression verteidigen müssen«. (In dieser EU-zentrischen Denkweise scheint die NATO gar nicht zu existieren.) »Europa wird die Werte und Prinzipien aufgeben, auf der die EU gegründet wurde.«[597] Warum ein regionaler Grenzkonflikt zwischen korrupten Potentaten und Oligarchen am Rande Osteuropas die scheinbar so wackeligen »Werte und Prinzipien« Europas tangieren sollte, wird aber nie erklärt.

Natürlich konnte man der korrupten und teilweise rechtsextremen Ukraine nicht die »Reform« der ukrainischen »Demokratie« anvertrauen, deshalb wurde 2014, um das ukrainische Parlament zu umgehen, der Nationale Reformausschuss NRC eingerichtet. Die International Renaissance Foundation richtete im Rahmen des NRC mit 3 Millionen Dollar acht »Strategische Arbeitsgruppen« ein, deren hundert Experten achtzig Gesetzesänderungen erarbeiteten, von denen ein Drittel bis Dezember 2015 vom Parlament abgesegnet wurde.[598] Zum NRC gehörten der Präsident und seine Minister, die Ausschussvorsitzenden des Parlaments, eine ganze Riege aus Vertretern von Soros-NGOs, der EU sowie der Europäischen Bank für Wiederaufbau und Entwicklung, und 2020 wurde der Soros-Mann Micheil Saakaschwili zum Chef des Exekutivkomitees des NRC ernannt. Bei der jährlichen »Reformkonferenz Ukraine« trafen sich Vertreter der G7, zivilgesellschaftlicher NGOs und internationaler Thinktanks in schicken Tagungshotels in London oder Lugano, um bei Bœuf Stroganoff und einem vollen Brunello die Zukunft der Ukraine zu besprechen, die de facto ein Protektorat des Westens geworden war.

Die Soros-NGOs in der Ukraine

Mit Ausbruch des Bürgerkriegs in der Ostukraine im April 2014 kamen viele westliche Reporter ins Land, die in dem undurchsichtigen und verwirrenden Krieg gerne jede Hilfe annahmen. Als Kriegsreporter hat man zwei Optionen: Entweder man bleibt in der Hauptstadt im Hotel, wo die Kollegen von der internationalen Presse wohnen, und geht jeden Tag zur offiziellen Pressekonferenz der Regierung – oder man zieht sich Helm und Flakweste an, fährt an die Front und riskiert sein Leben. Verständlicherweise entscheiden sich viele Kollegen für die erste Variante. Zu diesem Zweck wurde am 7. März 2014 das Ukraine Crisis Media Center (UCMC) in Kiew eingerichtet, und zwar mit freundlicher Unterstützung der International Renaissance Foundation, der US-Botschaft, dem National Endowment for Democracy (NED), dem Institute for Statecraft des UK, der NATO und anderen Institutionen.[599]

Zusammen mit Rebecca Harms und Joschka Fischer von den Grünen lud die Heinrich-Böll-Stiftung George Soros am 20. März 2014 zu einer Podiumsdiskussion über die politische und wirtschaftliche Situation in der Ukraine ein.[600] Am 7. April 2014 berichtete der Blog der Freitag über den Einfluss des Ukraine Crisis Media Center auf das ZDF in einer Ausführlichkeit, wie man sie sonst in deutschen Medien nie antrifft. Da der Text mittlerweile online gelöscht ist, geben wir ihn hier vollständig wieder:

ZDF-Skandal: Berichte im Auftrag Kiews?

Das ZDF gibt zu, Pressematerial eines PR-Netzwerkes gegen »russische Propaganda« zu benutzen, das die Kiewer Regierung mittels einer Imagekampagne unterstützen soll.

Das Ukraine Crisis Media Center

Das ZDF arbeitet in seiner Berichterstattung über die Ukrainekrise eng mit dem Ukraine Crisis Media Center (UCMC) zusammen: einem internationalen PR-Netzwerk gegen »russische Propaganda«. Finanziert wird die PR-Kampagne u. a. von George Soros, der ukrainischen Übergangsregierung und einer ukrainischen Tochtergesellschaft von Weber Shandwick, dem weltweit führenden PR-Unternehmen.

Ziel des Ukraine Crisis Media Center (UCMC)

Ziel des UCMC ist es, v. a. folgende Botschaften weltweit in der internationalen Presse zu verankern:

Die Ukraine ist Opfer einer »russischen Aggression«; die ukrainische Übergangsregierung ist legitim; die Behauptung einer rechtsradikalen Gefahr ist Teil der russischen Propaganda; der Verdacht, die Erschießungen von Polizisten und Demonstranten des Maidan seien im Auftrag der jetzigen Regierungskoalition geschehen.

Das ZDF und das PR-Netzwerk des UCMC

Allein bis Mitte März hatten sich bereits 900 ausländische Journalisten im UCMC angemeldet. Darunter auch das ZDF. Das ZDF gibt in diesem Zusammenhang zu, dass sich die vielfältigen Angebote des UCMC für die Ukraineberichterstattung des ZDF »als sehr nützlich erwiesen haben«. Dies bekennt Andreas Weise, Redaktionsmitglied des heute-journals*, der für das* heute-journal *aus Kiew berichtet. Folgende Angebote stellt das PR-Netzwerk des UCMC der internationalen Presse zum Kampf gegen »russische Propaganda« zur Verfügung:*

→ *tägliche Pressekonferenzen von Befürwortern der ukrainischen Übergangsregierung,*

→ *ausgewählte Interviewpartner, Übersetzer, ausgewähltes Videomaterial, Stellungnahmen von regierungsnahen Künstlern und Akademikern wie etwa Historikern und anderen »Ukraine-Experten«.*

Politische Ausrichtung des Ukraine Crisis Media Center

Kritiker der Übergangsregierung dürfen sich weder auf den täglichen Pressekonferenzen noch in anderen vom Media Center vermittelten Interviews äußern. Das gilt für nationale Kritiker (die gesamte ukrainische Opposition) wie auch internationale Kritiker.

Dafür sorgt eine hierfür speziell eingerichtete Koordinierungsgruppe, die entscheidet, wer zu Wort kommt und welche Botschaften verbreitet werden. Mitglied dieser Koordinierungsgruppe ist Nataliya Popovych, Präsidentin von PRP, der ukrainischen Tochtergesellschaft von Weber Shandwick, und Gründungsmitglied des UCMC. Entwaffnend ehrlich bekennt sie: »Ich bin stolz, als Bandera-Anhängerin bezeichnet zu werden.« (Nazi-Kollaborateur Stepan Bandera gründete 1940 die Organisation Ukrainischer Nationalisten OUN-B.)

Die Koordination der Zusammenarbeit

Das UCMC hat eine Beobachtergruppe eingesetzt, die auf »false news« im Ausland sofort mit entsprechenden Maßnahmen reagiert. Der Begriff »false news« bezeichnet dabei sämtliche als russische Propaganda bewertete Kritik an der jetzigen Übergangsregierung.

Ein Beispiel der Zusammenarbeit des ZDF mit dem UCMC

*Wie eng und vor allem schnell das ZDF mit dem Ukraine Crisis Media Center zusammenarbeitet, zeigt sich am Beispiel des ZDF-*heute-journals *vom 13. März 2014: Im Mittelpunkt steht ein berühmter Fall von »false news«: Die Rede Gregor Gysis in der Bundestagsdebatte über die Ukrainekrise am 13. März.*

Auf die von Gysi u. a. geäußerte Kritik an der Zusammenarbeit der Bundesregierung mit Rechtsradikalen der Swoboda reagiert in Kiew die Beobachtergruppe sofort in Kooperation mit dem ZDF.

Auf der Pressekonferenz des Ukraine Crisis Media Center lässt sie noch am selben Tag den Swoboda-Chef Oleh Tjahnybok zu Gysis Faschismusvorwurf Stellung nehmen. Und genau diesen Ausschnitt der Pressekonferenz aus dem UCMC gibt Andreas Weise im heute-journal *vom 13. März in einer Aufzeichnung aus dem UCMC wieder. […]*

Das ZDF als Sprachrohr der Swoboda?

Man beachte Folgendes: Vor dieser Einspielung hatte das heute-journal *einen Beitrag über eben diese Bundestagsdebatte zur Ukraine gesendet.*

ZDF-Reporter Lars Seefeldt kommentierte dabei die Kritik der Linken folgendermaßen:

→ *Die von Gysi angeführte Äußerung Tjahnyboks sei 10 Jahre her,*

→ *die Äußerung Tjahnyboks sei ungenau zitiert,*

→ *Sahra Wagenknecht – die Gysis Kritik teilte – sei eine »radikale Linke«.*

Zu 100 Prozent deckungsgleich sind die Aussagen des ZDF-Reporters Seefeldt mit der Stellungnahme Tjahnyboks, die das heute-journal *dem Bericht über die Bundestagsdebatte am 13. März folgen ließ. Das* heute-journal *zeigt anschaulich, wie – scheinbar in Form einer ausgewogenen Berichterstattung – Kritik von seiten sogenannter »Putin-Versteher« (Zitat des*

ZDF-Reporters Seefeldt) an der Kiewer Regierung in den deutschen Medien zwar zu Wort kommt, zum Teil sogar von deren Vertretern selbst eingeräumt wird, aber nur, um dieselbe Kritik sofort zu relativieren, zu entkräften und gemäß der Zielrichtung des UCMC als russische Propaganda zu kennzeichnen. Dies ließe sich auch anhand zahlreicher Beispiele aus dem weiteren Verlauf eben dieser Sendung belegen.

Es ist nicht auszuschließen, dass ein Großteil des vom ZDF zur Ukrainekrise verwendeten Pressematerials (Übersetzungen, Interviews, Bild- und Videomaterial) vom UCMC vermittelt wird. So erklärt sich auch das, was weite Teile der deutschen Bevölkerung seit Wochen mit zunehmender Sorge beobachten: eine einseitige, emotionalisierende Berichterstattung, die auch vor Falschmeldungen nicht zurückschreckt.

In welchem Maße nicht nur die ARD und Phoenix, sondern auch die privatwirtschaftlich betriebenen Medien in dieses PR-Netzwerk eingebunden sind, kann zum jetzigen Zeitpunkt nicht sicher beurteilt werden.[601]

Der US-Senator und Ukraine-Hardliner John McCain trat am 4. September 2014 im Ukraine Crisis Media Center auf und warf Wladimir Putin vor, er würde nur »aus Gier« in der Ostukraine intervenieren, deshalb sei es eine Sache »der Freiheit«, der Ukraine zu helfen.[602] Am 20. Juni 2015 trat McCain wieder im UCMC auf und sagte, der Westen müsse die Ukraine »mit defensiven Waffen« ausstatten. Auf eine Frage, ob eine solche Bewaffnung den Konflikt nicht weiter anheizen würde, verwies McCain darauf, dass Frankreich den USA nach ihrer Unabhängigkeitserklärung beigestanden habe. »Es gehört zur amerikanischen Tradition, Ländern zu helfen, die sich gegen Ganoven wie Wladimir Putin wehren.«[603] Der Artikel dazu auf Kyiv Independent wurde praktischerweise gleich vom Ukraine Crisis Media Center verfasst.

Am 19. August 2016 präsentierte der ukrainische Abgeordnete Serhij Leschtschenko UCMC Dokumente, die angeblich belegen sollten, dass der damalige Trump-Wahlkampfmanager Paul Manafort 12,7 Millionen Dollar an illegalen Schmiergeldern aus der Ukraine kassiert haben soll – das berühmtberüchtigte »Schwarze Kassenbuch«, das sich nachträglich als frei erfunden herausstellte. Leschtschenko stellte die angebliche Enthüllung zusammen mit dem Leiter des ukrainischen Nationalen Antikorruptionsbüros (NABU) Artem Sytnyk vor.[604]

Dies war der Anfang der »Russiagate«-Vorwürfe, die zu einem Lauschangriff auf den Kandidaten Donald Trump und später zu einem zweieinhalbjährigen Sonderermittlungsverfahren gegen den neugewählten Präsidenten führen sollten. Ihren Anfang hatten sie bei den Soros-NGOs AntAC und UCMC in der Ukraine genommen.

KAPITEL 11

Trump, Russiagate und die Ukraine

Unter Barack Obama, Joe Biden und George Soros wurde die Ukraine zu einer Drehscheibe für Schwarzgeld, Schmiergeld und verschwundene Milliardenhilfen – und all dies im Namen der Korruptionsbekämpfung. Als Donald Trump überraschenderweise Obamas Nachfolger wurde, drohte die Nummer aufzufliegen, und es musste – unter demselben Deckmantel – alles unternommen werden, um einen gewählten Präsidenten 4 Jahre lang zu sabotieren und schließlich zu stürzen. Wir wagen uns in das Labyrinth der Soros-NGOs und Aktivisten in der Ukraine und USA und versuchen, ihre Manöver nachzuverfolgen.

2012 wurde in Kiew das Anti-Corruption Action Center (AntAC) gegründet.[605] In den Jahren 2018–2020 erhielt AntAC laut aktueller Open-Society-Website von den von OSF 221 688 Dollar. »AntAC gründete das Nationale Antikorruptionsbüro (NABU), das unabhängig vom Generalbundesanwalt Korruptionsfälle verfolgen durfte«,[606], erläutert Matt Palumbo in seinem Buch *The Man Behind the Curtain*. Das NABU durfte ermitteln, musste aber seine Ergebnisse zur Strafverfolgung an die Bundesanwaltschaft übermitteln. Nach dem

Maidan finanzierte sich das NABU durch Unterstützung des FBI, des Internationalen Währungsfonds und westlicher Regierungen.[607]

Um die Korruption in anderen Ländern zu bekämpfen, hatte die Obama-Regierung 2010 die Kleptocracy Asset Recovery Initiative (»Kleptokratie-Bekämpfungsinitiative«) eingeführt. Investigativjournalist John Solomon, der am meisten dazu beigetragen hat, die Verbindungen zwischen Soros und der Ukraine aufzudecken, berichtete 2019, wie die US-Außen- und Justizministerien ihre Korruptionsbekämpfung in der Ukraine an Soros-NGOs delegierten.[608] So eruierte Solomon: »Ein wichtiger Partner war AntAC, das seit 2012 59 Prozent (1 Millionen Dollar) seines Budgets vom Außen- und Justizministerium erhielt und laut Finanzberichten beinahe 290 000 Dollar von Soros' International Renaissance Foundation.«[609]

In Kiew war die Zusammenarbeit der Biden-Obama-Regierung mit den Soros-NGOs allgemein bekannt. Die FBI-Agentin Karen Greenaway nahm an mehreren AntAC-Veranstaltungen in Kiew teil und wurde von AntAC-Chefin Daria Kaleniuk am 21. Februar 2017 auf Facebook überschwänglich gelobt: »Gott segne die US-Ermittler und ganz besonders diese Frau!« 2016 nahmen Karen Greenaway und die US-Botschafterin Marie Yovanovitch zusammen mit Daria Kaleniuk und Jurij Luzenko, dem Generalstaatsanwalt der Ukraine, an einer Veranstaltung teil. »Die Botschaft war klar: Die US-Botschaft unterstützt AntAC«, sagt Solomon. Das FBI bestätigte Greenaways Verbindungen zur Soros-Gruppe. Sie seien Teil ihrer Ermittlungsarbeit: »Zur Erfüllung der Aufgaben des FBI und im Rahmen ihrer Dienstpflichten reisen FBI-Mitarbeiter regelmäßig und nehmen in offizieller Funktion an öffentlichen Veranstaltungen teil. Alle diese Reise- und Vortragsverpflichtungen werden mindestens vom direkten Vorgesetzten des Mitarbeiters bis hin zum zuständigen Abteilungsleiter genehmigt.« Nachdem FBI-Ukraine-Chefin Greenaway am 31. Dezember 2018 in den Ruhestand verabschiedet worden war,[610] trat sie im Februar 2019 dem AntAC-Aufsichtsrat bei.[611]

Seit Mai 2014 saß Hunter Biden im Vorstand der korrupten ukrainischen Erdgasfirma Burisma Holdings, wofür er monatlich 83 333 Dollar erhielt, um mit dem Einfluss seines Vaters in Kiew die Wogen zu glätten und in Washington gewisse Türen zu öffnen. Dabei hatte der damalige Generalstaatsanwalt der Ukraine, Wiktor Schokin, am 20. August 2014 Ermittlungen gegen Burisma-Chef Mykola Slotschewskyj eingeleitet und diesen am 18. Januar 2015 zur Verhaftung ausgeschrieben. Währenddessen überschüttete Burisma die Bidens und ihr Umfeld mit Geld. Neben 1 Million Dollar im Jahr für Hunter gingen 90 000 Dollar im Jahr 2014 an David Leitner, den ehemaligen Stabschef von Außenminister John Kerry, 250 000 Dollar am 5. Juli 2014 an Hunter Bidens Kanzlei (Boies Schiller Flexner LLP) und am 16. September 2014 nochmals 33 039,77 Dollar nebst einer Spende von 20 000 Dollar an die Delaware Gemeindestiftung, Letztere im Namen von Hunters Bruder Beau Biden, der im Mai 2015 an Krebs gestorben war. Am 18. November 2015 zahlte Burisma 60 000 Dollar an die Lobbyfirma Blue Star Strategies, die den Demokraten nahesteht.[612]

Am 16. Dezember 2014 wurde Tony Blinken, Joe Bidens Nationaler Sicherheitsberater, Vizeaußenminister unter John Kerry, der schon seit dem Maidan die US-Ukrainepolitik koordiniert hatte. Blinken ist heute US-Außenminister.

Am 22. März 2015 bat Hunter Biden Blinken schriftlich um einen Termin. Laut Kalender trafen sie sich dann am 27. Mai 2015 »auf einen Kaffee« und am 22. Juli 2015 zum Mittagessen.

Am 25. Dezember 2015 schrieb AntAC auf Twitter, eines ihrer Hauptziele für 2016 sei es, »Schokin zum Rücktritt zu zwingen«.[613]

Am 18. Februar 2016 telefonierte Joe Biden mit Poroschenko. Laut einem Mitschnitt, der von Andrii Derkatsch, dem Abgeordneten der Partei der Regionen, veröffentlicht wurde, sagte Poroschenko:

Poroschenko: *Joe, ich habe gute Nachrichten für Sie. Gestern, oder besser gesagt vorgestern, habe ich mich mit dem Generalstaatsanwalt der Ukraine, Wiktor Schokin, getroffen und ihn ausdrücklich zum Rücktritt aufgefordert – obwohl es keinerlei Korruptionsvorwürfe oder Beweise für rechtswidrige Handlungen gibt. Nach den Ergebnissen unseres Treffens hat er mir trotz der Unterstützung im Parlament versprochen, seinen Rücktritt einzureichen, um seine Treue zum Staat zu demonstrieren. Vor einer Stunde überreichte er mir sein Kündigungsschreiben.*

Biden: *Großartig.*[614]

Am 15. März 2016 forderte die Osteuropabeauftragte des US-Außenministeriums Victoria Nuland die Ukraine auf, »einen neuen Generalstaatsanwalt zu ernennen«.

Am 22. März 2016 telefonierte Biden wieder mit Poroschenko und sagte: »Ich stehe zu meinem Wort. Jetzt, wo der neue Staatsanwalt eingesetzt wurde, können wir die neue Kreditgarantie von 1 Milliarde Dollar unterschreiben.«

Am 29. März 2016 wurde Generalstaatsanwalt Wiktor Schokin auf Poroschenkos Wunsch seines Amtes als ukrainischer Generalstaatsanwalt enthoben und am 12. Mai 2016 durch Jurij Luzenko abgelöst, woraufhin dieser die Ermittlungen gegen Hunter Bidens Firma Burisma einstellte.[615]

Bei einem Gespräch vor dem Council on Foreign Relations am 23. Januar 2018 prahlte Joe Biden sogar damit, wie er die Entlassung Schokins erzwungen habe: »Ich war zum 12. oder 13. Mal in Kiew und sollte eine weitere Kreditgarantie von 1 Milliarde Dollar ankündigen. [Präsident Petro] Poroschenko und [Premierminister Arsenij] Jazenjuk hatten mir versprochen, Schritte gegen den Generalstaatsanwalt einzuleiten, aber nichts getan. Kurz vor der Pressekonferenz sagte ich ihnen, sie bekommen die Milliarde nicht. Sie sagten: ›Das können Sie nicht entscheiden, nur der Präsident.‹ Ich sagte: ›Rufen Sie ihn an. … Ich fliege in 6 Stunden ab. Wenn der Staatsanwalt bis dahin nicht entlassen ist, bekommen Sie das Geld nicht.‹ Und siehe da, sie haben ihn entlassen und jemand anderen eingesetzt, der damals zuverlässig war.«[616]

Nach der Veröffentlichung der Mitschnitte im Mai 2020 forderte der neue ukrainische Präsident Wolodymyr Selenskyj, Ermittlungen gegen Andrii Derkatsch einzuleiten. Das Finanzministerium sanktionierte Derkatsch und sagte zu den Mitschnitten, sie seien »unbestätigt« und Teil einer Kampagne, um »US-Beamte zu diskreditieren«. Der Abgeordnete Derkatsch sei ein »russischer Agent«.

2019 hatte sich Derkatsch mit Donald Trumps Anwalt getroffen, dem früheren New Yorker Bürgermeister Rudy Giuliani. Giulianis Ermittlungen in der Ukraine wurden im Rahmen des ersten Amtsenthebungsverfahrens gegen Donald Trump 2019 als »Wahlkampfeinmischung« dargestellt, weil Giuliani die Korruption der Bidens aufdecken wollte. »Ich weiß nicht, wie man sich in eine Wahl einmischen kann, die erst in über einem Jahr stattfindet«, sagte Giuliani zu Fox News. »Die einzige neue Info, die er [Derkatsch] hatte, war, dass 5,3 Milliarden Dollar Hilfsgelder verschwunden waren, 3 Milliarden davon allein aus den USA. Ein Großteil dieses verschwundenen Geldes scheint an die NGOs von George Soros gegangen zu sein.«[617]

2016 begann die ukrainische Generalstaatsanwaltschaft, ausgerechnet gegen die Korruptionswächter von AntAC zu ermitteln, erfuhr dabei aber, dass es den US-Behörden nicht nur egal war, dass ihre Hilfsgelder veruntreut wurden, sondern sie den ukrainischen Ermittlern sogar ausdrücklich verboten, gegen AntAC wegen fehlender US-Hilfsgelder »zur Korruptionsbekämpfung« in Höhe von 4,4 Millionen zu ermitteln. »Untersuchungen von AntACs Verwendung unserer Hilfsgelder sind nicht angebracht«, ließ George Kent, der damalige Geschäftsträger in der US-Botschaft, die Staatsanwaltschaft im April 2016 wissen. Er fügte hinzu, die US-Regierung hätte keinerlei Bedenken, was die Verwendung der US-Hilfsgelder anbelange.

Als der neue Generalstaatsanwalt Jurij Luzenko seinen Antrittsbesuch bei der neuen Obama-Botschafterin in der Ukraine, Marie Yovanovitch, leistete, war er »fassungslos«, als ihm die US-Botschafterin »eine Liste von Personen gab, gegen die wir nicht ermitteln sollten«,[618] bekundete Luzenko John Solomon gegenüber. Die Liste habe einen AntAC-Gründer sowie zwei Parlamentsmitglieder umfasst, die AntAC unterstützten. Wie sich nämlich herausstellte, waren AntAC und die US-Botschaft in Kiew an dem Komplott beteiligt, der dazu diente, den unberechenbaren neuen Herausforderer Donald Trump als »russischen Agenten« abzustempeln. AntAC »arbeitete mit dem FBI zusammen, das die Geschäfte des damaligen Trump-Wahlkampfmanagers Paul Manafort mit pro-russischen Personen in der Ukraine untersuchte«, so John Solomon. »Die Botschaft an die ukrainischen Staatsanwälte war eindeutig: Während der heißen Phase der amerikanischen Präsidentschaftswahl, bei der George Soros Hillary Clinton als Nachfolgerin von Barack Obama unterstützte, sollten sie die Finger von AntAC lassen.«[619]

Soros gegen Trump

Doch im Laufe des Wahlkampfes 2016 wurde Donald Trump überraschenderweise zum Favoriten der Republikaner. Von vielen Establishment-Republikanern mit Misstrauen beäugt und von den Demokraten anfangs belacht, war Trump in den Washingtoner Insiderkreisen ein Unbekannter. George Soros beschuldigte Trump in Davos im Januar 2016, »die Arbeit des IS zu machen«,[620] weil er Moslems verunglimpfe. »Von Trump alarmiert, schüttete Soros Geld in den Wahlkampf 2016«,[621] liest man auf Bloomberg. Und so tauchten auf Trumps Kundgebungen plötzlich Schläger und Provokateure auf, die gewalttätig wurden. Die Medien gaben sofort Trump die Schuld. Doch es musste noch etwas Schlagkräftigeres her, und dazu griffen die schmutzigen Wahlkämpfer der Demokraten auf ein Rezept zurück, dass sich schon 2008 bewährt hatte: Sie warfen Trump »Verbindungen zu Russland« vor, ohne dafür Beweise zu haben.

Im US-Wahlkampf 2008 hatte Barack Obama mit der Unterstützung von George Soros gegen den Republikaner John McCain kandidiert, einen dekorierten Kriegshelden und erfahrenen Senator, und Anfang September 2008 hatte McCain noch mit 48 Prozent vor dem jungen Senator Obama aus Illinois mit 44 Prozent geführt.[622] Also musste irgendetwas getan werden, und am 8. September 2008 veröffentlichte ein Reporter namens Glenn Simpson im *Wall Street Journal* einen Artikel, in dem er behauptete, McCains Berater Charlie Buck hätte »Verbindungen nach Russland« und 50 000 Dollar vom russischen

Telekommunikationsminister erhalten.[623] Weshalb das so schlimm war, war keineswegs klar. Denn angesichts John McCains Rolle als Russland-Hardliner in Georgien und der Ukraine war dies ein ganz besonders absurder Vorwurf. Doch es ging einzig und allein darum, McCain anzuschwärzen. Barack Obama besiegte schließlich John McCain am 4. November 2008 mit 52,9 Prozent zu 45,7 Prozent der Stimmen. Offenbar hatte Glenn Simpson seinen Auftrag zur Zufriedenheit der demokratischen Partei ausgeführt. Er verließ das *Wall Street Journal* und gründete 2011 die Detektivfirma Fusion GPS, die sich auf Opposition Research (»Feindausforschung«) spezialisierte – also darauf, Schmutzwäsche für die Demokraten auszugraben. Als Donald Trump 2016 eine Gefahr für Hillarys Präsidentschaftsambitionen zu werden drohte, wurde Hillary Clintons Kampagne an Simpson übergeben. Gleichzeitig machte man sich in Kiew Sorgen darum, dass ein Präsident Trump das Aus für die Milliardenschwemme in die Ukraine und ein weniger feindseliges Verhältnis zu Putin bedeuten würde – letztlich also ein Ende der Soros-Politik.

Paul Manafort war ein Lobbyist und Washington-Insider, der ab 2005 seine Dienste dem damaligen ukrainischen Premierminister Wiktor Janukowytsch und der Partei der Regionen zur Verfügung gestellt hatte, als dieser von der Orangenen Revolution daran gehindert worden war, das Präsidentenamt anzutreten. 2011 half er ihm schließlich dabei, das Präsidentenamt zu gewinnen. 2014 wurde eine ukrainisch-amerikanische Mitarbeiterin der Demokratischen Partei, Alexandra Chalupa,[624] auf Manafort aufmerksam. Chalupa hatte unter Bill Clinton in der Öffentlichkeitsstelle des Weißen Hauses gearbeitet, und zwar zu derselben Zeit, als das AntAC zusammen mit dem FBI in der Ukraine zu Manafort und Janukowytsch recherchierte.[625]

»Chalupa war zuerst Mitarbeiterin, dann Beraterin des Democratic National Committee (des Bundesvorstands). Das DNC zahlte ihr laut Unterlagen der Bundeswahlbehörde FEC von 2004 bis Juni 2016 412 000 Dollar«,[626] schreibt *Politico*. Sie traf sich am 25. März 2016 mit dem ukrainischen Botschafter Valeriy Chaly und seiner Mitarbeiterin Oksana Schulyar in Washington und erzählte ihnen vom »russischen U-Boot« Paul Manafort. Am 28. März wurde bekannt, dass die Trump-Kampagne Paul Manafort eingestellt hatte, und plötzlich war Chalupa sehr gefragt. Am 29. März hatte sie ein Treffen mit dem Kommunikationsstab des Bundesvorstandes der Demokraten. Chalupa sagte *Politico*, dass die ukrainische Botschaft direkt mit Reportern zusammenarbeitete, die über Manafort und Russland recherchierten. Am 19. Mai 2016 wurde Manafort zu Trumps Wahlkampfmanager befördert.

Schulyar dementierte *Politico* gegenüber, dass es bei ihrem Treffen mit Chalupa um die Trump-Kampagne gegangen sei. Andrij Telischenko, politischer Beamter in der ukrainischen Botschaft unter Schulyar, sagte *Politico* jedoch, Schulyar habe ihn angewiesen, Chalupa bei der Recherche zu den Verbindungen Trump-Manafort-Russland zu unterstützen. »Oksana sagte, wenn ich Informationen hätte oder Leute kenne, die solche hätten, solle ich mich mit Chalupa in Verbindung setzen«, berichtete Telischenko. »Sie koordinierten mit dem Hillary-Team eine Untersuchung, die Alexandra Chalupa zu Paul Manafort führte. … Oksana hielt alles geheim«, aber »die Botschaft arbeitete sehr eng« mit Chalupa zusammen. Whistleblower Telischenko wurde nicht etwa für seine Aussage belohnt, sondern bekam 2020 sein US-Visum verweigert und wurde 2021 von der US-Regierung als »russischer Agent« gebrandmarkt.[627]

Am 4. Mai 2016 schrieb Alexandra Chalupa eine E-Mail an das Nationalkomitee der Demokraten und beschrieb ihre Bemühungen, Manafort anzuschwärzen. Laut einem Memo des Außenministeriums traf sich George Soros am 25. Mai mit Victoria Nuland zum Thema »russische Staatsanleihen«[628] und telefonierte am 1. Juni 2016 mit derselben zum Thema Ukraine.[629]

Der ukrainische Journalist Serhij Leschtschenko war stellvertretender Chefredakteur der *Ukrainska Prawda* und 2012 Stipendiat des National Endowment for Democracy in Washington, dem zivilen Medienarm der CIA und des US-Außenministeriums. Gemäß Open Society »spielte« *Ukrainska Prawda* »eine Schlüsselrolle« beim Maidan-Umsturz.[630] Dieser Serhij Leschtschenko stach im Mai 2016 zusammen mit NABU-Chef Artem Sytnyk Informationen aus einem angeblichen »Schwarzen Kassenbuch« der Partei der Regionen, das Manafort belasten sollte, an Chalupa durch. Später präsentierten sie dieses Kassenbuch im Ukraine Crisis Media Center der Presse. Chalupa gab diese Infos an den Yahoo!-Journalisten Michael Isikoff sowie an Nellie Ohr von der Detektei Fusion GPS weiter, die zu dieser Zeit im Auftrag von Hillary Clinton händeringend »Schmutz« im Rahmen der Trump-Kampagne suchte. Paul Manafort bezeichnete das »Schwarze Kassenbuch« als Fälschung. Serhij Leschtschenko und Artem Sytnyk sollten in der Ukraine 2018 der Einmischung in die US-Wahlen für schuldig befunden werden.[631]

Fusion-GPS-Chef Glenn Simpson kannte Paul Manafort schon vom Wahlkampf 2008, währenddessen Simpson im *Wall Street Journal* nicht nur John McCain, sondern absurderweise auch dem erzkonservativen Bob Dole »Russlandverbindungen«[632] vorgeworfen hatte. Wenn es darum ging, Republikaner zu diffamieren, war dies Simpsons Standardtaktik. Dementsprechend heuerte Simpson für seine Detektei Fusion GPS im Herbst 2015 die Russlandexpertin Nellie Ohr mit einem Gehalt von 44 000 Dollar an, wobei Nellie Ohrs Mann Bruce damals der vierthöchste Mitarbeiter des US-Justizministeriums war.

Außerdem engagierte Simpson den ehemaligen Russlandchef des britischen MI6, Christopher Steele, der zusammen mit Simpson eine Reihe von hanebüchenen und völlig aus der Luft gegriffenen Vorwürfen gegen den Kandidaten Donald Trump im sogenannten »Steele-Dossier« zusammentrug. Danach soll Donald Trump unter anderem in einem Moskauer Hotel »Natursekt«-Spiele mit Prostituierten betrieben haben und seit dem Kalten Krieg ein »russischer Schläfer« sein.

Wie ein E-Mail-Verkehr verriet, den Judicial Watch zutage förderte,[633] trafen sich Nellie Ohr und ihr Mann Bruce Ohr im Sinne ihres Auftrags sogar mit den Russlandexperten der Deutschen Botschaft in Washington. Am 7. März 2016 schrieb der »First Secretary« der Deutschen Botschaft in Washington, Stefan Bress, an Bruce Ohr im Justizministerium und vereinbarte ein Treffen der »Russian Analysts« der deutschen Bundesregierung für Dienstag, den 26. April 2016 um 14:00 Uhr im Justizministerium. Die Themen waren unter anderem »russische Einflussnahme in Europa« und »psychologische Operationen/InfoKrieg«. Parallel dazu schrieb Ohrs Mitarbeiterin Lisa Holty am 7. März: »Ich freue mich sehr, das [deutsche] ›A-Team‹ kennenzulernen.« Zu diesem Team gehörten fünf Mitglieder, deren Namen redigiert sind. Ohr und Bress verabredeten sich für Montag, den 25. April 2016, um 19:00 Uhr, zum Abendessen bei den Ohrs; Nellie Ohr war also ebenfalls anwesend. Nach der erfolgreichen Terminvereinbarung kündigte Nellie Ohr am 20. April 2016 an: »Ich lösche diesen E-Mail-Verkehr jetzt.« Was bei diesem Abendessen besprochen wurde, ist nicht bekannt.

Auftraggeber von Fusion GPS war Perkins Coie, die Kanzlei des Wahlkampfanwalts Marc Elias, der für die Clinton-Kampagne von Juni 2015 bis Dezember 2016 5,6 Millionen Dollar erhielt, wobei der Bundesvorstand DNC der Firma bereits seit November 2015 3,6 Millionen Dollar zahlte, so die *Washington Post*.[634] Davon waren

1,02 Millionen Dollar für die Schmutzkampagne von Fusion GPS gegen Trump bestimmt.

Am 26. April 2016 veröffentlichte Michael Isikoff auf Yahoo! News,[635] die ersten Berichte über Paul Manaforts Russlandverbindungen – die ersten von vielen Isikoff-Berichten über angebliche Trump-Russlandverbindungen –, und am 20. Juni 2016 lieferte MI6-Agent Christopher Steele die erste Fassung seines »Steele-Dossiers«, das nun ans FBI weitergegeben werden musste – und zwar von niemand Geringerem als der Ukrainebeauftragten Victoria Nuland.

Steele kannte Nuland bereits seit dem Maidan und versorgte sie mit geheimdienstlichen Informationen, wie sie am 4. Februar 2018 bei *Face the Nation* auf CBS zugab: »Während der Ukrainekrise 2014 und 2015 hatte Chris Steele eine Reihe von Geschäftskunden, die ihn um Informationen darüber baten, was in Russland, der Ukraine und zwischen den beiden Ländern vor sich ging. […] Chris hatte einen Freund im Außenministerium und bot uns diese Berichterstattung kostenlos an, damit wir auch davon profitieren können. Er war eine von Hunderten von Quellen, die wir nutzten, um zu verstehen, was los war. […] Mitte Juli, als er [Steele] diese andere Arbeit machte [das Dossier] und sich Sorgen [wegen Trump] machte, gab er mir zwei bis vier Seiten Stichpunkte darüber weiter. Unsere erste Reaktion war, dass dies nicht in unserem Bereich lag. Das FBI war dafür zuständig, wenn es einen Verdacht gibt, dass ein Kandidat oder die Wahl insgesamt von Russland beeinflusst sein könnte. Das ist ein Fall fürs FBI.«[636] Dass George Soros sich zu dieser Zeit persönlich mit Nuland traf, ist ein interessanter Zufall.

Mit dem »Steele-Dossier« und dem »Schwarzen Kassenbuch« hatte die Clinton-Kampagne nun ausreichend Beweise gegen das Trump-Team, um mit Nulands Hilfe einen FBI-Lauschangriff gegen den politischen Gegner durchzusetzen. Da aber Geheimdiensttätigkeit gegenüber Staatsbürgern in den USA eigentlich illegal ist, beantragten FBI-Chef James Comey und Justizministerin Loretta Lynch diese Maßnahme aufgrund des Steele-Dossiers nach dem Gesetz über ausländische Spionage (FISA).

»Russiagate« wird zu »Spygate«

An einem Sonntag im September 2016 beantragte das Obama-Justizministerium per Eilantrag beim geheimen Gericht für Auslandsspionage (United States Foreign Intelligence Surveillance Court – FISC) einen Lauschangriff gegen einen Präsidentschaftskandidaten. »Der Richter war sehr überrascht«, zitiert Edward Klein in seinem Buch *All Out War: The Plot to Destroy Trump* diesen anonymen FISC-Richter: »Wie der Name schon sagt, richtet sich der Gerichtshof für Auslandsspionage gegen ausländische Geheimdienste. Dieser Antrag richtete sich jedoch eindeutig gegen Donald Trump und seine Kampagne.«[637] Der zuständige Richter war so besorgt, dass er eine Konferenzschaltung einrichtete, um sich mit den anderen FISC-Richtern zu beraten. Sie einigten sich darauf, dass es keine Beweise für eine Verbindung zwischen Donald Trump und den russischen Nachrichtendiensten gab, weshalb der Eilantrag als offensichtlich unbegründet abgewiesen wurde. Stattdessen sollte in einer Woche eine ordentliche Anhörung stattfinden. Dieser Termin fand dann auch statt, und zwar mit einem Antrag, der von Obama-Generalstaatsanwältin Loretta Lynch unterzeichnet und von der stellvertretenden Generalstaatsanwältin Sally Yates eingereicht worden war.

Normalerweise waren FISC-Genehmigungen Routinesache, und 98 Prozent aller Anträge gingen ohne Beanstandung durch. Doch in diesem Fall wurde erneut klar, dass sich der Antrag gegen den

Präsidentschaftskandidaten Donald Trump, seinen Sicherheitsberater Michael Flynn, seinen damaligen Wahlkampfchef Paul Manafort sowie die Berater Carter Page und Roger Stone richtete. Wieder wurde der Antrag verworfen – mit der Begründung, dass er offenbar eine Hintertür anstrebe, um nachrichtendienstliche Lauschangriffe gegen den politischen Gegner zu erlauben. Nach dieser Niederlage wies die Obama-Vertraute Valerie Jarrett Generalstaatsanwältin Loretta Lynch an, das FBI dennoch mit den Ermittlungen gegen Trump beginnen zu lassen.

Am 15. Oktober 2016 beantragte das Obama-Justizministerium noch einmal einen Lauschangriff gegen die Trump-Kampagne beim FISC-Gericht. Diesmal hatten sie die Daten der NSA abgerufen, und es war ein neuer Richter einberufen worden. Diesen schien es nicht zu stören, dass das FBI seit dem Sommer ohne richterliche Anweisung den politischen Kontrahenten der Bundesregierung überwacht hatte. Die NSA-Daten lieferten Aufschluss über Geschäftsbeziehungen von mehreren Trump-Mitarbeitern wie Mike Flynn, Paul Manafort, Carter Page, Roger Stone und Jared Kushner. Aufgrund dieser illegal besorgten Daten, die eigentlich hätten verworfen werden müssen, gestattete der neue Richter den Lauschangriff gegen diese fünf (Ex-)Trump-Mitarbeiter; nur noch Flynn und Kushner waren nämlich im Herbst noch im Wahlkampf beschäftigt.

7 Tage vor der offiziellen Wahl des Präsidenten im Electoral College, am 12. Dezember 2016, veröffentlichten die Obama-Nachrichtendienste ihre Anschuldigungen, Russland hätte versucht, die US-Wahlen zu beeinflussen. Dazu muss man wissen, dass das FBI Zugriff auf Telefonate zwischen Jared Kushner und einer russischen Anwältin vom Juli sowie zwischen Sicherheitsberater Mike Flynn und dem russischen Botschafter Sergej Kisljak erhalten hatte. An Weihnachten 2016 trat Beraterin Susan Rice an den scheidenden Präsidenten Barack

Obama mit dem Plan heran, Trump zu sabotieren, bevor er überhaupt im Amt war. Sie würden die Sicherheitsstufe dieser Abhörprotokolle herabstufen, damit sie im Behördenapparat in Washington in breiten Umlauf kamen. Dann müsste man nur noch warten, bis sie Beamte, die Trump feindlich gesinnt waren, an die Presse weitergaben. Präsidentengattin Michelle Obama war laut Edward Klein von diesem Plan nicht begeistert: »Würde diese Herabstufung nicht dazu führen, dass diese Abhörprotokolle an die Öffentlichkeit kommen?« Laut Klein nickte Susan Rice. »Ist das Ihre Absicht? Leaks gegen Trump?«, fragte Michelle Obama. Susan Rice antwortete nicht. »Solche Leaks könnten sich noch an uns rächen«, gab Michelle Obama zu bedenken.[638]

Doch am 12. Januar 2017, 8 Tage vor Trumps Amtsantritt, ordnete Barack Obama seinen Nationalen Nachrichtendienstchef James Clapper an, die Sicherheitsstufe der Trump-Abhörprotokolle herabzusetzen, sodass die *New York Times* am 19. Januar die erste Enthüllungsgeschichte über die Geheimdienstermittlungen gegen Paul Manafort, Carter Page und Roger Stone herausbrachte.[639] Mehrere Autoren, darunter Edward Klein, Gregg Jarrett, Dan Bongino, Tom Fitton, David Horowitz und Kimberley Strassel, haben ausführlich geschildert, wie die scheidende Obama-Regierung sich mit der gescheiterten Clinton-Kampagne und den Soros-NGOs dazu verschworen hat, Donald Trump vom ersten Tag an zu untergraben und wegen einer angeblichen Russlandverschwörung zu diffamieren.

Laut Klein traf sich Soros eine Woche nach Trumps Überraschungssieg am 9. November 2016 im Mandarin Oriental in Washington mit potenten linken Geldgebern und Stiftungen wie der Democracy Alliance, dem größten geheimen linken Spendennetzwerk der USA, die seit 2005 über 500 Millionen Dollar an linke Gruppen wie Black Lives Matter und die Migrantenlobby United We Dream gespendet hat. Bei diesem Geheimtreffen hielt Soros eine Rede und erklärte seinen Plan, ein Bündnis linker Widerstandsgruppen zu schmieden und die Trump-Agenda von vorneherein zu unterminieren. Anwesend bei dieser Zusammenkunft waren Klein zufolge unter anderem Nancy Pelosi und Elizabeth Warren, die Führungsriege der linken Demokraten im Kongress.[640]

Es begann eine weltweite Medienkampagne zur Dämonisierung von Donald Trump. Viele dieser Berichte entstammten dem Democracy Integrity Project (TDIP), das von einem Ex-Mitarbeiter der demokratischen Senatorin Dianne Feinstein gegründet worden war und 50 Millionen Dollar von Soros, Hollywoodregisseur Rob Reiner, Obama-Freund Tom Steyer und anderen Spendern einsammelte.[641] Das Democracy Integrity Project heuerte Christopher Steele und Fusion GPS an, um weitere Schmutzwäsche zu finden oder zu fabrizieren, und schickte an 5 Tagen in der Woche E-Mails mit Anti-Trump-Hetze und -Gerüchten an befreundete Reporter. 2017 zahlte TDIP 3,3 Millionen Dollar an die Mutterfirma von Fusion GPS und 250 000 Dollar an eine Firma im UK, bei der Steele Geschäftsführer ist, erfährt man bei InfluenceWatch.[642] Bis zu Trumps Amtseinführung hatte sich dann zum ersten Mal in den USA eine sogenannte Antifa gebildet, die am 20. Januar 2017 in Washington randalierte und die Limousine des pakistanischen Chauffeurunternehmers Muhammad Ashraf abfackelte.[643]

Am 5. Januar 2017 rief der scheidende Präsident Barack Obama im Weißen Haus sein Team zusammen, darunter Vizepräsident Joe Biden, FBI-Chef James Comey, die stellvertretende Justizministerin Sally Yates und die Nationale Sicherheitsberaterin Susan Rice, um die weitere Spionagekampagne gegen Trump und Flynn zu besprechen, obwohl das FBI schon am 8. November nichts Belastendes gegen Flynn gefunden hatte und die Akte schließen wollte. Dennoch wurden die FBI-Lauschangriffe von FBI-Chef James Comey bis Juni

2017 verlängert, als Trump schon längst im Amt war.[644] 2 Wochen später, am 20. Januar 2017, traf sich der FBI-Agent Peter Strzok mit Michael Flynn ohne dessen Anwalt, und ohne ihm zu sagen, dass es sich bei dieser Zusammenkunft um ein Verhör handelte. Strzok lockte Flynn in eine Meineidfalle bezüglich seiner Telefonate mit dem russischen Botschafter – mit dem Erfolg, dass Flynn am 14. Februar 2017 zurücktreten musste.

So begann eine zweieinhalbjährige Kampagne, die das Ziel hatte, Trump als Marionette Putins darzustellen, und schließlich mit dem ergebnislosen Bericht des Sonderermittlers Robert Mueller im März 2019 zu Ende ging. Doch niemand aus dem Clinton- oder Obama-Team ist je dafür zur Rechenschaft gezogen worden.

Die »Russlandaffäre«, die in Wahrheit eine »Lauschangriffaffäre« war, hinderte den neuen Präsidenten Donald Trump daran, wie erhofft ein neues Kapitel in den Beziehungen zu Russland aufzuschlagen und womöglich auf eine Lösung des Konflikts in der Ostukraine hinzuwirken. Trump musste sich während seiner ganzen Präsidentschaft gegen völlig aus der Luft gegriffene Vorwürfe wehren. Wenn Trump mit dem neu gewählten ukrainischen Präsidenten Wolodymyr Selenskyj telefonierte, um Aufklärung über Hunter Bidens zwielichtige Geschäfte in der Ukraine zu fordern, wurde dies von einem vermeintlichen Whistleblower an die Öffentlichkeit durchgestochen, und die Demokraten versuchten erfolglos, Trump des Amtes zu entheben. Wie sich herausstellte war dieser Whistleblower Eric Ciaramella, ein Vertrauter Bidens, der am 19. Januar 2016 das erste Meeting mit der ukrainischen Staatsanwaltschaft arrangiert hatte, um ein Ende der Burisma-Ermittlungen zu verlangen.[645]

Mithilfe von Soros-NGOs und Obama-Beamten im FBI sowie in der Justiz taten die Demokraten 4 Jahre lang alles in ihrer Macht Stehende, um Donald Trump in Bezug auf Russland und die Ukraine handlungsunfähig zu machen – was äußerst bedauerlich ist, denn Trump und Putin hatten beide die Absicht einer besseren Zusammenarbeit bekundet. Als sie sich 2018 in Helsinki trafen, sagte Putin zu Trump: »In den Vereinigten Staaten gibt es viele Menschen, wie zum Beispiel George Soros, mit einem Kapital von mehreren Milliarden. Aber macht ihn das zum Sprecher der Vereinigten Staaten? Nein, das tut es nicht.«[646] Vox nannte Putins Kommentar »einen Wink mit dem Zaunpfahl an Rechtsextreme und Antisemiten.«[647] Und Trump wurde weiterhin ohne Beweise beschuldigt, mit Putin zusammengearbeitet zu haben, um die Wahl 2016 zu stehlen, obwohl beide diese Vorwürfe in Helsinki eigentlich beilegen wollten. Trump musste sich nach einem medialen Shitstorm 24 Stunden später wieder distanzieren und sagen, dass Russland vielleicht doch die Wahl beeinflusst habe.[648]

Als Trump sich am 25. September 2019 mit Wolodymyr Selenskyj in New York traf, wollten die Medien von Selenskyj nur wissen, ob Trump ihn unter Druck gesetzt habe, gegen Joe Biden zu ermitteln, was Selenskyj sichtlich unangenehm war. Trump drängte Selenskyj zu mehr Korruptionsbekämpfung und einer Einigung mit Russland: »Ich glaube wirklich, dass Präsident Putin etwas erreichen möchte. Ich hoffe sehr, dass Sie sich mit ihm zusammensetzen und ihr Problem lösen können. Das wäre eine großartige Errungenschaft.«[649] Für Trump aber machten die Demokraten und ihre medialen Verbündeten mit ihren hysterischen Vorwürfen einer Russlandverschwörung jegliche Annäherung zwischen den USA und Russland unmöglich. Im Nachhinein betrachtet war es eine verpasste Chance, langfristig Frieden zu sichern. Man kann den hysterischen Anti-Trump-Medien und -Politikern durchaus eine Mitschuld an den nachfolgenden Entwicklungen geben, denn sie haben Trumps Friedensbemühungen eindeutig sabotiert. Und so lag die Frage des Ukrainekonflikts 4 Jahre lang auf Eis.

KAPITEL 12

»Wollen wir wirklich Krieg mit Putin?«

Als Joe Biden am 20. Januar 2021 neuer US-Präsident wurde, installierte er genau dasselbe Soros-Team im Weißen Haus und Außenministerium, das 2014 für den Maidan-Umsturz verantwortlich gewesen war: Antony Blinken wurde Außenminister, Jake Sullivan Nationaler Sicherheitsberater und Victoria Nuland Staatssekretärin für politische Angelegenheiten. Laut Matt Palumbo hatten insgesamt mindestens siebzehn Mitglieder der Biden-Regierung zuvor für Soros-Gruppen gearbeitet oder zumindest Verbindungen zu Soros gehabt, so beispielsweise Außenminister Antony Blinken, Stabschef Ron Klain, Stabssekretärin im Weißen Haus Neera Tanden und der Coronabeauftragte Sam Berger. Mittlerweile stehe aber der 1930 geborene Soros nicht mehr so häufig im Rampenlicht, dafür besuche sein Sohn Alexander Soros »mindestens ein halbes Dutzend Mal« das Weiße Haus als »De-facto-Botschafter« seines Vaters und poste die Bilder seiner Treffen mit führenden Demokraten fleißig auf Social Media.[650]

Zu Beginn der Obama-Regierung hatte Hillary Clinton dem russischen Außenminister Sergei Lawrow am 6. März 2009 eine Art »Neustart-Knopf« überreicht, wohingegen unter Joe Biden der

Beziehung USA-Russland der Stecker gezogen wurde. Statt Neustart mit Russland setzte die Biden-Regierung auf eine baldige NATO-Mitgliedschaft der Ukraine. Dementsprechend verabschiedeten die Außenminister der USA und der Ukraine, Antony Blinken und Dmytro Kuleba, am 10. November 2021 in Washington die US-Ukraine-Charta, nach der ein NATO-Beitritt der Ukraine als »alleinige Entscheidung der Ukraine«[651] galt. Die Biden-Regierung drängte auf die »volle Integration« der Ukraine in die »euro-transatlantischen Strukturen« und schlug dabei alle Warnungen Russlands in den Wind, ein NATO-Beitritt der Ukraine sei eine »rote Linie«, und Joe Biden versicherte dem ukrainischen Präsidenten Wolodymyr Selenskyj am 9. Dezember 2021, ein NATO-Beitritt der Ukraine liege allein in den Händen der Ukraine.

Bereits 1993 hatte George Soros geschrieben, die USA sollten aufhören, Weltpolizei spielen und stattdessen »im Verbund mit Partnern« handeln. »Die Kombination aus Mannstärke Osteuropas und den technischen Fähigkeiten der NATO könnte das militärische Potenzial des Bündnisses extrem stärken, denn es würde das Risiko von [Soldaten in] Leichensäcken für die NATO-Länder stark reduzieren, das für sie das größte Handlungshindernis darstellt. Das wäre eine gangbare Alternative für die drohende neue Weltunordnung.« Wenn die NATO noch eine Aufgabe habe, dann sei es die, »Macht und Einfluss in der Region auszustrahlen, und diese Mission definiert man am besten im Hinblick auf offene und geschlossene Gesellschaften. Geschlossene Gesellschaften, die auf den Prinzipien des Nationalismus basieren, stellen eine Bedrohung für die Sicherheit dar, weil sie einen Feind brauchen, entweder nach außen oder nach innen. Aber diese Bedrohung hat einen ganz anderen Charakter als diejenige, für die die NATO geschaffen wurde, und es ist ein ganz anderer Ansatz erforderlich, um diese Bedrohung zu bekämpfen. Es geht darum, demokratische Staaten und offene Gesellschaften aufzubauen und sie in eine Struktur einzubetten, die bestimmte Verhaltensweisen ausschließt. Erst im Falle eines Scheiterns entsteht die Aussicht auf eine militärische Intervention.«[652]

Diese Worte lesen sich aus heutiger Sicht fast wie eine Anleitung zum Ukrainekrieg. Und bereits im Dezember 2021 begann die Biden-Regierung mit den Vorbereitungen für einen möglichen Krieg mit Russland. Denn wie Investigativjournalist Seymour Hersh am 8. Februar 2023 enthüllte, rief Joes Bidens Nationaler Sicherheitsberater Jake Sullivan eine Arbeitsgruppe aus Vertretern des Militärstabs, der CIA, dem Außen- und dem Finanzministerium zusammen: »Was den Teilnehmern laut der Quelle mit direkter Kenntnis des Vorgangs klar wurde: Sullivan wollte, dass die Gruppe einen Plan für die Zerstörung der beiden Nord-Stream-Pipelines vorlegt – und dass dies auf Wunsch des Präsidenten geschah.«[653] Als dann vom 18. bis 20. Februar 2022 die Münchner Sicherheitskonferenz stattfand, blieb Russland zum ersten Mal seit Jahren fern, und Vizepräsidentin Kamala Harris wiederholte bei ihrer Pressekonferenz am 20. Februar, es sei »die Entscheidung der Ukraine, ob sie in die NATO will«. Am 24. Februar 2022 rollten die ersten russischen Panzer.

Wie wir in Kapitel 1 gesehen haben, war die deutsche Berichterstattung von Anfang an von Soros-nahen NGOs, Thinktanks und Experten geprägt. Soros-nahe deutsch-amerikanische NGOs wie der German Marshall Fund, der Atlantikrat, das Aspen Institute, das Carnegie Endowment und das National Endowment for Democracy bildeten eine ganze Netzwerkarchitektur, die dafür sorgen sollte, dass in deutschen Medien die richtige Meinung zur Ukraine transportiert wird.

So haben wir in Kapitel 8 nachverfolgt, wie die deutsche Verteidigungsministerin Christine Lambrecht an Neujahr 2023 durch eine Twitterkampagne der Rüstungsexpertin Ulrike Franke vom European Council on Foreign Relations unter Druck gesetzt wurde, um deutsche Panzerlieferungen durchzusetzen. Und als der Enthüllungsjournalist Seymour Hersh am 8. Februar 2023 seine brisante Story über den möglichen US-Anschlag auf die Nord-Stream-Pipeline veröffentlichte, griffen die deutschen Mainstreammedien nicht etwa den größten Skandal auf, den die NATO seit Bestehen erlebt hat, sondern sie griffen den Autoren Seymour Hersh an, »den renommiertesten Investigativjournalisten seiner Generation«[654], wie Kollege Glenn Greenwald ihn nennt.

Der *Spiegel* und die *Süddeutsche Zeitung* beriefen sich dabei auf das dubiose Propagandaportal Bellingcat, das »vom National Endowment for Democracy finanziert wird, welches vom CIA und dem US-Außenministerium gegründet wurde, um sich in andere Länder einzumischen und sie zu destabilisieren – wie in Syrien«, sagte Snowden-Enthüller Greenwald. Die Gruppe Bellingcat, die wir bereits in Kapitel 6 in Verbindung mit Correctiv kennengelernt haben, werde außerdem von der EU finanziert (laut Finanztransparenzportal der EU 2021 mit 320 000 Euro). »Wir bekommen einen Großteil unserer Finanzierung von Spendern wie den Open Society Foundations«, bekundete Bellingcat-Gründer Eliot Higgins dem *Guardian* 2018 gegenüber.[655] Laut der Website von Open Society erhielten Bellingcat Ltd. UK von 2016 bis 2018 383 000 Dollar und die niederländische Bellingcat-Stiftung 2019 12 000 Dollar.

Interessanterweise war eine der ersten prominenten westlichen Stimmen, die nahelegten, die USA könnten hinter der Nord-Stream-Sabotage stecken, ausgerechnet Professor Jeffrey Sachs, der in den 1990er-Jahren für George Soros und Bill Clinton die Russlandpolitik verantwortet hatte. Am 4. Oktober 2022 merkte er Tom Keene auf Bloomberg TV gegenüber an: »Ich wette, die USA stecken dahinter, vielleicht die USA und Polen.« Das Interview wurde abgebrochen.[656]

Am 21. Februar 2023 sagte Sachs vor dem UN-Sicherheitsrat dazu aus und forderte eine unabhängige internationale Untersuchung.[657] Wir wissen nicht, was Sachs dazu bewegt hat, sich derartig aus dem Fenster zu lehnen, aber er hat es sicher nicht leichtfertig getan.

Von Dezember 2022 an gewährte der neue Twitterchef Elon Musk unabhängigen Journalisten Einblick in die interne Kommunikation des Internetriesen. Die Twitter-Leaks zeigten nämlich, dass Soros-nahe demokratische Politiker wie Adam Schiff und Thinktanks wie das Aspen Institute direkt mit Internetkonzernen zusammenarbeiten, um konservative Meinungen beweislos als »russische Propaganda« zu brandmarken.

Die Alliance for Securing Democracy – ein Projekt des German Marshall Fund, der jährlich mit 2 Millionen Euro von der Bundesregierung finanziert wird – unterhielt eine Art Webtool namens »Hamilton 68«,[658] um vermeintliche »russische Bots und Trolle« zu tracken, die aber oft nur Trump-Unterstützer ohne jegliche Verbindung zu Russland waren, sowie ein »2021 German Elections Dashboard«,[659] um vor angeblicher »russischer Desinformation« in Zusammenhang mit den Bundestagswahlen 2021 zu warnen, vor allem in Bezug auf das Auslandfernsehprogramm Russia Today und die AfD. Außenministerin Annalena Baerbock kennzeichnete sich in ihrem Lebenslauf als Mitglied des German Marshall Fund. Im Gespräch mit Hamilton-Chef Bret Schafer bedankte sich Sudha David-Wilp, Leiterin des Berliner Büros des German Marshall Fund, »bei den OSF für die großzügige Finanzierung, die dieses Projekt möglich gemacht hat«.[660] Das deutsche Wahlkampf-Tool wurde nach Auskunft von Frau David-Wilp außerdem vom Institute for Strategic Dialogue finanziert.

Das »2021 German Elections Dashboard« ist nicht mehr online. Dafür bietet die Alliance for Securing Democracy aktuell ein »War-in-Ukraine«-Tool, mithilfe dessen man auf sozialen Medien, YouTube und klassischen Medien online nach vermeintlicher Desinformation zum Ukrainekrieg suchen kann. Dabei werden kritische Themen wie »Biowaffen in der Ukraine«, »NATO-Kriegsschuld« und »Nazis/Extremismus in der Ukraine« unbesehen als Desinformationskategorien geführt.

Das Institute for Strategic Dialogue in Berlin wurde von 2017 bis 2021 mit 2 579 528 Dollar von den OSF finanziert. Im Dezember 2017 veröffentlichte das ISD eine von den OSF finanzierte Studie mit dem Titel »Make Germany Great Again« zur angeblichen »Einflussnahme von Alt-Right und Kreml« auf die Bundestagswahlen 2017; sie wurde von Anne Applebaum mitredigiert, die Mitglied des Council on Foreign Relations und European Council on Foreign Relations ist. Die Atlantic-Autorin Applebaum gehört neben Victoria Nuland zur Kerntruppe der Ukraine-Falken in den USA. Sie ist mit dem polnischen EU-Abgeordneten Radoslaw Sikorski verheiratet, der bei den Verhandlungen am Maidan dabei war und am Tag nach der Nord-Stream-Sprengung »Danke USA«[661] twitterte.

Die oben genannte Studie entstand im Rahmen des Programms Arena[662] zur Propaganda im 21. Jahrhundert, für das Applebaum an der Johns-Hopkins-Universität zuständig ist. Arena arbeitet laut eigener Website unter anderem mit der Alliance for Securing Democracy, dem Institute for Strategic Dialogue, der U.S. Agency for Global Media und Radio Free Europe/Radio Liberty der US-Regierung zusammen. Zu den Arena-Partnern gehört auch der Soros-finanzierte ukrainische YouTube-Kanal Hromadske.TV, der 2013 zum Maidan gegründet wurde. Applebaums Studie aus dem Wahljahr 2017 gibt vor, eine objektive wissenschaftliche Studie über den »Einfluss des Kremls« auf die deutsche Bundestagswahl 2017 zu sein, scheint jedoch eher eine Jagd nach Beispielen zu sein, die die Vorurteile der Autoren bestätigen.

So werden linke Mainstreammedien von Haus aus als zuverlässig und konservative Alternativmedien beweislos als Fake News erachtet. Dabei werden auch russlandkritische konservative Medien wie *Tichys Einblick*, *Junge Freiheit* und *Epoch Times* unbesehen beschuldigt, »enge Verbindungen zum Kreml« zu haben. »Wir wurden [von den Autoren dieser Studie] nicht kontaktiert und haben keinerlei Verbindung zum Kreml, was sich auch aus dem Tenor unserer Berichterstattung ergibt«, erklärte der Verleger Roland Tichy dem Autor gegenüber. *Junge Freiheit* und *Epoch Times* dementieren ebenfalls. Anne Applebaum hingegen wird auf der Website des National Endowment for Democracy als Expertin geführt.[663] Sie und Victoria Nuland sprachen zusammen am 19. November 2019 bei einem Panel des National Endowment for Democracy zum Thema »Demokratie in Mitteleuropa nach 30 Jahren«[664] auch über Möglichkeiten eines Regimewechsels in Moskau.

Dieses flächendeckende Netzwerk aus Medien-NGOs und Propaganda-Thinktanks sorgte dafür, dass in den deutschen Medien die Konfrontation mit Russland der einzige Weg für den Westen zu sein schien, obwohl kluge Beobachter schon seit 2014 vor einem Krieg mit Russland warnen. Seit 2014 sei Victoria Nuland de facto die Regentin der Ukraine, sagte der linke Journalist Glenn Greenwald in seinem Kommentar zum Hersh-Bericht über die Nord-Stream-Sprengung: »Egal, wer gewählt wird, die Ukraine wird von Victoria Nuland regiert. Das einzige Mal, dass sie nicht die Ukraine regiert hat, war, als Trump Präsident war. Deshalb haben die Neokonservativen Trump so gehasst. Egal wer in den USA gewählt wird, wer in der Ukraine gewählt wird: Die Präsidentin der Ukraine heißt Victoria Nuland.«[665]

Wie bereits erwähnt, konnte man schon 2014 absehen, dass der Konfrontationskurs der USA mit Russland wegen der Ukraine zum Krieg führen werde. Der Politologe John Mearsheimer von der University of Chicago schrieb 2014 in *Foreign Policy*:

Nach vorherrschender Meinung im Westen kann die Ukrainekrise fast ausschließlich der russischen Aggression angelastet werden. Der russische Präsident Wladimir Putin, so das Argument, habe die Krim aus dem lang gehegten Wunsch heraus annektiert, das Sowjetimperium wiederzubeleben, und er könnte schließlich den Rest der Ukraine sowie andere Länder in Osteuropa angreifen. Aus dieser Sicht lieferte die Absetzung des ukrainischen Präsidenten Wiktor Janukowitsch im Februar 2014 lediglich einen Vorwand für Putins Entscheidung, russischen Streitkräften die Eroberung eines Teils der Ukraine zu befehlen.

Aber diese Darstellung ist falsch: Die Vereinigten Staaten und ihre europäischen Verbündeten tragen die Hauptverantwortung für die Krise. Die Wurzel des Problems ist die NATO-Erweiterung, das zentrale Element einer umfassenderen Strategie, die Ukraine aus dem Einflussbereich Russlands herauszulösen und in den Westen zu integrieren. Gleichzeitig waren auch die Osterweiterung der EU und die Unterstützung des Westens für die Demokratiebewegung in der Ukraine – beginnend mit der Orangenen Revolution 2004 – entscheidende Elemente.

Seit Mitte der 1990er-Jahre haben sich die russischen Führer entschieden gegen eine NATO-Erweiterung ausgesprochen und in den letzten Jahren deutlich gemacht, dass sie nicht tatenlos zusehen würden, wenn sich ihr strategisch wichtiger Nachbar in eine westliche Bastion verwandelte. Für Putin hat der illegale Sturz des demokratisch gewählten und pro-russischen Präsidenten der

Ukraine – den er zu Recht als »Staatsstreich« bezeichnete – das Fass zum Überlaufen gebracht. Er antwortete, indem er die Krim einnahm, eine Halbinsel, von der er befürchtete, dass sie einen NATO-Marinestützpunkt beherbergen würde, und sich daranmachte, die Ukraine zu destabilisieren, bis sie ihre Bemühungen, sich dem Westen anzuschließen, aufgeben würde.

Putins Reaktion hätte niemanden überraschen dürfen. Schließlich war der Westen in Russlands Vorhof eingedrungen und hatte seine strategischen Interessen wesentlich bedroht, ein Punkt, den Putin nachdrücklich und wiederholt betonte. Die Eliten in den USA und Europa wurden von den Ereignissen nur deshalb überrumpelt, weil sie sich einer fehlerhaften Sichtweise der internationalen Politik verschrieben haben. Sie waren der Ansicht, dass die Realpolitik im 21. Jahrhundert kein Gewicht mehr hätte und dass Europa auf der Grundlage von liberalen Prinzipien wie Rechtsstaatlichkeit, wirtschaftliche Zusammenarbeit und Demokratie sicher und frei bleiben würde.

Aber dieser Plan ging in der Ukraine schief. Die dortige Krise zeigt, dass Realpolitik immer noch zählt – und dass Staaten, die sie ignorieren, dies auf eigene Gefahr tun. Führende Politiker der USA und Europas machten einen Fehler bei dem Versuch, die Ukraine in eine westliche Hochburg an der Grenze zu Russland zu verwandeln. Jetzt, wo die Folgen offengelegt sind, wäre es ein noch größerer Fehler, diese verfehlte Politik fortzusetzen.[666]

Dies schrieb Mearsheimer nicht etwa im März 2022, sondern im September 2014.

Noch besser auf den Punkt brachte es der damalige EU-Abgeordnete Nigel Farage, der 2014 vor dem EU-Parlament die »unnötige Provokation von Wladimir Putin … eines der größten außenpolitischen Debakel der EU« nannte. »Dieses expansionswütige EU-Imperium hat vor einigen Jahren schon seinen territorialen Anspruch gegenüber der Ukraine formuliert, verschlimmert durch NATO-Mitglieder, die sagten, sie würden die Ukraine gerne in die NATO aufnehmen. Wir haben ausdrücklich den Aufstand in der Ukraine ermutigt, der zum Sturz Wiktor Janukowitschs und zu Wladimir Putins Reaktion geführt hat. Die Moral von der Geschichte ist: Wenn man den russischen Bären mit einem Stock piesackt, muss man sich nicht wundern, wenn er reagiert. Jetzt überstürzen wir ein Assoziierungsabkommen mit der Ukraine, und NATO-Truppen halten Manöver in der Ukraine ab. Sind wir vollkommen wahnsinnig geworden? Wollen wir wirklich Krieg mit Putin? Falls ja, dann machen wir alles richtig.«[667]

Nach Soros

Am 16. Februar 2023 hielt der 92-jährige George Soros im Rahmen der Münchner Sicherheitskonferenz eine Rede an der TU München »zur Lage der Welt«. Es war vermutlich einer seiner letzten öffentlichen Auftritte. 2023 hatte er zum ersten Mal seit 30 Jahren das WEF in Davos »aus Termingründen« ausgelassen, nachdem er 2022 bei der Fragerunde in Davos ins Straucheln gekommen war und von seinem Stellvertreter Lord Mark Malloch-Brown gerettet werden musste (siehe Anfang Kapitel 10). Der Inhalt seiner Rede im Audimax war eher aufgewärmt, es ging unter anderem darum, dass der Weltuntergang durch den Klimawandel unmittelbar bevorstehe, dass die Welt in einem Kampf zwischen offenen Gesellschaften und repressiven Regimen gefangen sei und dass die einzige Lösung des Ukrainekrieges die totale Niederlage Russlands sein könne.[668] Soros tat sich offensichtlich mit dem Sprechen schwer, er hatte einen Aussetzer von beinahe einer halben Minute, bis er sich wieder fangen konnte. Es war ein mutiger, aber auch Mitleid erweckender Auftritt. Den meisten Beobachtern wurde klar, dass Soros nicht mehr ewig leben wird.

Sein Sohn Alexander Soros scheint in die Fußstapfen seines Vaters treten zu wollen. Aber ob der freundliche junge Mann, der gerne Selfies mit Politikern und wichtigen Persönlichkeiten postet, dasselbe Genie fürs Geldverdienen durchs Geldverschenken an den Tag legen wird, bleibt abzuwarten.

Historiker werden sich noch lange damit beschäftigen, wie es möglich war, dass ein einzelner, nicht gewählter Mensch so viel Macht über Krieg und Frieden, Wirtschaft und Politik, Wahrheit und Lüge auf der Welt auf sich vereinen konnte. Der Autor hat mit diesem Buch einen Schritt in diese Richtung versucht. Dabei war es viele Jahre lang nicht möglich, im Westen über George Soros zu schreiben, ohne ernsthafte berufliche, persönliche und rechtliche Konsequenzen fürchten zu müssen.

Seit den US-Wahlen 2022, bei denen George Soros mit 127 Millionen Dollar der größte Wahlkampfspender war,[669] wird in den USA jedoch immer offener über das Soros-Netzwerk geschrieben. Matt Palumbo schrieb in seinem hier mehrfach zitierten Buch *The Man Behind the Curtain* ausführlich darüber, wie Soros auf lokaler Ebene in den USA Staatsanwälte und Innensekretäre sponserte, die einen extrem nachsichtigen Umgang mit Gewaltverbrechern pflegen und für eine Welle der Gewalt und Gesetzlosigkeit in den USA verantwortlich sein sollen. So wurde der Wahlkampf der New Yorker Staatsanwältin Letitita James, die Klagen gegen ihre politischen Gegner Donald Trump, Steve Bannon, Rudy Giuliani und Journalist James O'Keefe angestrengt hat, von Soros finanziert.[670] Ebenso der demokratische New Yorker Staatsanwalt Alvin Bragg, der am 3.4.2023 zum ersten Mal in der US-Geschichte eine Strafanzeige gegen einen Ex-Präsidenten und politischen Herausforderer, Donald Trump, angestrengt hat. Braggs Kampagne wurde mit 1 Mio. Dollar vom Soros-finanzierten Color of Change unterstützt, nachdem dieser 2021 versprochen hatte, gegen Trump zu ermitteln.[671]

Palumbo veröffentlichte für das Media Research Center einen dreiteiligen Bericht über den Einfluss von Soros auf die Medien weltweit und betreibt aktuell eine Kolumne für die *New York Post* mit Schlagzeilen wie »George Soros ist der gefährlichste Mann Amerikas«.[672] Die Mauer des Schweigens bröckelt in den USA, und nach dem Ableben des dieses Meisterspekulanten wird es auch in Deutschland vielleicht irgendwann möglich sein, über den enormen Einfluss von George Soros in Berlin und Brüssel, in *Spiegel* und *Tagesschau*, offen zu reden.

Wenn sich die öffentliche Meinung im Ukrainekrieg dreht, wenn sich Verhandlungen statt Waffenlieferungen durchsetzen und eines Tages aufgeklärt wird, wer wirklich hinter der Sprengung der Nord-Stream-Pipeline steckt, wird man nicht mehr umhinkommen, auch die fatale Rolle von George Soros bei der Auslösung des ersten großen Landkrieges in Europa seit 1945 zu beleuchten sowie all jener Politiker und Medienschaffenden, die ihm das Wort geredet haben. George Soros hat mit seinem Engagement vermutlich wohlgemeinte und hehre Ziele verfolgt. So war seine Unterstützung für Solidarność in Polen, Václav Havel in Tschechien und die Fidesz des jungen Viktor Orbán in Ungarn sicher ein wertvoller Beitrag zum Ende des Kommunismus. Auch sein Einsatz für die Menschen in Sarajewo und beim Sturz von Slobodan Milošević zählt vermutlich zu seinen Wohltaten. Doch irgendwann kippte der Einsatz für eine offene Gesellschaft in ihr Gegenteil und wurde selbst zu einer Art Faschismus. Faschismus ist die Gleichschaltung von Politik, Wirtschaft, Medien, Militär und Gesellschaft im Sinne eines Staatsführers. Was wir jetzt erleben, ist dieselbe Gleichschaltung im Sinne von George Soros. Im Namen von »liberaler Zivilgesellschaft« und »offener Grenzen« war es irgendwann nicht mehr möglich, George Soros und die „Open Society" zu kritisieren, ohne in den Gulag der Cancel Culture und der politischen Korrektheit gesperrt zu werden.

Das jüngste Beispiel ist die mutige Intellektuelle Ulrike Guérot, die von 2004 bis 2007 Direktorin für Außenpolitik beim German Marshall Fund war und 2007 bis 2013 das Berliner Büro des European Council on Foreign Relations leitete. 2013 ging sie zur Open Society Initiative for Europe, 2016 an die Uni Krems und 2021 an die Uni Bonn. Seit 2014 hatte sie mit dem European Democracy Lab[673] ihre eigene EU-finanzierte Soros-NGO, fand mit Büchern wie *Warum Europa eine Republik werden muss: Eine politische Utopie* 2017 überall Gehör und wurde mit Preisen überhäuft. Doch mit dem Buch *Wer schweigt, stimmt zu* wandte sie sich 2022 gegen die Coronamaßnahmen und wurde zur »Schwurblerin« erklärt. Als sie es 2022 auch noch wagte, den Ukrainekrieg einen »Stellvertreterkrieg der NATO gegen Russland«[674] zu nennen, war Schluss mit lustig. Die Universität Bonn warf ihr Plagiarismus vor, weil »an zwei Stellen eine indirekte Rede nicht als Zitat ausgewiesen« war und »vier Anführungszeichen an zwei Sätzen im Text […] ergänzt«[675] wurden, wie der Westend Verlag bemängelte. Vier Anführungszeichen!

Daraufhin beschloss »das Studentenparlament …, Guérot solle sich zum Thema Ukrainekrieg nicht mehr öffentlich äußern«,[676] dokumentiert *Tichys Einblick*, und der linksgrüne Gebührensender NDR lud sie für seine Sachbuchkommission wieder aus, da sie »sich mit öffentlichen Äußerungen von den Werten der wissenschaftlichen Gemeinschaft und des NDR-Sachbuchpreises deutlich entfernt habe«. Was aus dem European Democracy Lab geworden ist, ist unklar. Die Website ist jetzt offline, der letzte Aufruf in der Wayback Machine stammt von 19. Dezember 2022.

Als sich Soros-Veteran Professor Jeffrey Sachs gegen die Mainstreamnarrative in Bezug auf die Ukraine und die Nord-Stream-Sabotage wandte, wurden ihm ebenfalls reflexhaft »krude Theorien«[677] und »Verschwörung«[678] vorgeworfen. Doch Sachs blieb dabei und sagte sogar am 21. Februar 2023 vor dem UN-Sicherheitsrat dazu aus.

Inzwischen entsteht in den USA und Deutschland eine Friedensbewegung, die links und rechts vereint, AfD und Antifa, Patrioten und Antideutsche, Althippies und Neurechte – ganz im Sinne einer tatsächlich umfassenden zivilgesellschaftlichen Bewegung, die hoffentlich eines Tages keine Angst mehr haben wird, von bezahlten Journalisten eines intransparenten quasistaatlichen Netzwerks gerügt und an den Pranger gestellt zu werden, weil sie sich für Frieden und Freiheit ausspricht.

Vielleicht sind Guérot und Sachs die ersten mutigen Vorboten einer gründlicheren Aufarbeitung des Kapitels George Soros, des Ukrainekriegs und der sogenannten Open Society – Pioniere einer wirklich offenen Gesellschaft, die diesen Namen verdient.

ENDNOTEN

Sämtliche Links in den Quellenangaben waren bei Redaktionsschluss online zugänglich. Möglicherweise haben Seitenbetreiber in der Zwischenzeit Links hinter einer Paywall versteckt. Dies liegt nicht im Verantwortungsbereich von Autoren und Verlag. Für Links, die nach der Veröffentlichung von den Seitenbetreibern gelöscht oder verändert wurden, übernehmen Autor und Verlag keine Verantwortung. Manche verlorenen Links können mithilfe der Wayback Machine im Internet Archive aufgefunden werden: *archive.org/web/*.

1 »U.S.-Ukraine Charter on Strategic Partnership«, U.S. State Department, 10. November 2021.

2 *medieninsider.com/kw-09-2022/9584/.*

3 *twitter.com/janfleischhauer/status/1498781855335788547.*

4 *www.daserste.de/information/nachrichten-wetter/brennpunkt/sendung/brennpunkt-krieg-gegen-die-ukraine-114.html.*

5 *www.opensocietyfoundations.org/grants/past?filter_keyword=Anti-Corruption+Research+and+Education+Centre+.*

6 *cedos.org.ua/en/pro-nas/.*

7 *https://www.opensocietyfoundations.org/grants/past?filter_keyword=CEDOS.*

8 *https://www.youtube.com/watch?v=dlKLEa8J4n8*

9 *www.kuwi.europa-uni.de/de/lehrstuhl/kg/entangled-ukraine/Kommende-Veranstaltungen/Vergangene-Veranstaltungen/ukrainianstudiesonline/index.html.*

10 *www.ardmediathek.de/video/brennpunkt/brennpunkt-krieg-gegen-die-ukraine/das-erste/Y3JpZDovL3dkci5kZS9CZWl0cmFnLWE2Y2IyZGMwLTUwZDAtNDRjMS1iZmQzLWJlMGI1MTRkNDBlZQ.* Dieses Video ist in der Mediathek der ARD nicht mehr auffindbar.

11 *www.europeanleadershipnetwork.org/about/how-we-are-funded/.*

12 *ecfr.eu/profile/gustav_gressel/.*

13 *libmod.de/ueber-uns/wer-wir-sind/.*

14 *www.reporter-ohne-grenzen.de/ueber-uns/vorstand.*

15 Gloger, Katja: »George Soros: Tiefste Krise seit den 30er Jahren«, in: *Der Stern*, 12. Juli 2008; *www.stern.de/wirtschaft/geld/george-soros--tiefste-krise-seit-den-30er-jahren--3857708.html.*

16 »RSF to launch the Lviv press freedom Center«, in: Reporter ohne Grenzen, 4. März 2022; *rsf.org/en/rsf-launch-lviv-press-freedom-center.*

17 *www.opensocietyfoundations.org/grants/past?filter_keyword=Reporters+without+borders.*

18 Ehrenberg, Markus: »Keine Reporter vor Ort? ARD-Journalist irritiert mit Behauptung zu Butscha-Berichterstattung«, in: *Tagesspiegel*, 4. Juli 2022; *www.tagesspiegel.de/gesellschaft/medien/ard-journalist-irritiert-mit-behauptung-zu-butscha-berichterstattung-4320445.html.*

19 Shaun Walker, Harding, Luke: »Kyiv urges west to spell out how it would respond to Russian nuclear strike«, in: *The Guardian*, 21. September 2022.

20 »Merkel irritiert mit nächster Aussage über Russland«, in: *Focus*, 30. September 2022; *www.focus.de/politik/deutschland/bei-auftritt-in-goslar-merkel-irritiert-mit-naechster-aussage-ueber-russland_id_156348871.html.*

21 Generalsekretär Edward Steen, Association of European Journalists: »Journalistenvereinigung für EU-Verbot von Russia Today«, in: ORF, 25. Februar 2022..

22 Bloomberg: »George Soros Takes Questions at the World Economic Forum in Davos«, YouTube, 25. Mai 2022.

23 Geraghty, Jim: »The Truth about George Soros Is Damning Enough«, in: *National Review*, 1. November 2018; *www.nationalreview.com/the-morning-jolt/the-truth-about-george-soros-is-damning-enough/.*

24 *www.nationalreview.com/the-morning-jolt/the-truth-about-george-soros-is-damning-enough/.*

25 Kaufman, Michael T.: Soros: *The Life and Times of a Messianic Billionaire*, 2002, Random House, S. 28.

26 Soros, Tivadar: *Maskerade. Die Memoiren eines Überlebenskünstlers*, aus dem Englischen von Holger Fliessbach, Deutsche Verlagsanstalt, München 2003, S. 92 f.

27 Ebd., S. 92 f.

28 Ebd.

29 Kornfeld, Móric: *Reflections on Twentieth Century Hungary: A Hungarian Magnate's View*, Columbia Press, New York 2007.

30 Simons, Jake Wallis: »Revealed: The Hungarian ›Schindler‹ who saved George Soros from Nazi death squads during the occupation by hiding him behind a cupboard« in: *Daily Mail*, 26. November 2018; *www.dailymail.co.uk/news/article-6415189/Revealed-Hungarian-Schindler-hid-George-Soros-Gestapo-death-squads.html*.

31 Soros, George: *Soros on Soros. Staying ahead of the Curve*, John Wiley & Sons, 1995, S. 28.

32 Ebd.

33 Kaufman, Michael T.: Soros: *The Life and Times of a Messianic Billionaire*, 2002, Random House, S. 52.

34 Horowitz, David, Poe, Richard: *The Shadow Party: How George Soros, Hillary Clinton and Sixties Radicals Seized Control of the Democratic Party*, Thomas Nelson, 2006, S. 81.

35 Kaufman, Michael T.: Soros: *The Life and Times of a Messianic Billionaire*, 2002, Random House, S. 56.

36 Soros, George: »Why I agree with (some of) Hayek«, in: *Politico*, 28. April 2011; *www.politico.com/story/2011/04/why-i-agree-with-some-of-hayek-053885*.

37 Ebd.

38 Kaufman, Michael T.: *Soros: The Life and Times of a Messianic Billionaire*, 2002, Random House, S. 667 f.

39 Soros, Georges: *Underwriting Democracy: Encouraging Free Enterprise and Democratic Reform Among the Soviets In Eastern Europe*, PublicAffairs, 1991, S. 4 f.

40 Horowitz, David, Poe, Richard: *The Shadow Party: How George Soros, Hillary Clinton and Sixties Radicals Seized Control of the Democratic Party, Thomas Nelson*, 2006, S. 86.

41 Kaufman, Michael T.: *Soros: The Life and Times of a Messianic Billionaire*, 2002, Random House, S. 180.

42 Horowitz, David, Poe, Richard: *The Shadow Party: How George Soros, Hillary Clinton and Sixties Radicals Seized Control of the Democratic Party*, Thomas Nelson, 2006, S. 86.

43 Quantum Funds Online; siehe: *www.quantumfundsonline.com/plan.asp*.

44 Mallaby, Sebastian: *More Money than God: Hedge Funds and the Making of a New Elite*, Penguin Books, S. 86.

45 »Soros zu Geldstrafe verurteilt« in: *Frankfurter Allgemeine Zeitung*, 20. Dezember 2002; *www.faz.net/aktuell/wirtschaft/urteile-soros-zu-geldstrafe-verurteilt-180387.html*.

46 Ebd.

47 Mallaby, Sebastian: *More Money than God: Hedge Funds and the Making of a New Elite*, Penguin Books, S. 86.

48 Horowitz, David, Poe, Richard: *The Shadow Party: How George Soros, Hillary Clinton and Sixties Radicals Seized Control of the Democratic Party*, Thomas Nelson, 2006, S. 87.

49 Murphy, Brendan: »Finance: The Unifying Theme« in: *The Atlantic*, Juli 1993.

50 Soros, Georges: *The Alchemy of Finance*, John Whiley & Sons, Hoboken, New Jersey, 1987, S. 372.

51 Ebd.

52 Mallaby, Sebastian: *More Money than God: Hedge Funds and the Making of a New Elite*, Penguin Books, S. 90–95.

53 Ebd.

54 Soros, George: »After Black Monday« in: *Foreign Policy*, 16. März 1988.

55 Farage, Nigel: *The Purple Revolution: The Year That Changed Everything*, Biteback Publishing, London, S. 72 f.

56 Horowitz, David, Poe, Richard: *The Shadow Party: How George Soros, Hillary Clinton and Sixties Radicals Seized Control of the Democratic Party*, Thomas Nelson, 2006, S. 97.

57 Tamkin, Emily: *The Influence of Soros*, Harper Collins, New York 2020, S. 67.

58 Ebd., S. 72–74

59 Ebd.

60 Bruck, Conny: »The World According to George Soros« in: *The New Yorker*, 23. Januar 1995; *www.newyorker.com/magazine/1995/01/23/the-world-according-to-soros*.

61 Sudetic, Chuck: *The Philanthropy of George Soros: Building Open Societies*, PublicAffairs, New York 2011, S. 27.

62 Theodoracopulos, Taki: »Soros is Charitable up to the Tax Break« in: *Sunday Times London*, 22. Januar 1995.

63 Kaufman, Michael T.: Soros: *The Life and Times of a Messianic Billionaire*, 2002, Random House, S. 170 f.

64 Ebd.

65 Tamkin, Emily: *The Influence of Soros*, Harper Collins, New York, 2020, S. 34.

66 Bruck, Connie: »The World According to George Soros« in: *The New Yorker*, 23.01.1995; *www.newyorker.com/magazine/1995/01/23/the-world-according-to-soros*, S. 56.

67 Ebd.

68 Clark, Neil: »George Soros« in: *New Statesman*, 2. Juni 2003.

69 Eisinger, Jesse, Ernsthausen, Jeff, Kiel, Paul: »The Secret IRS Files: Trove of Never-Before-Seen Records Reveal How the Wealthiest Avoid Income Tax« in: ProPublica, 8. Juni 2021; *www.propublica.org/article/the-secret-irs-files-trove-of-never-before-seen-records-reveal-how-the-wealthiest-avoid-income-tax*.

70 Chung, Juliet, Dawn, Kim: »Soros Fund's New Leader Upends Firm in Strategic Overhaul« in: *Wall Street Journal*, 24. April 2019; *www.wsj.com/articles/soros-funds-new-leader-upends-firm-in-strategic-overhaul-11556098200*.

71 *www.opensocietyfoundations.org/george-soros.*

72 Moore, Steven: »George Soros's $18 Billion Tax Shelter« in: *Wall Street Journal*, 23. November 2017; *www.wsj.com/articles/george-soross-18-billion-tax-shelter-1511465095.*

73 »Netanjahu sagt kurzfristig Treffen mit Gabriel ab« in: *Zeit Online*, 25. April 2017; *www.zeit.de/politik/ausland/2017-04/besuch-israel-sigmar-gabriel-benjamin-netanjahu-treffen?page=37.*

74 *www.ngo-monitor.org/ngos/breaking_the_silence_shovirm_shtika_/.*

75 *www.ngo-monitor.org/ngos/b_tselem/.*

76 Malloch-Brown ist seit 2021 Vorsitzender der Open Society, Soros' Sohn Alexander Soros befindet sich ebenfalls im Vorstand.

77 Lovatt, Hugh: »The end of Oslo: A new European strategy on Israel-Palestine« in: ECFR.eu, 9. Dezember 2020, *ecfr.eu/publication/the-end-of-oslo-a-new-european-strategy-on-israel-palestine/*; Lovatt, Hugh: »Trump's deal for Israel-Palestine: Entrenched unequal rights and annexation«, in: ECFR.eu, 29. Januar 2020; *ecfr.eu/article/commentary_trumps_deal_for_israel_palestine_entrenched_unequal_rights_and_a/.*

78 Soros, George: *Soros on Soros. Stying ahead of the Curve*, John Wiley & Sons, 1995, S. 240.

79 Robert Slater: *Soros: The Unauthorized Biography, the Life, Times and Trading Secrets of the World's Greatest Investor*, McGraw Hill, New York 1997 S. 20.

80 Ebd.

81 Bruck, Conny: »The World According to George Soros« in: *The New Yorker*, 23. Januar 1995; *www.newyorker.com/magazine/1995/01/23/the-world-according-to-soros.*

82 Ebd.

83 Hazony, Yoram: *The Virtue of Nationalism*, Basic Books, New York 2018 (*dt.: Nationalismus als Tugend*).

84 Horowitz, David, Poe, Richard: *The Shadow Party: How George Soros, Hillary Clinton and Sixties Radicals Seized Control of the Democratic Party*, Thomas Nelson, 2006, S. 83.

85 Epstein, Nadine: »The Vilification of George Soros in Israel« in: *Moment Magazine*, Winter 2019; *momentmag.com/the-vilification-of-george-soros-in-israel/*.

86 Ebd..

87 Ebd.

88 »Business Magnate George Soros: I'm Afraid to Come to Israel«, in: *Haaretz*, 4. Februar 2002; *www.haaretz.com/2002-02-04/ty-article/business-magnate-george-soros-im-afraid-to-come-to-israel/0000017f-e89c-df5f-a17f-fbde9f8a0000*.

89 Heilman, Uriel: »The Sound and the Fury« in: *The Jerusalem Post*, 27. November 2003.

90 Soros, Georges: »On Israel, America and AIPAC«, *New York Review of Books*, 21. April 2007.

91 Goldenberg, Suzanne: »Obama camp ›prepared to talk to Hamas‹« in: *The Guardian*, 9. Januar 2009.

92 Kampeas, Ron: »Soros email hack reveals plans to fight ›racist‹ Israeli policies« in: *The Times of Israel*, 15. August 2016.

93 J Street Blog: »George Soros did not found J Street«, 30. Oktober 2015, archiviert unter: *web.archive.org/web/20151030003040/http:/jstreet.org/blog/post/george-soros-did-not-found-j-street_1*.

94 Lake, Eli: »Soros revealed as founder of liberal Jewish-American lobby« in: *Washington Times*, 24. September 2010; *www.washingtontimes.com/news/2010/sep/24/soros-funder-liberal-jewish-american-lobby/*.

95 »Billionaire George Soros donates $1m to J Street super PAC« in: Middle East Eye, 25. August 2022.

96 *https://2021.nif.org/pdfs/NIF-2021AR-Donors.pdf*.

97 Baker, Luke: »Israel backs Hungary, says financier Soros is a threat« in: Reuters, 10. Juni 2017.

98 Netanjahu, Yair: »Soros' Organizations Destroying Israel from the Inside« in: Hungary Today, 30. Oktober 2019.,

99 Grassegger, Hannes: »Der böse Jude« in: *Tages-Anzeiger*, 12. Januar 2019.

100 Grassegger, Hannes: »The Unbelievable Story of the Plot Against George Soros« in: BuzzFeed, 20. Januar 2019.

101 Klein, Aaron: »Netanyahu: Soros-backed New Israel Fund seeking to ›erase‹ Israel's Jewish character« in: Breitbart, 4. April 2018.

102 *www.ngo-monitor.org/funder/new_israel_fund/.*

103 Black, Edwin: *Financing the Flames: How Tax-Exempt and Public Money Fuel a Culture of Confrontation and Terror in Israel*, Dialog Press, Washington 2013, S. 25.

104 Ebd.

105 *www.facebook.com/arielkalner/photos/a.2008905889207356/3322821564482442/.*

106 McMahon, Collin: »Unterstützen Bundesregierung und deutsche Katholiken die Hass-Demonstrationen gegen Netanjahu?« in: *Jüdische Rundschau*, November 2020.

107 Europäischer Rechnungshof: »Transparency of EU funds implemented by NGOs: more effort needed«, Sonderbericht, 35/2018.

108 »Bereaved Israeli families slam German Foreign Minister«, in: Arutz Sheva, 10. Juni 2020.

109 Savir, Aryeh: »Foreign governments fund anti-Netanyahu protests, says Israeli lawmaker« in: World Israel News, 18.Oktober 2020; *worldisraelnews.com/foreign-governments-fund-anti-netanyahu-protests-says-israeli-lawmaker/.*

110 *www.ngo-monitor.org/reports/nif-2021/.*

111 Sokol, Sam, Shimoni, Ran: »Soros, Nazis and Epstein: Yair Netanyahu Takes the Stand in Activists' Libel Suit« in: *Haaretz*, 24. April 2022; *www.haaretz.com/israel-news/2022-04-24/ty-article/.premium/soros-nazis-and-epstein-yair-netanyahu-takes-the-stand-in-activists-libel-suit/00000180-655f-dc5d-a1cd-755fe4b20000.*

112 Ebd.

113 »Yair Netanyahu testifies in ›Crime Minister‹ defamation lawsuit« in: *The Jerusalem Post*, 25. April 2022.

114 Ebd.

115 »Yair Netanyahu: Judge ignored calls to murder me« in: Arutz Sheva, 2. August 2020.

116 Ebd.

117 »I won't apologize to the Netanyahu family« in: Arutz Sheva, 7. Mai 2020.

118 Gitzin, Mickes: »Defending Israelis' Right to Protest, New Israel Fund« in: New Israel Fund, 8. Juni 2017; *www.nif.org/blog/defending-the-right-to-protest/*.

119 Pollak, Noach: »WikiLeaks Bombshell: New Israel Fund Official Endorses End of Jewish State« in: matzav.com, 7. September 2011; *matzav.com/wikileaks-bombshell-new-israel-fund-official-endorses-end-of-jewish-state/*.

120 Frank, Stefan: »Die zwei Gesichter des New Israel Fund« in: Audiatur Online, 16. September 2016; *www.audiatur-online.ch/2016/09/16/die-zwei-gesichter-des-new-israel-fund/*.

121 Ebd.; siehe auch Endnote 122.

122 O. A.: »New Israel Fund Admits Financing the Anti-Netanyahu Government Protests« in: Jewish News Syndicat, 11. März 2023; *www.jns.org/new-israel-fund-admits-financing-protests-against-netanyahu-government/*.

123 Ebd.

124 Ebd.

125 O. A.: »›Rina saved us all, she absorbed it all‹: Dad recalls blast that killed daughter« in: *The Times of Israel*, 23. August 2019.

126 Ahronheim, Anna: »Shin Bet arrests 50 PFLP terrorists, thwarting upcoming attack« in: *The Jerusalem Post*, 18. Dezember 2019.

127 Gross, Judah Ari: »Case shelved against Shin Bet agents accused of torturing suspected terrorist« in: *The Times of Israel*, 24. Januar 2021.

128 *www.ngo-monitor.org/ngos/public_committee_against_torture_in_israel_pcati_/*.

129 *www.ngo-monitor.org/ngos/palestinian_ngo_network_pngo_/*.

130 *www.gwi-boell.de/en/person/hanan-abdel-rahman-rabbani*.

131 *www.ngo-monitor.org/reports/analysis-israel-designates-6-pflp-linked-ngos-as-terrorist-organizations/*.

132 *www.freiewelt.net/nachricht/gruene-parlamentarischer-arm-israel-feindlicher-terroristen-10087295/.*

133 Karon, Jan, Pfahler, Lennart: »Der Fall Nemi El-Hassan«, in: *Die Welt*, 19. September 2021; *www.welt.de/kultur/plus234086852/Fall-Nemi-El-Hassan-Der-WDR-hat-die-richtige-Entscheidung-getroffen.html.*

134 »Die talentierte Frau Ataman« in: *Junge Freiheit*, 3. August 2022; *jungefreiheit.de/politik/deutschland/2022/ataman-netzwerk/.*

135 *www.pi-news.net/2020/08/365-millionen-euro-von-der-eu-fuer-muslimbruderschaft/.*

136 *www.global-influence-ops.com/european-muslim-brotherhood-groups-defend-european-muslim-brotherhood-youth-group-accuse-france-of-witch-hunt/.*

137 »Islamische Organisationen in Deutschland Organisationsstruktur, Vernetzungen und Positionen zur Stellung der Frau sowie zur Religionsfreiheit«, Wissenschaftlicher Dienst des Deutschen Bundestages, 2015; *www.bundestag.de/resource/blob/405162/80a4e1e0a231dc5555afba8f0cab9b90/wd-1-004-15-pdf-data.pdf.*

138 »FEMYSO Calls Upon EU MPs To Vote Against New EU Commission« in: Global Muslim Brotherhood Daily Watch, 24. September 2019.

139 *www.verfassungsschutz.bayern.de/islamismus/situation/legalistischer_islamismus/index.html.*

140 Kuhlmann, Jan: »Muslimische Jugend in Deutschland unter Verdacht« in: Deutschlandfunk, 20. Februar 2012.

141 »Die talentierte Frau Ataman« in: *Jüdische Rundschau*, 9. September 2022; *juedischerundschau.de/article.2022-09.die-talentierte-frau-ataman-eine-karriere-zwischen-bundesregierung-open-society-und-muslim-bruderschaft.html?fbclid=IwAR3JoJWfnh4jGDdsE1MbeWslVHPVn7_VBvMBZl5zvp8jYuwpR-VUHJD54aw.*

142 Sanaullah, Nabil: »Suspicion, Discrimination, and Surveillance: the impact of counter terrorism law and policy on racialised groups at risk of racism in Europe« in: ENAR, 16. März 2021; *www.enar-eu.org/suspicion-discrimination-and-surveillance-the-impact-of-counter-terrorism-law-and-policy-on-racialised-groups-at-risk-of-racism-in-europe/.*

143 Deutscher Bundestag, Drucksache 20/3843.

144 *bundeskonferenz-mo.de/offener-brief-zur-nominierung-ferda-atamans-als-antidiskriminierungsbeauftragte.*

145 *www.deraktionaer.de/artikel/maerkte-forex-zinsen/woche-nach-ostern-die-bullen-dominieren-20199738.html.*

146 *generation-finanzen.de/die-besten-boersen-zitate-von-andre-kostolany-und-was-wir-noch-heute-von-ihm-lernen-koennen/.*

147 Newmyer, Tory: »Exclusive: An Obama friend poaches a White House aide« in: *Fortune*, 02. September 2014; *fortune.com/2014/09/02/obama-friend-poaches-white-house-aide/.*

148 Schweizer, Peter: *Secret Empires: How the American Political Class Hides Corruption and Enriches Family and Friends*, Harper, 2018, S. 46.

149 Steyer, Tom, Podesta, John: »We Don't Need More Foreign Oil and Gas« in: *Wall Street Journal*, 24. Januar 2012; *www.wsj.com/articles/SB10001424052970203718504577178872638705902.*

150 Soros, George: *The Bubble of American Supremacy: The Costs of Bush's War in Iraq*, PublicAffairs, 2004, S. 4–7.

151 Spindel, Barbara: »Billionaire Puts His Money Where His Anti-Bush Mouth Is« in: MTV, 21. Juni 2004; *www.mtv.com/news/7tvak8/billionaire-puts-his-money-where-his-anti-bush-mouth-is.*

152 Malkin, Michelle: »The Dems' Hidden Soros Slush Fund« in: *New York Post*, 20. August 2008; *www.nationalreview.com/2008/08/dems-hidden-soros-slush-fund-michelle-malkin/.*

153 Editorial: »President Obama's Crony Capitalism« in: *Investor's Business Daily*, 3. November 2011; *www.investors.com/politics/editorials/editorial-president-obama-8217-s-crony-capitalism/.*

154 *www.projectveritas.com/investigation/acorn/.*

155 Healy, Patricia: »Obama Meets Party Donors in New York«, *New York Times*, 5. Dezember 2006; *www.nytimes.com/2006/12/05/us/politics/05obama.html.*

156 Soros, George: »Step Aside, Mr. Kuchma« in: *Financial Times*, 3. März 2001; *www.georgesoros.com/2001/03/02/step-aside-mr-kuchma/.*

157 Horowitz, David, Poe, Richard: *The Shadow Party: How George Soros, Hillary Clinton and Sixties Radicals Seized Control of the Democratic Party*, Thomas Nelson, 2006, S. 53.

158 Steinberger, Michael: »George Soros Bet Big on Liberal Democracy. Now He Fears He Is Losing« in: *New York Times Magazine*, 17. Juli 2018; *www.nytimes.com/2018/07/17/magazine/george-soros-democrat-open-society.html*.

159 Obama, Barack: »Remarks of Senator Barack Obama: Real Leadership for a Clean Energy Future« in: BarackObama.com, 8. Oktober 2007; *2008election.procon.org/sourcefiles/Obama20071008.pdf*.

160 Schweizer, Peter: *Secret Empires: How the American Political Class Hides Corruption and Enriches Family and Friends*, Harper, 2018, S. 178.

161 Bloomberg: »Soros hedge fund invests $811m to buy Petrobras stake« in: *Gulf News*, 15. August 2008; *gulfnews.com/business/energy/soros-hedge-fund-invests-811m-to-buy-Petrobras-stake-1.125134*.

162 O. A.: »Obama Underwrites Offshore Drilling« in: *Wall Street Journal*, 18. August 2009; *www.wsj.com/articles/SB10001424052970203863204574346610120524166*.

163 Hicks, Josh: »President Obama's Crony Capitalism« in: *Washington Post*, 20. Februar 2012; *www.washingtonpost.com/blogs/fact-checker/post/president-obama-and-crony-capitalism-examining-mitt-romneys-claims/2012/02/17/gIQAGRTQKR_blog.html*.

164 Schweizer, Peter: *Secret Empires: How the American Political Class Hides Corruption and Enriches Family and Friends*, Harper, 2018, S. 179.

165 Landstreet, Thomas: »Soros Doesn't Like Coal Stocks; He Likes Money« in: *Forbes*, 28. August 2015; *www.forbes.com/sites/thomaslandstreet/2015/08/28/soros-doesnt-like-coal-stocks-he-likes-money/*.

166 Rahn, Richard: »You lose, Soros wins« in: *Washington Times*, 24. Oktober 2008; *www.washingtontimes.com/news/2008/oct/24/you-lose-soros-wins/*.

167 Campbell, Cloin: »George Soros writes a huge check to Hillary Clinton's super PAC« in: Business Insider, 1. Februar 2016; *www.businessinsider.com/george-soros-hillary-clinton-super-pac-2016-2*.

168 Palumbo, Matt: *The Man Behind the Curtain: Inside the Secret Network of George Soros*, Liberatio Protocol, 2021, S. 28.

169 Zuckerman, Gregory, Chung, Juliet: »Billionaire George Soros Lost Nearly $1 Billion in Weeks After Trump Election« in: *Wall Street Journal*, 13. Januar 2017; *www.wsj.com/articles/billionaire-george-soros-lost-nearly-1-billion-in-weeks-after-trump-election-1484227167.*

170 Obermayer, Bastian, Obermaier, Frederik: »Das Strache-Video« in: *Süddeutsche Zeitung*, 2019; *www.sueddeutsche.de/projekte/artikel/politik/das-strache-video-e335766/.*

171 Baumgartner, Maik, u. a.: »Das wahre Gesicht der Rechtspopulisten« in: *Der Spiegel*, 24. Mai 2019; *www.spiegel.de/politik/strache-video-europas-rechtspopulisten-zeigen-ihr-wahres-gesicht-a-00000000-0002-0001-0000-000164076160.*

172 Hafenecker, Christian: *So sind wir*, Frank & Frei, Wien 2021, S. 16.

173 Strache, Heinz-Christian: *Das Ibiza Attentat: Was wirklich geschah und warum ich weiter für euch kämpfe*, BoD, Norderstedt 2021.

174 Campbell, Karen: »Will a Global Compact on Migration Lead to Lasting Change?« in: OpenSocietyFoundations.org, 16. September 2016; *www.opensocietyfoundations.org/voices/will-global-compact-migration-lead-lasting-change.*

175 Bystron, Petr: »Bundesregierung war treibende Kraft beim Migrationspakt« in: The European, 16. November 2018; *www.theeuropean.de/petr-bystron-bystron/15079-auswaertiges-amt.*

176 Strache, Heinz-Christian: *Das Ibiza Attentat: Was wirklich geschah und warum ich weiter für euch kämpfe*, BoD, Norderstedt 2021.

177 Ebd.

178 O. A.: »Zentrum für Politische Schönheit entschuldigt sich« in: *Jüdische Allgemeine*, 4. Dezember 2019; *www.juedische-allgemeine.de/kultur/zentrum-fuer-politische-schoenheit-entschuldigt-sich/.*

179 O. A.: »Ibiza-Connection: Die unfassbare, einzigartige, ganze Geschichte« in: EU-Infothek, 27. Mai 2019; *www.eu-infothek.com/ibiza-connection-die-unfassbare-einzigartige-ganze-geschichte/.*

180 O. A.: »Schmäh bei ROMY-Verleihung« in: *Kurier*, 17. Mai 2019; *kurier.at/politik/inland/strache-video-was-wusste-boehmermann/400498264*.

181 O. A.: »oe24 hat das volle Ibiza-Video-Protokoll« in: *oe24*, 22. August 2020; *www.oe24.at/oesterreich/politik/oe24-hat-das-volle-ibiza-video-protokoll-das-transkript-im-wortlaut/443183865*.

182 Redaktion: «Das komplette Ibiza-Video ›uncut‹ zum Download« in: eXXpress, 8. April 2021; *exxpress.at/exxpress-praesentiert-das-komplette-ibiza-video-teil-1/*.

183 Ebd.

184 O. A.: »Geleakt: Fünf neue Minuten vom Ibiza-Video!« in: *oe24*, 21. August 2020; *www.youtube.com/watch?v=tqPHDwpHVyI*.

185 Pressekonferenz: »Strache: ›Das muss Konsequenzen für die Journalisten haben‹« in: PI-NEWS, 3. September 2020; *www.pi-news.net/2020/09/strache-zu-ibizafake-das-muss-konsequenzen-fuer-die-journalisten-haben/*.

186 *www.facebook.com/ihre.sz/posts/stellungnahme-der-sz-chefredaktion-vom-23082020die-angeblich-neu-aufgetauchten-a/3437681116323243/*.

187 *www.icij.org/journalists/bastian-obermayer/*.

188 *www.icij.org/journalists/frederik-obermaier/*.

189 *de.wikipedia.org/wiki/Florian_Klenk#cite_note-8*.

190 Werner, Kathrin: »Panama Papers: Das ist das ICIJ« in: *Süddeutsche Zeitung*, 12. April 2016; *www.sueddeutsche.de/medien/panama-papers-das-ist-das-icij-1.2945245*.

191 Zitelmann, Rainer: »Der Berg gebar eine Maus« in: *Weltwoche*, 16. Juli 2019; *weltwoche.ch/story/der-berg-gebar-eine-maus/*.

192 Krach, Wolfgang: »Fragen zu den Panama Papers« in: *Süddeutsche Zeitung*, 5. April 2017; *panamapapers.sueddeutsche.de/articles/5703aa02a1bb8d3c3495b643/*.

193 O. A.: »Paradise Papers: Apple says it paid US$35 billion tax over last three years after offshore secrets revealed in leaked documents« in: AFP, 7. November 2017; *www.scmp.com/news/world/united-states-canada/*

article/2118701/paradise-papers-apple-says-it-paid-us35-billion-tax.

194 Zitelmann, Rainer: »Der Berg gebar eine Maus« in: *Weltwoche*, 16. Juli 2019; *weltwoche.ch/story/der-berg-gebar-eine-maus/.*

195 *www.influencewatch.org/non-profit/center-for-public-integrity/.*

196 Hagey, Keach: »Tuna and turmoil at CPI« in: *Politico*, 12. Mai 2011; *www.politico.com/story/2011/12/tuna-and-turmoil-at-cpi-069763.*

197 *ballotpedia.org/Center_for_Public_Integrity.*

198 Redaktion: »Center for Public Integrity to Spin Off International Consortium of Investigative Journalists« in: Center for Public Integrity, 20. Oktober 2016; *publicintegrity.org/inside-publici/center-for-public-integrity-to-spin-off-international-consortium-of-investigative-journalists-icij/.*

199 Singer, Tobias: »Obermayer und Obermaier gründen eigene Investigativ-Firma« in: Meedia, 13. April 2022; *www.meedia.de/medien/obermayer-und-obermaier-gruenden-eigene-investigativ-firma-0e0ea098e0741afb5b96e27049eed03a.*

200 Byrne, Peter: »Panama Papers reveal George Soros' deep money ties to secretive weapons intel investment firm« in: Fox News, 16. Mai 2016; *www.foxnews.com/world/panama-papers-reveal-george-soros-deep-money-ties-to-secretive-weapons-intel-investment-firm.*

201 Dawkins, David: »George Soros Leads Chorus of Wealthy Calling For A New Wealth Tax« in: *Forbes*, 24. Juni 2019; *www.forbes.com/sites/daviddawkins/2019/06/24/george-soros-leads-chorus-of-billionaires-calling-for-a-new-wealth-tax/.*

202 Rodriguez, Rolando: »Acusan en Brasil a Mossack Fonseca« in: *La Prensa*, 28. Januar 2016; *www.prensa.com/judiciales/Acusan-Brasil-Mossack-Fonseca_0_4402809676.html.*

203 Obermaier, Frederik, Obermayer, Bastian: »Die wichtigsten Fakten zu den FinCEN-Files« in: *Süddeutsche Zeitung*, 20. September 2020; *www.sueddeutsche.de/projekte/artikel/wirtschaft/fincen-files-die-wichtigsten-fakten-e107343/.*

204 Montenari, Andrea: »A Soros fa golfa il mercato italiano« in: *Milano Finanza*, 3. Mai 2017; *www.milanofinanza.it/news/a-soros-fa-gola-*

il-mercato-italiano-201705022116105637.

205 Kanfer, Stefan: »Connoisseur of Chaos« in: *City Journal*, Winter 2017; *www.city-journal.org/html/connoisseur-chaos-14954.html*.

206 O. A: »Soros Invests in Fund Sponsored by Dragon Capital to Invest in Ukraine« in: Dragon Capital, 18. November 2015; *dragon-capital.com/media/press-releases/soros-investiruet-v-novyy-fond-pryamykh-investitsiy-pod-upravleniem-dragon-capital2015_11_18/*.

207 Interfax-Ukraine: »Dragon Capital with co-investors invest $400 mln in Ukrainian property in three years« in: *Kyiv Post*, 31. Oktober 2018; *archive.kyivpost.com/business/dragon-capital-with-co-investors-invest-400-mln-in-ukrainian-property-in-three-years.html*.

208 Mariá Schmidt: »The Gravedigger of the Left« in: About Hungary, 25. April 2017; *abouthungary.hu/blog/the-gravedigger-of-the-left*.

209 *www.crisisgroup.org/europe-central-asia/balkans/kosovo/trepca-making-sense-labyrinth*.

210 Mariá Schmidt: »The Gravedigger of the Left« in: About Hungary, 25. April 2017; *abouthungary.hu/blog/the-gravedigger-of-the-left*.

211 Bjelić, Novak: »Казивања о ›Трепчи‹: 1303–2018 – Империјална окупација« in: *Politika*, 14. April 2018, S. 23.

212 Mariá Schmidt: »The Gravedigger of the Left« in: About Hungary, 25. April 2017; *abouthungary.hu/blog/the-gravedigger-of-the-left*.

213 *www.wilsoncenter.org/publication/serbia-and-montenegro*.

214 Ebd.

215 Ebd.

216 *www.margaretthatcher.org/document/102953*.

217 Soros, George: *The Alchemy of Finance*, John Whiley & Sons, Hoboken, New Jersey, 1987, S. 372.

218 Soros, George: »The Means to an End« in: *The Guardian*, 17. April 2000; *www.theguardian.com/world/2000/apr/17/russia.features11*.

219 Schwab, Klaus, Malleret, Thierry: *COVID-19: The Great Reset*, WEF, Genf, 2019; auf Deutsch: *COVID-19: Der Große Umbruch*, WEF, Genf 2021.

220 Schwab, Klaus: »Now is the time for a ›great reset‹« in: WEForum.org, 3. Juni 2020; *www.weforum.org/focus/the-great-reset.*

221 Alessi, Christopher: »›A golden opportunity‹ - HRH the Prince of Wales and other leaders on the Forum's Great Reset« in: WEForum.org, 3. Juni 2020; *www.weforum.org/agenda/2020/06/great-reset-launch-prince-charles-guterres-georgieva-burrow/.*

222 Beck, Glenn: *The Great Reset: Joe Biden and the Rise of 21st Century Fascism*, Forefront Books, 2022, S. 22.

223 Bruce-Lockhart, Anna, Chainey, Ross: »›Normal wasn't working‹ - John Kerry, Phillip Atiba Goff and others on the new social contract post-COVID« in: WEForum.org, 24. Juni 2020; *www.weforum.org/agenda/2020/06/great-reset-social-contract-john-kerry-phillip-goff/.*

224 Palumbo, Matt: *The Man Behind the Curtain: Inside the Secret Network of George Soros*, Liberatio Protocol, 2022, S. 45.

225 Ebd., S. 39.

226 Beck, Glenn: *The Great Reset: Joe Biden and the Rise of 21st Century Fascism*, Forefront Books, 2022, S. 30 f.

227 O. A.: »WDR-Sendung preist chinesischen Diktator – ›Mao hatte echten Weitblick‹« in: *Welt*, 28. Mai 2021; *www.welt.de/vermischtes/article231418847/WDR-Sendung-preist-China-Diktator-Mao-hatte-echten-Weitblick.html.*

228 Beck, Glenn: *The Great Reset: Joe Biden and the Rise of 21st Century Fascism*, Forefront Books, 2022, S. 31.

229 »Richtlinien: Richtlinie 2014/95/EU des Europäischen Parlaments und des Rates vom 22. Oktober 2014 zur Änderung der Richtlinie 2013/34/EU im Hinblick auf die Angabe nichtfinanzieller und die Diversität betreffender Informationen durch bestimmte große Unternehmen und Gruppen«, in: Amtsblatt der Europäischen Union; *eur-lex.europa.eu/legal-content/DE/TXT/PDF/?uri=CELEX:32014L0095.*

230 Köhler, Peter, Landgraf, Robert: »BlackRock greift beim Klimaschutz durch«, in: *Handelsblatt*, 14. Juli 2020; *www.handelsblatt.com/finanzen/banken-versicherungen/banken/esg-kriterien-BlackRock-greift-beim-klimaschutz-durch/26000222.html.*

231 Duarte, Esteban: »Sigma Lithium says Brazil project is worth $ 5.1 Billion« in: Bloomberg, 26. Mai 2022; *www.bloomberg.com/news/articles/2022-05-26/sigma-lithium-says-brazil-mining-project-is-worth-5-1-billion.*

232 Workshop mit Sigma Ltihium: »Environmental and Social Sustainability in Electric Vehicles' Battery Materials« in: World Climate Summit, 13. November 2022; *www.worldclimatesummit.org/workshop-sigmalithium-day-1.*

233 Weber, Lukas: »Wohin mit gefährlichen Lithium-Akkus?« in: FAZ, 21. Januar 2017; *www.faz.net/aktuell/technik-motor/technik/transport-und-entsorgung-wohin-mit-gefaehrlichen-lithium-akkus-14610489/eine-lithium-batterie-eines-14707119.html.*

234 *lobbypedia.de/wiki/Friedrich_Merz.*

235 Whitehouse, David: »ESG: Soros-backed Aristata fund aims to turn ESG litigation into profitable investment« in: Funds Europe, Oktober 2022; *www.funds-europe.com/october-2022/esg-soros-backed-aristata-fund-aims-to-turn-esg-litigation-into-profitable-investment.*

236 Valdis Dombrovski, Vice-President in charge of Financial Stability Financial Services and Capital Markets Union, in: *finance.ec.europa.eu/system/files/2020-01/200108-financing-sustainable-growth-factsheet_en.pdf.*

237 Natter, Ari: »Alexandria Ocasio-Cortez's Green New Deal Could Cost $93 Trillion, Group Says« in: Bloomberg, 25. Februar 2019; *www.bloomberg.com/news/articles/2019-02-25/group-sees-ocasio-cortez-s-green-new-deal-costing-93-trillion.*

238 O. A.: »›Doppel-Wumms‹ für bezahlbare Energie« in: *www.spd.de/aktuelles/detail/news/doppel-wumms-fuer-bezahlbare-energie/29/09/2022/.*

239 Palumbo, Matt: *The Man Behind the Curtain: Inside the Secret Network of George Soros*, Liberatio Protocol, 2022, S. 80.

240 Ehnts, Dirk: *Geld und Kredit: eine €-päische Perspektive*, Metropolis, 4. Auflage, 2020.

241 O'Brien, Fergal: »Draghi Says ECB Should Examine New Ideas Like MMT« in: Bloomberg, 23. September 2019; *www.bloomberg.com/news/*

articles/2019-09-23/draghi-says-ecb-should-examine-new-ideas-like-mmt.

242 Mayeda, Andrew, Dmitrieva, Katia: »Lagarde Says MMT Is No ›Panacea‹ But May Help Fight Deflation« in: Bloomberg, 11. April 2019; *www.bloomberg.com/news/articles/2019-04-11/lagarde-says-mmt-is-no-panacea-but-may-help-fight-deflation.*

243 Ehnts, Dirk, Paetz, Michael: »Die Modern Monetary Theory: Staatsschulden als Steuergutschriften«, Vierteljahreshefte zur Wirtschaftsforschung 4/2019, S. 77–89.

244 *www.bundesfinanzministerium.de/Content/DE/Standardartikel/Themen/Oeffentliche_Finanzen/Schuldenbremse/kompendium-zur-schuldenbremse-des-bundes.pdf?__blob=publicationFile&v=9.*

245 *www.bundestag.de/dokumente/textarchiv/pandemie-856154.*

246 Ebd.

247 Ramthun, Christian: »Rechnungshof: Dreifach-Klatsche für den Doppel-Wumms« in: *Wirtschaftswoche*, 18. Oktober 2022; *www.wiwo.de/politik/deutschland/energiepreis-abwehrschirm-rechnungshof-dreifach-klatsche-fuer-den-doppel-wumms/28753034.html.*

248 *www.bpb.de/system/files/dokument_pdf/APuZ_2022-18-19_online.pdf.*

249 Ebd.

250 Ehnts, Dirk: »Europa als Haftungsunion – Europa scheitert an deutschen ›Juristen‹« in: Verfassungsblog, 18. April 2020; *verfassungsblog.de/europa-als-haftungsunion-europa-scheitert-an-deutschen-juristen/.*

251 Kuhs, Joachim: »Deutsche Steuerzahler bluten: EU-Haushalt steigt unaufhörlich!« in: *www.joachimkuhs.de/deutsche-steuerzahler-bluten-eu-haushalt-steigt-unaufhoerlich/, 17. November 2021.*

252 Kuhs, Joachim: »EU-Haushalt 2023 steigt um 17 Milliarden Euro – nicht um 4,4!«, 30. November 2022; *de.idgroup.eu/joachim_kuhs_mdep_afd_eu_haushalt_2023_steigt_um_17_milliarden_euro_nicht_um_4_4.*

253 Beck, Glenn: *The Great Reset: Joe Biden and the Rise of 21st Century Fascism*, Forefront Books, 2022, S. 120.

254 Malter, Jordan: »Bernie Sanders' 2016 economic advisor Stephanie Kelton on Modern Monetary Theory and the 2020 race« in: CNBC, 2. März 2019; *www.cnbc.com/2019/03/01/bernie-sanders-economic-advisor-stephanie-kelton-on-mmt-and-2020-race.html.*

255 Ebd.

256 Klein, Matthew: »Everything You Need to Know About Modern Monetary Theory« in: *Barron's*, 7. Juli 2019; *www.barrons.com/articles/modern-monetary-theory-51559956914.*

257 Beck, Glenn: *The Great Reset: Joe Biden and the Rise of 21st Century Fascism*, Forefront Books, 2022, S. 126.

258 Kelton, Stephanie: *The Deficit Myth: Modern Monetary Theory and the Birth of the People's Economy*, PublicAffairs, New York 2020.

259 Wray, L. Randall: »Response to Doug Henwood's Trolling in Jacobin« in: New Economic Perspectives, 25. Februar 2019; *neweconomicperspectives.org/2019/02/response-to-doug-henwoods-trolling-in-jacobin.html.*

260 Tcherneva, Pavlina: »MMT is Already Happening« in: *Jacobin*, 27. Februar 2019; *jacobin.com/2019/02/mmt-modern-monetary-theory-doug-henwood-overton-window.*

261 Kelton, Stephanie: *The Deficit Myth: Modern Monetary Theory and the Birth of the People's Economy*, PublicAffairs, New York 2020.

262 Beck, Glenn: *The Great Reset: Joe Biden and the Rise of 21st Century Fascism*, Forefront Books, 2022, S. 134.

263 Ebd., S. 135.

264 O. A.: »Building Back Broader« in: WEForum.org, White Papers, 2. Juni 2021; *www.weforum.org/whitepapers/building-back-broader-policy-pathways-for-an-economic-transformation/.*

265 Di Caro, Beatrice: »The Great Reset: Building Future Resilience to Global Risks« in: WEForum.org, 17. November 2021; *www.weforum.org/agenda/2020/11/the-great-reset-building-future-resilience-to-global-risks/.*

266 Bruce-Lockhart, Anna, Chainey, Ross: »›Normal wasn't working‹ - John Kerry, Phillip Atiba Goff and others on the new social contract post-COVID« in: WEForum.org, 24. Juni 2020; *www.weforum.org/agenda/2020/06/great-reset-social-contract-john-kerry-phillip-goff/.*

267 Haskins, Justin: »John Kerry reveals Biden's devotion to radical ›Great Reset‹ movement« in: *The Hill*, 3. Dezember 2020; *thehill.com/opinion/energy-environment/528482-john-kerry-reveals-bidens-devotion-to-radical-great-reset-movement/*.

268 Wood, Johnny: »›Building back better‹ – here's how we can navigate the risks we face after COVID-19« in: WEForum.org, 20. Mai 2020; *www.weforum.org/agenda/2020/05/covid-19-risks-outlook-saadia-zahidi/*.

269 Bakker, Peter, Elkington, John: »To build back better, we must reinvent capitalism. Here's how« in: WEForum.org, 13. Juli 2020; *www.weforum.org/agenda/2020/07/to-build-back-better-we-must-reinvent-capitalism-heres-how/*.

270 O. A.: »President Biden Announces the Build Back Better Framework« in: The White House, 28. Oktober 2021; *www.whitehouse.gov/briefing-room/statements-releases/2021/10/28/president-biden-announces-the-build-back-better-framework/*.

271 Victor, David: »Building Back Better: Why Europe Must Lead a Global Green Recovery« in: Yale Environment 360, 11. Juni 2020; *e360.yale.edu/features/building-back-better-why-europe-must-lead-a-global-green-recovery*.

272 Haskins, Justin: »Joe Biden has deep ties to the radical ›Great Reset‹ movement and its globalist leaders« in: Blazemedia, 26. Oktober 2020; *www.theblaze.com/op-ed/joe-biden-ties-great-reset*.

273 O. A.: »President Biden and G7 Leaders Launch Build Back Better World (B3W) Partnershipn: The White House, 12. Juni 2021; *www.whitehouse.gov/briefing-room/statements-releases/2021/06/12/fact-sheet-president-biden-and-g7-leaders-launch-build-back-better-world-b3w-partnership/*.

274 O. A.: »2021 G7 Leaders' communiqué: Our shared agenda for global action to build back better« in: Europäischer Rat, 13. Juni 2021; *www.consilium.europa.eu/de/press/press-releases/2021/06/13/2021-g7-leaders-communique/*.

275 O. A.: »G20-Gipfel: Klaus Schwab propagiert unter Staats- und Regierungschefs den Great Reset« in: Report24, 15. November 2022; *report24.news/g20-gipfel-klaus-schwab-propagiert-unter-staats-und-regierungschefs-den-great-reset/*.

276 O. A.: »Schwab's Wiener Lecture points to challenges and opportunities of new industrial revolution« in: Harvard Kennedy School, 2. Oktober 2017; *www.hks.harvard.edu/more/alumni/alumni-stories/collaboration-fractured-world-klaus-schwab-mcmpa-speaks-harvard-kennedy.*

277 Whiting, Kate: »How the world can ›reset‹ itself after COVID-19 – according to these experts« in: WEForum.org, 3. Juni 2020; *www.weforum.org/agenda/2020/06/covid19-great-reset-gita-gopinath-jennifer-morgan-sharan-burrow-climate/.*

278 Ebd.

279 O. A.: »Ex-Greenpeace-Chefin im Eilverfahren eingebürgert, damit sie für Baerbock arbeiten kann« in: *Focus*, 29. April 2022; *www.focus.de/politik/deutschland/baerbocks-neue-klima-sekretaerin-ex-greenpeace-chefin-wurde-eingebuergert-im-eilverfahren_id_91266268.html.*

280 Alexander, Robin: »Das Geld aus Europa ist kein schmutziger Deal« in: *Welt*, 16. März 2016; *www.welt.de/politik/deutschland/article153370532/Das-Geld-aus-Europa-ist-kein-schmutziger-Deal.html.*

281 O. A.: »Open Society Initiative for Europe: Our Grantees«, 2015; *www.opensocietyfoundations.org/publications/open-society-initiative-europe-our-grantees-2015.*

282 Soros, George: »George Soros' Plan für Europas Flüchtlingskrise« in: *Welt*, 2. Oktober 2015; *www.welt.de/debatte/kommentare/article147061754/George-Soros-Plan-fuer-Europas-Fluechtlingskrise.html.*

283 Soros, George: »Rebuilding the Asylum System« in: Project Syndicate, 26. September 2015; *www.project-syndicate.org/commentary/rebuilding-refugee-asylum-system-by-george-soros-2015-09.*

284 In: *heute-journal*, 5. April 2020; *www.youtube.com/watch?v=JuvsYgK-Pgw.*

285 *freiheitsrechte.org/bnd-gesetz-2/.*

286 Rath, Christian: »Bürgerrechtler für Indymedia« in: taz, 9. September 2018; *taz.de/Verbot-von-linksradikaler-Website/!5534184/.*

287 *de.wikipedia.org/wiki/Gesellschaft_für_Freiheitsrechte.*

288 Meier, Christian: »Wie die ARD ihre Beitragszahler beeinflussen will« in: *Welt*, 11. Februar 2019; *www.welt.de/kultur/medien/plus188590441/*

Kampf-um-Rundfunkbeitrag-So-will-die-ARD-die-Buerger-beeinflussen.html.

289 Lakoff, George, Wehling, E.: *The Little Blue Book: The Essential Guide to Thinking and Talking Democratic*,Free Press, New York 2012;

290 O. A.: »Das ARD-Framing-Manual ist ein Soros-Produkt« in: *Epoch Times*, 28. Februar 2019; *www.epochtimes.de/politik/deutschland/das-ard-framing-manual-ist-ein-soros-produkt-a2808755.html.*

291 Sigler, Sebastian: »ARD: die dunkle Seite der Propaganda« in: *Tichys Einblick*, 26. Februar 2019; *www.tichyseinblick.de/daili-es-sentials/framing-ard-die-dunkle-seite-der-propaganda/.*

292 Fritz, Jürgen: »Was ist das nur für ein Sumpf: ARD – MDR – Karola Wille« in: Jürgen Fritz Blog, 19. März 2019; *juergenfritz.com/2019/03/19/ard-mdr-karola-wille-soros-uno/.*

293 Vasquez, Joseph, Schneider, Dan: »Propaganda Avalanche: Soros Spreads $131M to Influence Global Media« in: mrcNewsBusters, 5. Januar 2023; *www.newsbusters.org/blogs/business/joseph-vazquez/2023/01/05/propaganda-avalanche-soros-spreads-131m-influence-global.*

294 Ebd.

295 Vasquez, Joseph, Schneider, Dan: »Propaganda Czar: Soros Bankrolls 253 Groups to Influence Global Media« in: mrcNewsbusters, 6. Dezember 2022; *www.newsbusters.org/blogs/business/joseph-vazquez/2022/12/06/propaganda-czar-soros-bankrolls-253-groups-influence.*

296 O. A.: »Correctiv-Faktencheck startet Fact-Checking-Projekt mit 19 europäischen Redaktionen«, 18. März 2019, *correctiv.org/faktencheck/ueber-uns/2019/03/18/correctiv-faktencheck-startet-fact-checking-projekt-mit-19-europaeischen-redaktionen/.*

297 Vasquez, Joseph, Schneider, Daniel: »Propaganda Czar: Soros Bankrolls 253 Groups to Influence Global Media« in: Media Research Center, 6. Dezember 2022; *cdn.mrc.org/static/pdfuploads/PropagandaPowerhouse_Part1_FINAL.pdf-1670340182273.pdf.*

298 Baker, Rana: »Rejecting victimhood: the case for Palestinian resistance« in: openDemocracy.net, 14. Juli 2014; inzwischen gelöscht, aber archiviert unter: *web.archive.org/web/20221113000355/https://www.opendemocracy.net/en/north-africa-west-asia/rejecting-victimhood-case-for-palestinian-resistance/.*

299 Thaney, Kaitlin: »George Soros, founder of Open Society Foundations, invests in the future of free and open knowledge« in: Wikimedia, 15. Oktober 2018; *wikimediafoundation.org/news/2018/10/15/george-soros-invests-future-free-open-knowledge/*.

300 P. J. Gladnick: »Wikipedia Co-Founder: Site Now Promotes Leftist Establishment Propaganda« in: mrcNewsBusters, 18. Juli 2021; *www.newsbusters.org/blogs/nb/pj-gladnick/2021/07/18/wikipedia-co-founder-site-now-promotes-leftist-establishment*.

301 Ebd.

302 Breitbart, Andrew: *Righteous Indignation: Excuse Me While I Save the World*, Grand Central Publishing, New York 2011, S. 176.

303 Ebd.

304 York, Byron: »David Brock Is Buzzing Again« in:, National Review«, in: *National Review*, 28. Mai 2004; *www.nationalreview.com/2004/05/david-brock-buzzing-again-byron-york/*.

305 Shear, Michael D.: »Soros Donates $1 Million to Media Matters« in: *New York Times*. 20. Oktober 2010; *archive.nytimes.com/thecaucus.blogs.nytimes.com/2010/10/20/soros-donates-1-million-to-media-matters/*.

306 Greenwald, Glenn: »My Resignation From The Intercept« in: greenwald.substack.com, 29. Oktober 2020; *greenwald.substack.com/p/my-resignation-from-the-intercept*.

307 O. A.: »Google fördert Faktenchecker zu Covid-19 mit Millionen« in: Heise Online, 4/2020; *www.heise.de/newsticker/meldung/Google-foerdert-Faktenchecker-zu-Covid-19-mit-Millionen-4695889.html*.

308 Wiegand, Markus: »Faktenchecks: Was bezahlt Facebook an Correctiv?« in: *Kressreport*, 3. Juli 2020; *kress.de/news/detail/beitrag/145415-faktenchecks-was-bezahlt-facebook-an-correctiv.html*.

309 Ebd.

310 Tichy, Roland: »Sieben Ohrfeigen für Correctiv« in: *Tichys Einblick*, 5. Juni 2020; *www.tichyseinblick.de/tichys-einblick/sieben-ohrfeigen-fuer-correctiv/*.

311 Homburg, Stefan: »Correctiv – Deutschlands seltsamster Konzern« in: *Tichys Einblick*, 9. Juni 2020; *www.tichyseinblick.de/daili-es-sentials/correctiv-deutschlands-seltsamster-konzern/*.

312 O. A.: »Ibiza-Connection: Die unfassbare, einzigartige, ganze Geschichte« in: *EU Infothek*, 17. Mai 2019; *www.eu-infothek.com/ibiza-connection-die-unfassbare-einzigartige-ganze-geschichte/*.

313 O. A.: »Zentrum für Politische Schönheit entschuldigt sich« in: *Jüdische Allgemeine*, 4. Dezember 2019; *www.juedische-allgemeine.de/kultur/zentrum-fuer-politische-schoenheit-entschuldigt-sich/*.

314 *www.schoepflin-stiftung.de/foerdern/medien-gesellschaft/*.

315 Deutscher Bundestag: »Förderung von Nichtregierungsorganisation durch die Bundesregierung«, Drucksache, 20/3843, 5. Oktober 2022; *dserver.bundestag.de/btd/20/038/2003843.pdf*.

316 Warweg, Florian: »Faktencheck der Faktenchecker: Die fragwürdige Finanzierung und Zertifizierung von Correctiv« in: NachDenkSeiten, 10. Juni 2022; *www.nachdenkseiten.de/?p=84691*.

317 Ebd.

318 O. A.: »Simon Kretschmer zieht sich als Geschäftsführer von CORRECTIV zurück« in: Correctiv, 31. Dezember 2022; *correctiv.org/in-eigener-sache/2022/01/31/simon-kretschmer-zieht-sich-als-geschaeftsführer-von-correctiv-zurück/*.

319 *netzwerkrecherche.org/ueber-uns/vorstand/*, Stand: Januar 2023.

320 Neuhof, Ansgar: »CORRECTIV – Von Eigennutz und Gemeinnutz« in: *Tichys Einblick*, 3. Februar 2017; *www.tichyseinblick.de/gastbeitrag/correctiv-von-eigennutz-und-gemeinnutz/*.

321 Schraven, David: »Das AfD-Programm entschlüsselt« in: Correctiv, 14. März 2016; *correctiv.org/top-stories/2016/03/14/das-afd-programm-entschluesselt/*.

322 Winterbauer, Stefan: »›AfD-Sex-Skandal‹-Bericht auch innerhalb von Correctiv umstritten – Ethikrat befasst sich mit dem Fall« in: Meedia, 12. Mai 2017. Der Artikel musste zurückgezogen werden.

323 Niggemeier, Stefan: »Correctiv macht Privatleben von AfD-Frau zum ›Sexskandal‹« in: Übermedien, 3. Mai 2017; *uebermedien.de/15068/correctiv-macht-privatleben-von-afd-frau-zum-sexskandal/*.

324 Binninger, Annette: »Was Nawalny wirklich in Dresden wollte« in: *Sächsische Zeitung*, 19. Januar 2020; *www.saechsische.de/politik/international/politiker-international/wladimir-putin/video-dresden-nawalny-veroeffentlicht-recherche-zu-putins-geheimpalast-5361058-plus.html.*

325 Ebd.

326 O. A.: »Are US and Germany inciting unlawful Navalny protests?« in: Free West Media, 25. Januar 2021; *freewestmedia.com/2021/01/25/are-us-and-germany-inciting-unlawful-navalny-protests/.*

327 Doward, Jamie: »How a college drop out became a champion of investigative journalism« in: *The Guardian*, 30. September 2018; *www.theguardian.com/media/2018/sep/30/bellingcat-eliot-higgins-exposed-novichok-russian-spy-anatoliy-chepiga.*

328 O. A.: »Wem gehört der ›Putin-Palast‹?« in: *Sächsische Zeitung*, 26. Januar 2021; *www.saechsische.de/russland/russland-wem-gehoert-der-putin-palast-nawalny-5365752.html.*

329 Hagey, Keach: »Tuna and turmoil at CPI« in: *Politico*, 12. Mai 2011; *www.politico.com/story/2011/12/tuna-and-turmoil-at-cpi-069763.*

330 O. A.: »Hacken für Anfänger« in: Reporterfabrik, 27. März 2021; gelöscht, aber archiviert unter: *archive.vn/aWM1Q.*

331 »Investigativer Journalismus in Deutschland«, Tagung des Netzwerkes Recherche und der Friedrich-Ebert-Stiftung »Recherchierender Journalismus in Deutschland«, Simmerath-Erkensruhr, 30. März bis 1. April 2001.

332 *netzwerkrecherche.org/wegweiser/homepage/ueber-uns/.*

333 *netzwerkrecherche.org/wp-content/uploads/2017/06/nr17-programm-web.pdf.*

334 *www.icij.org/journalists/julia-stein/.*

335 Grimm, Imre: »Chaostage beim NDR: Skandal um Vetternwirtschaft und Politklüngelei eskaliert« in: RND, 8. September 2022; *www.rnd.de/medien/chaostage-beim-ndr-skandal-um-vetternwirtschaft-und-politkluengelei-eskaliert-U5KFD2BKEFAF7JV5INATXWM6W4.html.*

336 *glossar.neuemedienmacher.de/glossar/.*

337 *neuemedienmacher.de/goldene-kartoffel/beitrag/medienpreis-goldene-kartoffel/.*

338 Ataman, Ferda: »Deutschland, Heimat der Weltoffenheit« in: Amadeu Antonio Stiftung, 12. Juni 2018; *www.amadeu-antonio-stiftung.de/deutschland-heimat-der-weltoffenheit-8409/.*

339 O. A.: »Sie soll Grund für Seehofers Gipfel-Absage sein: Jetzt äußert sich Ataman zu Vorwürfen, « in: *Focus,* 13. Juni 2018; *www.focus.de/politik/deutschland/debatte-um-heimat-begriff-sie-soll-grund-fuer-seehofers-gipfel-absage-sein-jetzt-aeussert-sich-ataman-zu-vorwuerfen_id_9092620.html.*

340 Hein, Jan-Philipp: »Antirassismus als Geschäftsmodell« in: *Welt*, 6. April 2020; *www.welt.de/politik/deutschland/plus207044985/Journalistin-Ferda-Ataman-Antirassismus-als-Geschaeftsmodell.html.*

341 O. A.: »Islamic Relief und Heiko Maas: EU-Steuergelder für Hamas und Terror-Familien« in: *Jüdische Rundschau*, 9. September 2020; *juedischerundschau.de/article.2020-09.islamic-relief-und-heiko-maas-eu-steuer-gelder-fuer-hamas-und-terror-familien.html.*

342 Pfahler, Lennart: »Aktion Deutschland Hilft setzt Zusammenarbeit mit Islamic Relief aus« in: *Welt*, 5. September 2020; *www.welt.de/politik/deutschland/article215089022/Aktion-Deutschland-Hilft-setzt-Zusammenarbeit-mit-Islamic-Relief-aus.html.*

343 Pfahler, Lennart: »Der Fall Nemi El-Hassan« in: *Welt*, 19. September 2021; *www.welt.de/politik/deutschland/plus233870840/Eklat-um-WDR-Moderatorin-Der-Fall-Nemi-El-Hassan.html.*

344 Riffler, Zara: »FUNK startet Kopftuch-Kampagne – Wer steckt dahinter?« in: *Tichys Einblick*, 2. Januar 2022; *www.tichyseinblick.de/feuilleton/medien/ard-zdf-funk-kopftuch-kampagne/.*

345 *www.bundestag.de/resource/blob/405162/80a4e1e0a231dc5555afba8f0cab9b90/wd-1-004-15-pdf-data.pdf.*

346 Schindler, Frederik: »Islamistische Kräfte haben in öffentlichen Ämtern nichts verloren« in: *Welt*, 9. April 2021; *www.welt.de/politik/deutschland/article229903267/Berlin-Islamistische-Kraefte-haben-in-oeffentlichen-Aemtern-nichts-verloren.html.*

347 »Islamische Organisationen in Deutschland. Organisationsstruktur, Vernetzungen und Positionen zur Stellung der Frau sowie zur Religionsfreiheit« in: Wissenschaftliche Dienste des Deutschen Bundestags, 2015;

www.bundestag.de/resource/blob/405162/80a4e1e0a231dc5555afba8f0cab9b90/wd-1-004-15-pdf-data.pdf.

348 »Bund fördert Projekte zur strukturellen Stärkung des Journalismus – Förderung von zehn Projekten mit rund 2,3 Millionen Euro«, Pressemitteilung der Bundesregierung, 8. August 2022; *www.bundesregierung.de/breg-de/aktuelles/pressemitteilungen/bund-foerdert-projekte-zur-strukturellen-staerkung-des-journalismus-foerderung-von-zehn-projekten-mit-rund-2-3-millionen-euro-2069936.*

349 O. A.: »Jahresbericht: Zahlen und Fakten zur Entwicklung von netzpolitik.org seit 2013« in: netzpolitik.org, 14. Dezember 2016; *netzpolitik.org/2016/jahresbericht-uns-liegen-die-einnahmen-nicht-nur-vor-wir-veroeffentlichen-sie-auch/.*

350 Kinkel, Lutz: »Wie Markus Beckedahl mit der Staatsgewalt zusammenstieß« in: *Der Stern*, 1. August 2015; *www.stern.de/politik/deutschland/landesverrat---wie-markus-beckedahl-mit-dem-vorwurf-umgeht-6367140.html.*

351 Masnick, Mike: »German Justice Minister Fires Top Prosecutor Over ›Treason‹ Probe Into Journalists After War Of Words« in: Techdirt, 4. August 2015; *www.techdirt.com/2015/08/04/german-justice-minister-fires-top-prosecutor-over-treason-probe-into-journalists-after-war-words/.*

352 Mey, Stefan: »Netzpolitik.org ist ein Open-Source-Geschäftsmodell« in: Carta, 10. Mai 2010; *carta.info/beckedahl-netzpolitik-org-ist-ein-open-source-geschaeftsmodell/.*

353 O. A.: »Jahresbericht: Zahlen und Fakten zur Entwicklung von netzpolitik.org seit 2013« in: netzpolitik.org, 14. Dezember 2016; *netzpolitik.org/2016/jahresbericht-uns-liegen-die-einnahmen-nicht-nur-vor-wir-veroeffentlichen-sie-auch/.*

354 Beckedahl, Markus: »DigiGes erhält Finanzierung durch die Open Society Foundations« in: Digitale Gesellschaft, 31. Mai .2013, *digitalegesellschaft.de/2013/05/digiges-erhalt-finanzierung-durch-die-open-society-foundations/.*

355 Ebd.

356 *netzpolitik.org/author/arne/.*

357 *www.youtube.com/watch?v=pO_aW9ed5PI.*

358 O. A.: »Stewart Lee calls out German ›plagiarist‹« in: Chortle UK, 23. September 2016; *www.chortle.co.uk/news/2016/09/23/25838/stewart_lee_calls_out_german_plagiarist.*

359 »Public Feedback Solicited on Access to Information and Open Government Data Date« in: Open Society, 10. September 2010; gelöscht, aber archiviert unter: *web.archive.org/web/20110108145856/http://www.soros.org/initiatives/information/focus/communication/news/access-consultation-20100910.*

360 *prototypefund.de/about/.*

361 Semsrott, Arne: »1,2 Millionen Euro für Open Source: Neuer Prototype Fund fördert gemeinnützige Projekte« in: netzpolitik.org, 1. August 2016; *netzpolitik.org/2016/12-millionen-euro-fuer-open-source-neuer-prototype-fund-foerdert-gemeinnuetzige-projekte/.*

362 Taylor Lorenz: »Meet the woman behind Libs of TikTok, secretly fueling the right's outrage machine« in: *Washington Post*, 19. April 2022; *www.washingtonpost.com/technology/2022/04/19/libs-of-tiktok-right-wing-media/.*

363 O. A.: »Grenzschutzagentur Frontex: Exzessive Gewalt Schläge Misshandlungen« in: *Tagesschau*, 4. August 2019; *ffm-online.org/grenzschutz agentur-frontex-exzessive-gewalt-schlaege-misshandlungen/.*

364 Semsrott, Arne, Izuzqzuiza, Luisa: »Frontex: die Überwacher überwachen« in: Correctiv, 4. August 2019; *correctiv.org/top-stories/2019/08/04/frontex-transparenz/.*

365 Ebd.

366 Ebd.

367 Schlüter, Nadja: »Wie sicher kann eine EU sein, wenn sie die Rechte der Schwächsten nicht achtet?« in: *Süddeutsche Zeitung Jetzt*, 7. August 2019; *www.jetzt.de/politik/fluechtlinge-erik-marquardt-ueber-menschen-rechtsverletzungen-an-der-eu-aussengrenze.*

368 Tamkin, Emily: *The Influence of Soros*, Harper Collins, New York 2020, S. 95.

369 Arceo-Dumlao, Tina: »British lord recalls Cory Aquino campaign« in: *Philippine Daily Inquirer*, 29. Juni 2015; *globalnation.inquirer.net/125356/british-lord-recalls-cory-aquino-campaign.*

370 Tadad, Francisco: »Stop Smartmatic and Lord Malloch-Brown« in: *The Manila Times*, 9. Juli 2015; *www.manilatimes.net/2015/07/09/opinion/columnists/topanalysis/stop-smartmatic-and-lord-malloch-brown/199025.*

371 Tamkin, Emily: *The Influence of Soros*, Harper Collins, New York 2020, S. 106.

372 Sharp, Gene: *The Politics of Nonviolent Action, Porter Sargent*, Boston 1973; online verfügbar: *www.bmartin.cc/pubs/peace/73Sharp/.*

373 Horowitz, David, Poe, Richard: *The Shadow Party: How George Soros, Hillary Clinton and Sixties Radicals Seized Control of the Democratic Party*, Thomas Nelson, 2006, S. 232 f.

374 Ackerman, Peter, Kruegler, Christopher: *Strategic Nonviolent Conflict: The Dynamics of People Power in the Twentieth Century*, Praeger Publisher, Westport, CT, 1994, S. 46.

375 O. A.: »President Tudjman Criticizes Foreign Interference in Croatia's Media« in: BBC, 11. Dezember 1996.

376 Horowitz, David, Poe, Richard: *The Shadow Party: How George Soros, Hillary Clinton and Sixties Radicals Seized Control of the Democratic Party*, Thomas Nelson, 2006, S. 233.

377 Soros, George: *Soros on Soros. Staying Ahead of the Curve*, John Wiley & Sons, 1995, S. 173.

378 Bútora, Martin: »OK'98: A Campaign of Slovak NGOs for Free and Fair Elections« in: Forbrig, Joerg, Demeš, Pavol (Hrsg.): *Reclaiming Democracy: Civil Society and Electoral Change in Central and Eastern Europe*, The German Marshall Fund of the United States, Washington, D. C., 2007, S. 25; online verfügbar: *www.icnl.org/wp-content/uploads/Transnational_csdem.pdf.*

379 Tamkin, Emily: *The Influence of Soros*, Harper Collins, New York 2020, S. 130.

380 Butóra, siehe Endnote 378, S. 26

381 Bútora, siehe Endnote 378, S. 39.

382 Soros, Georges: *The Bubble of American Supremacy*, Weidenfeld & Nicolson, London 2004, S. 79.

383 O. A.: »Slovakia Slips Backward« in: *New York Times*, 14. August 1995; *www.nytimes.com/1995/08/14/opinion/slovakia-slips-backward.html.*

384 Tamkin, Emily: *The Influence of Soros*, Harper Collins, New York 2020, S. 135.

385 Ebd., S. 136.

386 Ebd., S. 137.

387 Ebd.

388 Tamkin, Emily: *The Influence of Soros*, Harper Collins, New York 2020, S. 173.

389 Spoerri, Marlene: »Crossing the line: partisan party assistance in post-Milošević Serbia« in: *Engineering Revolution. The Paradox of Democracy Promotion in Serbia*, University of Pennsylvania Press, 2014.

390 Eliot, Cohen: »Jane's Sentinel Security Assessment: The Balkans«, in: *Foreign Affairs*, 01. November 1999; *www.foreignaffairs.com/reviews/capsule-review/1999-11-01/janes-sentinel-security-assessment-balkans.*

391 Conrads, Bernadette: »Über die Begründer der ›Farbrevolutionen‹« in: *Wochenblick*, 8. Juni 2020; *www.wochenblick.at/corona/die-revolutionsprofis-milosevic-umsturz-in-serbien-als-grosse-zaesur/.*

392 Clark, Neil: »George Soros« in: *New Statesman*, 2. Juni 2003.

393 Dobbs, Michael: »U.S. Advice Guided Milosevic Opposition« in: *Washington Post*, 11. Dezember 2000; *www.washingtonpost.com/archive/politics/2000/12/11/us-advice-guided-milosevic-opposition/ba9e87e5-bdca-45dc-8aad-da6571e89448/.*

394 Holey, David: »The Seed Money for Democracy« in: *Los Angeles Times*, 26. Januar 2003; *www.latimes.com/archives/la-xpm-2001-jan-26-mn-17288-story.html.*

395 O. A.: »Wölfe ohne Grenzen« in: *Spiegel Politik*, 15. Februar 1998; *www.spiegel.de/politik/woelfe-ohne-grenzen-a-34b963 7a-0002-0001-0000-000007829166.*

396 McKinnon, Mark: »Georgia Revolt Carried Mark of Soros« in: *Globe and Mail*, 26. November 2003; *www.theglobeandmail.com/news/world/georgia-revolt-carried-mark-of-soros/article18437463/.*

397 *www.ceu.edu/open-society-prize/winners.*

398 Foer, Franklin: »Regime Change, Inc. Peter Ackerman's Quest to Topple Tyranny« in: *New Republic*, 25. April 2005; *newrepublic.com/article/68175/regime-change-inc.*

399 McKinnon, Mark: »Georgia Revolt Carried Mark of Soros« in: *Globe and Mail*, 26. November 2003; *www.theglobeandmail.com/news/world/georgia-revolt-carried-mark-of-soros/article18437463/.*

400 Sudetic, Chuck: *The Philanthropy of George Soros: Building Open Societies*, PublicAffairs, New York, 2011, S. 32–35.

401 McKinnon, Mark: »Georgia Revolt Carried Mark of Soros« in: Globe and Mail, 26. November 2003; *www.theglobeandmail.com/news/world/georgia-revolt-carried-mark-of-soros/article18437463/.*

402 Sudetic, Chuck: *The Philanthropy of George Soros: Building Open Societies*, PublicAffairs, New York 2011, S. 32–35.

403 McKinnon, Mark: »Georgia Revolt Carried Mark of Soros« in: *Globe and Mail*, 26. November 2003; *www.theglobeandmail.com/news/world/georgia-revolt-carried-mark-of-soros/article18437463/.*

404 Ebd.

405 Holley, David: »Soros Invests in his Democratic Passion« in: *Los Angeles Times*, 5. Juli 2004; *www.latimes.com/archives/la-xpm-2004-jul-05-fg-soros5-story.html.*

406 Black, Ian: »WikiLeaks cables: Tunisia blocks site reporting ›hatred‹ of first lady« in: *The Guardian*, 8. Januar 2011; *www.theguardian.com/world/2010/dec/07/wikileaks-tunisia-first-lady.*

407 *nawaat.org/finance/.*

408 Sayeh, Bana: »How Tunisia Can Be an Example of Good Governance to the Region – and Beyond« in: Open Society, 3. November 2014; *www.opensocietyfoundations.org/voices/how-tunisia-can-be-example-good-governance-region-and-beyond.*

409 *www.albawsala.com/en/funding.*

410 O. A.: »Tunisia: Call for solidarity, International Federation of Human Rights« in: FIDH, 27. Januar 2011; *www.fidh.org/en/region/north-africa-middle-east/tunisia/Tunisia-Call-for-solidarity.*

411 Stone, Chris: »The National Dialogue Quartet's Vital Music« in: Open Society, 9. Oktober 2015; *www.opensocietyfoundations.org/voices/national-dialogue-quartet-s-vital-music.*

412 Nixon, Ron: »U.S. Groups Helped Nurture Arab Uprisings« in: *New York Times*, 14. April 2011; *www.nytimes.com/2011/04/15/world/15aid.html.*

413 AFP: »US trains activists to evade security forces« in: Activist Post, 8. April 2011; *www.activistpost.com/2011/04/us-trains-activists-to-evade-security.html.*

414 Merton, Robert K.: »The Unanticipated Consequences of Purposive Social Action« in: *American Sociological Review*, Vol. 1, No. 6, Dezember 1936; *doi.org/10.2307/2084615.*

415 Gaetan, Victor: »Macedonia to George Soros and USAID: Go Away« in: *The American Spectator*, 24. März 2017; *www.google.com/search?client=safari&rls=en&q=Victor+Gaetan%3A+Macedonia+to+George+Soros+and+USAID%3A+Go+Away%2C+The+American+Spectator&ie=UTF-8&oe=UTF-8.*

416 Pfeiffer, Alex: »U.S. Interfered In Macedonia's Political Process« in: Daily Caller, 26. März 2017; *dailycaller.com/2017/03/26/u-s-interfered-in-macedonias-political-process-documents-show/.*

417 Hayward, John: »Chilimanov Far-Left ›Soros Army‹ Invades Conservative Macedonia, Contributes to Migrant Crisis with U.S. Taxpayer Support« in: Breitbart, 17. Februar 2017; *www.breitbart.com/radio/2017/02/17/chilimanov-far-left-soros-army-invades-conservative-macedonia-contributes-migrant-crisis-u-s-taxpayer-support/.*

418 O. A.: »Judicial Watch Sues State Department and USAID for Records about Funding and Political Activities of George Soros' Open Society Foundation – Macedonia« in: Judicial Watch, 19. April 2017; *www.judicialwatch.org/judicial-watch-sues-state-department-usaid-records-funding-political-activities-george-soros-open-society-foundation-macedonia/.*

419 O. A.: »The Open Society Foundations in North Macedonia« in: Open Society, 28. September 2020; *www.opensocietyfoundations.org/newsroom/the-open-society-foundations-in-north-macedonia.*

420 Leontopoulos, Nikolas: »Who's been meddling in Macedonia? Not only who you think« in: Investigate Europe, 14. Dezember 2018; *www.investigate-europe.eu/en/2018/whos-been-meddling-in-macedonia-not-only-who-you-think/*.

421 Nikolovska, Marija: »US Ambassador to Macedonia Jess Baily forced to retire« in: MINA Report, 1. Februar 20196; *www.minareport.com/us-ambassador-to-macedonia-jess-baily-forced-to-retire/*.

422 Stamatovski, Pero: »Deep State asset David Stephenson now working for ›Special Prosecution Office‹« in: MINA Report, 22. August 2018; *www.minareport.com/deep-state-asset-david-stephenson-now-working-for-special-prosecution-office/*.

423 »Gruevski speaks about his confrontation with the Soros network in Macedonia« in: *Kurir*, 4. Januar 2017; *www.euractiv.com/section/politics/short_news/gruevski-my-fight-to-protect-macedonian-interests-earned-me-many-enemies/*.

424 Georgievski, Boris: »Anti-kleptocrat ›Colorful Revolution‹« in: Deutsche Welle, 23. April 2016; *www.dw.com/en/opinion-giving-color-to-the-kleptocrats-in-macedonia/a-19209874*.

425 O. A.: »Lauschangriff in Mazedonien Überwachung der Presse« in: taz, 26. Februar 2015; *taz.de/Lauschangriff-in-Mazedonien/!5018836/*.

426 Alinsky, Saul D.: *Rules for Radicals: a practical primer for realistic radicals*, Random House, New York 1971.

427 Dreher, Rod: »Saul Alinsky, A Gift From America?« in: *The American Conservative*, 03. Oktober 2016; *www.theamericanconservative.com/saul-alinsky-a-gift-from-america/*.

428 RFE/RL's Balkon Service: »North Macedonia Arrests Ex-Speaker, Two Others For 2017 Parliament Invasion« in: Radio Free Europe, 21. Februar 2019; *www.rferl.org/a/north-macedonia-arrests-former-government-members-parliament-invasion/29782196.html*.

429 Soros, George und Alexander: »In the Balkans, a Chance to Stabilize Europe« in: *New York Times*, 18. Juni 2018; *www.nytimes.com/2018/06/18/opinion/northern-macedonia-rename-greece.html*.

430 O. A.: »Macedonian Ex-PM Fled In Hungarian Diplomatic Car, Albanian Police Say« in: Radio Free Europe, 15. November 2018; *www.rferl.org/a/macedonian-ex-pm-fled-in-hungarian-diplomatic-car-albanian-police-say/29603096.html.*

431 Reuters Staff: »Hungary's Orban defends asylum for fugitive Macedonian ex-leader« in: Reuters, 23. November 2018; *www.reuters.com/article/us-macedonia-hungary-idUSKCN1NS0ZF.*

432 AP: »1 migrant killed, 6 injured in North Macedonia car accident« in: City News, 31. März 2019; *toronto.citynews.ca/2019/03/31/1-migrant-killed-6-injured-in-north-macedonia-car-accident/.*

433 Erebara, Gjergj: »Albanian President Claims Country Avoided ›Soros Destabilisation Plot‹« In: Balkan Insight, 2. Juli 2019; *balkaninsight.com/2019/07/02/albania-president-claims-country-avoided-soros-plot-of-destabilization/.*

434 Wood, L. Todd: »George Soros' misguided agenda spells misery for Albania reform« in: *The Washington Times*, 23. August 2018; *www.washingtontimes.com/news/2018/aug/23/george-soros-misguided-agenda-spells-misery-for-al/.*

435 Fevziu, Blendi:»›He told me what you are doing‹, Prime Minister Rama tells how he got to know George Soros and the relationship he has with him: It has nothing to do with these conspiracies!« in: SOT.com.al, 25. Dezember 2020; *sot.com.al/english/politike/me-cfare-merresh-me-tha-kryeministri-rama-tregon-si-e-ka-njohur-george-.*

436 Kokalari, Evi: »How George Soros Stole Our Election: A Cautionary Tale From an Albanian Patriot« in: Revolver News, 30. November 2020; *www.revolver.news/2020/11/how-george-soros-stole-our-election-a-cautionary-tale-from-an-albanian-patriot/.*

437 *www.youtube.com/watch?v=WIj8or-_n1s.*

438 O. A.: »New Documents Show State Department and USAID Working with Soros Group to Channel Money to ›Mercenary Army‹ of Far-Left Activists in Albania« in: Judicial Watch, 3. Oktober 2018; *www.judicialwatch.org/judicial-watch-new-documents-show-state-department-and-usaid-working-with-soros-group-to-channel-money-to-mercenary-army-of-far-left-activists-in-albania/.*

439 Kokalari, Evi: »How George Soros Stole Our Election: A Cautionary Tale From an Albanian Patriot« in: Revolver News, 30. November 2020; *www.revolver.news/2020/11/how-george-soros-stole-our-election-a-cautionary-tale-from-an-albanian-patriot/*.

440 Yancey-Bragg, N'Dea Akei: »Bulgaria Bans Book That Attacks Government Critics« in: OCCRP, 16. März 2017; *www.occrp.org/en/daily/6203-bulgaria-bans-book-that-attacks-government-critics*.

441 *us4bg.org/about-abf/abf-factsheet/*.

442 Yancey-Bragg, N'Dea Akei: »Bulgaria Bans Book That Attacks Government Critics« in: OCCRP, 16. März 2017; *www.occrp.org/en/daily/6203-bulgaria-bans-book-that-attacks-government-critics*.

443 Grandstaff, Jacob: »George Soros's Antidemocratic Influence on Romania« in: Medium, 13. Mai 2018; *www.jacob-grandstaff.medium.com/george-soross-antidemocratic-influence-on-romanian-politics-34cedad51774*.

444 DC News Team: »Băditǎ, organizator proteste: ›Soros m-a manipulat‹. Legătura cu Macovei, Clotilde Armand și Nicușor Dan« in: DC News, 10. Februar 2017; *www.dcnews.ro/badi-a-organizator-proteste-soros-m-a-manipulat-legatura-cu-macovei-clotilde-armand-i-nicu-or-dan_532339.html*.

445 O. A.: »Protest in Bucharest ends after violent confrontations between ultras and the gendarmes« in: Romania Insider, 2. Februar 2017; *www.romania-insider.com/protest-bucharest-ends-violent-confrontations-ultras-gendarmes*.

446 O. A.: »Romania's majority leader says President is part of a campaign of ›lies and misinformation‹« in: Romania Insider, 2. Februar 2017; *www.romania-insider.com/romanias-majority-leader-says-president-is-part-of-a-campaign-of-lies-and-misinformation*.

447 Marinas, Radu-Sorin, Ilie, Luiza: »Romanian ruling party's pulls backing for cabinet, PM refuses to go« in: Reuters, 14. Juni 2017; *www.reuters.com/article/us-romania-government-idUSKBN1952PC*.

448 O. A.: »Romanian prosecutors confirm new probe involving majority leader after journalistic investigation« in: Romania Insider, 8. Juli 2017; *www.romania-insider.com/ruling-party-leader-dismisses-media-allegations*.

449 O. A.: »Romania's ruling party leader dismisses media allegations: ›It all comes from Soros‹« in: Romania Insider, 10. Juli 2017; *www.romania-insider.com/ruling-party-leader-dismisses-media-allegations*.

450 Rosca, Iulia: »Proiectul de lege critic pentru ONG-uri, adoptat tacit de Senat: Fundatiile si asociatiile sunt obligate sa publice la fiecare 6 luni o declaratie detaliata de venituri si cheltuieli« in: Hotnews.ro, 20. 1 November 2017; *www.hotnews.ro/stiri-politic-22121362-proiect-lege-critic-pentru-ong-uri-vot-senat-fundatiile-asociatiile-sunt-obligate-publice-fiecare-6-luni-declaratie-detaliata-venituri-cheltuieli.htm*.

451 Oprea, Dumitru: »Atacul împotriva ONG-urilor, un nou episod de ură împotriva românilor« in: *Ziarul de Iaşi*, 28. November 2017; *www.ziaruldeiasi.ro/stiri/dumitru-oprea-atacul-impotriva-ong-urilor-un-nou-episod-de-ura-impotriva-romanilor--176118.html*.

452 O. A.: »Gezielte Provokation vermutet« in: ORF, 10. August 2018; *orf.at/v2/stories/2450575/2450576/*.

453 Clej, Petru: »Soros tried to kill me, Romanian leader Liviu Dragnea hints« in: *Jewish Chronicle*, 22. August 2018; *www.thejc.com/news/world/george-soros-tried-to-kill-me-romanian-leader-liviu-dragnea-hints-1.468803*.

454 Pataky, István: »Soros Györgynek saját pártja van Romániában?« in: *Magyar Nemzet*, 29. November 2020; *magyarnemzet.hu/kulfold/2020/11/soros-gyorgynek-sajat-partja-van-romaniaban*.

455 Pataky, István: »Hat George Soros eine eigene Partei in Rumänien?« in: Visegrad Post, 29. November 2020; *visegradpost.com/de/2020/12/01/hat-george-soros-eine-eigene-partei-in-rumaenien/*.

456 Mariá Schmidt: »The Gravedigger of the Left« in: About Hungary, 25. April 2017; *abouthungary.hu/blog/the-gravedigger-of-the-left*.

457 *www.terrorhaza.hu/hu/cikk/orban-viktor-a-terror-haza-muzeum-sikertortenet*.

458 Soros, George: »George Soros' Plan für Europas Flüchtlingskrise« in: *Welt*, 2. Oktober 2015; *www.welt.de/debatte/kommentare/article147061754/George-Soros-Plan-fuer-Europas-Fluechtlingskrise.html*.

459 Patricolo, Claudia: »Hungary's Anti-Soros Campaign Cost 100 Million Euros« in: Emerging Europe, 26. Januar 2018; *emerging-europe.com/news/hungarys-anti-soros-campaign-cost-100-million-euros/*.

460 Buldioski, Goran: »Das ungarische NGO-Gesetz und europäisches Kapital« in: *Focus*, 19. Juni 2017; *www.focus.de/politik/experten/ngos-das-ungarische-ngo-gesetz-und-europaeisches-kapital_id_7240446.html*.

461 Dunai, Marton: »Hungary approves ›STOP Soros‹ law‹, defying EU, rights groups« in: Reuters, 20. Juni 2018; *www.reuters.com/article/us-hungary-soros-idUSKBN1JG1VN*.

462 Tamkin, Emily: *The Influence of Soros*, Harper Collins, New York 2020, S. 204.

463 Kovács, Zoltán: »Consider the CEU's so-called ›campus‹ in New York« in: About Hungary, 7. November 2018; *abouthungary.hu/blog/consider-the-ceus-so-called-campus-in-new-york*.

464 Palzer-Khomenko, Sofia, u.a.: »Soros und Liste Kurz: Woher die Fake-News kommen« in: *Der Standard*, 5. September 2017; *www.derstandard.at/consent/tcf/story/2000063594015/soros-und-liste-kurz-woher-die-fake-news-kommen*.

465 Dull, Szabolcs: »Why Fidesz faces a tight race in 2022« in: Euractiv, 19. Februar 2021; *www.euractiv.com/section/elections/opinion/why-fidesz-faces-a-tight-race-in-2022/*.

466 O. A.: »Ungarn: Opposition tritt vereint gegen Orbán an« in: Deutsche Welle, 23. Dezember 2020; *www.dw.com/de/ungarn-opposition-tritt-vereint-gegen-orbán-an/a-56040065*.

467 O. A.: »Budapest Mayor Karácsony Thanks Soros for Donation« in: Hungary Today, 31. März 2020; *hungarytoday.hu/budapest-mayor-karacsony-thanks-soros-donation-coronavirus/*.

468 László, András,Tyrmand, Matthew: »Hungary's Fractured Opposition« in: *The American Conservative*, 20. Januar 2022; *www.theamericanconservative.com/hungarys-fractured-opposition/*.

469 O. A.: »Péter Márki-Zay's policy is guided by George Soros and globalist interests« in: Századvég, 24. Januar 2022; *szazadveg.hu/en/2022/01/24/peter-marki-zay-s-policy-is-guided-by-george-soros-and-globalist-interests~n2294*.

470 O. A.: »Viele Stimmen erheben sich gegen die jüngsten antisemitischen Äußerungen von Péter Márki-Zay« in: *Magyar Nemzet*, 12. Januar 2022; *magyarnemzet.hu/german/2022/01/viele-stimmen-erheben-sich-gegen-die-jungsten-antisemitischen-auszerungen-von-peter-marki-zay*.

471 Kovács, Zoltán: »Anti-Semitism and the Opposition: Here's what's at stake in this weekend's by-election« in: About Hungary, 9. Oktober 2020; *abouthungary.hu/blog/anti-semitism-and-the-opposition-heres-whats-at-stake-in-this-weekends-by-election*.

472 Kovács, Zoltán: »What a brilliant idea! Take your campaign and your candidates to Brussels for a photo op with the far right!« in: About Hungary, 15. November 2021; *abouthungary.hu/blog/what-a-brilliant-idea-take-your-campaign-and-your-candidates-to-brussels-for-a-photo-op-with-the-far-right*.

473 Zimmermann, Niklas: »Abkehr von der radikalen Vergangenheit?« in: *Frankfurter Allgemeine*, 15. April 2021; *www.faz.net/aktuell/politik/ausland/fruehere-rechtsradikale-aus-ungarn-wollen-in-die-evp-17289946.html*.

474 Kovács, Zoltán: »Stop the whitewashing already!« in: About Hungary, 14. März 2021; *abouthungary.hu/blog/stop-the-whitewashing-already*.

475 O. A.: »Fidesz: Opposition Momentum ›Soros-financed, Pro-migration Extremists‹« in: Hungary Today, 18. November 2019; *hungarytoday.hu/fidesz-opposition-momentum-soros-financed-pro-migration-extremists/*.

476 »Az egységes ellenzék külföldi kampánytámogatásának áttekintése, Nemzeti Információs Központ«, 17. November 2022, *www.parlament.hu/documents/129803/64121212/Elemző-értékelő+vizsgálat+időszakos+jelentés+%2820221117%294.0.NBB.pdf/0d326c7d-e9c9-f120-1f52-24cc530a70ed?t=1669203382539*.

477 Ory, Mariann: »Hungarian Opposition Received Millions from the USA« in: Hungary Today, 30. August 2022; *hungarytoday.hu/hungarian-opposition-received-millions-from-the-usa/*.

478 »Open Letter to the Head of the Election Observation Mission Delegated to Hungary by the OSCE Office for Democratic Institutions and Human Rights« in: Századvég, 29. März 2022; *szazadveg.hu/en/2022/03/29/open-letter-to-the-head-of-the-elections-observation-mission-delegated-to-hungary-by-the-osce-office-for-democratic-institutions-and-human-rights~n2674*.

479 *www.lobbyfacts.eu/datacard/open-society-institute-brussels.*

480 *www.lobbyfacts.eu/datacard/european-council-on-foreign-relations.*

481 Kumquat Consult for the Open Society European Policy Institute: »Reliable allies in the European Parliament (2014–2019)« in: *www.asktheeu.org/en/request/reliable_allies_in_the_european; www.presidioeuropa.net/blog/open-society/.*

482 Farage, Nigel: »How many MEPs are colluding and in the pocket of George Soros?«, Rede im EU-Parlament, 14. November 2017; *www.youtube.com/watch?v=KwdT5xV347E.*

483 OpIndia Staff: »Document shared by climate activist Greta Thunberg reveals global campaign to stir unrest in India began before Republic Day riots« in: OpIndia, 3. Februar 2021; *www.opindia.com/2021/02/greta-thunberg-global-farmers-strike-republic-day-riots-protests/.*

484 Kuhs, Joachim: »Echo Chamber: The Quango Feedback Loop«, Rede im EU-Parlament, 2021; *media.aclj.org/pdf/EU-Budget-2019-Sources.pdf.*

485 Bonneau, Louis-Marie: »Comment l'Union européenne finance des ONG radicales du réseau de George Soros« in: *Valeurs actuelles*, 11. März 2021; *www.valeursactuelles.com/societe/comment-lunion-europeenne-finance-des-ong-radicales-du-reseau-de-george-soros.*

486 Joachim Kuhs: »EU-Millionen für staatsfeindliche Linke und arabische Terror-Organisationen in Israel« in: *Jüdische Rundschau*, März 2021; *juedischerundschau.de/article.2021-03.eu-millionen-fuer-staatsfeindliche-linke-und-arabische-terror-organisationen-in-israel.html.*

487 *apcof.org/about-us/.*

488 *genderlinks.org.za/who-we-are/sponsors/.*

489 O. A.: »Reinvigorating and Sustaining a Vibrant Women's Movement in the Southern African Development Community Region« in: Open Society, 26. März 2006; *www.opensocietyfoundations.org/events/reinvigorating-and-sustaining-vibrant-women-s-movement-southern-african-development-community.*

490 Joffe, Alexander, Steinberg, Gerald: Bad Investment: »The Philanthropy of George Soros and the Arab-Israeli Conflict« in: NGO Monitor, 2013, S. 31; *www.ngo-monitor.org/soros.pdf*.

491 OpIndia Staff: »Good news for anti-Modi industry and ›liberals‹ worldwide, 1 Billion USD help coming in to fight ›Nationalis‹« in: OpIndia, 24. Januar 2020; *www.opindia.com/2020/01/george-soros-1-billion-dollar-fight-nationalists-pm-modi-usa-china-russia/*.

492 OpIndia Staff: »George Soros vows to fight PM Modi and Nationalists: Here are some Indian intellectuals and NGOs connected to him« in: OpIndia, 24. Januar 2020; *www.opindia.com/2020/01/india-george-soros-nationalism-pm-modi-indian-intellectuals-ngo-connected/*.

493 Chavan, Prithviraj: »Disquiet over George Soros« in: *The Indian Express*, 24. Februar 2023; *indianexpress.com/article/opinion/columns/disquiet-over-george-soros-8463309/*.

494 Fact Sheet: »The Open Society Foundations in Myanmar« in: Open Society, 19. Januar 2021; *www.opensocietyfoundations.org/newsroom/the-open-society-foundations-in-myanmar*.

495 O. A.: »Illegal cash flow from George Soros and Alexandra Soros to Open Society Myanmar frozen« in: *Global New Light of Myanmar*, 16. März 2021; *www.gnlm.com.mm/illegal-cash-flow-from-george-soros-and-alexandra-soros-to-open-society-myanmar-frozen/*.

496 O. A.: »Aung San Suu Kyi is legitimizing genocide in Myanmar« in: International State Crime Initiative, University of London, 23. November 2016; *statecrime.org/suu-kyi-legitimizing-genocide/*.

497 O. A.: »Myanmar: Election Fundamentally Flawed« in: Human Rights Watch, 5. Oktober 2020; *www.hrw.org/news/2020/10/05/myanmar-election-fundamentally-flawed*.

498 O. A.: »Illegal cash flow from George Soros and Alexandra Soros to Open Society Myanmar frozen« in: *Global New Light of Myanmar*, 16. März 2021; *www.gnlm.com.mm/illegal-cash-flow-from-george-soros-and-alexandra-soros-to-open-society-myanmar-frozen/*.

499 Reuters Staff: »Soros philanthropic group demands release of staff member held in Myanmar« in: Reuters, 16. März 2021; *www.reuters.com/article/us-myanmar-politics-soros-idUSKBN2B80V5*.

500 O. A.: »Nahm Fischer 1969 an PLO-Konferenz teil?« in: *Der Spiegel*, 12. Februar 2001; *www.spiegel.de/politik/deutschland/neue-vorwuerfe-nahm-fischer-1969-an-plo-konferenz-teil-a-117287.html.*

501 Lovatt, Hugh: »Top Things you need to know about the next Israeli-Palestinian crisis« in: Informed Comment, 5. Juli 2014; *www.juancole.com/2014/07/israeli-palestinian-crisis.html.*

502 Levy, Daniel: »On Sanctions, Israel Hasn't Seen Anything Yet« in: *Haaretz*, 6. Februar 2014; *www.haaretz.com/ty-WRITER/0000017f-da25-d249-ab7f-fbe523ba0000.*

503 BDS-Beschluss des Deutschen Bundestages, Drucksache 19/10191.

504 Deutscher Bundestag, Drucksache 19/6051.

505 Deutscher Bundestag, Drucksache 20/3843.

506 Khvostova, Margaryta, Kryvosheiev, Dmytro: »Send in the Leopards: Why Western allies should deliver tanks to Ukraine« in: ECFR, 20. Januar 2023; *ecfr.eu/article/send-in-the-leopards-why-western-allies-should-deliver-tanks-to-ukraine/.*

507 *twitter.com/rikefranke/status/1609635971221409792.*

508 *annalena-baerbock.de/wp-content/uploads/2021/06/CV_english_2021_06.pdf.*

509 O. A.: »Chef der Münchner Sicherheitskonferenz für Lieferung von Kampfjets« in: *Der Spiegel*, 29. Januar 2023; *www.spiegel.de/ausland/ukrainekrieg-sicherheitskonferenzchef-heusgen-befuerwortet-lieferung-von-kampfjets-a-d6989403-a138-4510-b463-0ba839fff609.*

510 Puppinck, Grégor, Loiseau, Delphine: »NGOs and judges at the ECHR, 2009–2019« in: ECLJ, Februar 2020; *static.eclj.org/pdf/ECLJ+Report%2C+NGOs+and+the+Judges+of+the+ECHR%2C+2009+-+2019%2C+February+2020.pdf.*

511 Werner, Reinhard: »›Soros-Richter‹ am EGMR? Studie zeigt erheblichen Einfluss von NGO-Netzwerken in den Senaten« in: *Epoch Times*, 5. Mai 2020; *www.epochtimes.de/politik/ausland/soros-richter-am-egmr-studie-zeigt-erheblichen-einfluss-von-ngo-netzwerken-in-den-senaten-a3231932.html.*

512 O. A: »Studie legt nahe: Der Europäische Menschenrechts-Gerichtshof betreibt linke Politik« in: *Zuerst!*, 6. Mai 2020; *zuerst.de/2020/05/06/zuerst-hintergrund-studie-legt-nahe-der-europaeische-menschenrechts-gerichtshof-betreibt-linke-politik/*.

513 Puppinck, Grégor, Loiseau, Delphine: »NGOs and judges at the ECHR, 2009–2019« in: ECLJ, Februar 2020; *static.eclj.org/pdf/ECLJ+Report%2C+NGOs+and+the+Judges+of+the+ECHR%2C+2009+-+2019%2C+February+2020.pdf*.

514 »Hirsi Jamaa and Others versus Italy«, EGMR, Antrag Nr. 27765/09, 23. Februar 2012; *dejure.org/dienste/vernetzung/rechtsprechung?Gericht=EGMR&Datum=23.02.2012&Aktenzeichen=27765%2F09*.

515 O. A.: »Soros-sponsored immigration network in Italy« in: Gefira, 13. Juli 2017; *gefira.org/en/2017/07/13/soros-sponsored-immigration-network-in-italy/*.

516 Biloslavo, Fausto: »Ad accusare l'ex ministro sono rimasti 2 nigeriani e associazioni di sinistra« in: *Il Giornale,* 4. Oktober 2020; *giornalesm.com/ad-accusare-lex-ministro-sono-rimasti-2-nigeriani-e-associazioni-di-sinistra/*.

517 Roberts, Hannah: »Matteo Salvini revels in his Sicilian kidnap trial« in: *Politico*, 2. Oktober 2020; *trinitamonti.org/wp-content/uploads/2020/10/Politico.eu-1.pdf*.

518 Biloslavo, Fausto: »Ad accusare l'ex ministro sono rimasti 2 nigeriani e associazioni di sinistra« in: *Il Giornale,* 4. Oktober 2020; *giornalesm.com/ad-accusare-lex-ministro-sono-rimasti-2-nigeriani-e-associazioni-di-sinistra/*.

519 O. A.: »Mediterranea, una nave italiana nel Mediterraneo centrale per un'azione di monitoraggio e denuncia« in: ARCI, 8. Oktober 2018; *www.arci.it/mediterranea-una-nave-italiana-nel-mediterraneo-centrale-per-unazione-di-monitoraggio-e-denuncia/*.

520 O. A.: »Case against Italy before the European Court of Human Rights will raise issue of cooperation with Libyan Coast Guard, European Council on Refugees and Exiles« in: ECRE, 18. Mai 2018; *ecre.org/case-against-italy-before-the-european-court-of-human-rights-will-raise-issue-of-cooperation-with-libyan-coast-guard/*.

521 Tondo, Lorenzo: »›It was mind-boggling‹: Richard Gere on the rescue boat at the heart of Salvini trial in Palermo« in: *The Guardian*, 19. November 2021; *www.theguardian.com/global-development/2021/nov/19/richard-gere-open-arms-rescue-boat-heart-of-salvini-trial*.

522 Dierck, Marie: »Prozess-Notizen Matteo Salvini – Open Arms« in: Borderline Europe, Mai 2022, *www.borderline-europe.de/sites/default/files/projekte_files/2022_05_13_Salvini-Open_Arms_Zs.fassung_Mai22.pdf*.

523 O. A.: »Nasce il Comitato per il diritto al soccorso« in: A Buon diritto, 24. November 2020; *www.abuondiritto.it/notizie/generale/notizia/nasce-il-comitato-il-diritto-al-soccorso*.

524 McKinnon, Mark: *The New Cold War: Revolutions, Rigged Elections and Pipeline Politics in the Former Soviet Union*, Basic Books, 2007, S. 21f.

525 Horowitz, David, Poe, Richard: *The Shadow Party: How George Soros, Hillary Clinton and Sixties Radicals Seized Control of the Democratic Party*, Thomas Nelson, 2006, S. 89.

526 Davidoff, Victor: »Open Society and Its Enemies in Putin's Russia« in: *Moscow Times*, 22. Dezember 2015; *www.themoscowtimes.com/2015/12/22/open-society-and-its-enemies-in-putins-russia-op-ed-a51299*.

527 Horowitz, David, Poe, Richard: *The Shadow Party: How George Soros, Hillary Clinton and Sixties Radicals Seized Control of the Democratic Party*, Thomas Nelson, 2006, S. 88.

528 Members of the Speaker's Advisory Group in Russia: »Russia's Road to Corruption: How the Clinton Administration Exported Government Instead of Free Enterprise and Failed the Russian People«, Russlandausschuss des 106. US-Abgeordnetenhauses, 20. Oktober 2000; *irp.fas.org/congress/2000_rpt/russias-road.pdf*.

529 Borrus, Amy: »Clinton can't put foreign policy of any longer« in: *Business Week*, 5. April 1993; auffindbar in: *www.bloomberg.com/news/articles/1993-04-04/clinton-cant-put-foreign-policy-off-any-longer*.

530 Bruck, Conny: »The World According to Soros« in: *The New Yorker*, 23. Januar 1995; *www.google.com/search?client=safari&rls=en&q=Conny+Bruck%2C+The+World+According+to+Soros%2C+The+New+Yorker%2C+23.01.1995&ie=UTF-8&oe=UTF-8*.

531 Horowitz, David, Poe, Richard: *The Shadow Party: How George Soros, Hillary Clinton and Sixties Radicals Seized Control of the Democratic Party*, Thomas Nelson, 2006, S. 90.

532 *The Charlie Rose Show* in: PBS, 2. Oktober 1995; *www.youtube.com/watch?v=cGPrcT6LrWw*.

533 Ignatius, David: »The Russia facts are hiding in plain sight« in: *The Washington Post*, 14. Dezember 2017; *www.washingtonpost.com/opinions/the-russia-facts-are-hiding-in-plain-sight/2017/12/14/81de3c56-e106-11e7-89e8-edec16379010_story.html*.

534 Ignatius, David: »Who Robbed Russia? Did Al Gore know about the massive lootings?« in: *Washington Post*, 25. August 1999; *www.washingtonpost.com/archive/opinions/1999/08/25/who-robbed-russia-did-al-gore-know-about-the-massive-lootings/8e1fc17a-19c0-48c7-93ad-873ec86e47af/*.

535 Soros, Georges: *Underwriting Democracy: Encouraging Free Enterprise And Democratic Reform Among the Soviets In Eastern Europe*, PublicAffairs, 1991, S. 31–33.

536 Soros, George: »The Centre Cannot Hold« in: *The Independent*, 15. Juli 1991; *www.georgesoros.com/1991/07/15/the-center-cannot-hold/*.

537 Horowitz, David, Poe, Richard: *The Shadow Party: How George Soros, Hillary Clinton and Sixties Radicals Seized Control of the Democratic Party*, Thomas Nelson, 2006, S. 92.

538 Reitschuster, Boris: »Die Fehler des Westens im Umgang mit Russland« in: reitschuster.de, 25. März 2022; *reitschuster.de/post/die-fehler-des-westens-im-umgang-mit-russland/*.

539 Reitschuster, Boris: »Die Fehler des Westens im Umgang mit Russland, die Ihnen die großen Medien verschweigen« in: YouTube, 24. März 2022; *www.youtube.com/watch?v=QE1hghK-F7o*.

540 Reddaway, Peter: »Questions About Russia's ›Dream Team‹«, in: *Post-Soviet Prospects*, Vol. 5, Nr. 5, Center for Strategic and International Studies, September 1997.

541 Poe, Richard: »Remembering Russiagate: Never Have So Few Stolen So Much From So Many« in: RichardPoe.com, 11. Mai 2005; *www.richardpoe.com/2005/05/11/remembering-russiagate/*.

542 Wedel, Janine R.: »The Harvard Boys Do Russia« in: *The Nation*, 14. Mai 1998; *www.thenation.com/article/world/harvard-boys-do-russia/*.

543 Seward, Zachary M.: »Harvard To Pay $ 26.5 Million in HIID Settlement« in: *The Harvard Crimson*, 29. Juli 2005; *www.thecrimson.com/article/2005/7/29/harvard-to-pay-265-million-in/*.

544 Wedel, Janine R.: »The Harvard Boys Do Russia« in: *The Nation*, 14. Mai 1998; *www.thenation.com/article/world/harvard-boys-do-russia/*.

545 Horowitz, David, Poe, Richard: *The Shadow Party: How George Soros, Hillary Clinton and Sixties Radicals Seized Control of the Democratic Party*, Thomas Nelson, 2006, S. 96.

546 Lewis, Michael: »The Speculator« in: *The New Republic*, 10. Januar 1994; *newrepublic.com/article/74330/the-speculator*.

547 Birkenes, Robert M., Pennell, John A.: »The Russian Financial Crisis: Causes and Effects on ENI Countries« in: USAID, 4. Juni 1999; *pdf.usaid.gov/pdf_docs/PNACF234.pdf*.

548 Soros, George: *Soros on Soros. Staying Ahead of the Curve*, John Wiley & Sons, 1995; S. 142–144.

549 Anhörung des Finanzausschusses des US-Abgeordnetenhauses, 15. August 1998.

550 *khodorkovsky.com/dossier-center/*.

551 O. A.: »OSI Condemns Takeover of Moscow Foundation« in: OSF, 6. November 2003; *www.opensocietyfoundations.org/newsroom/osi-condemns-takeover-moscow-foundation*.

552 Davidoff, Victor: »Open Society and Its Enemies in Putin's Russia« in: *The Moscow Times*, 22. Dezember 2015; *www.themoscowtimes.com/2015/12/22/open-society-and-its-enemies-in-putins-russia-op-ed-a51299*.

553 Interview mit Eduard Schewardnadse: »Ein Ende des Warschauer Pakts konnten wir uns nicht vorstellen«, in: *Der Spiegel*, 25. November 2009; *www.spiegel.de/politik/ausland/wiedervereinigung-ein-ende-des-warschauer-pakts-konnten-wir-uns-nicht-vorstellen-a-662862.html*.

554 Tamkin, Emily: *The Influence of Soros*, Harper Collins, New York, 2020, S. 178.

555 Remix News: »George Soros Named Second-Most Influential Person in Ukraine« in: Remix, 20. Dezember 2019; *rmx.news/article/soros-second-most-influential-person-in-ukraine/*.

556 O. A.: »Die Open Society Foundations in der Ukraine« in: Open Society, 18. Mai 2022; *www.opensocietyfoundations.org/newsroom/die-open-society-foundations-in-der-ukraine/de*.

557 Ebd.

558 O. A.:»Divide and Conquer: The 5 Most Popular Anti-Western Narratives in Ukraine So Far in 2020« in: UkraineWorld, 23. Juni 2020; *ukraineworld.org/articles/infowatch/5-most-popular-anti-western-narratives-ukraine-so-far-2020*.

559 »TV marathon ›Smells like Soros‹ aired on February 28, 2020 on ZIK TV channel« in: Ukraine Media Rada, 28. Mai 2020; *mediarada.org.ua/en/case/smells-like-soros-zik/*. Siehe auch: *ukraineworld.org*.

560 *www.atlanticcouncil.org/sponsor/the-razumkov-centre/*.

561 McKinnon, Mark: *The New Cold War: Revolutions, Rigged Elections and Pipeline Politics in the Former Soviet Union*, Basic Books, 2007.

562 McKinnon, Mark: »Agent Orange: Our secret role in Ukraine« in: *The Globe and Mail*, 14. April 2007; *www.theglobeandmail.com/incoming/agent-orange-our-secret-role-in-ukraine/article1354140/*.

563 Ebd.

564 Ebd.

565 Engler, Yves: »Revisiting our secret role in Ukraine's 2004 Orange Revolution« in: *Canadian Dimension*, 17. März 2022; *canadiandimension.com/articles/view/revisiting-our-secret-role-in-ukraines-2004-orange-revolution*.

566 Bernardo, Leonard, Silber, Laura: »Ukraine's dream is not dead – yet« in: *The Globe and Mail*, 6. Oktober 2005; *www.theglobeandmail.com/opinion/ukraines-dream-is-not-dead----yet/article739300/*.

567 AFP: »Bundesregierung wirft Ukraine Ablenkungsmanöver vor« in: *Die Zeit*, 11. Dezember 2013; *www.zeit.de/politik/ausland/2013-12/ukraine-wirtschaftshilfe-eu?page=9&utm_referrer=https%3A%2F%2Fwww.google.com%2F*.

568 O. A.: »Russland bewilligt Ukraine massive Finanzhilfen« in: *Der Spiegel*, 17. Dezember 2013; *www.spiegel.de/wirtschaft/soziales/russland-bewilligt-ukraine-kredit-ueber-15-milliarden-dollar-a-939646.html.*

569 O. A.: »Understanding Ukraine's Euromaidan Protests« in: Open Society, Mai 2019; *www.opensocietyfoundations.org/explainers/understanding-ukraines-euromaidan-protests.*

570 Transkript dieses Interviews in: *cnnpressroom.blogs.cnn.com/2014/05/25/soros-on-russian-ethnic-nationalism/.*

571 Krökel, Ulrich: »Janukowitsch besteht die Mutprobe nicht« in: *Die Zeit*, 29. November 2013; *www.zeit.de/politik/ausland/2013-11/janukowitsch-osteuropa-europaeische-union.*

572 O. A.: »Vitali Klitschko bittet Demonstranten um Geduld« in: *Rheinische Post*, 2. Dezember 2013; *rp-online.de/politik/ausland/ukraine-vitali-klitschko-bittet-demonstranten-um-geduld_aid-19996133.*

573 Stone, Oliver: *Ukraine on Fire*, Another Way Productions, 2016; *catalog.library.vanderbilt.edu/discovery/fulldisplay/alma991043677664503276/01VAN_INST:vanui.*

574 Parry, Robert: »A Shadow US Foreign Policy« in: Consortium News, 27. Februar 2014; *consortiumnews.com/2014/02/27/a-shadow-us-foreign-policy/.*

575 Ignatius, David: »Innocence Abroad: The New World of Spyless Coups« in: *The Washington Post*, 22. November 1991; *www.washingtonpost.com/archive/opinions/1991/09/22/innocence-abroad-the-new-world-of-spyless-coups/92bb989a-de6e-4bb8-99b9-462c76b59a16/.*

576 Gershman, Carl: »Former Soviet states stand up to Russia. Will the U.S.?« in: *The Washington Post*, 26. September 2013; *www.washingtonpost.com/opinions/former-soviet-states-stand-up-to-russia-will-the-us/2013/09/26/b5ad2be4-246a-11e3-b75d-5b7f66349852_story.html.*

577 Stone, Oliver: *Ukraine on Fire*, Another Way Productions, 2016; *catalog.library.vanderbilt.edu/discovery/fulldisplay/alma991043677664503276/01VAN_INST:vanui.*

578 Marcus, Jonathan: »Ukraine crisis: Transcript of leaked Nuland-Pyatt call« in: BBC News, 7. Februar 2014; *www.bbc.com/news/world-europe-26079957.*

579 Stone, Oliver: *Ukraine on Fire*, Another Way Productions, 2016; *catalog.library.vanderbilt.edu/discovery/fulldisplay/alma991043677664503276/01VAN_INST:vanui.*

580 Азаров, Микола: »демонстрантів могли застрелити провокатори« in: BBC Ukraine News, 23. Januar 2014; *www.bbc.com/ukrainian/politics/2014/01/140122_azarov_interview_ko.*

581 »›Dozens dead‹ in Kyiv as Ukraine ›truce‹ breaks down« in: Euronews, 20. Februar 2014; *www.youtube.com/watch?v=coH-_SWIWQA.*

582 Stone, Oliver: *Ukraine on Fire*, Another Way Productions, 2016; *catalog.library.vanderbilt.edu/discovery/fulldisplay/alma991043677664503276/01VAN_INST:vanui.*

583 O. A.: »Ukraine President Backs Down, Signs Peace Pact With President« in: NBC News,, 21. Februar 2014; *www.nbcnews.com/storyline/ukraine-crisis/ukraine-president-backs-down-signs-peace-pact-protesters-n35171.*

584 Higgins, Andrew, Kramer, Andrew, Erlanger, Steven: »As His Fortunes Fell in Ukraine, a President Clung to Illusions« in: *The New York Times*, 23. Februar 2014; *www.nytimes.com/2014/02/24/world/europe/as-his-fortunes-fell-in-ukraine-a-president-clung-to-illusions.html.*

585 Stone, Oliver: *Ukraine on Fire*, Another Way Productions, 2016; *catalog.library.vanderbilt.edu/discovery/fulldisplay/alma991043677664503276/01VAN_INST:vanui.*

586 Jeglinski, Nina: »Irreguläre Kämpfer in der Ukraine« in: *Tagesspiegel*, 3. August 2014; *www.tagesspiegel.de/politik/zu-den-waffen-5640463.html.*

587 Amos, Howard, Salem, Harriet: »Ukraine clashes: dozens dead after Odessa building fire« in: *The Guardian*, 2. Mai 2014; *www.theguardian.com/world/2014/may/02/ukraine-dead-odessa-building-fire.*

588 O. A.: »Yushchenko to godfather Georgia`s Saakashvili son« in: Unian, 23. November 2006; *www.unian.info/world/23907-yushchenko-to-godfather-georgias-saakashvili-son.html.*

589 Bloomberg Television: »George Soros Takes Questions at the World Economic Forum in Davos«, in: YouTube, 25. Mai 2022; *www.youtube.com/watch?v=ZXyu8u_hsIA.*

590 O. A.: »Petro Poroshenko had a meeting with George Soros« in: Ukrainisches Generalkonsulat in Chicago, 13. Januar 2015; *chicago.mfa.gov.ua/en/news/31457-petro-poroshenko-proviv-zustrich-z-dzhordzhem-sorosom.*

591 Bershidsky, Leonid: »Soros's Terrible Plan to Throw Money at Ukraine« in: Bloomberg, 8. Januar 2015; *www.bloomberg.com/opinion/articles/2015-01-08/soross-terrible-plan-to-throw-money-at-ukraine.*

592 O. A.: »US billionaire George Soros ready to invest $1 billion in Ukrainian economy« in: TASS, 30. März 2015; *tass.com/economy/785780.*

593 O. A.: »Ukrainian President Gives High State Award To Soros« in: Radio Free Europe/Radio Liberty, 13. November 2015; *www.rferl.org/a/ukrainian-president-gives-high-state-award-to-george-soros/27362587.html.*

594 Lévy, Bernard-Henri, Soros, George: »Save the New Ukraine« in: *The New York Times*, 27. Januar 2015; *www.nytimes.com/2015/01/27/opinion/bernard-henri-levi-george-soros-save-the-new-ukraine.html.*

595 Soros, George: »Keep the Spirit of the Maidan Alive« in: Open Society, 7. April 2014; *www.opensocietyfoundations.org/voices/keep-spirit-maidan-alive.*

596 Soros, George: »How the EU can save Ukraine« in: *The Guardian*, 29. Mai 2014; *www.theguardian.com/business/2014/may/29/how-eu-can-save-ukraine-political-risk-insurance.*

597 Soros, George: »A New Policy to Rescue Ukraine« in: *New York Review of Books*, 5. Februar 2015; *www.nybooks.com/articles/2015/02/05/new-policy-rescue-ukraine/.*

598 Smagliy, Kateryna: »Thank You, George!« in: The Atlantic Council, 14. Dezember 2015; *www.atlanticcouncil.org/blogs/ukrainealert/thank-you-george/.*

599 *credibilitycoalition.org/credcatalog/project/ukraine-crisis-media-center/.*

600 Applebaum, L.: »PR-Netzwerk gegen ›russische Propaganda‹« in: Der Freitag (Blog), 23. März 2014.

601 Applebaum, L.: »ZDF-Skandal: Berichte im Auftrag Kiews?« in: *der Freitag Blog*, 7. April 2014; inzwischen gelöscht, aber archiviert unter web.archive.

org/web/20170201020411/https://www.freitag.de/autoren/lapple08m214/zdf-skandal-berichte-im-auftrag-kiews.

602 Ukraine Crisis Media Center: »John McCain. Ukraine Crisis Media Center«, 4. September 2014; *www.youtube.com/watch?v=jty3fJP1cm0.*

603 Ukraine Crisis Media Center: »McCain in Kyiv; U.S. must provide defensive weapons to Ukraine« in: *The Ukrainian Weekly*, 26. Juni 2015; *www.ukrweekly.com/uwwp/mccain-in-kyiv-u-s-must-provide-defensive-weapons-to-ukraine/.*

604 UCMC Press Center: »MP Sergiy Leschenko: Donald Trump's advisor in a black-book ledger of the Party of Regions« in: UCMC, 19. August 2016; *uacrisis.org/en/46231-black-ledger.*

605 Bongino, Dan: *Follow the Money: The Shocking Deep State Connections of the Anti-Trump Cabal*, Post Hill Press, 2020, S. 13 f.

606 Palumbo, Matt: *The Man Behind the Curtain: Inside the Secret Network of George Soros*, Liberatio Protocol, 2021, S. 54.

607 Bongino, Dan: Follow the Money: The Shocking Deep State Connections of the Anti-Trump Cabal, Post Hill Press, 2020, S. 13 f.

608 Solomon, Jon: »US Embassy pressed Ukraine to drop probe of George Soros group during 2016 election« in: *The Hill*, 26. März 2019; *thehill.com/opinion/campaign/435906-us-embassy-pressed-ukraine-to-drop-probe-of-george-soros-group-during-2016/.*

609 Ebd.

610 *www.linkedin.com/in/karen-greenaway-739533109/.*

611 *antac.org.ua/en/news/hero-lutsenko-and-soros-group-antac-rebuts-new-article-of-the-hill-journalist/.*

612 Solomon, John: »The Ukraine scandal timeline Democrats and their media allies don't want America to see«, in seiner Podcastreihe: John Solomon Reports, 20. November 2019.

613 AntAC Twitterkonto, 25. Dezember 2015, *twitter.com/ANTAC_ua/status/680314247923036160.*

614 www.youtube.com/watch?v=IpCpI_HAB84.

615 Solomon, John: »The Ukraine scandal timeline Democrats and their media allies don't want America to see« in seiner Podcastreihe: John Solomon Reports, 20. November 2019.

616 Biden, Joseph, Jr., Carpenter, Michael: »Foreign Affairs Issue Launch with Former Vice President Joe Biden« in: Council on Foreign Relations, 23. Januar 2018; *www.cfr.org/event/foreign-affairs-issue-launch-former-vice-president-joe-biden*.

617 Fordham, Evie: »Ukrainian lawmaker who leaked Biden audio sanctioned over alleged election interference« in: Fox News, 10. September 2020; *www.foxnews.com/politics/joe-biden-leaked-audio-ukraine-poroshenko-call*.

618 Solomon, John: »US Embassy pressed Ukraine to drop probe of George Soros group during 2016 election« in: The Hill, 26. März 2019; *thehill.com/opinion/campaign/435906-us-embassy-pressed-ukraine-to-drop-probe-of-george-soros-group-during-2016/*.

619 Ebd.

620 Gara, Antoine: »Hedge Fund Billionaire George Soros: ›Donald Trump Is Doing The Work Of ISIS‹« in: *Forbes*, 21. Januar 2016; *www.forbes.com/sites/antoinegara/2016/01/21/billionaire-hedge-fund-mogul-george-soros-donald-trump-is-doing-the-work-of-isis/?sh=35928d32404a*.

621 Mider, Zachary: »Soros, Alarmed by Trump, Pours Money into 2016 Race« in: Bloomberg, 15. März 2016; *www.bloomberg.com/news/articles/2016-03-15/soros-alarmed-by-trump-pours-money-into-2016-race*.

622 O. A.: »Gallup Daily: McCain 48%, Obama 44%« in: Gallup News, 11. September 2008; *news.gallup.com/poll/110227/gallup-daily-mccain-48-obama-44.aspx*.

623 Simpson, Glenn R.: »McCain Adviser Had Russian Ties« in: *Wall Street Journal*, 8. September 2008; *www.wsj.com/articles/SB121072447597990171*.

624 Krushelnycky, Askold: »Alexandra Chalupa: The Ukrainian-American who exposed Manafort« in: *Kyiv Post*, 16. Oktober 2018; *www.kyivpost.com/post/8222*.

625 Solomon, John: »US Embassy pressed Ukraine to drop probe of George Soros group during 2016 election« in: *The Hill*, 26. März 2019; *thehill.com/opinion/campaign/435906-us-embassy-pressed-ukraine-to-drop-probe-of-george-soros-group-during-2016/*.

626 Vogel, Kenneth, Stern, David: »Ukrainian efforts to sabotage Trump backfire« in: *Politico*, 11. Januar 2017; *www.politico.com/story/2017/01/ukraine-sabotage-trump-backfire-233446*.

627 Hines, Nico: »Rudy Giuliani Ally Sanctioned for Russian Influence Operation Against the U.S.« in: Daily Beast, 11. Januar 2021; *www.thedailybeast.com/andrii-telizhenko-rudy-giuliani-ally-sanctioned-for-russian-influence-operation-against-the-us*.

628 Salomon, John (hochgeladen von): »May 2016 State Department memos detailing contacts between George Soros' firm and Assistant Secretary of State Victoria Nuland« in: Scribd, Mai 2016; *www.scribd.com/document/421082234/SorosNulandRussia-Bond-Market*.

629 Salomon, John (hochgeladen von): »State Department memos detailing June 1, 2016 contact between George Soros and Assistant Secretary of State Victoria Nuland« in: Scribd, 1. Juni 2016; *www.scribd.com/document/421081817/SorosNulandJune1-2016-Contacts-Ukraine*.

630 O. A.: »Understanding Ukraine's Euromaidan Protests« in: Open Society, Mai 2019; *www.opensocietyfoundations.org/explainers/understanding-ukraines-euromaidan-protests*.

631 Kupfer, Matthew: »Publication of Manafort payments violated law, interfered in US election Kyiv court rules« in: *Kyiv Post*, 12. Dezember 2018; *www.kyivpost.com/post/8934*.

632 Simpson, Glenn R., Jacoby, Mary: »How Lobbyists Help Ex-Soviets Woo Washington« in: *Wall Street Journal*, 17. April 2007; *www.wsj.com/articles/SB117674837248471543*.

633 *web.archive.org/web/20191008162306/https://www.judicialwatch.org/wp-content/uploads/2019/07/JW-v-DOJ-Ohr-Steele-Fusion-GPS-00490-pg-247-251.pdf*.

634 Entous, Adam, Barrett, Devlin, Helderman, Rosalind S.: »Clinton Campaign, DC paid for research that led to Russia dossier« in: *Washington Post*, 24. Oktober 2017; *www.washingtonpost.com/world/national-security/*

clinton-campaign-dnc-paid-for-research-that-led-to-russia-dossier/2017/10/24/226fabf0-b8e4-11e7-a908-a3470754bbb9_story.html.

635 Isikoff, Michael: »Trump's campaign chief is questioned about ties to Russian billionaire« in: Yahoo! News, 26. April 2016; *news.yahoo.com/trumps-campaign-chief-ducks-questions-about-214020365.html?guccounter=1&guce_referrer=aHR0cHM6Ly93d3cuZ29vZ2xlLmNvbS8&guce_referrer_sig=AQAAAI2pSV5f5yw-1Zy7Fk4TmdpeFaPALFhM3PORbElakYSb76DTtvsnW7TTAalM-L8mr5LOCWWNt4sW10kHskEOsPuxwwDwMh9e_5knl0a-stfpO6R0E-mZp6ljq82lMwpEvXatRYA1MVvkc2DHC2z3C5gIMsFSD-MR6GNJcfUopihfGAd.*

636 Tillett, Emily: »Victoria Nuland says Obama State Dept. informed FBI of reporting from Steele dossier«, in: *Face the Nation*, CBS News, 4. Februar 2018; *www.cbsnews.com/news/victoria-nuland-says-obama-state-dept-informed-fbi-of-reporting-from-steele-dossier/.*

637 Klein, Edward: *All Out War: The Plot to Destroy Trump*, Regnery Publishing, Washington, D. C., 2017.

638 Ebd.

639 O. A.: »Intercepted Russian Communications Part of Inquiry Into trump Associates« in: *The New York Times*, 17. Januar 2017; *www.nytimes.com/2017/01/19/us/politics/trump-russia-associates-investigation.html.*

640 Klein, Edward: *All Out War: The Plot to Destroy Trump*, Regnery Publishing, Washington, D. C., 2017, S. 85.

641 Davis, Sean: »Former Feinstein Staffer Raised $50 Million, Hired Fusion GPS And Christopher Steele After 2016 Election« in: The Federalist, 27. April 2018; *thefederalist.com/2018/04/27/confirmed-former-feinstein-staffer-hired-fusion-gps-christopher-steele/.*

642 *www.influencewatch.org/non-profit/democracy-integrity-project/.*

643 Edwards, Valerie: »Muslim immigrant business owner says insurance may not cover limo torched during violent anti-Trump protests - leaving him out $ 70,000« in: *Daily Mail*, 24. Januar 2017; *www.dailymail.co.uk/news/article-4153404/Owner-limo-torched-DC-says-insurance-unlikely-pay.html.*

644 Dunleavy, Jerry: »Peter Strzok kept up secretive searches of Michael Flynn after George Papadopoulos told FBI he received Russian ›dirt‹ tip« in:

Washington Examiner, 29. September 2020; *www.washingtonexaminer.com/news/peter-strzok-kept-up-secretive-searches-of-michael-flynn-after-george-papadopoulos-told-fbi-he-received-russian-dirt-tip.*

645 U.S. Senate Committee on Homeland Security and Governmental Affairs, U.S. Senate Committee on Finance: »Hunter Biden, Burisma, and Corruption: The Impact on U.S. Government Policy and Related Concerns«, 18. September 2020, in: U.S. Senate Committee on Finance; *www.finance.senate.gov/imo/media/doc/HSGAC%20-%20Finance%20Joint%20Report%20 2020.09.23.pdf.*

646 O. A.: »Remarks by President Trump and President Putin in Helsinki« in: Voice of America, 16. Juli 2018; *www.voanews.com/a/remarks-by-president-trump-and-president-putin-in-helsinki/4485304.html.*

647 Coaston, Joan: »Putin's reference to George Soros was a dog whistle to far-right anti-Semites« in: Vox, 16. Juli 2018; *www.vox.com/2018/7/16/17576760/george-soros-putin-trump-helsinki.*

648 Rampton, Roberta, Heavey, Susan: »Trump rudert zurück - Habe mich in Helsinki versprochen« in: Reuters, 18. Juli 2018; *www.reuters.com/article/usa-russland-trump-idDEKBN1K80O9.*

649 O. A.: »Remarks by President Trump and President Zelensky of Ukraine Before Bilateral Meeting« in: White House, 25. September 2019; *trumpwhitehouse.archives.gov/briefings-statements/remarks-president-trump-president-zelensky-ukraine-bilateral-meeting-new-york-ny/.*

650 Palumbo, Matt: »With Joe Biden, George Soros finally had a president he could control« in: *New York Post*, 24. Januar 2023; *nypost.com/2023/01/24/with-joe-biden-george-soros-finally-had-a-president-he-could-control/.*

651 U.S. State Department, Office pf the Spokesperson: »U.S.-Ukraine Charter on Strategic Partnership«, 10. November 2021, in: U.S. Department of State; *www.state.gov/u-s-ukraine-charter-on-strategic-partnership/.*

652 Soros, George: »Toward a New World Order: The Future of NATO« in: George Soros, 1. November 1993; *www.georgesoros.com/1993/11/01/toward-a-new-world-order-the-future-of-nato/.*

653 Hersh, Seymour: »How America Took Out The Nord Stream Pipeline« in: Substack, 8. Februar 2023; seymourhersh.substack.com/p/how-america-took-out-the-nord-stream.

654 Greenwald, Glenn: »Renowned Journalist Reports US Role in Nord Stream & Gets Attacked« in: Rumble, 10. Februar 2023; *rumble.com/v291nvo-system-update-show-39.html*.

655 Doward, Jamie: »How a college drop out became a champion of investigative journalism« in: *The Guardian*, 30. September 2018; *www.theguardian.com/media/2018/sep/30/bellingcat-eliot-higgins-exposed-novichok-russian-spy-anatoliy-chepiga*.

656 Blair, Alex: »Columbia Professor Jeffrey Sachs yanked off air after accusing US of sabotaging Nord Stream pipeline« in: *New York Post*, 4. Oktober 2022; *nypost.com/2022/10/04/jeffrey-sachs-yanked-off-air-after-accusing-us-of-sabotaging-nord-stream/*.

657 Sachs, Jeffrey: »Briefing to the UN Security Council on the Nord Stream pipeline« in: jeffsachs.org, 21. Februar 2023; *www.jeffsachs.org/recorded-lectures/f4rsfnzw9rbdx2tz2n38lfgsctsbc8*.

658 Berger, J. M., Rosenberger, Laura: »Hamilton 68: A New Tool to Track Russian Disinformation on Twitter« in: Alliance for Securing Democracy, 2. August 2017; *securingdemocracy.gmfus.org/hamilton-68-a-new-tool-to-track-russian-disinformation-on-twitter/*.

659 O. A.: »German Election Dashboard« in: Alliance for Securing Democracy, 2021; heute nicht mehr verfügbar, doch es gibt noch eine Spur auf: *securingdemocracy.gmfus.org/german-election-dashboard/*.

660 Schafer, Bret: »ASD Media and Digital Disinformation Fellow Bret Schaferon ASD's German Election Dashboard« in: The German Marshall Fund, 13. Mai 2021; *www.youtube.com/watch?v=8JDFWbT5uTA&t=12s*.

661 Tunk, Carola: »Gaspipeline-Lecks: Polens Ex-Verteidigungsminister macht USA verantwortlich« in: *Berliner Zeitung*, 28. September 2022; *www.berliner-zeitung.de/news/gaspipeline-lecks-polens-ex-verteidigungsminister-macht-usa-verantwortlich-li.271382*.

662 *snfagora.jhu.edu/project/arena/*.

663 *www.ned.org/experts/anne-applebaum/*.

664 O. A.: »Democracy in Central Europe after thirty Years« in: NED, 14. November 2019; *www.ned.org/events/democracy-in-central-europe-after-thirty-years/.*

665 Greenwald, Glenn: »Renowned Journalist Reports US Role in Nord Stream & Gets Attacked, Truth About Fetterman, & More« in: Rumble, 10. Februar 2023; *rumble.com/v291nvo-system-update-show-39.html.*

666 Mearsheimer, John J.: »Why the Ukraine Crisis Is the West's Fault« in: *Foreign Policy*, September/Oktober 2014; *www.jstor.org/stable/24483306.*

667 Farage, Nigel: »Stop playing wargames with Putin«, Rede im EU-Parlament, 16. September 2014; *www.youtube.com/watch?v=9uNsXEu8ljM.*

668 Soros, George: »Remarks Delivered at the 2023 Munich Security Conference«, 16. Februar 2023; *www.georgesoros.com/2023/02/16/remarks-delivered-at-the-2023-munich-security-conference/.*

669 *ballotpedia.org/George_Soros.*

670 Nolan, Pat: »Beware of George Soros' Trojan Horse Prosecutors« in: *The American Conservative*, 11. September 2020; *www.theamericanconservative.com/beware-of-george-soros-trojan-horse-prosecutors/.*

671 Alex Oliveira: »George Soros' man in the Manhattan DA's office: Billionaire Dem donor funded Alvin Bragg's campaign to the tune of $1million while he promised to put Trump behind bars« in: *Daily Mail*, 20. März 2023

672 Post Editorial Board: »George Soros is the most dangerous man in America – here's why« in: *New York Post*, 26. Januar 2023; *nypost.com/2023/01/26/george-soros-is-the-most-dangerous-man-in-america-heres-why/.*

673 *web.archive.org/web/20201205183337/ https://europeandemocracylab.org/about/.*

674 Seifert, Arne C.: »Das Ende einer Friedenserzählung Ulrike Guerot und Hauke Ritz kritisieren die Gängelung Europas durch die USA« in: *Neues Deutschland*, 11. Januar 2023; *www.nd-aktuell.de/artikel/1170050.ukraine-krieg-das-ende-einer-friedenserzaehlung.html.*

675 Zu den Vorwürfen des Westend Verlags gegen Dr. Ulrike Guérot siehe: *www.westendverlag.de/OA/Stellungnahme_Guerot.pdf.*

676 Mario Thurnes: »Universität Bonn trennt sich von ›umstrittener‹ Professorin Ulrike Guérot« in: *Tichys Einblick*, 24. Februar 2023; *www.tichyseinblick.de/meinungen/universitaet-bonn-trennt-sich-von-umstrittener-professorin-ulrike-guerot/*.

677 Hotz, Michael: »Jeffrey Sachs und seine kruden Sabotagetheorien zu den Nord-Stream-Lecks« in: *Handelszeitung*, 4. Oktober 2022; *www.handelszeitung.ch/panorama/us-starokonom-jeffrey-sachs-und-seine-kruden-theorien-zur-sabotage-der-nord-stream-pipelines-537014*.

678 Pescatore, Lia: »Nord-Stream-Lecks: kaum Fakten, dafür umso wildere Spekulationen« in: NZZ, 18. Oktober 2022; *www.nzz.ch/wirtschaft/nord-stream-lecks-kaum-fakten-dafuer-umso-wildere-spekulationen-ld.1706600?reduced=true*.

INDEX

A

B

C

D

G

H

I

J

K

L

M

N

O

P

W

Y

Z

KOPP VERLAG

Bücher, die Ihnen die Augen öffnen

In unserem kostenlosen Katalog finden Sie Klassiker, Standardwerke, preisgünstige Taschenbücher, Sonderausgaben und aktuelle Neuerscheinungen.

Viele gute Gründe, warum der Kopp Verlag Ihr Buch- und Medienpartner sein sollte:

- ✔ **Versandkostenfreie Lieferung** innerhalb Europas
- ✔ **Kein Mindestbestellwert**
- ✔ **30 Tage Rückgaberecht**
- ✔ **Keine Verpflichtungen** – kein Club, keine Mitgliedschaft
- ✔ **Regelmäßige Informationen** über brisante Neuerscheinungen und seltene Restbestände
- ✔ **Bequem und einfach bestellen:** 365 Tage im Jahr – telefonisch gebührenfrei in D, A und CH

Über 1,5 Millionen zufriedene Kunden vertrauen www.kopp-verlag.de

Ein kostenloser Katalog liegt für Sie bereit. Jetzt anfordern bei:

KOPP VERLAG

Bertha-Benz-Straße 10 • 72108 Rottenburg a. N.
Telefon (0 74 72) 98 06 10 • Telefax (0 74 72) 98 06 11
info@kopp-verlag.de • www.kopp-verlag.de